21世纪全国高等院校财经管理系列实用规划教材

管理学原理

主　编　雷金荣

北京大学出版社
PEKING UNIVERSITY PRESS

内容简介

本书共分总论篇、计划篇、组织篇、领导篇和控制篇5篇14章，对管理学各方面的内容进行了系统阐述。本书吸收了国内外管理学研究的最新成果，突出管理学的基本理论和基本方法，将国内外成功管理经验与最新管理成果引入教材，内容丰富、可读性强、实用性好。

本书的主要特色是在体系结构和内容安排上进行了新的尝试，每章正文前有教学目标、教学要求、名人名言、基本概念、导入案例及点评；每章正文穿插了知识链接、管理故事、管理案例、管理寓言、特别提示以及讨论题；每章正文结束后有本章小结、练习题、案例应用分析、阅读材料等。

本书适合作为高等院校经济、管理类专业及相关专业的应用型本科、高职高专学生的教材，也可作为深入学习管理原理与管理理论的读者参考，还可作为实践管理者的必读书籍。

图书在版编目(CIP)数据

管理学原理/雷金荣主编. —北京：北京大学出版社，2012.9

(21世纪全国高等院校财经管理系列实用规划教材)

ISBN 978-7-301-21178-6

Ⅰ.①管… Ⅱ.①雷… Ⅲ.①管理学—高等学校—教材 Ⅳ.①C93

中国版本图书馆CIP数据核字(2012)第210356号

书　　名：管理学原理
著作责任者：雷金荣　主编
策 划 编 辑：林章波　李　虎
责 任 编 辑：王显超
标 准 书 号：ISBN 978-7-301-21178-6/C·0798
出　版　者：北京大学出版社
地　　址：北京市海淀区成府路205号　100871
网　　址：http://www.pup.cn　http://www.pup6.cn
电　　话：邮购部62752015　发行部62750672　编辑部62750667　出版部62754962
电 子 邮 箱：pup_6@163.com
印　刷　者：北京虎彩文化传播有限公司
发　行　者：北京大学出版社
经　销　者：新华书店
787mm×1092mm　16开本　21.25印张　498千字
2012年9月第1版　2020年9月第3次印刷
定　　价：49.00元

作者简介

雷金荣，男，1965年出生，浙江丽水人，丽水学院商学院副教授，全国民族院校经济学院系联席会常务理事，浙江省企业管理研究会会员，浙江省国际贸易学会理事。1989年大学毕业后一直在大中专院校任教，从事管理科学方向的教学和研究。先后主讲过《工业企业管理》、《管理会计》、《经济法》、《财政与金融》、《管理学原理》等课程。其中，《管理学原理》为丽水学院精品课程。

前　言

本书是为了适应我国高等院校培养社会需要的实用人才，积极探索应用型人才培养模式，进行教学方法和教学手段的改革而编写的特色教材。

管理学作为一门探索管理活动普遍规律的科学，高等院校在探索培养应用型人才的过程中，本教材对管理学各方面的内容进行了系统阐述。在此基础上，吸收了国内外管理学研究的最新成果，突出管理学的基本理论和基本方法，力求将国内外成功管理经验与最新管理成果引入教材，深入调查研究，进行教学改革与创新实践，集参编教师的智慧编写而成。

本书共分总论篇、计划篇、组织篇、领导篇和控制篇 5 篇 14 章，第 1 篇总论篇，包括管理学基础、管理理论的形成与发展、管理创新；第 2 篇计划篇，包括战略与环境、决策与决策方法、计划和计划工作；第 3 篇组织篇，包括组织设计、人力资源管理、组织文化；第 4 篇领导篇，包括领导概论、激励、沟通；第 5 篇控制篇，包括控制概述、控制方法。与其他《管理学》教材相比，本书特色明显，具体有以下特点。

(1) 内容新颖。吸收了国内外管理学研究的最新成果，将国内外成功管理经验与最新管理成果引入教材，同时，展望当代管理发展的新趋势。

(2) 体系结构精练。以管理职能为主线，教材内容精简，体系完整。强化管理学基础与理论，突出了管理创新的核心地位。

(3) 可读性强，实用性好。每章有导入案例及点评，激发读者的兴趣，每章正文穿插了知识链接、管理故事、管理案例、管理寓言等，加深对知识点的理解，可读性强；每章有复习题，包括选择题、判断题、问答题、讨论题、案例应用分析题等，帮助学生理解理论知识、提高实践能力，实用性好。

为了更好地使用本书，现提出以下教学建议。

(1) 围绕“教学要求”开展教学。根据教学要求，把握每章的脉络和主要内容，进行有针对性的重点教学。

(2) 教师精讲正文，鼓励学生讨论。对于重点内容，要详讲；非重点内容，可以略讲，也可以交给学生阅读。根据“讨论题”，吸收学生参加课堂教学活动，鼓励学生参加讨论。

(3) 开展案例教学活动。包括每章正文前的导入案例及点评，每章正文穿插的管理案例，每章正文结束后的案例应用分析。教师的指导重点在引导学生寻找正确的分析思路和对关键点的多角度观察。总结时，不要对结果或争论下结论，而是对学生的分析进行归纳、拓展和升华。

(4) 拓展学生视野。充分运用知识链接、管理故事、阅读材料等，教师可以借助这些资料安排一些分析与训练项目，使学生联系实际，拓展视野和提高能力。

本书由丽水学院雷金荣担任主编。全书架构和体例由雷金荣初拟，在综合参编教师的修改意见后最终确定。各章的编写分工为：第 1、2、3、5、7、10、13 章由雷金荣编写，第 4、6、14 章由雷金荣、韩长军编写，第 8、9、11、12 章由雷添羽、雷金荣编写，最后由雷金荣对本书进行统稿。

在本书的编写过程中，参阅了大量的国内外资料，吸收了很多学者的研究成果，限于篇幅不能一一列出，在此表示深深的谢意。

由于本书编写时间仓促，编者水平有限，书中难免存在不足和纰漏之处，敬请同行和读者批评指正。

编　者

2012 年 6 月

目　　录

第1篇　总论

第1章　管理学基础 …… 1

1.1　管理学的概念与研究方法 …… 2
1.1.1　管理学的定义与研究对象 …… 3
1.1.2　管理学与其他学科的关系 …… 3
1.1.3　管理学的特点与研究方法 …… 4
1.1.4　学习管理学的重要意义 …… 5
1.2　管理的概念与职能 …… 6
1.2.1　管理的定义 …… 7
1.2.2　管理的属性 …… 8
1.2.3　管理的职能 …… 9
1.3　管理目的 …… 11
1.3.1　目标的作用 …… 11
1.3.2　目标的特点 …… 12
1.3.3　目标的结构 …… 13
1.3.4　有效目标的设定 …… 13
1.4　管理主体 …… 14
1.4.1　管理者的概念 …… 14
1.4.2　管理者的类型 …… 15
1.4.3　管理者的素质 …… 17
1.4.4　管理者的角色 …… 17
1.4.5　管理者技能 …… 18
1.4.6　管理道德与社会责任 …… 20
1.4.7　全球化管理者 …… 26
1.5　管理对象 …… 28
1.5.1　组织的概念 …… 28
1.5.2　组织的形态 …… 29
1.5.3　企业——一种特殊的社会经济组织 …… 31
1.5.4　信息与信息化管理 …… 32
本章小结 …… 37
练习题 …… 37
案例应用分析 …… 39
阅读材料 …… 40

第2章　管理理论的形成与发展 …… 42

2.1　中国古代管理思想 …… 43
2.1.1　儒家的管理思想 …… 44
2.1.2　道家的管理思想 …… 45
2.1.3　墨家的管理思想 …… 46
2.2　西方早期管理思想 …… 46
2.2.1　亚当·斯密的劳动分工观点和经济人观点 …… 47
2.2.2　罗伯特·欧文的人事管理思想 …… 48
2.2.3　查尔斯·巴贝奇的作业研究报酬制度 …… 48
2.3　古典管理理论 …… 49
2.3.1　泰罗及其科学管理理论 …… 49
2.3.2　法约尔及其经营管理理论 …… 52
2.3.3　韦伯及其行政组织理论 …… 55
2.4　行为科学理论 …… 56
2.4.1　早期行为科学——人际关系学说 …… 56
2.4.2　后期行为科学 …… 59
2.5　现代管理理论 …… 60
2.5.1　管理科学理论 …… 61
2.5.2　决策管理理论 …… 61
2.5.3　系统管理理论 …… 62
2.5.4　权变管理理论 …… 64
2.5.5　经验主义理论 …… 65
2.6　当代管理理论的新发展 …… 65
2.6.1　学习型组织理论 …… 66
2.6.2　企业再造理论 …… 68
2.6.3　虚拟组织理论 …… 70
2.6.4　当代管理发展的新趋势 …… 70
本章小结 …… 73
练习题 …… 73
案例应用分析 …… 74
阅读材料 …… 75

第3章　管理创新 …… 76

3.1　管理创新概述 …… 77
3.1.1　创新与管理创新的概念 …… 77
3.1.2　管理创新的内涵 …… 78

3.1.3 创新与维持的关系 …… 79
3.1.4 管理创新的动因 …… 79
3.1.5 管理创新的意义 …… 80
3.2 管理创新的内容 …… 81
3.2.1 管理思想创新 …… 81
3.2.2 管理目标创新 …… 82
3.2.3 管理组织创新 …… 82
3.2.4 管理过程创新 …… 83
3.2.5 管理模式创新 …… 83
3.2.6 管理环境创新 …… 83
3.3 创造性思维与创意 …… 85
3.3.1 创造力的来源 …… 85
3.3.2 创造性思维的形式 …… 86
3.3.3 管理的创造技法 …… 87
3.3.4 创意及其形成过程 …… 88
3.4 管理创新的过程 …… 89
3.4.1 寻找机会 …… 89
3.4.2 提出构思 …… 90
3.4.3 迅速行动 …… 90
3.4.4 创新评价与总结 …… 90
3.5 管理创新实践 …… 90
3.5.1 概念创新 …… 90
3.5.2 组织创新 …… 91
3.5.3 技术创新 …… 91
3.5.4 制度创新 …… 93
本章小结 …… 95
练习题 …… 95
案例应用分析 …… 96
阅读材料 …… 97

第 2 篇 计划

第 4 章 战略与环境 …… 98

4.1 战略及其构成要素 …… 99
4.1.1 战略的含义 …… 99
4.1.2 战略构成要素 …… 101
4.1.3 战略的类型 …… 102
4.2 战略愿景与使命陈述 …… 104
4.2.1 愿景陈述 …… 104
4.2.2 使命陈述 …… 105
4.3 战略环境分析 …… 106
4.3.1 管理环境概述 …… 106
4.3.2 企业与环境的关系 …… 108
4.3.3 企业经营环境分析的系统模型 …… 109
4.3.4 企业外部环境分析 …… 111
4.3.5 企业内部环境分析 …… 113
4.4 战略选择 …… 114
4.4.1 基本战略姿态 …… 115
4.4.2 企业核心能力与成长战略 …… 115
4.4.3 防御性战略 …… 116
本章小结 …… 116
练习题 …… 116
案例应用分析 …… 117
阅读材料 …… 117

第 5 章 决策与决策方法 …… 119

5.1 决策与决策理论 …… 120
5.1.1 决策的特点与作用 …… 120
5.1.2 决策的原则 …… 122
5.1.3 决策的影响因素 …… 122
5.1.4 决策的类型 …… 123
5.1.5 决策理论 …… 126
5.2 决策过程 …… 127
5.2.1 诊断问题或识别机会 …… 128
5.2.2 确定决策目标 …… 128
5.2.3 拟定备选方案 …… 128
5.2.4 选择决策方案 …… 128
5.2.5 实施决策方案并进行跟踪决策 …… 129
5.3 决策的方法 …… 130
5.3.1 定性决策方法 …… 130
5.3.2 定量决策方法 …… 131
本章小结 …… 134
练习题 …… 135
案例应用分析 …… 137
阅读材料 …… 138

第 6 章 计划与计划工作 …… 139

6.1 计划的概念、性质和类型 …… 140
6.1.1 计划的概念 …… 140
6.1.2 计划与决策 …… 141
6.1.3 计划的性质 …… 142
6.1.4 计划的类型 …… 144
6.2 计划的编制过程 …… 148
6.2.1 确定目标 …… 148
6.2.2 确定前提条件 …… 149
6.2.3 确定备择方案 …… 149

6.2.4 评价备择方案 …………… 149
6.2.5 选择方案 ……………… 149
6.2.6 制订派生计划 …………… 149
6.2.7 编制预算 ……………… 150
6.3 计划的组织实施 ……………… 150
6.3.1 目标管理法 ……………… 150
6.3.2 滚动计划法 ……………… 153
6.3.3 网络计划法 ……………… 154
本章小结 ……………………… 158
练习题 ………………………… 159
案例应用分析 ………………… 160
阅读材料 ……………………… 161

第3篇 组织

第7章 组织设计 ……………… 163

7.1 组织与组织设计 ……………… 164
7.1.1 组织设计的必要性分析 … 164
7.1.2 组织设计的任务和原则 … 166
7.1.3 组织设计的影响因素 …… 168
7.2 组织横向设计 ………………… 171
7.2.1 组织部门化的基本原则 … 171
7.2.2 组织部门化的基本形式 … 171
7.3 组织纵向设计 ………………… 175
7.3.1 组织的层次化和管理幅度 ……………… 175
7.3.2 集权与分权 ……………… 178
7.3.3 授权 ……………………… 180
本章小结 ……………………… 182
练习题 ………………………… 182
案例应用分析 ………………… 184
阅读材料 ……………………… 186

第8章 人力资源管理 …………… 188

8.1 人力资源管理概述 …………… 189
8.1.1 人力资源管理及其内容 … 189
8.1.2 人力资源管理的原则 …… 190
8.2 人力资源计划 ………………… 191
8.2.1 人力资源计划的任务 …… 191
8.2.2 人力资源计划编制的原则 ……………… 192
8.3 人员的选聘 …………………… 193
8.3.1 管理人员选聘的标准 …… 193
8.3.2 管理人员的来源渠道 …… 195
8.3.3 员工选聘的程序和方法 … 197
8.4 人员的组合 …………………… 198
8.4.1 人员组合的结构 ………… 199
8.4.2 人员组合的原理与效应 … 199
8.4.3 实现最佳组合的途径 …… 200
8.5 人员的培训 …………………… 201
8.5.1 人员培训的目标 ………… 201
8.5.2 人员培训的方法 ………… 202
8.6 员工的绩效管理 ……………… 204
8.6.1 绩效与绩效管理 ………… 204
8.6.2 绩效管理的流程 ………… 205
8.6.3 员工绩效评价方法 ……… 209
本章小结 ……………………… 213
练习题 ………………………… 213
案例应用分析 ………………… 214
阅读材料 ……………………… 215

第9章 组织文化 ………………… 217

9.1 组织文化的概念及特征 ……… 218
9.1.1 组织文化的概念 ………… 218
9.1.2 组织文化的基本特征 …… 220
9.1.3 组织文化的地位 ………… 221
9.2 组织文化的结构与内容 ……… 222
9.2.1 表层的物质文化 ………… 222
9.2.2 浅层的行为文化 ………… 223
9.2.3 中层的制度文化 ………… 223
9.2.4 深层的精神文化 ………… 225
9.3 组织文化的功能 ……………… 227
9.3.1 导向功能 ………………… 227
9.3.2 约束功能 ………………… 228
9.3.3 激励功能 ………………… 228
9.3.4 凝聚功能 ………………… 229
9.3.5 辐射功能 ………………… 229
9.4 组织文化的培育 ……………… 230
9.4.1 组织文化的形成 ………… 230
9.4.2 组织文化培育的过程 …… 232
9.4.3 组织文化培育的内容 …… 233
本章小结 ……………………… 237
练习题 ………………………… 237
案例应用分析 ………………… 238
阅读材料 ……………………… 238

第4篇 领导

第10章 领导概论 ······ 241

10.1 领导的内涵 ······ 242
10.1.1 领导与管理 ······ 242
10.1.2 领导的实质 ······ 243
10.1.3 领导作用 ······ 244
10.1.4 人性假设理论 ······ 245
10.2 领导者的类型 ······ 248
10.2.1 领导权力 ······ 248
10.2.2 领导类型 ······ 250
10.2.3 领导艺术 ······ 251
10.3 领导理论 ······ 254
10.3.1 领导特性理论 ······ 254
10.3.2 领导行为理论 ······ 255
10.3.3 领导情景理论 ······ 258
本章小结 ······ 261
练习题 ······ 261
案例应用分析 ······ 263
阅读材料 ······ 264

第11章 激励 ······ 265

11.1 激励的原理 ······ 266
11.1.1 激励的概念和作用 ······ 266
11.1.2 激励过程 ······ 267
11.2 激励理论 ······ 268
11.2.1 激励理论类型 ······ 268
11.2.2 需要层次论 ······ 268
11.2.3 双因素理论 ······ 270
11.2.4 期望理论 ······ 271
11.2.5 公平理论 ······ 273
11.2.6 强化理论 ······ 274
11.3 激励实务 ······ 276
11.3.1 物质利益激励 ······ 276
11.3.2 社会心理激励 ······ 278
11.3.3 工作激励 ······ 280
本章小结 ······ 280
练习题 ······ 280
案例应用分析 ······ 282
阅读材料 ······ 282

第12章 沟通 ······ 283

12.1 沟通的原理 ······ 284
12.1.1 沟通及其作用 ······ 284
12.1.2 沟通的过程 ······ 286
12.1.3 沟通的类别 ······ 287
12.2 沟通的管理 ······ 290
12.2.1 有效沟通的障碍 ······ 290
12.2.2 有效沟通的实现 ······ 292
12.2.3 提高管理者的沟通技能 ······ 293
本章小结 ······ 295
练习题 ······ 295
案例应用分析 ······ 297
阅读材料 ······ 298

第5篇 控制

第13章 控制概述 ······ 299

13.1 控制活动 ······ 300
13.1.1 控制的含义 ······ 300
13.1.2 控制的必要性 ······ 301
13.1.3 控制的类型 ······ 302
13.1.4 有效控制的原则 ······ 306
13.2 控制的过程 ······ 307
13.2.1 确立标准 ······ 307
13.2.2 衡量绩效 ······ 310
13.2.3 纠正偏差 ······ 312
本章小结 ······ 313
练习题 ······ 314
案例应用分析 ······ 315
阅读材料 ······ 316

第14章 控制方法 ······ 317

14.1 预算控制 ······ 318
14.1.1 预算和预算控制的概念 ······ 318
14.1.2 预算的内容 ······ 319
14.1.3 预算的用途 ······ 320
14.2 财务控制 ······ 321
14.2.1 财务评价 ······ 321
14.2.2 审计控制 ······ 322
14.3 其他控制方法 ······ 323
14.3.1 质量控制 ······ 323
14.3.2 标杆控制 ······ 325
本章小结 ······ 327
练习题 ······ 327
案例应用分析 ······ 328
阅读材料 ······ 329

参考文献 ······ 330

第1篇 总 论

第1章 管理学基础

教学目标

通过本章的学习，了解管理学的定义和研究方法。理解管理的概念与职能，掌握管理目标的作用与结构，掌握管理者的素质、管理者的角色、管理道德与社会责任，以及管理组织的含义和形态。

教学要求

知识要点	能力要求	相关知识
管理学的概念与研究方法	(1) 管理学的形成 (2) 管理学的研究方法与运用	(1) 管理学的概念 (2) 管理学与其他学科的关系 (3) 管理学的学习与研究方法 (4) 学习管理学的重要意义
管理的概念与职能	(1) 管理概念的理解 (2) 管理职能的认识与运用	(1) 管理的定义 (2) 管理的性质 (3) 管理的职能
管理目的	(1) 目标的作用与特点的理解 (2) 有效目标的理解	(1) 目标的作用 (2) 目标的结构 (3) 有效目标的设定
管理主体	(1) 不同管理者的类型的理解 (2) 管理者的素质的理解 (3) 管理者的角色的理解 (4) 管理者管理道德与社会责任 (5) 全球化管理者的关键能力与运用	(1) 3种管理者类型 (2) 3种管理者角色 (3) 3种管理者技能 (4) 全球化管理者的4种关键能力
管理对象	(1) 理解组织的含义 (2) 深入理解企业作为社会经济组织的含义 (3) 信息与信息化管理的理解	(1) 组织的形态 (2) 企业的特征 (3) 企业信息化

管理就是把复杂的问题简单化，混乱的事情规范化。

——杰克·韦尔奇

基本概念

管理学　管理活动　管理职能　计划　组织　领导　控制　管理目标　管理者　管理者素质　技术技能　人际技能　概念技能　管理道德　社会责任　全球化管理　组织　企业信息化管理

导入案例

弥勒佛和韦陀

去过庙宇的人都知道，一进庙门，首先是弥勒佛，笑脸迎客，而在他的北面，则是黑口黑脸的韦陀。但相传在很久以前，他们并不在同一个庙里，而是分别掌管不同的庙。弥勒佛热情快乐，所以来的人非常多，但他什么都不在乎，丢三落四，没有好好地管理账务，所以依然入不敷出。而韦陀虽然管账是一把好手，但成天阴着个脸，太过严肃，导致人越来越少，最后香火断绝。

佛祖在查香火的时候发现了这个问题，就将他们俩放在同一个庙里，由弥勒佛负责公关，笑迎八方客，于是香火大旺。而韦陀铁面无私，锱珠必较，则让他负责财务，严格把关。在两人的分工合作下，庙里一派欣欣向荣的景象。

其实在管理大师的眼里，没有废人，正如武功高手，不需要名贵的宝剑，摘花飞叶即可伤人，关键看如何运用。

点评：管理要具体问题具体分析。

人们一般基于自己过去的经验解决问题，正确的前提是：现在与过去相同或前提清晰。但在多变的环境下，经验的回答正确率会下降。因此，应懂得管理对象的多样化、管理环境的多变性，知道要具体问题具体分析。运用管理知识，做出正确的决策。

1.1　管理学的概念与研究方法

管理活动发端于人类社会早期，至今已有数千年的历史。随着社会的发展和社会生活的日益复杂化，管理就显得更加重要和不可缺少。在漫长的管理实践中，人们在国家、经济、军队等方面对管理进行了自觉或不自觉的探索和研究。经过长期的积累，到19世纪末，逐步形成了管理的初步思想。此后，伴随着资本主义生产方式的发展，管理的重要性进一步提高，从而推动了管理思想研究的深入发展。经过管理学学者们的不断观察、实验和不懈研究，人们对管理学的认识不断深化。在此基础上，经过抽象和概括，形成了管理学理论。自此，管理终于成为一门科学。可见，管理学是人类在长期的管理实践基础上摸索出许多管理思想和体会，经过理论概括和抽象升华而形成的新兴学科，它是系统研究管理过程的普遍规律、基本原理和一般方法的科学，有特定的研究对象和范畴。

1.1.1 管理学的定义与研究对象

管理学是一门系统地研究管理活动的基本规律和一般方法的科学。众所周知，管理活动千差万别，如一个政府的首脑和一个公司的经理要处理的问题可能有本质差别，但他们却都要通过一定的计划、组织、领导、控制等职能来实现组织的目标；在实施这些管理职能时，其内容会有不同，但要遵循的基本原理及原则却是一样的，这就是管理的共性，也就是管理学所要研究的对象。

根据管理学研究的对象、性质和特征，在研究管理的基本规律时，管理学主要涉及以下一些内容。

(1) 生产力方面。管理学主要研究生产力各个要素之间的关系，即合理组织生产力的问题。研究如何合理配置组织中的人、财、物等各要素，使各生产要素充分发挥作用；研究如何根据组织目标、社会的需要，合理使用各种资源，以求得最佳经济效益和社会效益。可见，合理组织生产力，是管理学研究的一个极其重要的内容。

(2) 生产关系方面。管理学主要研究如何正确处理组织中人与人之间的相互关系；研究如何激励组织内成员，从而最大限度地调动各方面的积极性和创造性；研究如何完善组织机构与各种管理体制问题，研究组织与组织之间的关系，提供妥善处理这些关系的准则，为实现组织目标服务。

(3) 上层建筑方面。管理学主要研究组织的规章制度；研究如何反映经济基础的要求，使其与社会的政治、经济、法律、道德的要求保持一致，从而维持正常的生产关系，促进生产力的发展。

以上3个方面的研究内容是密不可分的，它们通过管理的具体工作，融合为一个管理总体，并通过管理的具体工作，表现为管理的实践活动。

1.1.2 管理学与其他学科的关系

管理学是一门综合性的应用学科。由于人类从事的管理活动愈来愈复杂，要求也愈来愈精确，因此管理学的研究必然会涉及经济学、哲学、社会学、历史学、心理学、人类学、数学、各种专门的工程技术及数学和计算机科学。由于管理领域不同，人们研究管理内容的侧重点也各不相同，在此基础上形成了许多专门的管理学科，如国民经济管理、企业管理、工商行政管理、农业管理、旅游管理、教育管理、医院管理、军队管理等。

1. 管理学是许多其他学科知识相互渗透形成的边缘学科

尽管管理学活动实践有着悠久的历史，但作为研究管理的科学——管理学产生的时间却很短。由于管理活动本身是复杂的、动态多变的，所以管理在形成独立学科体系的过程中，必然要借鉴许多其他学科的知识、理论来充实自己，可以说管理学是一门由自然科学、社会科学、工程技术学等多门学科相互渗透而形成的“边缘学科”。对管理学的理论形成影响比较大的学科主要有哲学、政治经济学、社会心理学、人类学、系统理论、计算机技术、数学、运筹学等多种自然科学和社会科学以及工程技术科学。因此，管理学具有内容广泛性和高度概括性的特点，具体表现：①既包括自然系统，又包括社会系统；②既包括物质因素，又包括精神因素；③既关心现状，又关心历史和未来。但是，管理学在吸收其他学科的知识的时候，并不会把各门学科知识进行简单的加和，而是以管理学学科理论体系为基础，吸收其他各门学科中的有用知识，从而形成自己的学科理论体系。

2. 管理学已经发展成为包含许多分支的学科体系

经过与上述各门学科的综合而形成的管理学，在其进一步发展的过程中，逐步分化，并产生了许多新的分支学科。这些分支学科有的是管理学在某个专业领域的延伸，有的是专门对某项管理职能进行的研究。而且，有的分支学科还进一步分化出更小的子学科，如企业管理学就已经继续分化出生产管理、营销管理、财务管理和人力资源管理等子学科。

3. 管理学具体包括3个层次的内容

管理学涉及自然科学、社会科学、工程技术学等多门学科的几乎所有知识领域，综合性极强，主要学科知识包括3个层次：一是基本层次，包括自然科学、社会科学的基础知识；二是核心层次，它是以管理的基本原理为基础的管理学知识；三是外围层次，包括各类专业技术知识。作为指导管理实践的管理学理论对各个层次的管理者都有指导意义，但是由于管理者所处的层次不同，他们对管理理论的要求也不同。一般说来，高层管理者需要的是具有普遍指导意义的基本原理，而中层管理者则需要适用于各种组织的管理技术、管理方法和管理工具，基层管理者更需要专业领域的专业技术、管理方法与管理工具。所以，为了实现有效的管理，管理者必须了解并掌握管理学中3个层次的管理知识。

1.1.3 管理学的特点与研究方法

管理学是一门综合性很强的学科，管理学不是某一个具体部门的管理学，也不是一些部门管理学简单相加的产物。管理学是对各部门具体管理学科中具有普遍意义的思想、原理和方法的综合、提炼和总结。至今，这门探索中的科学还需要不断地进行丰富和完善。由于管理活动涉及人类生活的各个领域，以及影响管理活动的因素具有多变性和复杂性，这些决定了管理学所要借助的知识、方法和手段具有广泛性和综合性。管理学作为一门学科，与其他学科相比有自己的特点。

1. 实践性

管理学是一门实践性很强的学科。理论来源于实践，又对实践起着指导作用。管理学同样是从人类千百年丰富的实践中总结而成的，也同样要去指导人们的管理工作。任何一个组织所处的社会环境和自然环境都是复杂的，组织成员又各有特色，而且环境因素和人的因素总是在不断变化，所以要把管理理论和管理活动的实践结合起来，才能真正发挥这门学科的作用，并进一步充实和完善原有的管理理论。

2. 不精确性

管理学是一门不精确的学科。管理工作中所涉及的因素、所要解决的问题，除了资源、时间等可以用精确的数字来表示外，有许多因素是不能用数字来表示的，是无法精确度量的。

3. 艺术性

管理学是一门学科，也是一门艺术。管理学中的基本思想互相关联，形成了一个完整的体系，具有逻辑性。管理科学和管理理论并没有宣扬所有具体情况都适用的“最好的管理方法”，重要的是结合特定的情景去应用，或根据意外情况而随机应变。管理的艺术性就是要求人们在管理工作中能灵活运用管理的各种理论和知识，并能熟练地应用各种技能来获得成效。

知识链接

管理的艺术性

成为卓越管理者或优秀管理者需要天赋，就像音乐家创造出完美的音调需要天赋一样。这种说法不完全正确，但是管理在很大程度上是一门艺术。值得庆幸的是，管理的艺术是可以培养的。某位管理学先驱曾说过：“管理是引导人们完成任务的艺术。”管理要引导人们完成任务，因此管理者是任务导向的、成就导向的、面向人的。管理是在组织中进行的，组织是指为实现特定目标而一起工作的人们。注意两个关键术语：有效率和有效果，这两个术语的基本含义是指正确地做事。①效率——手段：效率是指实现组织目标的手段。有效率指的是明智地、低成本地使用资源——人力资源、货币资源和原材料等。②效果——结果：效果是指组织目标和结果。有效果指的是获得结果、做出正确的决策并成功地实现这些决策，从而实现组织目标。

管理学是一门综合性科学，它与经济学、社会学、心理学、政治学、数学、法学、哲学、统计学等有关。它吸取了这些学科的有关部分，因而管理学不仅研究范围十分宽广，研究方法也多种多样，马克思主义的唯物辩证法是学习与研究管理学的总的方法论指导。以归纳法、试验法、演绎法作为基本方法：

(1) 归纳法。通过对客观存在的一系列典型事实进行观察，从掌握典型特点、关系、规律入手，进而分析研究事物之间的因果关系，从中找出事物变化发展的一般规律的方法。

(2) 试验法。人为地为某一试验创造一定的条件，观察其实际试验结果，再与未给予这些条件的对比试验进行比较分析，寻找外加条件与试验结果之间因果关系的某种普遍适应性的方法。

(3) 演绎法。从某种概念或某种统计规律出发，或在实证研究的基础上，用归纳法找到一般的规律性，并加以简化，形成某种出发点，建立起能反映某种逻辑关系的经济模型。

(4) 案例法。通过选取典型案例分析研究，归纳经验、理论和规律，再用这些经验、理论和规律去指导实践。在运用案例法时，要注意案例的代表性以及搞清楚事物发生结果的前提、背景和条件。运用辩证唯物主义和历史唯物主义的方法找出事物发展中的因果关系。

1.1.4 学习管理学的重要意义

管理是有效地组织人们共同劳动所必需的。随着生产力和科学技术的发展，人们逐渐认识到管理的重要性。管理的重要性决定了学习、研究管理学的必要性。

(1) 管理是促进现代社会文明发展的三大支柱之一。管理、科学和技术三足鼎立。从历史上来看，经过了两次转折，管理学才逐步形成并发展起来。第一次转折是泰罗科学管理理论的出现，意在加强生产现场管理，使人们开始认识到管理在生产活动中所发挥的作用。第二次转折是第二次世界大战后，人们看到，不依照管理规律办事，就无法使企业兴旺发达，因此要重视管理人员的培养，这促进了管理学的发展。管理也日益表现出它在社会中的地位与作用。管理是促成社会经济发展最基本的、关键的因素。发展中国家经济落后，关键在于管理落后。先进的科学技术与先进的管理是推动现代社会发展的“两个轮子”，科技提供动力，使轮子转动得更快。而管理不仅影响着科技成果转变成动力的可能性和速度，而且决定着轮子转动的方向，从某种意义上说，管理的作用更大。科技仅仅是“潜在生产力”。要转变为“现实生产力”，这里的生产力不仅有能否实现的问题，而且还有高低问题，马克思在论协作时说：“通过协作不仅提高了个人生产力，而且创造了一种生产力，这种生产力本身必然是集体力。”管理是创造这种力量(集体力)的源泉。管理在现代社会中占有重要地位。经济的发展，固然需要丰富的资源与先进的技术，但更重要的还是组织经济的能力，即管理能力。从这个意义上说，管理本身就是一种经济资源，作为“第三生产力”在社会中发挥作用。先进的技术，要有先进的管理与之相适应，否则，落后的管理就不能使先进的技术得到充分发挥。管理在现代社会的发展中起着极为重要的作用。

(2) 管理是一个组织生存发展的重要条件。管理既是组织存在的条件，又是组织兴旺发达的决定性因素，这点已被国内外企业的经验和教训证实，国外调查资料表明：91.7%的倒闭企业都是由于管理的无能和缺乏经验所致。结论：企业生产发展“三分在技术，七分在管理”。

(3) 学习、研究管理学是培养管理人员的重要手段之一。判定管理是否有效的标准是管理者的管理成果。通过实践可验证管理是否有效，因此，实践是培养管理者的重要一环。而学习、研究管理学也是培养管理者的一个重要环节。只有掌握扎实的管理理论与方法，才能很好地指导实践，并缩短或加速管理者的成长过程。目前我国的管理人才，尤其是合格的管理人才是缺乏的。因此，学习、研究管理学，培养高质量的管理者成为当务之急。

(4) 学习、研究管理学是未来的需要。随着社会的发展，专业化分工会更加精细，社会化大生产会日益复杂，而日新月异的社会将需要更加科学的管理。因此，管理在未来的社会中将处于更加重要的地位。

1.2 管理的概念与职能

管理，自古有之。管理是一种与人类文明共存的社会现象，它存在于社会生活的各个领域。任何组织，小至企业，大至国家，都需要管理活动。管理作为协调各成员之间的关系以有效地实现组织目标的一种社会活动，是随着人类社会的产生而产生的，同时随着人类社会活动的发展而发展。管理作为一种人类社会最普遍的活动，广泛存在于现实社会生活的各个领域，人类历史的实践证明，有效的管理可以改变社会和经济结构，是任何国家及组织走向成功的基础，正如著名管理学家彼得·德鲁克所言，在人类历史上，几乎没有一种制度能像管理那样迅速兴起并产生巨大影响。管理既是一种活动，又是一门科学，还是一门艺术。

1.2.1 管理的定义

管：古代指外圆中空的长条物，后来引申为管辖、规范、准则。理：古代指整治土地、雕琢玉器、治疗疾病等，后来引申为处理事务。由于管理两字意思相近，又从不同侧面反映人们的社会活动，后来人们把"管理"二字合为一词使用。管理的原始词义为管辖、处理。管理伴随着人类社会的发展而不断发展，管理的概念是管理学中最基本的范畴和起始概念。由于管理活动的广泛性和复杂性以及研究的侧重点不同，人们对管理的概念有不同的理解。长期以来，随着管理理论的产生和快速发展，许多中外学者从不同的研究角度出发，对管理做出了不同的解释。下面介绍国内外几种具有代表性的观点。

国外：

(1) 哈罗得·孔茨、海因茨·韦里克：管理是设计并保持一种良好的环境，使人在群体中高效率地完成既定目标的过程。

——强调"环境"，内外环境区别。

(2) 斯蒂芬·P·罗宾斯：指同别人一起，或通过别人使活动完成得更有效的过程。

——强调"人"，中央电视台对于互联网的讨论，当互联网发展到极致时，一家企业只剩下一个人和一条狗的故事。

——强调"过程"，管理是活动的过程，有科学的规律的过程，而非拍脑子活动。

(3) 路易斯·古德曼·厄特：管理是切实有效地支配和协调资源，并努力达到组织目标的过程。

——强调组织的资源：人、财、物、信息。

(4) 西蒙：管理就是决策。

——强调决策，管理的过程就是决策的过程，决策正确与否关系到企业的成败。

(5) 穆尼：管理就是领导，管理的有效性取决于领导的有效性。

——强调领导，领导是组织的关键人物，领导水平的高低、领导的好坏决定了管理的有效性。领导是一门艺术——领导艺术，取决于实践、经验的积累和对环境的认识程度。

国内：

(1) 周三多：管理是组织为了实现个人无法实现的目标，通过各项职能活动，合理分配、协调相关资源的过程。

——强调"协调"，管理的本质是协调，协调包括人力资源在内的一切可调用的资源要素。

(2) 杨文士、张雁：组织中的管理者，通过实施计划、组织、人员配备、指导与领导、控制等职能来协调他人的活动，使别人同自己一起实现既定目标的过程。

——强调"职能"，管理是干什么。

——强调"人"。

[讨论题] 管理是什么？

本书把管理的定义概括为：管理是管理者为了实现组织特定的目标，对组织所拥有的资源进行计划、组织、领导、控制和创新等活动的过程。该定义主要包含以下几层意思。

（1）管理目标。管理的目标是组织目标的体现，是管理的出发点和归宿。管理的直接目标就是追求效益。所谓效益，是指管理活动产生的有益的效果。效益既包括经济效益，也包括社会效益。管理的终极目标也是追求效益，但是，仅仅追求效益是不够的，还必须注意管理的效率。管理的目标应该是效益与效率的统一。

（2）管理主体，即管理者。管理者是指在组织中指挥和领导他人活动的人。从纵向看，管理的主体具有层次性，基本上可以分为高层、中层和基层 3 个层次。从横向看，管理的主体具有多样性，既包括国家的统治者、政府的领导者，也包括企业的经理及非营利性组织的管理者。管理的主体既可以是人，也可以是以组织形式出现的领导机构或单位。

（3）管理客体，即管理对象。它是管理主体施加影响的人和事。通常，一切组织活动都是由人力、物力、财力、信息、时间等要素及各要素间的相互关系构成的，因此，管理的客体就是人力、物力、财力、信息、时间等要素及各要素间的相互关系。

（4）管理活动。包括管理职能和按管理职能要求所进行的实际活动。也就是说，组织的管理活动是通过计划、组织、领导和控制等一系列的管理职能来进行的。管理者必须认真研究并合理运用各项管理职能，才能提高管理效率，高效地完成管理任务。

（5）管理本质。管理工作的表现形式为计划、组织、决策、公关、监督、激励、思想工作等，从管理工作的表现形式看，管理工作呈现出了多样化现象，而且正是由于管理工作表现形式的多样化，使人们在面对管理时会觉得无从着手，难以理解。从管理工作的内容看，不管管理工作有多少种表现形式，其实质内容都是一样的，那就是协调，包括协调组织与组织之间关系；协调目标之间、现状与目标之间关系；协调目标与资源、活动与活动之间的关系；协调人与人、组织与组织之间关系；协调计划与实际之间的关系。管理的功能在于通过科学的方法来提高资源的利用率，从而达到以有限的资源实现尽可能多的欲望的目的。因此，管理的本质是协调人力资源在内的一切相关资源和活动。

[讨论题] 为什么需要管理？

特别提示

磨合效应：新组装的机器，通过一定时期的使用，把摩擦面上的加工痕迹磨光而变得更加密合。一台机器，只有注入润滑剂，才能正常运转。

1.2.2 管理的属性

管理具有明显的二重性，具体表现为：一方面管理是由分工协作的集体劳动引起的，体现了社会化大生产的要求；另一方面管理是由监督劳动所引起的，体现了巩固和维护生产关系的要求。前者称为管理的自然属性，后者称为管理的社会属性。

1. 管理的自然属性

管理是社会生产力发展和社会分工的产物，具有同现代生产力、社会化生产相联系、适合现代化生产的属性，此属性被称为管理的自然属性。它是管理的共性。现代化生产离不开管理，正如马克思所说："一切规模较大的直接社会劳动或共同劳动，都或多或少地需要指挥，以协调个人的活动，并执行生产总体的运动。"如果缺乏有效的管理，则企业将会出现混乱，无法保证生产正常。

2. 管理的社会属性

生产在任何条件下都是社会的生产，都是在一定的生产关系下进行的，因此，管理具有同生产关系、社会制度相联系的属性。社会生产总是在一定的生产方式、一定的生产关系下进行的。不同的生产关系、不同的社会文化都会使管理思想、管理目的以及管理方式、方法呈现出一定的差别，从而使管理具有一定的特殊性，这就是管理的社会属性。它是管理的个性。

1.2.3 管理的职能

管理职能是管理系统功能的体现，是管理系统运行过程的表现形式。管理者的管理行为主要表现为管理职能。管理职能是管理者实施管理的功能或程序，即管理者在实施管理中所体现出的具体作用及实施程序或过程。管理者的管理职能包括管理者的基本职责和执行这些职责的程序或过程。

管理具有哪些具体职能？这一问题经过了100多年的研究，至今仍是众说纷纭，不同的学者观点不尽相同。最早对管理职能进行研究的是法国管理学家法约尔，20世纪初，他提出管理具有5种职能，即计划、组织、指挥、协调和控制。此后，有人提出管理有其他各种职能，众说纷纭。到20世纪50年代中期，美国加州大学洛杉矶分校的哈罗德·孔茨和西里尔·奥唐内尔在其有关管理学的教科书中，把管理的职能划分为以下5种：计划、组织、人员配备、指导和控制。本书把管理职能概括为计划、组织、领导、控制和创新。为了对管理学有个整体的了解，下面简要介绍管理的基本职能。

1. 计划职能

计划职能是全部管理职能中最基本的一个职能，也是管理各个职能中的首要职能。组织职能、领导职能和控制职能是围绕着计划职能而展开的，以保证达到计划规定的目标。在管理学中，计划具有两重含义：一是动词含义，指计划管理工作，它代表着一种特定的行为，是对组织未来目标进行分析、制定和调整，以及对实现目标的各种方案进行设计等一系列活动的统筹安排，是动态的计划；二是名词含义，指规划、预算等具体的计划形式，是实施计划管理职能的书面文件。计划职能使组织能够对未来的变化做出积极的反应，通过组织的计划工作，为组织制定出未来的行动方案，组织的各种活动都能围绕着整体目标而展开。组织的计划工作强调平衡与协调，强调优化，从而能够提高组织各项活动的工作效率，实现对组织各项工作的控制。组织的各项工作都是围绕着计划方案进行的。计划为组织的控制提供了依据。

2. 组织职能

组织职能是管理的基本职能之一。在通过计划工作确定了组织的具体目标，并对实现目标的途径做了大致的安排之后，为了使人们能够有效地工作，还必须设计和维持一种组织结构。这就是说，把组织中的各项工作进行分类组合，划分出若干部门，根据管理幅度原理，划分出相应的管理层次，进行合理的授权，协调组织中的各种关系。同时，组织还必须根据内外部环境的变化，不断地对组织结构做出调整和变革，以确保组织目标的实现。

3. 领导职能

领导职能的作用主要是通过领导者的领导行为和领导方式，激励组织中的成员去完成组织目标。即使是最好的计划和完美无缺的组织机构，如果没有实施有效的领导去统一该组织成员的行动，很有可能会产生混乱，从而影响组织成效。

4. 控制职能

从管理的过程看，管理者通过计划、组织和领导职能的发挥来协调组织成员的各种业务活动，可以说已经实现了一个单独的管理过程。通过这个过程，能使组织实现一定的目标。这个目标或许与预期的目标相符，或许与预期的目标相差很远。当组织活动的结果与预期的目标存在差异时，就不能说组织实现了有效的管理。而要提高管理活动过程的有效性，就要发挥管理的控制职能。通过管理控制职能的发挥，才能真正形成一个完整的管理过程，提高管理活动的有效性。

5. 创新职能

由于科技迅猛发展，社会经济活动空前活跃，市场需求瞬息万变，社会关系也日益复杂。每位管理者每天都有可能会遇到新情况、新问题，如果墨守成规，就无法应付新形势下的挑战，无法完成任务，许多成功的诀窍就在于创新。大到国家改革，小到办实业都要敢于创新。创新是改变现状；创新是标新立异，创造新思维；创新是独树一帜，敢为天下先；创新是发现、发明、发奋、发展；创新是超群、超脱、超拔、超越。创新包括开发新产品、应用新的生产活动和技术、开拓新的市场、获得新的原材料供应来源、采用新的管理方法和组织形式。创新带有突发性，创新是创新生产力而不考虑生产关系或社会制度。各行各业都需要进行创新，创新的作用越来越明显。良好的创新思维和创新能力有利于计划、组织、领导、控制等管理职能的充分发挥。

要正确理解各管理职能之间的关系，区别各管理职能的普遍性与差异性。管理职能是一切管理者，即不论何种组织、所处何种层次、属于何种管理类型的管理者，都要履行的。但同时也必须认识到，不同组织、不同管理层次、不同管理类型的管理者，在具体履行管理职能时，又存在着很大差异。例如，高层次管理者更关注决策、计划和组织职能，而基层管理者则更重视领导和控制职能。即使对于同一管理职能，不同层次的管理者关注的重点也不同。例如，对于计划职能，高层管理者更重视长远、战略性计划，而基层管理者则只安排短期作业计划。

每一项管理工作一般都是从计划开始的经过组织、领导，到控制结束。各职能之间相互交叉渗透，控制的结果可能又会推动新的计划，开始新一轮的管理循环。如此循环不息，把工作不断向前推进。创新在管理循环之中处于轴心的地位，成为推动管理循环的原动力。

1.3 管理目的

管理目的、管理主体、管理客体是管理三要素。管理目的，指管理为了什么。管理是管理者为了实现组织特定的目标，利用组织所拥有的资源进行计划、组织、领导、控制和创新等活动的过程。管理的目标是组织目标的体现，是管理的出发点和归宿。每一个组织都应有自己的目标。目标是组织目的或宗旨的具体体现，是一个组织在某一特定时期所期望达到的最终结果。目标一旦确定，就成为引导组织行为的一个重要的激励方向。任何组织从事每项活动，首先必须了解目标是什么，哪些活动有助于实现这些目标以及如何实现这些目标。如果没有明确的目标，人们就不知道往哪个方向努力，也就不知道应该做什么。因此，目标不仅是一个组织的基本特征，也表明了组织存在的价值和意义，一个组织不可以没有明确的目标。目标是通过计划工作来确定的，在数量和质量上都有一定的要求，而且是由一系列具体的指标组成的，一个组织的目标应是一个目标体系。管理就是有效实现目标的过程。

1.3.1 目标的作用

组织目标给组织成员明确了奋斗的方向，具有重要的作用。

1. 导向作用

管理是指一定组织中的管理者通过实施计划、组织、人员配备、指导与领导、控制等职能来协调他人的活动，使别人同自己一起实现既定目标的活动过程。由此可见，如果不是实现一定的目标，就不需要管理，组织目标对组织活动具有导向作用。一个组织是否能够有效地完成使命，其关键因素之一在于组织的目标是否可行。一个组织首先要设定正确且可行的目标，根据目标来分配工作，开展业务，组织才会有效运行。

知识链接

同样是小学三年级的学生在自己的作文中说将来的志愿是当小丑，中国的老师斥之为："胸无大志，孺子不可教也！"但外国的老师则会说："愿你把欢笑带给全世界！"

2. 聚合作用

组织各部门和个人之间往往存在本位主义，这种现象的发生主要是由于组织的目标不够科学。如果组织能够确立科学有效的总目标，然后进行层层分解，则各单位及相关人员就有了工作的指导和依据，在工作中各单位及相关人员根据总目标的要求进行合理调整，就可以知道本部门的工作定位，合理安排自己的进度，同时也可以有效地与其他部门配合，从而产生组织目标的聚合作用。

3. 激励作用

组织目标的激励作用主要体现在提供鼓舞作用、提供支撑作用、提供满足感和新激励等方面。组织目标订立之后，该目标就成为员工自我激励、引导的标准。每个人员皆有了工作的依据，可以根据目标来自我激励、自我控制和自我引导，这大大有利于发挥员工的主观能动性，同时也可以减轻主管的负担。组织目标也可以成为激励组织团队的标准，激发员工的合作意识。组织确立目标之后，就使组织团队人员有所遵循，当所有的团队人员皆在同一目标下共同工作时，团队人员的凝聚力必然会加强，从而产生团队激励的效果，培养团队的合作意识和团队精神，有利于组织目标的实现。

4. 考评作用

组织目标可以为各单位和个人提供正确的工作方向与准绳。当工作完成后，有关人员即可依据原订目标加以考核，看其工作成果是否与原订目标相符。这种考核比较客观公正，考核结果也较具信服力。

1.3.2 目标的特点

1. 目标的层次性

管理组织是分等级、分层次的。组织的总体目标确定之后，就要围绕总目标依次确定下级的各个分目标、子目标，而且，各等级、各层次的目标之间构成了目标与手段的关系。

2. 目标的网络性

各等级、各层次的目标之间彼此相互联系、相互影响，并相互支持，形成了一个整体的目标网络，即目标之间左右关联，上下贯通，彼此呼应，融汇成一个整体。组织内各目标之间也只有形成了网络，才能保证组织目标更有效地实现。

3. 目标的多样性

组织的多级性会导致目标的多样性，而且同一等级层次也会表现出不同的目标。如组织的总目标可能不止一个，既要保证产品质量，又要降低成本，还要培训职工等。目标的多样性是企业为了更好地适应环境变化所必需的，但企业可以利用的资源是有限的，因此，管理者需要在多种目标之间取得平衡。

4. 目标的主次性

多等级层次，以及多种多样的目标网络，可能使管理者安排实现目标的行动变得困难。为此，要将目标做主次之分。管理者应该将其主要资源用于主要目标的实现上，因此，目标的主次性根据目标的重要程度划分的。在保证主要目标能够实现的基础上，再综合考虑次要目标的实现问题，或者将次要目标降为实现主要目标的约束条件。

5. 目标的时间性

从时间上可以将目标划分为长期目标、中期目标和短期目标。短期目标一般指年度目标，它是实现中长期目标的基础。但是，各个短期目标的实现不一定能保证长期目标的顺利实现。因为，有时为了长远利益，不得不牺牲眼前利益，因此，管理者要注意目标在时间上的衔接，使各时期的目标协调一致。

6. 目标的可考核性

目标必须具体，否则无法实施，更无法考核。目标如果不能考核，就失去了存在的意义。最便于考核的目标是定量目标，但不等于说定性目标不能考核。定性目标可以通过具体说明时间规定、成果要求等加强其可考核性。

1.3.3 目标的结构

组织的总体目标需要由子目标来支持，这样就形成了一个有层次的目标体系。目标可以划分为以下 4 个层次。

(1) 高阶层的目标，必须代表一个组织的整体目标。

(2) 中层各部门的目标，必须代表各部门所期望的各项成果。

(3) 基层工作单位目标，必须代表完成基层工作目标的各项基本要素。

(4) 个人工作目标，必须代表完成个人工作目标的各项基本要素。

也可以从另一个角度把组织目标简化和概括为 3 个层次。

(1) 环境层——社会加于组织的目标，为社会提供所需要的优质产品和服务，并创造出尽可能多的价值。

(2) 组织层——作为一个利益共同体和一个系统的整体目标，如企业提高经济效益、加强自我改造和发展，改善员工生活，保障员工的劳动安全。

(3) 个人层——组织成员的目标，如经济收入、兴趣爱好等。

1.3.4 有效目标的设定

1. 有效目标的特征

一个有效的目标应该具有以下几个特征。

(1) 具体的：准确地说明希望达到的最终结果(而不是工作本身)。

(2) 现实的：根据时间、资源、人力、知识、经验、权力等方面来看是可以达到的。

(3) 可衡量的：确定用于考证成果的绩效标准和时间(最后期限或目标期限)。

(4) 形成文字的：采用简单、扼要、具体、明确的措词。

(5) 明白的：指全体有关人员都明白。

2. 目标设立的过程

目标的设置是目标管理过程中最重要的阶段，这一阶段可以细分为以下 4 个步骤。

1) 企业经营环境调查

这是确立企业目标的依据。目标确定得明确、合适与否，取决于企业管理人员对外部环境的评价是否准确，以及对内部环境的分析是否完整、透彻。外部环境可以分为总体环境和运营环境，前者包括政治环境、经济环境、社会环境和技术环境，后者一般考虑产业、竞争地位、市场需求、融资、劳动力等要素；内部环境则主要分析营销功能、理财功能、生产经营及技术功能、人员功能和组织管理功能。只有对企业外部环境和内部环境进行深入分析，才能扬长避短，设置科学而客观有效的组织发展目标，为目标管理奠定基础。

2）初步在最高层设置目标

在对内外环境进行分析的基础上，确定企业的宗旨或使命以及战略目标。经营宗旨是企业管理人员对企业性质和活动特征的认识，是企业各项活动的最终依据，通常是一个试图抓住企业想要做的事的本质的文件，内容一般包括企业的基本产品、市场和技术、经营目的、经营哲学和自我评价。战略目标是企业经营宗旨的具体化，在企业整体的高度上告诉全体员工如何运用本企业的资源，才能在最大限度地利用环境提供的机会的同时，使环境对企业造成的威胁最小。

3）设置部门和员工的目标

在确保企业经营宗旨和战略目标传达给下级后，由上下级一起工作来设置下属人员的目标，经过可行性论证之后，即可将其作为部门和员工的工作目标。设置部门和员工的目标要经过以下过程。首先，要预定目标。预定的目标，既可以由上级提出，再同下级讨论；也可以由下级提出，由上级批准。无论采用哪种方式，目标必须由上下级共同商量确定。其次，重新审议组织结构和职责分工。目标管理要求每一个目标都有确定的责任主体，因此预设目标之后需要重新审视现有的组织结构，根据新的分解目标进行调整，明确目标责任者和协调关系。最后，商定下级的目标。商定下级的目标时要进行充分的沟通和交流。在讨论中，上级要尊重下级，平等待人，耐心倾听下属的意见，帮助下级建立与组织目标相一致的支持性目标。分目标要具体、量化、便于评估；要分清轻重缓急，以免顾此失彼；既要有挑战性，又要有实现的可能。每个员工和团队的分目标要同组织中其他员工和团队的分目标协调一致，共同支持组织总体目标的实现。

4）反复循环修订目标

目标的设置不仅是一个连续的过程，也是一个相互作用的过程。下级的目标可能会影响相应的组织结构和上级的目标，企业战略和上级的目标也会影响下级的目标。从最高层开始确定目标再分派给下属，或者从基层开始，都是不合适的。实际上，二者应以战略目标为导向，在相互作用过程中反复地协调，最终趋于一致。

1.4 管理主体

管理主体，指由谁来管理，管理的主体是管理者。既然管理是管理者让他人与自己一道去实现既定目标的过程，管理者对管理的效果进而对组织的目标实现情况将承担主要责任。那么，管理者的责任究竟是什么呢？美国管理学者彼得·德鲁克通过3个层次对这一问题做了明确回答。德鲁克认为，管理者的第一个责任是管理一个组织。组织是一个整体，为此，管理者应明确：组织是什么，它的目标是什么，如何实现目标。只有如此，组织才能取得最大的效益，更好地服务于社会。管理者的第二个责任是管理好下属和自己。对管理者应该通过目标管理和自我控制进行管理，管理者应该培养其下属和约束自己。管理者的第三个责任是管理好工作，主要是激励组织成员工作的积极性和创造性，达到组织的最佳效果。

1.4.1 管理者的概念

组织成员一般可分为两类：一类是直接从事组织业务活动的作业人员，如工厂的工人、学校的教师、医院的医生等；另一类是为了保证组织业务活动的有效运行和组织目标的实现而从事管理活动的管理人员。

“管理就是使一群人有效实现组织目标”，管理者是管理活动的主体。关于管理者，传统观点认为管理者是运用职位、权力对人进行统驭和指挥的人。这种概念强调的是组织中的正式职位和职权，强调必须拥有下属。

关于管理者的现代观点中，美国学者德鲁克曾给管理者下的定义为：在一个现代的组织中，每一个知识工作者如果能够运用他们的职位和知识，对组织做出贡献，具有能够实质性地影响该组织经营及达成成果的能力，就称之为管理者。这一定义强调作为管理者首要的标志是对组织的目标负有贡献的责任，而不是权力，只要共同承担职能责任，对组织的成果有贡献，他就是管理者，而不在于他是否有下属人员。依据这一定义，拥有知识并负有贡献责任的工程师也是管理者。

综合以上分析，管理者的定义为：管理者指能够履行管理职能，对实现组织目标负有贡献责任的人。

管理者就是组织和利用人力、物力、财力等资源去实现组织目标的指挥者和组织者。作业人员和管理者的划分只是相对的，不是绝对的，但是二者的区别也是显而易见的。管理者虽然有时候也会完成某些具体工作，但更多的时间则是在制订工作计划，设计组织结构，安排人力、物力、财力资源，指导、协调并检查他人去完成各项任务。

[讨论题] 如何判断一个人是不是管理者？

1.4.2 管理者的类型

依据不同的分类标准，可以将管理者分为不同的类型。通常按管理者在组织中所处的层次或管理的领域、职权关系的性质来分类。

1. *按管理者在组织中所处的层次分类*

由于管理者在组织中所处的位置不同，因而在组织中形成了不同的管理阶层，即高层管理者、中层管理者和基层管理者，如图 1.1 所示。

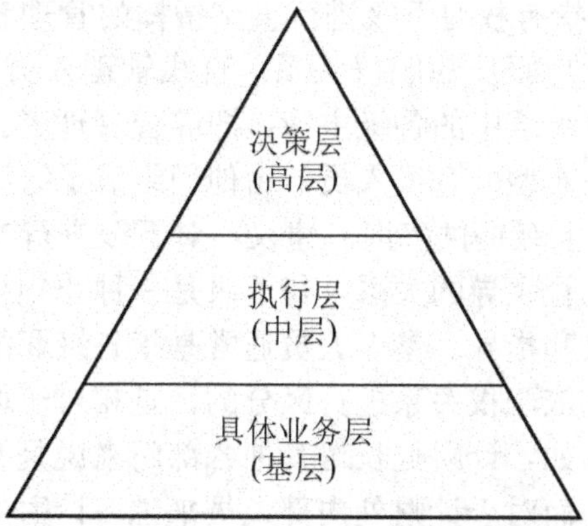

图 1.1 管理者 3 个层次的结构图

高层管理者指对组织的管理负有全面责任的人，位居组织的顶端，是组织的最高行政长官。他们的主要职责是制定组织的目标和发展战略，掌握组织的大政方针和评价组织的绩效。在对外交往中，他们往往代表组织，以“官方”的身份出现。高层管理者一般被冠以董事长、首席执行官或总裁、总经理及校长、院长等名衔。

中层管理者指介于高层管理者与基层管理者之间的一个或若干层次的管理人员。他们的主要职责是贯彻执行高层管理者的决策和意图，督促基层管理者的工作。中层管理者可能会被冠以部门或办事处主任、单位主管、事业部经理等头衔。中层管理者的主要作用是上情下达，下情上传，承上启下。

基层管理者是处于最底层的管理者，他们听从中层管理者的指导，负责把组织的各项计划和措施准确地传送给员工，并保证计划的顺利完成。他们所接到的指令是具体的、明确的，所能调动的资源是有限的、是完成任务所必需的，任务也是明确的，即带领和指挥下属有效地完成任务。他们要向上级报告任务的执行情况，反映工作中遇到的困难并请求支持。

2. 按管理的领域来分类

依照管理者从事管理工作的领域宽度及专业性质的标准，可以将管理者划分为综合管理者与专业管理者两大类。

综合管理者是指负责管理整个组织或组织中某个事业部全部活动的管理者。对于小型组织(如一个小厂)来说，可能只有一个综合管理者；而对于一个拥有若干分部的大型组织(如跨国公司)来说，可能会有多个综合管理者。

专业管理者是指仅承担组织管理的某一类职能的管理者。在某些企业组织中，依据管理领域性质的不同，可以将专业管理者划分为生产、营销、人事、财务以及研究开发等部门的管理者。专业管理者多存在于大型组织之中，并且随着组织规模的扩大和环境的复杂多变而变得越来越重要。管理者大多具有某种专业或技术专长，例如一个工厂的总工程师、设备处长等。就一般工商企业而言，职能管理者主要包括以下类别：计划管理、生产管理、技术管理、市场营销管理、物资设备管理、财务管理、行政管理、人事管理、后勤管理、安全保卫管理等。

3. 按职权关系的性质分类

(1) 直线管理人员：是指有权对下级进行直接指挥的管理者。他们与下级之间存在着领导隶属关系，是一种命令与服从的职权关系。直线管理人员的主要职能是决策和指挥。直线管理人员主要指组织等级链中的各级主管，即综合管理者。例如，企业中的总经理—部门经理—班组长，他们是典型的直线人员，由他们组成了组织的等级链。

(2) 参谋人员：是指对上级提供咨询、建议，对下级进行专业指导的管理者。他们与上级是一种参谋、顾问与主管领导的关系，与下级是一种非领导隶属的专业指导关系。他们的主要职能是咨询、建议和指导。参谋人员通常是指各级职能管理者。

直线人员与参谋人员是依职权关系进行区分的，是相对于职权作用对象而言的，在实际管理中两者经常转化。例如，计财处长对其他各部门来说是参谋性管理者，因为其只在计财领域内进行专业指导，而对于计财处内部人员来说，计财处长却又是直线管理者，因为他对本处工作人员有直接指挥的权力。

1.4.3 管理者的素质

管理者的素质是管理者履行管理职能的基础，是管理者实施有效管理所必须具备的基本条件。管理者的素质是在管理者先天禀赋的生理素质基础上，通过后天的学习和社会实践而形成的，在管理活动中经常起作用的内在要素的总和。不同层次、不同领域的管理者应具备的素质是有差异的，但以下几种素质是管理者必备的。

（1）品德素质。品德素质是管理者最根本的素质，它体现了一个人的世界观、人生观、价值观和道德观，决定了管理者对现实的态度和行为方式。

（2）知识素质。合理的知识结构是管理者必备的基本条件。管理者政治素质和业务能力的高低在很大程度上与知识水平的高低有着密切的联系。领导者必须有较高的科学文化知识、专业知识和合理的知识结构才能适应社会主义现代化建设的需要。

（3）能力素质。管理活动是一种综合的实践活动，因而对能力素质的要求较高。

（4）心理素质。心理素质是由性格、意志、情绪、气质、兴趣等因素有机结合而形成的心理机构模式。理论研究表明，一个优秀的管理者应该具备良好的心理素质，主要包括宽广的胸怀、坚强的意志、敢于决断的气质和开放竞争的性格。

（5）生理素质。生理素质是管理者履行其职能的物质条件，包括脑力、体力、精力等因素。

［讨论题］有的管理者认为本部门工作没做好，是因为下属又懒又笨，是下属的责任，请问这个理由是否成立？

1.4.4 管理者的角色

管理者角色是指组织中的管理者需要完成的一系列特定的工作任务。20 世纪 60 年代末期，亨利·明茨伯格在他的《经理工作的性质》一书中阐述了管理者在管理工作中需要扮演的 10 种角色，这 10 种角色可被归纳为 3 大类：人际角色、信息角色和决策角色。

1. 人际角色

管理者的人际角色直接产生自管理者的正式权力基础，管理者在处理与组织成员和其他利益相关者的关系时，他们就在扮演人际角色。管理者所扮演的人际角色是代表人角色、领导者角色和联络者角色 3 种。作为所在单位的管理者，必须行使一些具有礼仪性质的职责，例如，管理者有时必须出现在社区集会上，参加社会活动，或宴请重要客户等。在这种情况下，管理者行使着代表人的角色。由于管理者对他所在单位的成败负重要责任，所以必须在工作小组内扮演领导者角色。对这种角色而言，管理者和员工一起工作并通过员工的努力来确保组织目标的实现。最后，管理者必须扮演组织联络者的角色。管理者无论是与组织内的个人和工作小组一起工作时，还是与外部利益相关者建立良好关系时，都起着联络者的作用。管理者必须对重要的组织问题有敏锐的洞察力，从而能够在组织内外建立关系和网络。

2. 信息角色

在信息角色中，管理者负责确保和其一起工作的人具有足够的信息，从而能够顺利完成工作。由管理责任的性质决定，管理者既是所在单位的信息传递中心，也是组织内其他工作小组的信息传递渠道。整个组织的人依赖于管理结构和管理者来获取或传递必要的信息，以便完成工作。管理者所扮演的信息角色是监督角色、传播角色、发言人角色3种。

(1) 监督角色。作为监督者，管理者持续关注组织内外环境的变化以获取对组织有用的信息。管理者通过接触下属来收集信息，并且从个人关系网中获取对方提供的信息。根据信息，管理者可以识别工作小组和组织的潜在机会和威胁。

(2) 传播角色。作为传播者，管理者把重要信息传递给工作小组成员，管理者有时也向工作小组隐藏特定的信息，更重要的是管理者必须保证员工具有必要的信息，以便切实有效地完成工作。

(3) 发言人角色。管理者必须把信息传递给单位或组织以外的个人，例如，必须向董事和股东说明组织的财务状况和战略方向，必须向消费者保证组织在切实履行社会义务，必须让政府官员对组织遵守法律的情况感到满意等。

3. 决策角色

在决策角色中，管理者负责处理信息并得出结论，让工作小组按照既定的路线行事，并分配资源以保证小组计划的实施。管理者所扮演的决策角色是企业家角色、混乱驾驭者角色、资源分配者角色、谈判者角色4种。

(1) 企业家角色。管理者寻求组织的发展机会，对所发现的机会进行投资以利用这种机会，如开发新产品和市场、提供新服务或发明新工艺等。

(2) 混乱驾驭者角色。一个组织不论被管理得多么好，它在运行过程中总会遇到或多或少的冲突或问题，管理者必须善于处理或解决问题，当组织发生危机时，要善于实施危机管理和危机公关。

(3) 资源分配者角色。管理者决定将组织资源分配给各个部门和成员。

(4) 谈判者角色。对所有层次管理工作的研究表明，管理者的大量时间都花费在谈判上。管理者的谈判对象包括员工、供应商、客户、政府和其他工作小组。

管理案例

管理者该做什么事

蒋华是某新华书店邮购部经理。该邮购部每天要处理众多的邮购业务，在一般情况下，登记订单、按单备货、发送货物等都是由部门中的业务人员承担的。但在前一段时间里，接连发生了多起A要的书发给了B，B要的书却发给了A之类的事，引起了顾客的极大不满。今天又有一大批书要发，蒋华不想让此类事情再次发生。

请问：他应该亲自核对这批书，还是仍由业务员们来处理？为什么？

1.4.5 管理者技能

根据罗伯特·卡茨的研究，管理者要具备技术技能、人际技能和概念技能。

1. 技术技能

技术技能就是指从事自己管理范围内的工作所需的技术和方法。如果是车间主任，就要熟悉各种机械的性能、使用方法、操作程序，各种材料的用途、加工工序，各种成品或半成品的指标要求等。如果是办公室管理人员，就要熟悉组织中有关的规章、制度以及相关法规，熟悉公文收发程序、公文种类及写作要求等。如果是财务科长，就要熟悉相应的财务制度、记账方法、预算和决算的编制方法等。技术技能对基层管理者来说极为重要，因为基层管理者大部分时间都是在训练下属人员或回答下属人员有关具体工作方面的问题，因而必须知道如何去做下属人员做的各种工作。具备技术技能，才能更好地指导下属工作，更好地培养下属，由此才能成为受下级成员尊重的有效管理者。技术技能对于基层管理者、中层管理者、高层管理者的重要程度依次下降。

2. 人际技能

人际技能是指成功地与组织单位中各层次的人打交道并与别人沟通的能力，包括联络、处理和协调组织内外人际关系的能力，激励和诱导组织内工作人员的积极性和创造性的能力，正确地指导和指挥组织成员开展工作的能力。人际技能要求管理者首先要了解别人的信念、思考方式、感情、个性以及每个人对自己、对工作、对集体的态度，并且认识到别人的信念、态度、观点与自己不一样是很正常的，承认和接受不同的观点和信念，这样才能与别人更好地交换意见。其次，要求管理者能够敏锐地察觉别人的需要和动机，并判断组织成员的可能行为及其后果，以便采取一定的措施，使组织成员的个人目标与组织目标最大限度地保持一致。再次，要求管理者掌握评价奖励员工的一些技术和方法，最大限度地调动员工的积极性和创造性。许多研究表明，人际技能是一种重要技能，对各层次管理者都具有同等重要的意义。

知识链接

刺猬理论

刺猬理论讲的是两只困倦的刺猬，由于寒冷而拥在一起。但因为各自身上都长着刺，刺得对方怎么也睡不舒服。于是它们离开了一段距离，但又冷得受不了，于是又凑到一起。几经折腾，两只刺猬终于找到一段合适的距离：在彼此不受伤害的前提下，保持着群体的温暖。

刺猬理论强调的是人际交往中的“心理距离效应”。运用到管理实践中，就是管理者应该与下属保持亲密关系，但这是“亲密有间”的关系，是一种不远不近的恰当合作关系。与下属保持心理距离，可以避免下属的防备和紧张，可以减少下属对自己的恭维、奉承、送礼、行贿等行为，可以防止与下属称兄道弟、吃喝不分。这样做既可以获得下属的尊重，又能保证在工作中不丧失原则。一个优秀的领导者和管理者，要做到“疏者密之，密者疏之”，这才是成功之道。

3. 概念技能

概念技能是指把观点设想出来并加以处理以及将关系抽象化的能力。概念技能是对高层管理者的特殊要求。高层领导者将在组织中遇到的问题概念化，这是一个理论升华和文化创造的过程。高层管理者是组织理论和组织文化的主要创造者，需要有较高的概念抽象技能。从概念技能的角度，管理者要具有对事物的洞察、分析、判断、抽象和概括能力。管理者应看到组织的全貌和整体，了解组织各个部分与环境是如何互动的，了解组织内部各部分是怎样相互作用的，能预见组织的发展趋势和行业未来。

上述3种管理技能是各层管理者都需要掌握的，区别在于各层管理者所需掌握的3种管理技能的要求会有所不同，如图1.2所示。

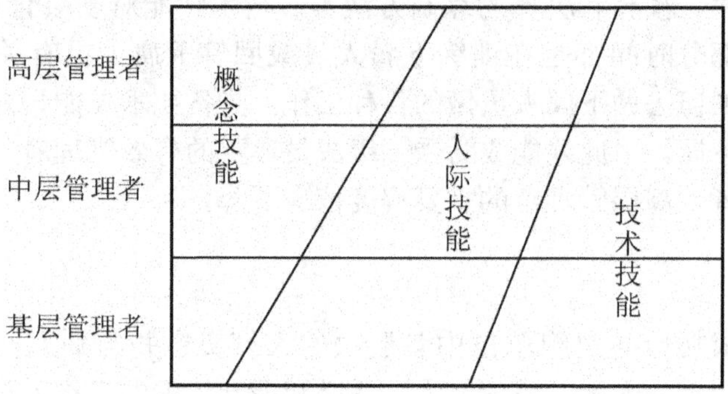

图1.2　不同层次管理者所需具备的管理技能的比例

1.4.6　管理道德与社会责任

1. 管理道德

道德通常指那些用来明辨是非的规则或原则。根据这一定义，道德在本质上是规则或原则，这些规则或原则旨在帮助决策人判断某种行为正确与否，或者某种行为是否为组织所接受。不同组织的道德标准可能不一样，即使是同一组织，也可能在不同时期具有不同的道德标准。此外，组织的道德标准要与社会的道德标准兼容，否则这个组织很难为社会所容纳。

管理道德不同于一般的社会道德，具有一定的特殊性。因为它所调整的关系是管理关系，规范的行为是管理行为。管理关系包括管理者与被管理者之间以及管理者相互间的特殊职责关系。管理行为是管理者从事管理活动时的行为，与一定的管理职权和管理责任联系在一起。

1）管理与道德的关系

（1）异质性。首先，管理和道德分别反映着主体与客体的不同关系。一般地说，管理作为一种规律性和价值性相统一的理性认识，是以“实然”认知即事实认知为前提的，它直接把客体作为自己的认识对象，表现为主体对客体的属性及其规律的反映，要求尽可能真实地把握客观对象，具有精确性、规范性和可预测性。道德表现的是主体对客体的主观态度，是从主体需要的角度判断客体对于主体的意义的，因而在本质上表现的是人们对客观事物是否符合人的利益所产生的情感体验。

其次，管理与道德的评价基础不同。管理活动以其预定目标为评价标准，以对客观对象的运动规律的认识为前提，在此基础上实现对系统要素的优化组合与功能的优化，使对象依据客观规律发生有利于主体的变化。因此，管理主要是一种事实判断，它一般以事实为依据考察主体行为对客体产生的实际效果、作用及行为主体应负的责任。管理一般不诉诸良心、不允许渗入主观因素，主要以行为的实际效果作为衡量依据。道德则不同，它主要是一种价值判断，虽然也考察人的行为的社会后果，但更关注人的内心和价值观念，是行为主体中自我利益和文明素质烙铸而成的思想动机，带有浓厚的主观色彩。

再次，管理行为与道德行为所遵循的原则不同。自愿自觉的活动是人类管理的最高境界。但严格地说，管理行为体现得更多的是遵循自觉原则，道德行为体现得更多的是遵循自愿原则。自觉是一种理性的品格，更符合管理活动的要求。管理强调的是外部世界及其规律性对人的行为的限定，主体在这里是受制约的、被动的，要求理性地服从不以人的意志为转移的外部强制力量。自愿则是一种意志的品格，更符合道德活动的要求。道德强调的是行为主体从善去恶的内在信念与价值追求，主体在这里是主动的、积极的，是出于自我意志的内在实现和价值体验。它们虽有异质性，但二者相互补充、相互依赖、相互推动，共同成为管理与道德结合的内在基础。

(2) 统一性。管理和道德作为由一定的生产关系和经济基础决定的上层建筑的重要组成部分，其作用都是为人的行为明示方向，从"可为"和"不可为"这两个方面来规范人的行为，共同发挥着调节人们行为、规范社会关系和社会生活的作用。这一相同的作用本质，决定了两者内在的统一性。一般而言，道德所反对或许可的，管理上往往会相应地禁止或许可。从形式上看，管理常常表现为用一定的社会、国家、民族、阶级、群体制定的章程、制度等来规范人们的行为活动，协调人们的关系，从而使其具有一定的强制性，表现为制度化的特征。道德作为调整人的行为规范，主要是通过社会舆论以及人的良心和内心信念的反省而起作用的，它的形成和执行具有非强制性，表现为非制度化的特征。但就其实质内容而言，二者都是社会规范文化的主体，都是为了适应人类社会生活而产生的，对维系人类社会的存在和发展有着共同的规范价值。通过管理和道德的设定，社会关系和社会活动会朝着人类所共同追求的价值方向发展。

(3) 趋同性。管理在本质上是对人的管理，管理中包含着对人的道德价值目标的追求，内在具有道德层面的因素。人的全面发展作为人类管理活动的根本目的或终极目的，具有十分重要的道德价值。因为管理的根本目的是为了人，而不是为了物，管理活动最终而且必须以人的发展为归宿。

人的管理关系既是生产关系，也是道德关系，管理关系中渗透着道德价值与道德理念，管理活动中人的价值判断与道德规范的趋同是达到最佳管理效果不可或缺的内在因素。管理关系的本质是道德关系，道德关系集中体现人道原则。管理在本质上是对人的管理。管理的这一特性决定了人道原则在管理活动中的地位。人道原则是当代管理的必然趋势，就发达国家经历的演变过程来看，管理活动经历了非人道向人道转化的过程，在资本原始积累时所表现出来的那种野蛮摧残人、掠夺人的血腥管理方式，随着人道主义的发展、科学技术的进步、政治生活领域的民主建设，已失去了存在的基础，现代管理学家已将视野转向人，向着人道化管理的方向迈进。这种将人的目标作为根本目标来追求的管理目标就是以人为本的管理目标和管理理念。这种以人为本的管理理念为在管理中处理各种关系提供了根本原则，从而成为管理中构建道德准则、进行理论精神塑造的根本价值导向，这种管理理念在管理道德活动中既是激励机制的基本方向，也是约束机制的基本依据。

管理与道德的关系主要表现为管理与道德的异质性和统一性，最终体现在二者的趋同性上。

2) 管理道德决策

劳拉·纳什(Nash)提出了使用正式文件来指导行为的另一种方法。她提出了12个问题，这些问题作为决策规则，可以指导管理者处理决策中的道德问题。作为决策规则的12个问题如下。

(1) 你准确地确定了问题吗?

(2) 如果你站在对方的立场上，你将如何确定问题?

(3) 这种情形原本是如何发生的?

(4) 作为一个人和公司的一员，你忠于什么人和什么事?

(5) 在决策时你的意图何在?

(6) 这一意图与可能的结果有何差距?

(7) 你的决定或行动可能伤害谁?

(8) 你能在决策前与有关各方讨论这一问题吗?

(9) 你有信心认为你的立场不仅现在看起来正确，即使长期也正确吗?

(10) 你能问心无愧地把你的决定或行动透露给你的上司、首席执行官、董事会、家庭以及整个社会吗?

(11) 你的行动在被人理解的情况下有什么可能的后果?在不被人理解的情况下又如何?

(12) 在什么情况下你将容忍反对意见?

3) 提高管理道德素质的途径

管理道德借助于一系列的理念、原则和准则来规范和规定管理者的行为。改善管理道德行为、提升管理道德素质是综合性的、长期的工作，其主要方法包括以下几个。

(1) 提高人员素质。人在道德发展阶段、个人价值体系和个性上的差异，使管理者有可能通过严格的挑选过程(通常包括审查申请材料、组织笔试和面试以及试用等阶段)，把低道德素质的求职者淘汰掉。但这并非易事。事实证明，仅仅通过“挑选”这一控制措施，是很难把道德有问题的求职者挡在门槛之外的，所以通常辅之以其他控制措施。挑选过程的另一作用是帮助管理者了解个人道德发展阶段、个人价值观、自我强度和控制中心。

(2) 建立恰当的道德准则和决策规则。在一些组织中，员工对“道德是什么”认识不清，这显然于组织不利。建立道德准则可以缓解这一问题。道德准则是表明组织的基本价值观和组织期望员工遵守的道德规则的正式文件。道德准则既要相当具体以便让员工明白以什么样的精神来从事工作、以什么样的态度来对待工作，也要相当宽泛以便让员工有判断的自由。

(3) 管理人员以身作则。管理人员在道德方面的领导作用主要体现在以下两方面。一方面，管理人员在言行方面是员工的表率。另一方面，管理人员可以通过奖惩机制来影响员工的道德行为。

(4) 加强职业道德教育。越来越多的组织意识到对员工进行适当的道德教育的重要性，它们积极采取各种方式(如开设研修班、组织专题讨论会等)来提高员工的道德素质。人们对这种做法意见不一。反对者认为，个人价值体系是在早年建立起来的，因而成年时的道德教育是徒劳无功的。而支持者指出，一些研究已发现价值准则可以在童年后建立。

另外，他们也找到了一些证据，这些证据表明：第一，向员工讲授解决道德问题的方案，可以显著改变其道德行为；第二，这种教育提升了个人的道德发展阶段；第三，道德教育即使没有其他作用，但至少可以增强有关人员对商业伦理问题的认识。

(5) 培植组织文化。企业文化是企业在经营过程中与文化相互作用的结果。企业文化对企业的作用通常会经过内聚和发散两个过程。内聚是将每个员工的意识统一到公司系统的、完整的经营理念中。由于每个人的出身、环境、阅历、条件不同，对人与人、公司与人之间关系的认识就不会相同，这种差异容易导致公司的战略目标在战术环节上出现偏差。因此，企业文化的学习过程，实际上就是将每个人的思想统一，以达成凝聚力、战斗力的过程，这也是企业文化的教育过程。而当每个员工受到企业文化教育，将企业生存发展的理念和战略细化到个人的行为中后，才是企业文化的发散阶段。例如，在与惠普销售人员的合作中他们对商机的把握能力、信奉团队精神、倍加重视企业商誉、不断进取的特质都会使公司的整体形象提升。由其企业文化培养出的卓越的个人素质使人深感敬佩。企业文化的内容和作用会影响企业的道德行为及伦理。强势的企业文化会支持企业的高道德标准，会对企业管理的道德行为产生强烈的和积极的影响。因此，培植积极的、健康的组织文化对管理道德素质的提高是很重要的。

(6) 综合评价绩效。如果仅以经济成果来衡量绩效，人们为了取得结果就会不择手段，从而有可能产生不道德行为。如果组织想让其管理者坚持高的道德标准，它在评价过程中就必须把道德方面的要求包括进去。例如，在对管理者的年度评价中，不仅要考察其决策带来的经济成果，还要考察其决策带来的道德后果。

(7) 严格而独立的社会审计与监察。有不道德行为的人都有害怕被抓住的心理，被抓住的可能性越大，产生不道德行为的可能性就越小。根据组织的道德准则对决策和管理行为进行评价的独立审计，会使不道德行为被发现的可能性大大提高。审计可以是例行的，如同财务审计；也可以是随机的，并不事先通知。有效的道德计划应该同时包括这两种形式的审计。审计员应该对公司的董事会负责，并把审计结果直接交给董事会，以确保客观、公正。

(8) 提供正式的保护机制。正式的保护机制可以使那些面临道德困境的员工在不用担心受到斥责的情况下自动行事。例如，组织可以任命道德顾问，当员工面临道德困境时，可以从道德顾问那里得到指导。道德顾问首先要成为那些遇到道德问题的人的诉说对象，倾听他们陈述道德问题、产生这一问题的原因以及自己的解决方法。在各种解决方法变得清晰之后，道德顾问应该积极引导员工选择正确的方法。另外，组织也可以建立专门的渠道，使员工能放心地举报道德问题或告发践踏道德准则的人。

知识链接

麦道公司的道德准则

为了使正直和道德成为麦道公司的特征，作为公司成员必须努力做到以下方面。

(1) 在所有交往中要诚实可信。

(2) 要可靠地完成上级所交代任务。

(3) 说话和书写要真实和准确。

(4) 在所有工作中要与人合作并做出自己的贡献。
(5) 对待同事、顾客和其他人要公平和体贴。
(6) 在所有活动中要遵守法律。
(7) 承诺以较好的方式完成所有任务。
(8) 节约使用公司资源。
(9) 为公司服务并尽力提高我们的生活质量。

2. 企业的社会责任

企业要承担社会责任吗？一些人对此很漠然。他们认为，任何企业的第一要务就是追求利润的最大化，创造出经济效益。至于说企业的其他社会责任，有能力就做，没能力就算了。某些经济管理部门的人在这个问题上也存在模糊认识，认为只要所有企业实现了利润最大化，就能实现国家利益的最大化。某些在海外上市的企业甚至说，我的股东是外国人，要承担社会责任，外国人能答应吗？在20世纪60年代前，企业的社会责任问题很少引起人们的注意，不过那时的社会活动家已开始对企业的单一经济目标提出异议。随着改革开放的进一步深入和市场经济的进一步确立，企业正在成为独立的市场主体，它们不仅是经济活动中的经营主体，在社会活动中同样扮演着重要的角色。国际国内的经验表明，企业的经营和发展必然受到社会因素的影响和制约，与社会发展、社区建设相适应已成为现代企业成功的重要因素。在正式讨论社会责任之前，有必要对它下一个较准确的定义。如果企业除了承担着法律上和经济上的义务(法律上的义务是指企业要遵守有关法律，经济上的义务是指企业要追求经济利益)外，还承担着追求对社会有利的长期目标的义务，那么，我们就说该企业是有社会责任的。

在社会责任上，有两种截然相反的观点。

第一种观点：古典观(或纯经济观)。古典观的代表人物首推米尔顿·弗里德曼(Milton Friedman)。他认为当今的大多数管理者是职业管理者，这意味着他们并不拥有他们所经营的企业。他们是员工，仅向股东负责，因而他们的主要责任就是最大限度地满足股东的利益。那么，股东的利益是什么呢？弗里德曼认为股东只关心一件事，那就是财务收益。在弗里德曼看来，当管理者自行决定将公司的资源用于社会目的时，他们是在削弱市场机制的作用，有人必然为此付出代价。具体说来，如果社会责任行动使利润和福利下降，则损害了员工的利益；如果社会行动使价格上升，则损害了顾客的利益；如果顾客不愿支付或支付不起较高的价格，销售额就会下降，从而导致企业很难维持下去，在这种情况下，企业的所有利益相关者都会遭受或多或少的损失。除此之外，弗里德曼还认为，当职业管理者追求利润以外的其他目标时，他们其实是在扮演非选举产生的政策制定者的角色。他怀疑企业管理者是否具有决定“社会应该怎样”的专长，至于“社会应该怎样”，据弗里德曼说，应该由人们选举出来的政治代表来决定。

第二种观点：社会经济观。持社会经济观的人提出了不同的看法，他们认为，时代发生了变化，社会对企业的期望也发生了变化。公司的法律形式可以很好地说明这一点。公司的设立和经营要经过政府的认可。因此，公司不是一个仅对股东负责的独立实体，同时要对产生和支持它的社会负责。在社会经济观的支持者看来，古典观的主要缺陷在于其时间框架。社会经济观的支持者认为，管理者应该关心长期财务收益的最大化。为此，他们必须承担一些必要的社会义务及相应的成本。他们必须以不污染、不歧视、不发布欺骗性广告等方式来维护社会利益。他们还必须在增进社会利益方面发挥积极作用，如参加所在社区的一些活动和捐钱给慈善组织等。

企业的社会责任的具体体现如下。

(1) 企业对环境的责任。企业既受环境的影响又影响着环境。从自身生存和发展的角度来看，企业承担有保护环境的责任。企业对环境的责任主要体现在三方面。首先，企业要在保护环境方面发挥主导作用，特别要在推动环保技术的应用方面发挥示范作用。有社会责任的企业有着强烈的环境保护意识，它们积极采取生态生产技术。生态生产技术主要是指这种技术利用生态系统的物质循环和能量流动原理，以闭路循环的形式，在生态过程中使资源得到合理而充分的利用，使整个生产过程保持高度的生态效率和环境的零污染。企业要紧密跟踪生态生产技术的研究进展，在条件许可的情况下，将最新的生态生产技术应用到生产中去，将研究出来的生态生产技术尽可能转化为生产力，造福于人类。在这样做的过程中，企业自身的发展得到了有力的保证。其次，企业要以“绿色产品”为研究和开发的主要对象。企业研制并生产绿色产品既体现了企业的社会责任，推动了“绿色市场”的发展，也推动了环保宣传教育，提高了整个社会的生态意识。再次，企业要治理环境。污染环境的企业要采取切实有效的措施来治理环境，“谁污染谁治理”，不能推诿，更不能采取转嫁生态危机的不道德行为。

(2) 企业对员工的责任。员工是企业最宝贵的财富。企业对员工的责任主要体现在以下几方面。一是不歧视员工。现代企业的一个显著特征是员工队伍的多元化。为了调动各方面的积极性，企业要同等对待所有员工，不分三六九等。二是定期或不定期培训员工。决定员工(尤其是高素质员工)去留的一个关键因素是员工能否在企业中得到锻炼和发展的机会。有社会责任的企业不仅要根据员工的综合素质将其安排在合适的工作岗位上，做到人尽其才、才尽其用，而且在工作过程中，要根据情况的需要对其进行培训，如送他到国外或国内的学校、科研机构和兄弟单位学习深造。这样做既满足了员工自身的需要，也满足了企业的需要，因为在通常情况下，经过培训后的员工能胜任更具有挑战性的工作。三是营造一个良好的工作环境，工作环境的好坏直接影响到员工的身心健康和工作效率。企业不仅要为员工营造一个安全、关系融洽、压力适中的工作环境，而且要根据本单位的实际情况为员工配备必要的设施。四是善待员工的其他举措。例如，推行民主管理，提高员工的物质待遇，对工作表现好的员工予以奖励等。

(3) 企业对顾客的责任。“顾客是上帝”，顾客的数量以及顾客的忠诚度往往决定着企业的成败得失。企业对顾客的责任主要表现在以下几方面。一要提供安全的产品。安全是顾客的一项基本权利，企业不仅要让顾客得到所需的产品，还要让他们得到安全的产品。产品的安全越来越受到企业(尤其是知名企业)的重视。据美联社 1999 年 11 月 2 日报道，由于驾驶舱存在一些问题，波音公司决定 4 种型号的飞机，即 747、757、767 和 777 飞机将暂停交货。从这篇报道中可以看出波音公司对顾客的负责态度。二要提供正确的产品信息。企业要想赢得顾客的信赖，在提供产品信息方面不能弄虚作假、欺骗顾客。三要提供售后服务。企业要重视售后服务，要把售后服务看做对顾客的承诺和责任，要建立与顾客沟通的有效渠道，如设立意见箱、热线电话等，及时解决顾客在使用本企业产品时遇到的问题和困难。四要提供必要的指导。在使用产品前或过程中，企业要尽可能为顾客提供培训或指导，帮助他们正确使用本企业的产品。五要赋予顾客自主选择的权利。在市场经济下，顾客拥有自主选择产品的权利。企业不能限制竞争，要防止垄断或限制的出现给顾客带来的不利影响。

(4) 企业对竞争对手的责任。在市场经济下，竞争是一种有序竞争。企业不能压制竞争，也不能搞恶意竞争。企业要处理好与竞争对手之间的关系，在竞争中合作，在合作中竞争。有社会责任的企业不会为了暂时之利通过不正当手段挤垮对手。

(5) 企业对投资者的责任。企业首先要为投资者带来有吸引力的投资报酬。那种只想从投资者手中获取资金，却不愿或无力给投资者以合理报酬的企业是对投资者极不负责的，这种企业注定被投资者抛弃。此外，企业还要将其财务状况及时、准确地报告给投资者。企业错报或假报财务状况是对投资者的欺骗。

(6) 企业对所在社区的责任。企业不仅要为所在社区提供就业机会和创造财富，还要尽可能为所在社区做出贡献。有社会责任的企业意识到通过适当的方式把利润中的一部分回报给所在社区是其应尽的义务。它们积极寻找途径参与各种社会活动，通过此类活动，不仅回报了社区和社会，还为企业树立了良好的公众形象。

1.4.7 全球化管理者

管理已成为企业在世界范围内的活动，随着世界经济一体化步伐的加快，越来越多的企业开始从事国际化经营，并通过对分布在世界各地的子公司或代理机构的人力、物力、财力等要素进行有效规划、组织、协调、指挥和控制，谋取全球范围内的竞争优势。如今的管理者都必须具有全球化视角，正如管理学家南希·阿德勒(Nancy J. Adler)所说，“全球化管理者主要关心不同文化背景下的人员和思想之间的互动，而不是在管理者的祖国中原来的特定领导方式的效果和对来自不同国家或地区的管理者的管理方式的比较”。

创造性领导力中心(Center for Creative Leadership，CCL)成立于1970年，是世界上致力于为个人和组织传播领导能力的最大机构之一)研究认为，为了成为有效的全球化管理者，其必须具备4种关键知识与能力，即国际商务知识、文化适应能力、视角转换能力和创新能力。

1. 国际商务知识

国际商务知识至少包含3层含义：一是对管理者所负责的所有国家或地区的一般环境因素的深入了解，如政治、法律、文化、经济、历史等；二是对管理者所负责的业务的任务环境因素的深入理解，如竞争对手、顾客、供应商、销售商等；三是深入理解一般环境和任务环境对市场和商业活动的影响，并能够有效地开展一系列的管理活动。为了成为一名有效的全球化管理者，首先需要参加培训，阅读大量书籍，并与相关专业人士和商业人士进行交流与讨论；其次要实践、实践再实践。

2. 文化适应能力

管理者了解所负责的所有国家或地区文化的价值、特点与行为倾向，这仅仅是一个开始。文化知识是文化适应能力的重要组成部分，但是要成为一位有效的全球化管理者，关键是要理解这些文化知识并学会如何恰当地改变自己的行为。文化适应能力也是管理者处理压力能力的一种。不同文化会产生管理上的各种压力，这要求管理者能够学习和理解不同或陌生文化的特点和性质，以改变自己的行为来适应这些文化的要求。

3. 视角转换能力

每个人都有自己的视角。视角是对事物是怎样的或者应该是怎样的一种观点或假设。当管理者试图理解来自另一种文化的人的观点的时候，必须在思想里对那种文化有一个基本框架。然后从该框架确定的视角来审定事物。转换到别人的视角就可以明白别人对事物的看法。然而，转换视角是一件比较困难的事，因为每个人都有根深蒂固的价值观和信仰，即每个人都有固定的视角。但转换视角的难易程度也会因人而异。作为一位有效的全球化管理者，转换视角去看问题是必需的。全球化管理者必须拥有这种能力。在实践中，转换视角的学习和行动也不是十分复杂的，而且也不难理解。正如彼得·德鲁克所说，管理有效性是一种习惯，可以培养，可以学会。转换视角能力也是可以培养的，它包括：有良好的倾听能力，有了解不同看法的意愿，认识到其他人对事物应该是什么样的看法与己不同，愿意征求其他人的意见，并且承认自己的视野是有限的。

4. 创新能力

掌握足够的国际商务知识，改变自己的行为以适应不同的文化期望，能够从不同文化价值结构去理解事物，作为一位全球化管理者来说，这些都是为了创造出新的有效的管理方式。创造新事物正是一位有效的全球化管理者的本质所在。创新者的技能是一步一步积累信息、学习倾听和注意观察、引导正确的需求，以及寻找有用的行为组合等这一长期过程的积累结果。

管理案例

视频会议系统

在《成功的全球化管理者》中的一个例子：史密斯是一家美国跨国公司经理，在调查外派工作人员项目的费用时发现，外派人员费用远高于预算与移居国外的人及其家人频繁回国的旅费有关，并且回国频率高的人大部分都是沙特阿拉伯公民。史密斯想颁布一条命令来禁止超量人员回国。但是，史密斯认识到，中东的价值观体系包括一个大家庭的概念，即几代人、各种亲戚和朋友联合起来相互支持。与这些大家庭联系减少，对于那些移居国外的任何人的家庭的影响都是非常大的，所以他们频繁地回国。有了这些文化知识后，史密斯决定飞往沙特阿拉伯去会见一些回国的夫妻，并与他们交谈。在长达一个星期的一系列交谈后，史密斯和这些回国的夫妻协商了一个新的解决方法。史密斯与信息技术小组一起努力建立了一个视频会议功能系统，让移居国外的人和当地家庭使用。这些移居国外的人非常感激管理者认识到他们的需求，从而在第一年末预算的回国开支减到了零，而视频会议系统的费用不到回国费用的1%。史密斯也可以颁布一条命令，但他没有这么做，而是试图掌握文化知识、转换视角，通过交谈与协商，创造性地提出了一个崭新的解决方案。

由这个案例可以知道，4种关键能力是一个整体。创新是落脚点，但创新建立在全球化管理者对国际商务知识的掌握与理解基础上。在掌握和理解恰当的商务知识基础上，作为一位成功的全球化管理者，还必须能够转换视角看问题，调整自己行为去适应不同文化的期望，通过组建跨文化的合作团队、与他人沟通交流、进行良好的倾听等，从而创造出新事物，如产品、服务、规则、程序与管理方法。

一位管理者可以通过以下方法培养全球化管理者的关键能力。

其一，从经历中学习。你可以讲多少种语言？你在多少个国家生活过？你是否在跨国公司中工作？虽然全球化管理者并不一定要掌握多种语言，但是研究表明，管理者可以说的语言种类越多，他越有可能具有更多的国际商务知识，以及更高的文化适应能力和创新能力。另外也有研究表明，那些在许多国家生活过的管理者更有可能具有更多的国际商务知识和更高的文化适应能力。要想成为一位有效的全球化管理者，其可能需要花费大量时间学习不同的文化，如果可能，应尽量到不同文化的国家或地区旅行、生活或工作。事实上，大多数全球化管理者不太可能掌握多种语言，也不太可能到不同国家或地区生活和工作。在本国或地区，管理者同样可以成为出色的全球化管理者。管理者在跨国公司里工作，管理性别不同、种族不同、宗教信仰不同或民族不同的员工。在管理的同时，学习不同的文化知识，学会从别人的视角看待这个世界。

其二，从工作任务中学习。在自己的学习中，管理者通过完成一系列任务，学会了解决问题、处理各项关系的技巧与能力。尤其在负责跨区域、跨文化的工作任务时，管理者能够在学习与国家或地区相关的政治、经济、法律、宗教文化等知识的同时，培养文化适应能力和视角转换能力。在这些过程中，管理者为有效地完成工作任务会创造新的方法。

其三，从关系中学习。管理者可以从他人身上学习，他们可能是上司、同事、下属或朋友。有效性高的上司成为管理者的模板，而有效性低的上司也会促进管理者的反思。例如，从一位有效的全球化管理者的上司身上，管理者们学会了如何培养人，如何组建团队，如何倾听和协调，如何换位思考，如何同他人一道完成任务等。

1.5 管理对象

管理的对象是指管理者为实现组织目标而实施管理的客体。这种客体可以是一个群体或者是一个组织，也可以是组织中的各种资源或要素。通过对组织内的人、财、物、时间、信息、知识和各种无形资产的配置、调度、组织，同时开展有效的职能活动，形成一系列工作或活动环节才能保证组织目标的实现。总之，用于开展管理活动的组织和各种资源要素及职能活动构成了管理的直接对象。对组织的管理包括组织发展战略、组织目标和组织决策。对人的管理主要是人力资源管理，包括人员的招聘与配备、工作内容设计与工作评价、人才培训与教育、人才选拔以及激励机制的建立等；对财的管理包括财务管理、成本管理、资金使用效果分析等各种价值形态的管理；对物的管理范围比较宽，所有物质形态的资源都是组织管理的内容；对时间的管理体现在组织人、财、物、信息和职能的活动中，如管理人员的时间管理、工作时间设计、工作进度管理等；对信息的管理应包含信息的收集、处理、存储、传递等环节，也包含管理信息系统的设计、运行和维护等；对无形资产的管理包括品牌管理、形象设计、公共关系、组织文化建设等。建立有效的知识管理机制是知识管理的主要内容，职能活动的管理主要是对计划、组织、领导、控制职能等各种工作环节的有效管理。

1.5.1 组织的概念

每一个人都存在于一个组织中，并在其中生活、学习和工作。在管理学中，组织有名词和动词两方面的含义。组织作为名词泛指人的集合体，它可以是自发形成的，也可能是事先有意识策划和安排的结果；而组织作为动词指的是管理的一大职能，是管理者建立一个工作关系的构架，从而使组织成员得以共同工作来实现组织目标的过程，也称为组织工作。一切管理工作都是以组织作为载体的。组织是由结构、人与信息构成的相互联系的复杂工作系统。

一般来说，组织必须具备以下特征。

(1) 组织都是由人组成的。任何组织都是人的集合体，为了实现共同的目标，所有参加组织的人必须相互合作、共同努力，形成一个有机的整体。

(2) 组织都有一个共同的目标。组织是特定的社会群体为了实现特定的共同目标而组合起来的，共同的目标是组织的基础。

(3) 组织必须具有相对固定的分工。组织内部有不同的成员，这些不同的成员带来了不同的资源、要素和力量。由于各人的情况不同，成员个体在组织内承担了不同的工作和任务。不同的分工，必然伴随不同的要求和责任。于是，组织内会出现领导、指挥等特殊的分工和岗位。

(4) 组织必须具有相对稳定的规则。组织成员个体分别拥有各自不同的背景、利益和想法，因而要保持和维护组织稳定，就必须有组织成员共同遵守的规则。组织内部的规则，既限定组织成员的行为，又保证组织成员的正当利益，同时是以确保组织与团体的整体利益为前提的。

管理故事

买菜的比喻

一位老板向我诉苦说，他的公司管理极为不善。我应约而往，到公司上下走动了一回，心中便有了底。我问这位老板："你到菜市场去买过菜吗?"他愣了一下，答道："是的。"我继续问："你是否注意到，卖菜人总是习惯于缺斤少两呢?"他回答："是的，是这样。""那么，买菜人是否也习惯于讨价还价呢?""是的。"他回答。"那么，我笑着提醒他，你是否也习惯于用买菜的方式来购买职工的生产力呢?"他吃了一惊，瞪大眼睛望着我。最后，我总结说："一方面是你在工资单上跟职工动脑筋，另一方面是职工在工作效率或工作质量上跟你缺斤少两——也就是说，你和你的职工同床异梦，这就是公司管理不善的病灶之所在啊!"

点评：古语有"言而无信，不知其可"之说，意即做人要讲信用，如果一个人不讲信用，那别人拿他一点办法也没有。言外之意就是这个人已经不可救药了。做人如此，做企业更是这样。个别企业主为了获得更多的利益，便不遵守公司的有关规定或故意制定一些明显有利于自己的规章制度，以此来剥削员工，最大限度地榨取剩余价值。殊不知，这表面一套背后一套的做法，不但没有达到其预期的目的，反而让员工产生强烈的逆反心理，以偷懒、怠工等方法来"回报"老板，其结果是丢了西瓜捡芝麻，得不偿失。

1.5.2 组织的形态

1. 国际上较为通用的组织分类观点

1) 帕森斯社会功能分类说

美国著名社会学家帕森斯认为，组织应按社会作用和社会效益进行分类。他以组织的社会功能为标准，将组织分为以下几种。

(1) 以经济生产为导向的组织。这类组织以经济生产为核心，运用一切资源扩大组织的经济生产能力，除生产实物产品外，还提供服务。因此，这种组织的范围是非常广的，包括公司、工厂、银行、饭店等。

(2) 以政治为导向的组织。这类组织的社会功能在于实现某种政治目的，因此它的重点是权力的产生和分配。政府部门的一些组织就属于此类。

(3) 整合组织。这类组织的社会功能在于协调各种冲突，引导组织向某种固定的目标发展，如法院、政党等组织。

(4) 模型维持组织。这类组织的社会功能在于维持固定的形式，来确保社会的发展，如学校、社团、教会等。

2) 艾桑尼人员分类说

美国社会学家艾桑尼则以人员的顺从程度为标准对组织进行分类，将组织分为以下几种。

(1) 强制型组织，指用高压和威胁等强制手段控制其成员，如监狱、精神病院、战俘营等。

(2) 功利型组织，指以金钱或物质等媒介作为控制手段来控制所属成员，如各种工商企业。

(3) 正规型组织，指以荣誉鼓励的方式管理组织成员，而组织成员对这种方式是认可的，如政党、机关、学校等。

3) 布劳的实惠分类说

美国社会学家布劳以组织内部人员受惠程度为标准对组织进行分类，将组织分为以下几种。

(1) 互利组织，指一般成员都可以获得实惠的组织。这种组织是以全体成员最终能得到的实惠为目的的，如工会、政党团体、宗教团体等。

(2) 服务组织，指为社会大众服务，使他们得到益处的组织。这种组织的目的在于使服务对象受到实惠，如医院、大学、福利机构等。

(3) 企业组织，指组织的所有者或经理、股东等上层得到实惠的组织。这种组织获利最大者是组织的上层人士，如工厂、银行、各种公司等。

(4) 公益组织，指为社会所有人服务的组织，如警察机关、行政机关和军队组织等。

2. 国内学界对组织的分类观点

1) 按组织的性质分

按组织的性质分，可以把组织分为经济组织、政治组织、文化组织、群众组织和宗教组织 5 类。

(1) 经济组织。经济组织是人类社会最基本、最普遍的社会组织，它担负着为人们提供衣食住行和文化娱乐等物质生活资源的任务，履行着社会的经济职能。在现代社会中经济组织已形成庞大复杂的体系，其中包括生产组织、商业组织、银行组织、交通运输组织和服务性组织等。

(2) 政治组织。政治组织出现于人类社会划分阶级之后，它包括政党组织和国家政权组织。在现代社会中，政党代表本阶级的利益和意志，负责为本阶级提出奋斗目标，制定方针政策。国家政权组织是国家管理社会的重要机器。

(3) 文化组织。文化组织是以满足人们各种文化需求为目标，以文化活动为其基本内容的社会团体，如学校、图书馆、影剧院、艺术团体、科学研究单位等。

(4) 群众组织。如工会、共青团、妇女联合会、科学技术协会等，这些组织在党和政府的领导下，广泛团结各阶层、各领域的人民群众，开展各种有益活动，为社会贡献力量。

(5) 宗教组织。宗教组织是以某种宗教信仰为宗旨而形成的组织。其基本任务是协助党和政府贯彻执行宗教信仰自由的政策，帮助广大信教群众和宗教界人士推广爱国主义和社会主义觉悟，代表宗教界的合法利益，组织正常的宗教活动。

2) 按组织是否自发形成分

按组织是否自发形成，可以分为正式组织和非正式组织。

(1) 正式组织。正式组织是为了有效地实现组织目标而规定组织成员之间职责范围和相互关系的一种结构。正式组织具有下述特征。

① 不是自发形成的。正式组织是根据社会的需要进行设计、规划后组建而成的，不是自发形成的，其组织结构的特征反映出一定的管理思想和信念。

② 有明确的目标。正式组织具有十分明确的组织目标，并为实现组织目标制定组织规范，以最经济有效的方式达到目标。

③ 以效率逻辑为标准。在正式组织中，以效率逻辑为其行动标准，为推广效率，组织成员之间保持着形式上的协作。

④ 强制性。正式组织通过方针、政策、规则、制度等对组织成员实施控制，通过建立权威，约束组织成员的行为，因而对组织成员具有强制性作用。

(2) 非正式组织。非正式组织是人们在共同工作或活动中，由于抱有共同的社会感情和爱好，以共同的利益和需要为基础而自发形成的团体。非正式组织具有以下特征。

① 自发性。如果正式组织不能满足其成员获得友谊、帮助和社交的需要，成员就会在正式组织之外自发地组成一些非正式组织，以满足其需求。

② 内聚性。非正式组织没有严格的规章制度约束其成员，他们之所以能够集合在一起，是由于他们有相近的价值观或共同的兴趣爱好，或有切身的利害关系等，这些都会使其成员产生较为一致的“团体意识”，起着内聚和维系其成员的作用。

③ 不稳定性。由于非正式组织是自发产生、人们自由结合而形成的，因而呈现出不稳定性，它往往随着环境的变化、观念的更新、新的人际关系的出现、活动范围的改变而发生改变。

④ 领袖人物作用较大。非正式组织中往往有一两个自然形成的领袖人物，他们在组织中起着诸如提出权威性意见、维系组织相对稳定、提供行为模式等作用，对其组织成员的行为影响极大。

1.5.3 企业——一种特殊的社会经济组织

企业是现代社会最常见、与人们日常生活关系最直接的组织形式。企业最早起源于中世纪欧洲大陆的地中海沿岸，是由家族经营团体发展而来的。企业是生产力和商品经济发展到一定水平的产物，是随着资本主义的发展而形成的，经历了简单协作、工场手工业和机器大工业 3 个发展阶段，才逐步发展成为高度社会化的企业。现代意义的企业经历了近百年的完善和发展，逐步成为社会的基本经济组织。据 1996 年第一次全国基本单位普查数据显示，当年在全部从业人口中，企业从业人员占到 79.4%。在我国，企业是指从事生产、流通和服务等经济活动，以盈利为目的，向社会提供产品和劳务，依法自主经营、自负盈亏，依法成立的经济组织。按照组织形式的不同，可以将企业分为个人独资企业、合伙企业和公司制企业。企业既是物质资源的组合，又是人力资源的组合。

1.5.4 信息与信息化管理

随着人类社会向信息时代迈进，人们越来越清楚地认识到，信息资源是一种财富，在社会生产和人类生活中将发挥日益重要的作用。信息作为一种资源的必要条件是对其进行有效的管理。没有信息管理，信息可能带来许多意想不到的问题。对信息及其相关活动因素进行科学的计划、组织、控制和协调，实现信息资源的充分开发、合理配置和有效利用，是管理活动的必然要求。

1. 信息的含义

信息是与物质和能源同等重要的，是维系人类生存和发展的三大要素之一。因此，只有科学地了解和认识信息，才能更好地发展信息技术、开放信息资源，推进管理信息化的进程。对信息的定义学术界有多种观点，信息的广义观点尚未明确，从技术角度出发，狭义的信息可以定义为：信息是经过加工的对接收者有用的数据，它对当前或未来的行动或决策具有现实或潜在的价值。这个定义包含以下含义：第一，信息是经过加工的数据。数据(data)又称为资料，是对客观事物的性质、状态以及相互关系等进行记载的物理符号或这些物理符号的组合。信息则是数据中潜在的意义，或者说是对数据的解释，可以简单地理解为数据经过加工后所得到的结构，二者可看做是原材料和加工后的产品间的关系。第二，信息是有价值的。加工过的数据也可能不是信息，如果信息的接收者当前或将来不需要做选择和决策，信息则是不必要的。例如，对原始数据进行了四舍五入的处理后其内容在本质上并没有发生变化，也没有特定的意义，因而仍不是信息。理论上，只有当信息能影响决策或所采取的行动时，信息才有价值。因此有时对一个人来说是信息，而对另一个人来说则可能是原始数据。例如，发货单对发货部门是信息，但对负责库存的管理人员来说则是原始数据。

2. 信息的特征

信息具有如下特征。

(1) 事实性。信息客观反映现实世界事物的程度就是信息的事实性。一般地，人们希望获得正确的信息，但是人们获得的信息有时是正确的，有时是不完全正确的，甚至有时候是完全错误的。事实性是信息的中心价值，不符合事实的信息不仅没有价值，而且可能价值为负，既害别人也害自己。

(2) 时效性。信息是有生命周期的，在信息的生命周期内信息是有效的，超出了生命周期，那么信息将是无效的。信息的时效性要求尽快地获得所需的信息，这样才能在该信息的生命周期内最有效地使用所获得的信息。为了保证信息的有效性，要及时地执行信息的采集、加工、传输等过程。

(3) 共享性。信息可以被很多人共同使用，信息资源本身不会因为人们的使用而减少。但是，信息的共享性是相对而言的。假设中央国家机关面向全国招聘 18 名副局级干部，那么这种信息对全国来说是共享的。可是，如果说长沙步步高超市的每天销售额信息对于该企业的管理人员来说是共享的，那么这些信息对于非长沙步步高超市的管理人员来说则是不共享的。

(4) 可压缩性。人们往往没有能力收集一个事物的全部信息，也没有能力和必要存储越来越多的信息，因此从管理的目标出发，对信息进行浓缩、集中、综合和概括，在不致丢失信息本质的前提下，提取出和目标相关的信息，舍弃其他信息就显得十分必要。例如，根据企业长远战略规划的需要在业务信息中综合提炼出战略信息。

(5) 可传输性。指信息可以通过各种媒介快速传输和扩展的特性。正是由于信息具有可传输性和适于传输性，它的传输性能优于物质和能源，因而人们宁可通过多传播 10 倍的信息达到少传输 1 倍物质的目的。信息的可传输性加快了资源的传输，加快了社会的变化。例如，企业可以利用 Internet 建立自己的电子商务系统，接受客户的网上订单和咨询，为客户提供相应的产品和服务，这些操作都利用了信息的可传输性。

(6) 可再生性。一方面，用于某种目的的信息，随着时间的推移，价值可能会耗尽，但其对于另一目的可能又会起作用。例如，天气预报的信息，预报期已过就对生产不再有用，但和各年同期天气比较总结变化规律还是有用的。另一方面，一组有价值的信息通过采用分析技术、预测技术、挖掘技术等进行处理后可以得到更加有价值的、以前没有被发现的信息。

在管理工作中，信息价值不定性是一个鲜明的特征。这一特征表现为时间效应性，就是前面所讲的时效性。除此之外还存在空间效应性，即同一信息在不同地点的价值不同。如制造某一产品的技术，在经济发达地区已无多大价值，而在经济不发达地区，这种技术有很大的使用价值。另外，还有一种主体效应性，同一信息对不同的组织和管理者来说其价值不同；同一价值的信息在不同的条件下或不同信息意识状况下，其利用程度也是有差异的。这种主体效应性要求增强信息意识，努力创造条件，充分利用有价值的信息。

3. 信息的处理

管理过程中包含了大量的信息处理工作。管理学家西蒙在研究管理的决策时，概括为 4 项活动，首要的活动就是信息活动。事实上，管理者在做决策时从发现、界定问题和机会开始，然后确定目标、设计方案、进行方案分析、选择方案到实施方案和监督、评价，每一步都需要收集和处理信息。在拟定计划的过程中，除了决策时需要处理大量信息外，在拟定派生计划和编制预算时也需要处理大量信息。同样，在组织工作、领导工作、控制工作和创新过程中都离不开信息处理。不同层次的管理所需要信息的特征和信息处理的特点是有较大区别的，分析和认识这些特征和特点对人们利用信息是有益的。高层、中层和基层管理者所需信息的特征与信息处理特点的不同。这是因为高层管理者负责的是决策和组织的发展战略管理，所需的大部分信息来自组织外部环境，随机性大，是一种复杂的用脑过程。中层管理者是职能管理的执行层，他们的工作大部分是程序性的，信息处理量较大，有时也要处理来自外部环境的信息。基层管理者获取和处理的都是程序化的、大量的、常规且简单的信息。

信息处理的基本要求是及时、准确、适用、经济。管理信息处理基本程序：①信息收集，包括收集、验收、汇总和整理；②信息加工，包括信息的交换、排序、核对、合并、更新、摘出、分筛和生成；③信息传输，尽量采用通信手段和计算机系统；④信息存储，将各种信息有序且安全地存储起来，建立“信息库”和“数据库”。

4. 信息化管理

许多进步都来源于计算能力的提高。计算机正朝着体积更小、速度更快、技术更廉价的方向发展。1946 年的计算机重达 30 吨，耗资 1 500 万美元，用一个大房间才装得下，运算能力只抵得上当前一个 10 美元的 1/4 英寸大小的微处理芯片的运算能力。

管理信息系统是企业信息化管理的基础，管理信息系统为管理者提供了一种在组织内收集、处理、维持和分配信息的系统方法。随着计算机的普及与网络的高度发展，企业信息系统越来越电子化、网络化，企业管理也越来越信息化。

1）管理信息系统的演变过程

第一阶段仅能处理工资、账单和类似的文书工作，常常由财务总监使用。集中数据处理的标志是批处理，将数据都存储起来然后一次统一处理完，但不能提供关于组织当前活动的信息。

第二阶段能为作业和管理活动提供辅助信息。被专门设计成能帮助不同职能部门的管理者做出更好的决策。能收集和分析大量的数据了。管理信息系统开始变成一个独立的部门。发展到能够通过远程终端从遥远的地方进入主计算机。远程终端不仅可以提供信息，它还使管理者可以不通过数据系统部门而直接获得他们想要的任何信息。

第三阶段的最大突破是分布式信息控制。管理者变成了终端用户，个人计算机得到普及。数据系统部门演变成了信息支持中心。部分或全部计算机的逻辑功能是在中央主计算机之外实现的。随着计算机使用技巧的增长和明智地选择合适的软件，管理者现在能够在几秒钟内找到他们所需的信息。典型的有：文字处理、电子表格、数据库管理、绘图、通信软件。

第四阶段高度依赖通信软件来实现其系统目标。借助交互网络，一位管理者的计算机可以与其他计算机进行通信联系，这样就实现了电子邮件、电视会议和企业间的互联等。利用网络，用户的个人计算机可以与他人的计算机进行通信，可以将自己的计算机变成一个终端来进入大型计算机系统，可以共享打印机和记录外面数据库中的数据，也可与其他组织中的计算机进行通信。

第五阶段出现了专家系统和蜂窝通信。一个高度发达的管理信息系统将会应用人工智能进行管理决策。专家系统使用的是把各类专家的有关经验编入到计算机程序中去的软件，这种系统可以像专家一样分析和解决非结构化的问题。专家系统的精华在于：使用针对某一个特定问题的专门知识，而不是适用于所有问题的一般知识；采用定性推理而不是数值计算；作用非常强大，远远胜过非专家。另一个让人兴奋的发展就是蜂窝技术的产生，可大大扩展计算机网络范围。使用蜂窝技术的无线通信可以将全世界人们的计算机全天候地联系在一起，管理人员更是可以随时与主计算机进行交互。

2）管理信息系统的设计与实施

20世纪80年代初期，沃尔玛公司进入折扣商业市场。沃尔玛靠投资信息技术而成为世界上最大的零售商，它的计算机化销售系统现在仍是零售业中的标准。在1987—1991年间，沃尔玛公司投资6亿美元用于库存管理设备和其他计算机技术。一个卫星通信系统使它能够跟踪库存变化和处理会计及付款问题，并且各供应商能够下达电子采购单。它的1 500家零售商店能够进入沃尔玛公司的销售终端来检查其商品的销售情况，并据此重新供货。这个系统是其在行业中保持低成本运作的重要因素。

百事可乐公司，销售人员不停地向计算机中输入信息。CEO在24小时内可得到完整报告，分布在400 000家商店周围的100条生产线的生产情况的信息，以一种彩色图形的形式显示在他的计算机上：红色表示销量急速下降，黄色表示下降，绿色表示上升。一次，在圣安东尼奥和休斯敦，销售量急速下降，打开计算机，调出数据很快找出了原因。一个当地的竞争对手最近刚推出了一种叫做“艾·茄林多”的白玉米片，在商店占据了比百事可乐公司的托斯迪多牌玉米片更多的货架位置。立即命令产品开发人员生产一种用白玉米制造的托斯迪多玉米片，3个月内，新产品摆了一货架，挽回了损失的市场份额。一个复杂的管理信息系统正在改变着管理者的管理方式和组织的经营方式。技术正改变着管理者接收、应用和传递信息的方式。

信息系统为管理者提供了一种在组织内收集、处理、维持和分配信息的系统方法。目前都集中在计算机支持的应用系统上。今天的组织就像一个充满书籍的图书馆，根本就不缺乏数据，但是缺乏处理数据的能力，缺乏将正确的数据在需要的时候传送给正确的人的能力。一个图书馆即使有用户要的书，但是用户找不到它或花几周的时间才能找到它，那么这个图书馆对用户就毫无用处。而管理信息系统则不同，它具有按一定方式组织好的数据，而且可以在一个合理的时间内将这些数据进行分析和处理变成信息。管理信息系统就是采集数据并将其转换成对管理者可用的信息。

ERP(Enterprise Resource Planning，企业资源计划)通过用信息技术对流程进行改造，实现企业内部资源的最佳配置，来提高企业的动作效率。如接收到一个订单，分解，要多少零部件，下到供应商，用ERP则可将订单直接下到供应商处。这要求管理要精确，预测要准，输入计算机后就不能修改，对流程的要求是非常高的，数学逻辑，它不会自动给你调整。

ERP功能介绍如下。

(1) 超越MRPⅡ范围的集成功能——包括质量管理、试验室管理、流程作业管理、配方管理、产品数据管理、维护管理、管制报告和仓库管理。

(2) 支持混合方式的制造环境——包括既可支持离散又可支持流程的制造环境；按照面向对象的业务模型组合业务过程的能力和国际范围内的应用。

(3) 支持能动的监控能力，能够提高业务绩效——包括在整个企业内采用控制和工程方法、模拟功能、决策支持和用于生产及分析的图形能力。

(4) 支持开放的客户机/服务器计算环境——包括采用客户机/服务器体系结构、提供图形用户界面(Graphical User Interface，GUI)；计算机辅助设计工程(Computer Aided Design Engineering，CADE)，采用面向对象设计技术(Object-Oriented Design，OOD)；使用结构化查询语言(Structural Query Language，SQL)对关系数据库进行查询；内部集成工程系统、商业系统、数据采集和电子数据交换(Electronic Data Interchange，EDI)功能。

ERP 的功能特点如下。

(1) ERP 是一整套企业管理系统体系标准，其实质是在 MRPⅡ基础上进一步发展而成的面向供应链(Supply Chain)的管理思想。

(2) ERP 是综合应用了客户机/服务器体系、关系数据库结构、面向对象技术、图形用户界面、第四代语言(4GL)、网络通信等信息产业成果，是以管理企业整体资源的管理思想为灵魂的软件产品。

(3) ERP 是整合了企业管理理念、业务流程、基础数据、人力和物力、计算机硬件和软件于一体的企业资源管理系统。

ERP 的发展突破了以下两个局限。

(1) ERP 中的资源计划已不局限在企业内部，而是把供应链内的供应商等外部资源也都看做是受控对象集成进来，因此，ERP 是面向供应链管理的。

(2) 时间被作为资源计划的一部分，且被当成最关键的资源来考虑，这是 ERP 对资源内涵的另一个扩展。

一般信息系统包括如下 5 个基本要素。

输入：系统所要处理的原始数据。

处理：把原始数据加工或转换成有意义和有用的信息的过程。

输出：系统处理后的结果，即有用和有意义的信息。

反馈：当管理者对输出的结果不太满意或希望得到更好的结果时，对输入进行的调整。

控制：对输入、处理、输出和反馈等过程进行监控，使这些过程保持正常。

信息系统的开发步骤(系统开发生命周期)有以下几个。

(1) 调查：确定问题或机会，进行可行性研究，确定能否在组织内建立一个新信息系统。如长虹 ERP 计划的搁浅。

(2) 系统分析：进行信息需求分析，确定信息系统的功能要求，目前的系统、外部环境、内部条件及最终用户的信息需求。将决策集成，识别出冗余信息，管理层在设计时应尽可能让系统只包含很少的重复信息，并且将相似的决策留给一个人来做。进行信息处理设计，内部的技术专家和外部的顾问可以在一起共同开发一个收集、存储、传送和查询信息的实际系统。

(3) 系统设计：确定所需的硬件、软件、人员和数据来源，并对将要开发出来的、用来满足前一步中所确定的功能要求的信息系统进行描述。

(4) 系统实施：产生一个运行系统。添置或开发硬件和软件，组成新信息系统并调试。对用户进行培训。对抵制情绪做好准备。用户参与，进行安全性检查，建立定期评审制。

(5) 系统维护：对系统进行改良和更新。

以计算机为基础的信息系统在组织中有以下应用。

(1) 电子数据处理和业务控制：业务部门的数据处理、过程控制。

(2) 管理信息系统和功能控制：为决策提供服务和组织外部环境的信息。

(3) 决策支持系统和战略计划：有助于决策者对半结构化的问题做出高质量的决策。决策支持系统包括分析模型和特殊化的数据库，即决策者可以利用当前所获取的信息来建立模型以形成对决策结果的预期，进而对各种决策机会进行评估。

5. 其他信息技术

(1) 电信和网络：以光或电的方式传送信息即为电信。网络如局域网、广域网、万维网。

(2) 人工智能：智能计算机和计算机系统，专家系统(软件，专家知识被用于辅助决策者在复杂的决策环境下进行决策)，机器人(钢领工人)

(3) 办公自动化：以计算机为基础的信息系统，被用来辅助组织在不同的个人、工作小组和组织之间进行电子文件和信息的收集、存储、处理和传送。

本章小结

管理学是一门系统地研究管理活动的基本规律和一般方法的科学。管理学的研究对象有生产力、生产关系和上层建筑3个方面，管理学是一门边缘学科。

管理是管理者为了实现组织特定的目标，对组织所拥有的资源进行计划、组织、领导、控制和创新等活动的过程。管理具有明显的二重性，即自然属性和社会属性。管理职能分为计划职能、组织职能、领导职能、控制职能和创新职能。

管理目的、管理主体、管理客体是管理三要素，管理的目标是组织目标的体现，是管理的出发点和归宿。每一个组织都应有自己的目标。目标是组织目的或宗旨的具体体现，是一个组织在某一特定时期所期望达到的最终结果。管理的主体是管理者，包括管理者的类型、管理者的素质、管理者的角色、管理者的技能、管理者的管理道德与社会责任、全球化管理者关键能力。管理的对象是指管理者为实现组织目标而实施管理的客体。这种客体可以是一个群体或者是一个组织，也可以是组织中的各种资源或要素。通过对组织内的人、财、物、时间、信息、知识和各种无形资产进行配置、调度、组织，同时开展有效的职能活动，形成一系列工作或活动环节才能保证组织目标的实现。

练 习 题

一、单项选择题

1. 管理的层次一般来说可分为(　　)。

A. 二个　　B. 三个　　C. 四个　　D. 五个

2. 决定管理社会属性的是(　　)。

A. 生产方式　　B. 生产力　　C. 生产关系　　D. 上层建筑

3. 未来组织中成员的比例会大大提高的是(　　)。

A. 管理人员和业务专家　　B. 经理

C. 资产所有者　　D. 技术人员

4. 为每个成员直接分配生产任务，协调下属活动，控制工作进度的管理者是(　　)。
A. 高层管理者　B. 中层管理者　C. 基层管理者　D. 各级管理者
5. 管理学的学科性质是(　　)。
A. 自然科学　B. 社会科学　C. 经济科学　D. 边缘科学
6. 管理的核心是处理(　　)。
A. 人与物的关系　B. 物与物的关系
C. 各种人际关系　D. 隶属关系
7. 管理的首要责任是(　　)。
A. 管理一个组织　B. 管理管理者
C. 管理工作和工人　D. 制订计划
8. 最早对管理的具体职能加以概括和系统论述的是(　　)。
A. 泰罗　B. 法约尔　C. 孔茨　D. 韦伯
9. 管理是一门艺术，这强调的是管理的(　　)。
A. 复杂性　B. 有效性　C. 实践性　D. 精确性
10. 管理学应属于(　　)。
A. 社会科学　B. 边缘科学　C. 经济学　D. 自然科学
11. 管理的主体是(　　)。
A. 管理者　B. 管理对象　C. 管理目标　D. 管理职能
12. 中层管理者比基层管理者更需要的技能是(　　)。
A. 人际技能和技术技能　B. 人际技能和概念技能
C. 概念技能和技术技能　D. 概念技能

二、多项选择题

1. 管理的职能有(　　)。
A. 计划　B. 组织　C. 领导　D. 控制
2. 一种管理活动应包括(　　)。
A. 管理的主体和客体　B. 管理的目的
C. 管理的职能和方法　D. 管理的环境和条件
3. 管理的属性包括(　　)。
A. 自然属性　B. 生产属性　C. 原始属性　D. 社会属性
4. 按管理者在组织中所处的层次分类，可以将管理者分为(　　)。
A. 高层管理者　B. 中层管理者　C. 基层管理者　D. 职能管理者

三、问答题

1. 管理的概念和管理的基本要素是什么?
2. 管理者需要哪些素质和技能?
3. 管理学的研究对象及方法有哪些?
4. 以一个组织为例，谈谈管理的重要性。
5. 怎样理解管理者的概念及类型?

案例应用分析

案例一

升任公司总裁后的思考

郭宁最近被一家生产机电产品的公司聘为总裁。在准备接任此职位的前一天晚上，他浮想联翩，回忆起他在该公司工作20多年的情况。

他在大学时学的是工业管理，大学毕业后就到该公司工作，最初担任的是液压装配单位的助理监督。他当时真不知道如何工作，因为他对液压装配所知甚少，在管理工作方面也没有实际经验，他感到几乎每天都手忙脚乱。可是他非常认真好学，一方面仔细参阅该单位所订的工作手册，并努力学习有关的技术知识；另一方面监督长也对他主动指点，使他渐渐摆脱了困境，胜任了工作。经过半年多时间的努力，他已有能力独担液压装配监督长的工作。可是，当时公司没有提升他为监督长，而是直接提升他为装配部经理，负责包括液压装配在内的4个装配单位的领导工作。

在他当助理监督时，他主要关心每日的作业管理，技术性工作。而当他担任装配部经理时，发现自己不能只关心当天的装配工作状况，还得做出此后数周乃至数月的规划，还要完成许多报告和参加许多会议，他没有多少时间去从事他过去喜欢的技术工作。当装配部经理不久，他就发现原有的装配工作手册已基本过时，因为公司已安装了许多新的设备，引入了一些新的技术，这令他花了整整一年时间去修订工作手册，使之切合实际。在修订手册的过程中，他发现要让装配工作与整个公司的生产作业协调起来是需要很多讲究的。他还主动到几个工厂去访问，学到了许多新的工作方法，他也把这些吸收的知识和方法添加到修订的工作手册中去。由于该公司的生产工艺频繁发生变化，工作手册也不得不经常修订，郭宁对此都完成得很出色。他工作了几年后，不但自己学会了这些工作，而且还学会如何把这些工作交给助手去做，教他们如何做好，这样，他可以腾出更多的时间进行规划工作和帮助他的下属把工作做得更好，以及花更多的时间去参加会议、批阅报告和向上级汇报工作。

当他担任装配部经理6年之后，正好该公司负责规划工作的副总裁辞职应聘于其他公司，郭宁便主动申请担任此职务。在同另外5名竞争者较量之后，郭宁被正式提升为规划工作副总裁。他自信拥有担任这一新职位的能力，但由于此高级职务工作比较复杂，他在刚接任工作时还是碰到了不少麻烦，例如，他感到很难预测1年之后的产品需求情况，一个新工厂的开工，乃至一个新产品的投入生产，一般都需要在数年前做出准备。而且，在新的岗位上他还要不断处理市场营销、财务、人事、生产等部门之间的协调，这些他过去都不熟悉。他在新岗位上越来越感到：职位越上升，越难于按标准的工作程序去工作。但是，他通过学习渐渐适应并做出了成绩，之后又被提升为负责生产工作的副总裁，而这一职位通常是由该公司资历最深的、辈分最高的副总裁担任的。现在，郭宁又被提升为总裁。他知道，当上公司最高主管职位时，应该自信自己有处理可能出现的任何情况的才能，但他也明白自己尚未达到这样的水平。因此，不禁想到自己明天就要上任了，今后数月的情况会是怎么样？他不免为此而担忧！

问题：

(1) 郭宁担任助理监督、装配部经理、规划工作副总裁和总裁这4个职务，其管理职责各有何不同？简要概括其变化趋势，结合基层、中层、高层管理者的职能进行分析。

(2) 郭宁要成功地胜任公司总裁的工作，哪些管理技能是最重要的？他具有这些技能吗？试加以分析。

(3) 如果你是郭宁，你认为当上公司总裁后自己应该改进哪些方面，才能使公司取得更好的绩效？

（资料来源：徐国良，王进．企业管理案例精选精析［M］．北京：经济管理出版社，2000.）

案例二

什么是管理

李叶和王斌是大学同学，学的都是管理科学与工程专业。毕业后，李叶去了深圳一家著名的外资企业从事管理工作，而王斌却被学校免试推荐为该校的硕士研究生。一晃3年过去了，王斌又以优异的成绩考入北京某名牌大学攻读管理科学与工程博士学位。李叶在当上部门经理后也来到该校攻读MBA。

王斌在办理报到手续时与李叶不期而遇，他们就关于“什么是管理”的话题聊开了。王斌非常谦虚地问：“李兄，我虽然读了许多有关管理方面的著作，但对于什么是管理还是心存疑虑，管理学家西蒙说‘管理就是决策’，有的管理学家却说‘管理是协调他人的活动’，如此等等。你是从事管理工作的，那你认为到底什么是管理?”李叶略为思索了一会儿，说道：“你读的书比我多，思考问题也比我深，对于什么是管理，过去我从来没有认真去想过，不过从我工作的经验来看，管理其实就是管人，人管好了，什么都好。”“那么依你看，善于交际、会拍‘马屁’的人就是最好的管理者了?”王斌追问道。“那也不能这么说。”李叶连忙回答：“虽然管人非常重要，但管理也不仅仅是管人，正如你所说的，管理者还必须做决策，组织和协调各部门的工作等。”“你说得对，管理不仅要管人，还要从事做计划、订目标、选人才、做决策、组织实施和控制等活动。”

王斌继续发表自己的见解。“可以这么说，我们搞管理的差不多啥都得做，今天开会，明天制订规则，后天拟订方案等，所以说，搞好管理可真不容易。”李叶深有感触。“那你怎么解释‘管理就是通过其他人来完成工作’，难道在现实中这种说法本身就是虚假的吗?”王斌显得有点激动。

李叶想了一会才回答道：“我个人认为，‘管理就是通过其他人来完成工作’这句话有失偏颇，管理的确要协调和控制其他人的活动，使之符合企业制定的目标和发展方向。但管理者绝不是我们有些人所认为的单纯的发号施令者，其实管理者的工作量非常大，在很多方面，他们还必须起到带头和表率的作用。”“我同意你的观点，管理者不是发号施令者，管理也并不就是叫别人帮你做事。管理者是‘舵手’，是‘领航员’，他必须带领其他人一起为实现组织目标而奋斗。不过在咱们中国，听说在一些国有企业，只要你能吃、能喝、会拍‘马屁’，你就是一个好管理者，就会受到上级的器重，对此你有何高见?”“在咱们中国，的确存在着一些官僚主义、拉关系的现象，这恐怕是我们传统体制留下的弊端，但这不是说管理就是陪人吃饭、喝酒、拍领导‘马屁’，在外资企业，这种现象几乎不存在，只要你有本事，能干出成绩，用不着你去拍马屁送礼，上级也一样器重你，你就能获得提拔，得到加薪。因此，从某种意义上来说，管理就是管理者带领组织成员一起去实现组织的目标。”

讨论题

1. 管理就是做领导吗?
2. 管理者应承担哪些角色?
3. 管理究竟是什么?

（资料来源：摘选自中国地质大学管理学院《管理学》精品课程网站）

阅读材料

OEC管理模式

OEC中的O代表Overall(全方位)，E代表Everyone(每人)、Everything(每件事)、Everyday(每天)，C代表Control(控制)、Clear(清理)。OEC管理法也可以表示为，日事日毕，日清日高。也就是说，当天的工作要当天完成，天天清理并且天天都有所提高。OEC管理模式的体系如下。

1. 目标体系

在目标制定出来之后，为确保目标的实现，将全体成员认可的目标层层分解落实之后形成各级子目标；然后将子目标分解为每个员工的具体目标值，使企业的目标落实到具体的责任人身上。目标体系的特征是指标具体，可以度量。目标体系运作的具体步骤如下。

(1) 目标的分解。

(2) 目标的执行与控制。

(3) 目标的动态管理。

(4) 目标的协调一致。

(5) 目标效果的评价。

2. 日清控制体系

日清控制体系是目标体系得以实施的支持体系。它是在实践中建立起来的每人、每天对自己所从事的每件事进行清理、检查的“日日清”控制系统。其实质是，管理不漏项，事事有人管，人人都管事，管事凭效果，管人凭考核。

(1)“日事日毕”。即当天所发生的各类问题，当天弄清原因、分清责任，及时采取处理措施，避免问题堆积，确保目标及时得以实现。操作者使用的3E卡，即每人、每事、每日记录卡，是用来记录每个人每天对每件事的日清过程的结果。

(2)“日清日高”。即对工作中的薄弱环节不断地进行改善和提高，如要求职工每天提高1%，坚持70天，工作水平就可以提高一倍。

3. 有效激励体系

(1) 公开、公平、公正。每天通过3E卡公布每个员工的收入，不搞模糊工资，使员工在心理上感到相对公平。

(2) 要有合理的计算依据。

(资料来源：郭鑫，毛升．海尔精髓：企业文化与海尔业绩［M］．北京：民主与建设出版社，2002.)

第2章 管理理论的形成与发展

教学目标

通过本章的学习，了解中国古代儒家、道家、墨家等主要管理思想与西方早期管理思想代表人物和主要观点，掌握古典管理理论、行为科学理论、现代管理理论、当代管理理论的主要代表人物及其理论要点。

教学要求

知识要点	能力要求	相关知识
中国早期管理思想	(1) 理解和掌握儒家、道家、墨家的管理思想 (2) 儒家、道家、墨家的管理思想的运用	(1) 儒家的管理思想 (2) 道家的管理思想 (3) 墨家的管理思想
西方早期管理思想	(1) 概括和理解西方早期管理思想 (2) 西方早期管理思想的运用能力	(1) 亚当·斯密的劳动分工和经济人思想 (2) 罗伯特·欧文的人事管理思想 (3) 查尔斯·巴贝奇的作业研究报酬制度
古典管理理论	(1) 理解泰罗、法约尔、韦伯的管理理论 (2) 泰罗、法约尔、韦伯的管理理论的实际运用	(1) 泰罗的科学管理理论 (2) 法约尔的经营管理理论 (3) 韦伯的行政组织理论
行为科学理论	(1) 理解霍桑试验结论 (2) 后期行为科学的理解和应用	(1) 人际关系学说 (2) 后期行为科学
现代管理理论	(1) 理解现代管理理论内容 (2) 权变管理理论的灵活运用	(1) 决策管理理论 (2) 系统管理理论 (3) 管理科学理论 (4) 权变管理理论 (5) 经验主义理论
当代管理理论新发展	(1) 当代管理理论发展新动向 (2) 理解学习型组织理论内容	(1) 学习型组织理论 (2) 组织再造理论

思想决定行动，行动决定习惯，习惯决定性格，性格决定命运。

——威廉·詹姆斯

基本概念

德礼之治　中庸　无为而治　科学管理　例外原则　泰罗制　团结精神　等级链　霍桑试验　行为科学　系统管理　权变管理　学习型组织　组织再造　创业精神　知识管理

导入案例

分　粥

有7个人曾经住在一起，每天分一大桶粥。要命的是，粥每天都是不够的。一开始，他们抓阄决定谁来分粥，每天轮一位来分粥。于是几乎每周，他们只有一天是饱的，就是自己分粥的那一天。后来他们开始推选出一个道德高尚的人出来分粥。强权就会产生腐败，大家开始挖空心思去讨好他，贿赂他，搞得整个小团体乌烟瘴气。然后大家开始组成3人的分粥委员会及4人的评选委员会，但他们常常互相攻击，争吵下来，粥吃到嘴里全是凉的。

最后想出来一个方法：轮流分粥，但分粥的人要等其他人都挑完后拿剩下的最后一碗。为了不让自己吃到最少的，每人都尽量分得平均，就算不平，也只能认了。大家快快乐乐，和和气气，日子越过越好。同样是7个人，不同的分配制度，就会有不同的风气。所以一个单位如果有不好的工作习气，一定是机制的问题，一定是没有完全公平、公正、公开，没有严格地奖勤罚懒。如何制定这样一个制度，是每个领导需要考虑的问题。

点评：有效的管理要有好的管理机制。

管理思想是管理学的基础，管理思想经过多年的发展已形成系统的知识体系，一切管理活动都要接受管理思想的指导，管理思想是在管理实践中不断总结经验形成的。

2.1　中国古代管理思想

中国有着5 000年悠久灿烂的历史文化。古代的管理思想博大精深，我国古代的管理思想及基本理论框架形成于先秦至汉代这一时期。古代管理思想主要体现在先秦到汉代的诸子百家思想中，如儒家、道家、墨家、法家、兵家、商家等。许多古代经典著作，如《论语》、《道德经》、《孙子兵法》、《九章算术》、《三国演义》、《红楼梦》等，充分反映了我国古代成功的管理思想和经验。《老子》主要体现了管理者的权变谋略和在管理过程中的境界、素质及管理原则的思想；《孙子兵法》主要体现了管理者在人事、决策、环境、组织等方面的战略思想；《韩非子》主要体现了管理者的统御谋略思想；《论语》、《孟子》、《荀子》主要体现了管理者如何处理人际关系的谋略思想；《三国演义》主要体现了管理者的创造性管理思维；《红楼梦》主要体现了管理者以法治家的时效管理思想；而《九章算术》则是我国古代培训管理人员及供他们日常应用的手册，其中三分之二的题目可与财政或工程官员职能相对应，堪称两千年前世界管理数学之最。

中国古代管理思想大致可分为3个部分：治国、治生和治身。治国主要是处理整个社会、国家管理关系的思想，即“治国之道”。它是治理整个国家、社会的基本思路和指导思想，是对行政、军事、人事、生产、市场、田制、货币、财赋、漕运等方面管理的学问；治生是在生产发展和经济运行的基础上通过官、民的实践逐步积累起来的，它包括农副业、手工业、运输、建筑工程、市场经营等方面的管理学问；治身主要是研究谋略、用人、选才、激励、修身、公关、博弈、奖惩等方面的学问。

中国古代著名的管理思想有儒家、道家、墨家、法家、兵家、商家等思想流派。本书介绍儒家、道家和墨家3个思想流派的管理思想，这些思想可为现代管理者提供重要启迪和思想借鉴。

2.1.1 儒家的管理思想

儒家管理思想崇尚“和”，一切以“和为贵”，但坚持“和而不同”。在管理的手段上，孔子说，“道之以政，齐之以刑，民免而无耻；道之以德，齐之以礼，有耻且格”。实际上道出了儒家管理手段的基本准则，即“德礼之治”。

“礼治”的根本含义为“异”，即贵贱、尊卑、长幼各有其特殊的行为规范。只有贵贱、尊卑、长幼、亲疏各有其礼，以“礼”为特征的外在控制方式在儒家管理哲学中也是十分重要的管理手段。他们极力主张用“礼”的规范来约束人们的行为，使用一定程度的强制手段来实现社会管理的目标。儒家的“礼”也是一种法的形式。它是以维护宗法等级制为核心，如违反了“礼”的规范，就要受到“刑”的惩罚。

“德治”就是主张以道德去感化教育人。无论人性善恶，都可以用道德去感化教育人。这种教化方式，是一种心理上的改造，使人心良善，知道耻辱而无奸邪之心。与西方传统管理和中国古代法家相比，儒家的管理走向另一个极端，强调德育，即以伦理道德去教化人民。

儒家的管理思想大部分是与治理国家或社会的主张紧密联系在一起的，是同其伦理思想交织在一起的。其核心思想是“重在治国，以和为贵，知人善任”。管理的中心问题是对人的管理，“人治”主义，就是重视人的特殊化，重视人可能的道德发展，重视人的同情心，把人当作可以变化并可以有很复杂的选择主动性和有伦理天性的“人”来管理统治的思想。管理的着眼点是人，即以民为本，与西方古典管理理论以物为本的管理思想不同，但它也不同于当今社会所倡导的人本管理。民本思想目的是维护统治阶级的利益，他认为人民群众是统治阶级的根基。

知识链接

春秋时期，孔子周游列国，来到楚国的叶邑。叶公向孔子请教治国方略，对于这样一个大问题，孔子的回答只有6个字“近者说(悦)，远者来”。

儒家思想的核心：仁、义、礼、智、信、恕、忠、孝、悌。其中，“仁”是儒家思想核心之核心。“仁以处人，有序和谐”是孔子思想的原发点，爱人即为“仁”的实质和基本内容，而此种爱人又是推己及人，由亲亲而扩大到泛众。

“中庸之道”是孔子学说中的一个重要观点。由于后世一些儒人对中庸思想的曲解，中庸成了因循守旧、没有立场、原则的代名词。但从孔子的思想行为看，中庸是追求卓越的法则，但能把握这个法则的人却很少。庸是做事的原则和方法，中是指综合各种倾向而反映出来的事物的现实状态，最接近客观事物的本身，不带有个人主观色彩，“中”就是“度”。中庸在管理实践中广泛应用，如集权与分权的关系、组织规模的大小、管理幅度的宽窄等。

特别提示

中庸在现代管理中的应用就是“适度”管理。

2.1.2 道家的管理思想

道家思想所主张的“道”，是指天地万物的本质及其自然循环的规律。自然界万物处于经常的运动变化之中，道即是其基本法则。老子的《道德经》中说：“人法地，地法天，天法道，道法自然”，就是关于“道”的具体阐述。人的生命活动符合自然规律，才能够使人长寿。

道家提倡自然无为，提倡与自然和谐相处。无为而治是老子管理思想的核心，是管理的最高境界，无为并不是什么都不做。老子的“无为”思想有着深奥的哲理，运用到现代管理中，无为而治就是将日常事务的决策权、监督权下放，管理者致力于重大方针的确定，从而达到管理的目的。提出了“无为”的管理原则。认为统治者、社会管理者任意伸张自己的意志和欲望，谋求“有为”正是导致社会混乱不堪的根源。“无为”就是无违之为，就是指人的行为及其指导思想不违反事物发展的自然秩序和固有规律，作为统治者，遵循天地自然之道以及社会发展之规律，谋求发展变化，“无为则无不治”，“无为而无不为”。在此，道家的“无为”原则就包含了对政策稳定性的强调，统治者不可朝令夕改。在管理谋略上，认为有无相生，以退为进，欲夺固予。在用人思想上，老子提出“无弃人”的思想：“圣人常救人，故无弃人；常善救物，故无弃物。”道家总结了知人之法。无为管理思想是一种软性管理模式。“无”字的含义是“实有似无”，无为是一种不为人注意却在实际发挥作用的行为方式。所以老子说，最好的管理者，人们没有注意到他的存在；其次的管理者，人们亲近他、赞扬他；更次的管理者，人们畏惧他；最差的管理者，人们轻蔑他。优秀的管理者工作轻松悠然，很少发号施令，不怒自威。

老子的软性管理模式包括两部分内容。一是自主管理、民主决策。自主管理并不是管理者什么都不管，而是抓大事，抓关键的事。自主管理就是以职工良好的思想、业务、技术素质和高度的主人翁责任感为基础，以全面完成生产经营任务和全面提高经济效益、全面提高企业素质为基本目标，以自觉地、积极地、优质高效地完成本职工作任务为主要内容，职工进行自我约束、自我控制。民主决策就是上下结合制定政策、确定目标、规划战略等。二是在管理过程中行的是不言之教。老子说：“无为而无不为，为而不争，无为而治”，说明管理者不要置身于琐事，而以自身的模范行为影响企业的共同价值观，实现组织的目标。管理者行的是不言之教，靠的是身体力行。高明的管理者应该做到使下属“不令而行”。

道家管理思想基本特色是“守柔”。老子认为坚强的东西实际上就是正在接近死亡，

“坚强者死之徒”，“兵强则灭，木强则折”，而柔弱才有生命力，“柔弱者生之徒”，故“坚强处下，柔弱处上”。故曰“守柔曰强”，持守柔弱才为“强”。主张柔弱胜刚强，提出了以静制动，以弱胜强，以柔克刚，以少胜多等管理原则。

2.1.3 墨家的管理思想

墨家管理思想提出了一系列反映小生产者利益的主张，如“兼相爱、交相利”的管理目的论。在最根本的管理指导思想上，着眼点为“非以其名也，以其取也”。关键是应了解社会发展的趋势以顺应社会历史发展。在具体的管理思想上，墨家为求生产发展、节用、富强则提倡“非丧”。在义利关系上，墨家认为“义，利也”，义利可以和谐统一。主张无人我差别，无远近亲疏差别的泛爱。提出了“不党父兄，不偏贵富，不嬖颜色”的“尚贤”制度。墨家思想有强烈的社会实践精神。主张吃苦耐劳、严于律己，把维护公理与道义看作是义不容辞的责任。墨家管理思想主要内容有兼爱、非攻、尚贤、尚同、节用、节葬、非乐、天志、明鬼、非命等项。

兼爱是墨家管理思想的核心，他明确指出，要“以兼相爱、交相利之法易之”，就是用“博爱”和“平等互利”的原则来代替弱肉强食的“丛林法则”。他认为“兼相爱，交相利”就是“顺天意”，“别相恶，交相贼”就是“反天意”。

尚贤、节用是墨家管理思想的支点。尚贤，就是选用人才尚贤，不论血缘与背景一律提拔有才能的人，并且给予相应的报酬，小至企业大至国家这都是影响发展的重要因素。尚贤要求不分贵贱唯才是举，主张“官无常贵，而民无终贱”。节用，是指节约民力以扩大生产，提倡节俭，反对奢侈享乐。物件只求实用不求华丽，吃饭只求吃饱和达到营养目的，不要吃得高档。

墨子管理思想强调“耳目之实”，非常讲究实干，把“事”、“实”、“利”综合起来。强调“有”，也称实有，指具体存在的事物。

知识链接

中国式管理

由中国台湾的曾仕强教授提出，中国式管理，是指以中国管理哲学来妥善运用西方现代管理科学，并充分考虑中国人的文化传统以及心理行为特性，以达成更为良好的管理效果。中国式管理其实就是合理化管理，它强调管理就是修己安人的历程。中国式管理以“安人”为最终目的，因而更具有包容性；以易经为理论基础，合理地因应“同中有异、异中有同”的人事现象；主张从个人的修身做起，然后才有资格来从事管理，而事业只是修身、齐家、治国的实际演练。

2.2 西方早期管理思想

18 世纪 60 年代后，西方国家开始进行产业革命。使以手工业为基础的资本主义工场向采用机器的资本主义工厂制度过渡。产业革命使生产力有了较大的发展。随之而来的是管理思想的革命，计划、组织、控制等职能相继产生。企业规模不断扩大，劳动产品的复杂程度与工作专业化程度日益提高，企业经理人员也逐渐摆脱了其他工作，专门从事管理。这一时期管理的基本特点是：工厂所有者主要凭借个人的经验和才能进行管理；工厂所有者即管理者，直接组织指挥生产，独立的管理阶层还未形成；管理者与被管理者直接对立。这一时期被称为“传统管理时期”。尽管这一时期还没有产生比较系统的管理理论，但是在管理理论的研究上，已经在不少方面出现了对管理理论的建立和发展具有深远影响的若干管理思想。主要有：亚当·斯密的劳动分工观点和经济人观点、欧文的人事管理、巴贝奇的作业研究报酬制度、小瓦特和博尔顿的科学管理制度、马萨诸塞车祸与所有权和管理权的分离、汤尼的收益分享制度和哈尔西的奖金方案等等。本书介绍亚当·斯密的劳动分工观点和经济人观点、欧文的人事管理思想和巴贝奇的作业研究报酬制度。

2.2.1 亚当·斯密的劳动分工观点和经济人观点

随着资本主义的发展和工厂制度的建立，有愈来愈多的人研究社会实践中的经济与管理问题。其中，最早对经济管理思想进行系统研究论述的学者首推英国经济学家亚当·斯密(Adam Smith，1723—1790年)，他出生于苏格兰东岸的克卡尔迪，是英国工厂手工业开始向机器大工业过渡时期的经济学家，是古典经济学的杰出代表和理论体系的建立者。他最重要的著作《国富论》(全名为《国民财富的性质和原因的研究》)于1776年出版，系统地论述了劳动价值论和劳动分工理论。该理论的提出为后来古典管理理论的建立和发展奠定了基础。

知识链接

分工带来高效率

亚当·斯密在他的《国富论》中以制针业为例说明了劳动分工给制造业带来的变化。他写到：如果一名工人没有受过专门的训练，恐怕工作一天也难以制造出一枚针来。如果希望他每天制造20枚针那就更不可能了。如果把制针程序分为若干项目，每一项就都变成一门特殊的工作了。一个人担任抽线工作，另一个人专门拉直，第三个人负责剪断，第四个人进行磨尖，第五个在另一头打孔并磨角。这样一来，平均每天可以生产48 000枚针，生产效率提高的幅度是相当惊人的。

亚当·斯密认为，劳动是国民财富的源泉，各国人民每年消费的一切生活日用必需品的源泉是本国人民每年的劳动。这些日用必需品供应情况的好坏，取决于两个因素：一是这个国家人民的劳动熟练程度，劳动技巧和判断力的高低；二是从事有用劳动的人数和从事无用劳动人数的比例。同时他还指出，劳动创造的价值是工资和利润的源泉，并经过分析得出结论：工资越低，利润就越高；工资越高，利润就会越低。这揭示出了资本主义经营管理的中心问题和剥削本质。

1. 亚当·斯密的劳动分工观点

亚当·斯密在分析推进“劳动生产力”的影响因素时，特别强调了分工的作用。说明分工可以提高劳动生产率，分工的益处主要有以下3个方面。

(1) 提高劳动熟练程度和劳动效率。

(2) 减少了由于变换工作而损失的时间。

(3) 有利于创造新的劳动工具和改进设备。

亚当·斯密的分工理论适应了当时社会对迅速扩大劳动分工以促进工业革命发展的要求，而且也成了以后管理理论中一条重要原理。

2. 亚当·斯密的经济人观点

斯密在研究经济现象时，还提出了一个重要论点：经济现象是基于具有利己主义目的的人们的活动所产生的。他认为，人们在经济行为中，追求的完全是私人利益，但是，每个人的利益又被其他人的利益所限制，这就迫使每个人必须顾及到其他人的利益。由此，就产生了相互的共同利益，进而产生和发展了社会利益，社会利益是以个人利益为基础的。这种认为人都是追求自己的经济利益的“经济人”观点，正是资本主义生产关系的反映，它对于古典管理思想和理论的形成，有着重要影响。

2.2.2 罗伯特·欧文的人事管理思想

罗伯特·欧文(Robert Owen，1771—1858 年)是 19 世纪初英国卓越的空想社会主义者、企业管理的改革家。从 1800 年开始，他在苏格兰新纳拉克经营一家纺织厂，在这个工厂里，他实行了前所未有的试验，推行了许多改革办法。他改善了工厂的工作条件：把长达十几个小时的劳动日缩短为十个半小时；严禁未满 9 岁的儿童参加劳动；提高工资；免费供应膳食；建设工人住宅区，改善工作和生活条件；开设工厂商店，按成本出售职工所需必需品；设立幼儿园和模范学校；创办互助储金会和医院，发放抚恤金等。这些改革的目标是探索一种既能改善工作生活条件，又有利于工厂所有者的方法。其结果确实改善了工人的生活，也使工厂获得了优厚的利润。欧文这一系列改革体现了他对人的因素的重视。他认为：人是环境的产物，对人的关心至少应同对无生命的机器的关心一样多。

另外，罗伯特·欧文还提出，工厂所有者不仅要“关心”工人，还应该“关心”工厂的股东，分给其应得的红利。总而言之，作为工厂的所有者必须重视“人”的作用。

罗伯特·欧文的管理理论和实践突出了人的地位和作用，实际上是人际关系和行为科学理论的思想基础，对以后的管理产生相当大的影响，罗伯特·欧文最先注意到“人”的因素，并开始关心“人”，有人称他为“人事管理之父”。

2.2.3 查尔斯·巴贝奇的作业研究报酬制度

查尔斯·巴贝奇(Charles Babbage，1792—1871 年)是英国剑桥大学数学教授，曾在英、法等国进行工厂调研，他在 1832 年出版的《论机器和制造业的节约》一书成为企业管理学的重要文献。巴贝奇发展了亚当·斯密的关于劳动分工效益的思想，提出其效益还来自因工作专业化而节省了学习技术所需的时间，节省了学习期间所耗原材料，节省了变换工具所耗的时间；还特别指出斯密忽略了分工可减少工资支付，因为按劳动复杂程度和劳动强度实行分工后，其中要求较低的工作即可支付较低的工资。

1. 工作方法的研究

查尔斯·巴贝奇认为，一个体质较弱的人如果他所使用的铲的形状、重量、大小等方面都比较适宜，那么他的工作效率可能胜过体质较强的人。因此，要提高工作效率，必须仔细研究工作方法。

2. 报酬制度的研究

查尔斯·巴贝奇主张按照对生产率贡献的大小来确定工人的报酬。工人的收入应由3部分组成：①按照工作性质所确定的固定工资；②按照对生产率所作的贡献分得的利润；③为增进生产率提出建议而得到的奖金。

查尔斯·巴贝奇不仅赞同亚当·斯密关于分工能提高劳动生产率的观点，他还进一步地分析了劳动分工使生产率提高的原因，他的解释比亚当·斯密更全面、更细致。这些思想无论在深度上还是广度上，都比前人甚至同代人有较大的进步。他几乎研究了制造业的各个方面，他提出的许多原则不但适用于企业，也适用于其他类型的组织。

2.3 古典管理理论

早期管理思想是管理理论的萌芽，而管理理论比较系统的建立是在19世纪末20世纪初。此阶段在美国、法国、德国等国形成了有一定科学依据的管理理论，这些科学化、规范化和系统化的理论被称为“古典管理理论”。古典管理理论主要是从“经济人”假设出发，采用标准化的机械管理模式，集中于作业管理和研究。其中所谓的“经济人”假设，是指在处理管理问题时，认为被管理者的唯一动机是经济利益。古典管理理论主要包括3部分内容：第一，科学管理理论。主要代表人物是美国的弗雷德里克·泰罗，此外，对科学管理理论作出贡献的还有吉尔布雷斯夫妇和甘特等。第二，经营管理理论。主要是指由法国人亨利·法约尔创立的经营管理理论。第三，行政组织理论。主要是指德国的马克斯·韦伯提出的“理想的行政组织体系理论”。这3部分理论的3位代表人物泰罗、法约尔、韦伯试图从3个不同角度，即个人、组织和社会来解决整个资本主义社会微观和宏观的管理问题，为资本主义解决劳资关系、生产效率、社会组织等方面的问题提供了管理思想的指导和科学理论方法，并为管理学奠定了坚实的基础。泰罗率先在管理研究中采用近代科学方法，开创了管理研究中采用科学方法的先河。法约尔明确管理是企业的一种基本活动，其过程或职能为计划、组织、指挥、协调和控制，这为研究管理过程打下了坚实的基础。马克斯·韦伯的官僚制理论提出了最适合于企业组织发展需要的组织类型和基本管理精神，成为各类大型组织的“理想模型”。

2.3.1 泰罗及其科学管理理论

弗雷德里克·泰罗(Frederick Taylor，1856—1915年)出生于美国一个富裕的律师家庭。他年幼时就非常爱好科学研究和实验，对任何事情都想找到最好的解决办法。他本想继承父业，成为一名律师，并已考上了哈佛大学法律系，但由于眼疾而辍学。于是，他在1875年进入一家小机械厂做学徒工，于1878年来到费城的米德维尔钢铁公司工作直到1890年。他在该公司期间，开始当机械工人，后被提升为车间管理员、技师、车间工长、总机械师。他坚持业余学习，于1883年获得斯蒂芬工艺学院的机械工程学位，次年即被提升为总工程师。泰罗于1891年独立创业，从事工厂管理咨询工作，直至任美国管理咨询协会主席。他的著作主要有《计件工资制》(1895年)、《车间管理》(1903年)、《科学管理原理》(1911年)。这些著作是泰罗几十年试验研究的成果和长期管理实践的经验概括和总结。基于泰罗所取得的成就，他作为古典管理学家、科学管理的主要倡导者，被西方称为“科学管理之父”。

1. 科学管理理论的主要观点

(1) 动作研究。所谓动作研究就是对工人的操作进行细致科学的分析研究，去掉不合理的动作，保留先进的、合理的动作，并制定出标准的操作方法和操作程序。泰罗要求工人严格执行标准，可以说，泰罗是理性主义的典型代表。在当时，也确实提高了劳动生产率。科学选择培训工人(第一流工人制)。泰罗认为，每个人都具有不同的天赋和才能，要根据每个工人的性格、特点和长处来分配工作，发现他们的局限性和发展的可能性，然后，按照科学的方法对他们进行教育和培训，使他们承担能胜任的、最感兴趣的工作。只要工作对他们合适，能够发挥每个人的特长，就能成为第一流工人，从而提高工作效率。

(2) 时间研究。时间研究就是对工人的劳动时间进行科学分析，以达到对工时的科学利用，即通过对工人的劳动时间进行分析研究，按照经济合理的原则，在实行标准操作方法的基础上，规定完成每一标准操作和动作的标准时间，制定工时定额。在操作方法、操作时间、工具和作业环境标准化的前提下，确定工人一天必须完成的合格工作量标准，即工作定额。

(3) 作业工具和作业环境研究。经过调查了解、分析研究和试验后，在有科学依据的前提下，制定出标准，实现工具和作业环境的标准化。

(4) 实行差别计件工资制。实行差别计件工资制度就是对完成和超额完成工作定额的工人，按较高的工资单价支付工资，对完不成工作定额的工人，则按较低的工资单价支付工资，这样就起到了鼓励先进，鞭策后进的作用。例如，超额部分的工资单价以正常工资单价的125%支付，未完成定额的工资单价以正常工资单价的80%支付。同时，工资支付的对象是工人而不是职位，即根据工人实际工作表现，而不是根据工作类别来支付工资，这样克服了消极怠工的现象，又调动了积极性。

(5) 职能管理。泰罗的科学管理理论中一个重要方面是职能管理原理。它包括两项内容：一是把计划职能同执行职能分开。泰罗认为，要提高劳动生产率，就要明确划分计划职能和执行职能，把传统的经验工作法改变为科学工作法，即使管理和劳动分开，把管理工作称为计划职能，工人劳动称为执行职能，泰罗指出，在旧的管理中，所有计划都由工人凭个人经验制定，实行新的管理制度后，就必须由管理部门按照科学规律来制订计划，把计划职能从工人的工作内容中分离出来，由专业的计划部门去做，计划部门的任务是，规定标准的操作方法和操作规程，制定定额，下达书面计划，监督控制计划的执行，计划职能的人员称为管理者，负责执行计划职能的人员称为劳动者。二是实行职能工长制。泰罗指出，在传统的组织机构中，一个工长为了完成工作，要承担多种职责，往往力不从心，实行职能工长制，一个工长只承担一个或少数职能，这样，管理者职责明确，生产费用降低，可以提高效率和效益。泰罗设计出8个职能工长，其中有4个在计划部门，4个在车间。在计划部门的4个职能工长分别承担：工作命令、工时和成本、工作程序、纪律职能。在车间的4个职能工长分别承担：工作分派、速度、修理、检验职能。

(6) 例外原则。泰罗认为，规模较大的企业，不能只依据职能原则来组织和管理，还必须运用例外原则。所谓例外原则就是指企业的高级管理人员把一般的日常事务授权给下级管理人员去处理，自己只保留对例外事项(重要事项)的决策权和监督权，如重大政策的决定和重要人事的任免等。泰罗提出的这种以例外原则为依据的管理控制原则，后来发展成为管理上的分权化原则和事业部制等管理体制。

[讨论题] 我们现在应该如何运用科学管理理论?

2. 对泰罗制的评价

泰罗制提倡应用科学的管理方法来代替传统单凭个人经验进行作业和管理的旧方法。这是管理理论的进步，也为管理实践开创了新的局面。

以泰罗为代表人物倡导的科学管理理论是适应历史发展的需要而产生的，它的产生是管理从经验走向理论的标志，也是管理走向现代化、科学化的标志，该理论本身也为美国和其他西方国家管理理论和管理方法的发展奠定了基础，它对世界各国工商界和经济产生了巨大的影响。但是，在特定历史条件下产生的科学管理理论难免有其自身的局限性。首先，它是建立在“经济人”的假说基础之上的，这无疑限制了泰罗的视野和高度。其次，主要是侧重于生产作业管理，其研究的范围比较小，内容也比较狭窄。另外，泰罗基本没有涉及现代企业供应、财务、销售、人事等方面。

泰罗制是资本家最大限度压榨工人血汗的手段。泰罗所制定的操作标准和工作定额，是以身体最强壮、技术最熟练的工人进行紧张劳动时测定为基础的，是大多数工人无法忍受和坚持的。

知识链接

管理学之父打败希特勒

希特勒发动战争初期，与苏联、美国签有中立协议，但当他在欧洲、非洲取得胜利后，就向苏联、美国宣战。当时，美国的海军工业，尤其是其中不可或缺的光学仪器设备，美国本土无法生产，基本靠从法国进口。光学仪器生产技术一直被当作一项保密技术，培养一个合格的光学仪器技工，一般需要7年时间。希特勒非常清楚美国的这个弱点。他判断，一旦占领法国，就等于控制了欧洲的光学仪器工业，美国由于缺少光学仪器，就无法在短时间内建立起强大的海军。因此他相信，等美国用5到7年培养起熟练的光学仪器工人时，他的军队早就把美军打垮了。这就是希特勒敢于对经济实力强大的美国宣战的技术秘密。

但是，他的情报忽视了一个人。这个人就是费雷德里克·泰罗(Frederick W. Taylor，1856—1915年)，号称美国管理学之父。当年，泰罗发现翻砂工人的劳动效率很低，翻砂工作的一系列劳动，都是由独立的翻砂工人独自完成。通过一段时间观察，他把翻砂工作分解成一个又一个前后相续的简单动作，每个动作简单到即使是3岁孩子也可以马上学会。这样，工人只需要完成一个极简单的动作，就把工作传给下一个人。复杂的翻砂工作被他分解成三十几道工序，任何一个人都可以立即上岗，不管他有没有文化，识不识字，半天就能成为熟练工，从而极大地提高了工作效率。在希特勒的攻势下，美国一时处于劣势。但是，泰罗的贡献很快就被军方派上用场。结果，在几个月的时间里，美国就培养出了一大批熟练的光学仪器技工，希特勒占领法国的优势不复存在。相反，美国却迅速摆脱劣势，建立起一支强大的海军，最后掌握了海上霸权。

一个几乎不识干戈的管理学之父，竟然打败了希特勒，真是不可思议。刘兴亮曾经假设过，如果没有这个管理学之父，希特勒就会打败美国，这样的话，整个二战的历史就会被改写，整个世界的历史就会改写。多么恐怖啊！

2.3.2 法约尔及其经营管理理论

亨利·法约尔(Henri Fayol，1841—1925年)出生于法国资产阶级家庭，是著名管理思想家、古典管理理论的杰出代表、矿冶工程师、总经理、管理教授。法约尔曾就读于法国一所矿业学院，于1860年作为一名采矿工程师进入法国康门塔里——福尔香包采矿冶金公司工作，并在此度过了其整个职业生涯。

知识链接

亨利·法约尔的职业生涯

第一阶段(1860—1872年)，他作为年轻的管理人员、技术人员，主要关心的是采矿工程方面的事，特别是防止火灾方面的事，于1866年，被任命为康门塔里矿井的矿长。

第二阶段(1872—1888年)，他被提升为管理一批矿井的经理，这一阶段，他主要考虑决定矿井经济方面的因素，如技术、管理和计划等。这就促使他对管理进行研究。

第三阶段(1888—1918年)，1888年，当公司处于破产边缘时，他被任命为总经理，同时，在法国军事大学任管理学教授。

第四阶段(1918—1925年)，他1918年退休，成立了管理研究所，致力于宣传他的管理理论，直到去世。

法约尔在管理方面的著作主要有：《工业管理和一般管理》(1916年)、《国家管理理论》(1923年)、《公共精神的觉醒》(1927年)、《管理的一般原则》(1908年)等。他一生获得多种奖章和荣誉称号，被称为“经营管理理论之父”，他还被誉为“欧洲为确定管理内涵迈出第一步的人”。

法约尔和泰罗都是同时代的杰出人物，都是管理科学的奠基人，但是由于他们的背景和经历不同，故而他们研究管理的着眼点也有所不同。泰罗是以普通工人的身份进入工厂的，他以提高工厂内部作业效率为出发点研究管理，而法约尔一直从事领导工作，这使他有自上而下观察管理问题的基础，最关心的是企业整体管理效率的提高。因而法约尔的管理理论被称为“经营管理理论”。法约尔的主要贡献在于他提出了企业的六项经营活动及管理的职能，并确定了管理的基本原则，同时，他还提出了管理理论的普遍性与管理经济的必要性等。为后人研究企业经营、管理行为、管理原则等几大领域做出引导。法约尔一般管理理论的主要内容可以归纳为下述几项。

1. 经营活动

法约尔认为，企业的生产经营管理包括以下6种活动。

(1) 技术活动，指设计、生产、制造和加工等。

(2) 商务活动，指采购、销售和交换等。

(3) 财务活动，指确定资金的来源和使用计划。

(4) 安全活动，指保证员工劳动安全、设备使用安全和财产安全等。

(5) 会计活动，指货物盘点、编制各种会计报表、成本核算和统计等。

(6) 管理活动，指计划、组织、指挥、协调和控制5种管理职能。

法约尔认为，任何类型的企业都存在6种活动，特别是管理活动提出了管理的主要职能，是现在管理定义的核心部分，至今被人们所接受。因此，他被公认为是管理过程学派的创始人。

2. 管理职能

法约尔首先提出了管理的组成要素，即划分了管理的五项职能。

(1) 计划职能。计划是法约尔强调的首要管理职能，计划就是探索未来和制定行动的方案，而任何行动计划都以下列诸项为其基础：公司的资源、目前正在进行的工作的性质和重要性、公司未来的发展趋势等。在制订计划时，还要考虑到下级管理人员和一般工人的意见。一个合理的计划应具有以下特点：统一性、连续性、灵活性、精确性，其中制订长期计划是非常重要的。这是法约尔对当时管理思想的一个较大的贡献。

(2) 组织职能。法约尔认为，组织就是建立企业的物质和社会的双重结构，即物质组织和进行有关机构和人员的组织。在论述组织职能时，他强调了组织图的重要性，认为组织图是每一个企业都必备的，它可以明确地分配任务和划分责任，是一个重要的管理工具。

(3) 指挥职能。指挥的任务在于让组织发挥作用，即对下属的工作给予指导，使企业的各项活动相互协调、相互配合。指挥的目的在于根据企业的利益，使企业中所有的人员做出最大贡献。指挥是一门艺术，一个领导人的指挥艺术如何，决定于他个人的某些素质和对管理工作一般要求的了解。

(4) 协调职能。协调就是使企业的一切工作都要和谐地配合，以便使企业的经营能够顺利进行。协调是对组织各种资源安排一种合适的比例，这种比例要能够使每个机构顺利地、经济地完成自己的任务。保证企业工作协调的一个有效方法就是召开部门领导的每周例会。

(5) 控制职能。法约尔认为，控制就是为了确保实际工作与制定和规定的计划、标准相符合而进行的一切活动。其目的在于发现工作中的偏差和错误，并加以纠正，确保既定目标的顺利实现。

3. 管理原则

法约尔根据自己多年的实践经验，归纳总结出简明扼要的14条管理原则。

(1) 分工。分工是有关劳动专业化的古典概念。法约尔认为分工不仅适用于技术工作，也适用于管理工作、职能的专业化和权限的划分。分工能降低操作培训费用，使企业扩大生产规模和降低生产成本。

(2) 权力与责任对等。权力是指下达命令、指挥和要求别人服从的力量，而责任是指承担的职责和任务。权力与责任相互一致，互为因果。若权力大、责任小，就可能滥用职权，以权谋私；若责任大、权力小，就可能无法完成任务。

(3) 纪律。法约尔认为，纪律的实质是遵守公司各方达成的协议，职工对组织的服从和尊重。纪律松弛必然是领导不善的结果，而严明的纪律则产生于良好的领导、企业管理当局同职工之间关于明确的协议和赏罚规则的审慎应用。

(4) 统一命令(统一指挥)。法约尔的这条原则同泰罗关于职能工长制的想法正好相反。法约尔指出，一个下属人员在工作中只应接受一个领导者的命令、指挥，这就是“统一指挥”原则。这是一条普遍的、永久必要的原则。统一命令的实质是讲组织机构建立后在运转中，一个下级不能接受两个上级的命令。

(5) 统一领导。统一领导是讲组织机构的设置问题，是指一个下级只能有一个直接上级。一项活动只有一个领导并按一项计划开展工作。

(6) 个人利益要服从整体利益。整体利益大于个人利益的总和，实现组织目标比实现个人目标更重要。所以在一个组织中，个人或部门利益不能置于整个组织之上。协调个人与组织利益关系的办法有 3 种：一是领导者要做出榜样；二是尽可能签订公平的协议；三是认真的监督。

(7) 人员报酬要公平。法约尔是以“经济人”的观点阐述这一原则的，他指出，人员的报酬是其服务的价格，应该合理，这样才能调动员工的积极性。同时，也要尽量使企业与员工都满意。

(8) 集权。集权是指组织的权力相对集中在高层管理者手中，权力集中的程度依据管理人员的个性、品质、能力，下级的可靠性，企业规模等情况而定。

(9) 等级链。等级链就是指从最上级到最下级各层权力连成的等级结构，它显示出权力执行的路线和信息传递的渠道。

(10) 秩序。秩序是指有放东西和人的位置，而每件东西和人都应在恰当的位置上。这样就做到了物尽其用，人尽其才，避免物资、时间、人才的浪费和损失。

(11) 公平。公平并不排斥刚毅，也不排斥严格，只要一视同仁，规章制度对谁都是一样的，员工受到平等的待遇就是公平。

(12) 保持人员的稳定。培养员工能够胜任目前的工作，需要花费时间和金钱。所以管理当局应采取措施，鼓励员工尤其是管理人员长期为本组织服务。兴旺发达的组织通常都拥有一批稳定的管理人员。

(13) 首创精神。首创精神是判定和推动一项计划的动力。领导者不仅本人要有首创精神，还要鼓励全体员工发挥首创精神，尽一切可能调动员工的积极性、主动性和创新性。

(14) 团结精神。生活在集体中的人员要有合作精神，有集体荣誉感，作为管理者在组织内部要努力建立起和谐与团结的气氛，形成一种凝聚力。

[讨论题] 法约尔的管理 14 条原则在今天是否有效?

4. 对法约尔管理理论的评价

法约尔的经营管理理论是西方管理思想和理论发展史上的一个里程碑，它为以后管理理论的发展勾勒出了基本的理论框架。法约尔跳出了泰罗以实践为基础研究管理原理的局限，在理论上第一次努力将管理的要素和管理的原则系统地加以概括。法约尔的管理思想具有较强的系统性和理论性，他提出的经营管理理论对西方管理理论的发展具有重大的影响，成为管理过程学派的理论基础，也是以后各种管理理论和管理实践的重要依据之一。他对管理职能的分析为管理科学提供了一套科学的理论架构。

法约尔的管理理论的不足之处是，他的管理原则缺乏弹性，以至于有时让管理人员无法完全遵守，如统一指挥与分工原则相矛盾。另外，法约尔的管理理论只考察了组织的内在因素，没有考察组织同其外在环境的关系，因而不够全面。

2.3.3 韦伯及其行政组织理论

马克斯·韦伯(Marx Weber，1864—1920 年)是德国人，出生于德国爱尔福特的一个中产阶级家庭，德国著名的管理学家，现代社会学的奠基人，是古典管理理论在德国的代表人物。他曾 3 次参加军事训练，因而对军事生活和组织制度有相当多的了解，这对他以后提出的组织理论有较大的影响。他提出了理想的行政组织体系的理论或者叫官僚行政组织理论。他曾担任过教授、政府顾问、编辑、著作家，对社会学、经济学、历史、宗教等许多问题都有自己独到的见解。他的著作主要有《社会和经济组织理论》、《新教伦理与资本主义精神》等。由于他在组织理论方面的卓越贡献，被称为“组织理论之父”和“官僚主义之父”。

1. 理想的行政组织体系的特点

该理论的核心是组织活动要通过职务或职位而不是个人或世袭地位来管理。韦伯所说的“理想”并不是指最合乎需要的，而是指抽象的、纯粹的组织形态，在实践中出现的可能是各种组织形式的联合。他之所以确定一个理想的组织形式是为了进行理论上的分析。韦伯的理想的行政组织体系具有以下特点：存在明确的分工；自上而下的等级系统；人员的考评和教育；行政管理人员；遵守规则和纪律；行政管理人员除个别通过选举产生外，都是任命的；组织中人员之间的关系以理性准则为指导，不受个人情感的影响。

韦伯认为，这种高度结构化、正式的、非人格化的理想行政组织体系是强制控制的合理手段，是达到目标、提高效率的最有效形式。这种组织形式在精确性、稳定性、纪律性和可靠性等方面都优于其他组织形式，适用于各种行政管理工作及各种大型组织，如国家机构、军队、政党、经济组织和社会团体。

2. 行政组织中的权力

韦伯认为，等级、权力和行政制(包括明确的规则、确定的工作任务和纪律)是一切社会组织的基础。对于权力，他认为有以下 3 种类型。①法定权力，即理性—合法的权力，指的是依法任命，并赋予行政命令的权力，对这种权力的服从是依法建立的一套等级制度，这是对确认职务或职位的权力的服从；②传统权力，是以古老的、传统的、不可侵犯的和按传统执行这种权力的人的正统性的信念为依据的；③超凡权力。其依据是对个人的明确而特殊的尊严，英雄主义或模范品格的崇拜，或对这个人的启示或发布的标准模式和命令的崇拜。

韦伯认为，在这 3 种权力中，只有理性—合法的权力才是理想行政组织的基础。因为传统权力的效率较差，其领导人不是按能力挑选的，其管理单纯是为了保存过去的传统而行事；超凡权力带有过于浓厚的感情色彩，并且是非理性的，依据的不是规章制度，而是神秘的或神圣的启示；只有理性—合法的权力才能保证经营管理的连续性和合理性，能按人的才华用人，并按照法定的程序来行使权力。这是保证组织健康发展的最好的权力形式。

3. 对韦伯行政组织理论的评价

韦伯的理想行政组织体系理论是对盛行于19世纪的欧洲官僚制总结和提炼的结果，为分析实际生活中各组织形态提供了一种规范典型。随着资本主义的发展和企业与社会规模的扩大，人们越来越认识到其价值，西方管理学界已经普遍承认了他的贡献。在今天，这种管理体制已成为各类正式组织的一种典型结构、一种主要的组织形式，并且被人们广泛应用于各种组织设计当中，发挥着有效的指导作用。一个组织只有遵从规章，摆脱个人主义的影响，才能长期生存具有深远的影响。但是，人们也必须看到，理想的行政管理体制把人视同被动的工具，这种机械的管理体制，在条件适当的情况下，也可能产生相反的作用，如人员变得墨守成规，失去工作的主动性和创造性，组织失去了应变能力等。

2.4 行为科学理论

行为科学理论产生于20世纪20年代至30年代的美国。行为科学是一门运用心理学、社会学、经济学等学科的理论和方法来研究工作环境中个人和群体的行为规律的科学。资本主义管理学家试图通过行为科学的研究，掌握人们行为的规律，找出对待工人、职工的新手法和提高工作效率的新途径。

行为科学理论的发展可划分为两个阶段：前一阶段称为行为科学的早期理论，即人群关系论或人际关系学说；后一阶段称为后期行为科学理论，它的研究范围涉及人性理论问题、人的需要、动机和激励理论、领导方式理论和企业中非正式组织及其中人群关系问题。1949年，在美国芝加哥大学召开的一次有多学科专家参加的跨学科的会议上，把人际关系学和后期行为科学正式定名为行为科学，本书所提到的行为科学理论即是指后期行为科学理论。

2.4.1 早期行为科学——人际关系学说

该理论的代表人物是乔治·埃尔顿·梅奥(George Elton Mayo，1880—1949年)。梅奥是原籍澳大利亚的美国行为科学家，他20岁时，在澳大利亚阿福雷德大学取得逻辑学和哲学硕士学位，后赴苏格兰爱丁堡研究精神病理学，对精神上的不正常现象进行分析，从而成为澳大利亚心理疗法的创始人。1922年梅奥移居美国，在宾夕法尼亚大学沃顿管理学院任教，期间，他曾从心理学角度解释产业工人的行为。1923年梅奥在费城附近一家纺织厂就车间工作条件对工人的流动率、生产率的影响进行实验研究。1926年，他进入哈佛大学工商管理学院任教，并从事工业研究，直到退休。1927年，他开始主持著名的霍桑试验。梅奥的主要著作有《工业文明的人类问题》(1933)和《工业文明的社会问题》(1945)。梅奥和他的合作者创立的人际关系理论对20世纪40、50年代的管理理论和实践产生了深远的影响，因此，他被称为“行为科学学派的开山鼻祖”。

1. 霍桑试验的内容

霍桑试验是指1924—1932年间，在美国芝加哥西方电气公司的霍桑工厂进行的一项研究试验。试验的目的是要找出影响员工生产效率的因素，从而寻求提高企业劳动生产率的新途径。该试验前后经历两个回合：第一个回合是从1924年11月至1927年5月，第二回合是从1927年4月至1932年5月，由梅奥主持。整个试验前后经历了4个阶段。

(1) 工作场所照明试验(1924—1927年)。照明试验的目的是为了清楚照明强度的变化对生产效率所产生影响的程度。试验结果表明：照明强度的一般改变，不是影响劳动生产率的决定因素。

(2) 继电器装配实验室试验(1927—1928年)。试验的目的是通过“增加福利”找到更有效的影响职工积极性的因素。比如改善物质条件和工作方法、增加休息时间、工间休息增加茶点、由集体奖励制度变为个人奖励制度等。试验表明：无论如何变换福利条件，工人的出勤率都增加，产量都上升，工人们认为这是没有工头监督与控制的原因。最后得出的结论是：改变监督与控制的方法能改善人际关系，能改变工人的工作态度，从而促进产量的提高。

(3) 大规模的访谈与调查试验(1928—1931年)。试验的目的是想了解工人对工作环境是否满意，以便着手改造环境。调查结果发现，人们对环境是否满意，与人们复杂的感情因素有关，有经验的调查人员很容易从人们以往的生活经历、现在的社会地位、广泛的社会联系等方面找到原因。

(4) 继电器绕线机组观察室试验(1931—1932年)。试验的目的是要证实在以上的试验中研究人员似乎感觉到在工人当中存在着一种非正式组织，而且这种非正式组织对工人的态度有着极其重要的影响。观察发现，工人完成的产量只是保持在中等水平以上，而且每个工人的日产量都差不多。观察研究结果表明，试验小组是一个复杂的小团体，在这个组织里有着一套严密的行为准则和共同的感情。企业中非正式组织对工人行为起着重要作用，应注意在企业内建立起一种更自由、更自然和更令人满意的人际关系的制度。

霍桑试验是管理思想的一个伟大的历史转折，它为人际关系理论的形成以及后来管理科学的发展奠定了坚实的基础，它使西方管理思想在经历了早期的管理理论和古典管理理论阶段之后，进入了行为科学的理论阶段。

2. 人际关系学说的主要观点

人际关系学说，又称为人群关系理论，是在霍桑试验的试验结果的基础上总结归纳而形成的。人际关系学说有以下主要内容。

(1) 职工是“社会人”。人不但有经济方面和物质方面的需要，更重要的是有社会方面和心理方面的需要，就是说，人的行为动机不仅仅出于经济目的，还有情感、精神等方面的需要。在生产效率的决定因素中，逻辑的、经济的因素远不如感情的、非逻辑的态度和情绪所起的作用大。

(2) 生产效率主要取决于职工的工作态度以及他与周围人的关系。提高生产效率的关键是工作态度的改变，即士气的提高。士气高低决定于安全感、归属感等社会、心理方面的欲望的满足程度。而对此的需求是因人而异的，这主要取决于两方面因素：①职工的个人情况，包括由于不同的经历、不同的家庭生活和不同的社会生活所形成的不同的态度；②工作场所情况，包括职工相互之间、职工与领导者之间的人群关系好坏。梅奥认为，职工的满足度越高，士气就越高，从而生产效率也就越高，作为一个管理人员应该深刻认识到这一点，不但要考虑职工的物质需求，还应该考虑职工的精神需求。士气还取决于家庭、社会生活的影响以及企业中人际关系等。

(3) 企业中存在着非正式组织。企业中除了“正式组织”之外，还存在着“非正式组织”。梅奥等人认为，人是社会的动物，人们在企业内部共同生产和劳动的过程中，相互之间必然会发生一定的联系，这种联系会加深人们的相互了解，从而能形成某种共识，建立起一定程度的感情，逐渐发展成为一种相对稳定的非正式的集团或团体，即非正式组织。非正式组织应该被看做是“一些惯例、价值观、准则、信念和非官方的规则”。在正式组织中，以效率逻辑为其行动标准。在非正式组织中，以感情逻辑为其行动的标准。非正式组织不仅存在于工人之中，而且存在于经营管理人员、技术人员中。企业的领导者、管理人员要充分认识并重视非正式组织的作用，同时，管理人员要注意在正式组织的效率逻辑同非正式组织的感情逻辑之间保持平衡，以便使管理人员之间、工人与工人以及管理人员与工人之间建立相互信任、协作的关系，创造良好的工作环境并充分发挥每个人的作用，提高劳动效率。非正式组织是组织成员自发地产生的团体，是在满足需要的心理推动下，较自然地形成的心理团体。其中蕴涵着浓厚的友谊和感情因素，成员行为表现出感情上对非正式组织的忠诚。如果管理人员只是根据效率逻辑来管理，而忽略工人的感情因素，必然会引起冲突，影响企业生产率的提高和目标的实现。

[讨论题] 梅奥的这些结论与科学管理思想有何区别?

3. 对人际关系学说的评价

(1) 人际关系学说的贡献。人际关系学说在管理思想史上占有极其重要的地位，是管理思想的一个伟大历史转折，它否定了古典管理理论“经济人”的观点，提出了“社会人”的主张，给管理学和管理实践的发展开辟了一个崭新的领域。梅奥的试验及其思想孕育了后来的人本管理思想。

(2) 人际关系学说的局限性。人际关系学说过于偏重非正式组织而忽视了正式组织，过于偏重人的感情和社会因素而忽视了理性和经济因素。其实，构成社会基本单位的不是非正式组织而是正式组织。人的感情和社会因素虽然重要，但理性和经济因素也是不应忽视的。

管理故事

留个缺口给他人

一位著名企业家在做报告时，一位听众问：“你在事业上取得了巨大的成功，请问，对你来说，最重要的是什么？”企业家没有直接回答。他拿起粉笔在黑板上画了一个圈，只是并没有画圆满，留下一个缺口。他反问道：“这是什么？”

“零”“圈”“未完成的事业”“成功”，台下的听众七嘴八舌地答道。他对这些回答未置可否：“其实，这只是一个未画完整的句号。你们问我为什么会取得辉煌的业绩，道理很简单：我不会把事情做得很圆满，就像画个句号，一定要留个缺口，让我的下属去填满它。”

2.4.2 后期行为科学

后期行为科学是人际关系理论的延续和发展，吸取社会学、心理学、人类学、教育学等多门学科理论的精华，具有科学性，但仍是唯心的，(研究人、尊重人、关心人、满足人的需要，调动人的积极性和创造性)行为科学学派是在梅奥的人群关系理论的基础上发展起来的，这一学派研究的内容可分为两个方面：一是对组织中人与人之间关系的研究，即人际关系学派的观点；二是对群体中人的行为的研究，即组织行为学派的观点。这一学派的代表人物有美国的马斯洛(Abrabam H. Maslow)，他的理论被称为需要层次理论，其代表作为1954年出版的《激励与个人》一书，还有美国的赫兹伯格(Fredericl Herzberg)，他的理论被称为双因素理论，其代表作为1959年出版的《激励因素》，还有美国的麦格雷戈(Douglas McGregor)，他提出了对人进行研究的X理论和Y理论。该学派认为，管理是经由他人达到组织的目标，管理中最重要的因素是对人的管理，所以要研究人，尊重人，关心人，满足人的需要，以调动人的积极性，并创造一种能使下级充分发挥力量的工作环境。它的主要特点有以下几点。

(1) 从早期的行为科学单纯地强调重视情感因素、建立良好的人与人之间的关系转向探索人类行为的规律性，在管理中要科学择人、用人、培养人，进行人力资源的开发。

(2) 强调个人目标与组织目标的一致性。主要体现在以下三点：一是目标价值的一致性。不同组织目标具有不同的价值取向，同一目标也具有多种价值取向。对于不同组织来说，具有符合其组织性质的目标价值是其重要特征；对于同一组织的多种目标价值取向来说，有支配地位的目标主导价值取向，其他服从并与其保持统一。二是层级目标的一致性。划分整体、不同组织层次和个人目标，内容虽有差异，但相对整体来说具有统一性，整体居于支配地位，其他层级目标必须与其保持一致。三是阶段目标的一致性。按照时间长短，有中长期和近期目标，近期目标是中长期目标实现的途径，必须与其保持一致性。

(3) 主张在企业中恢复人的尊严，实行民主参与管理，改变上下级之间的关系。管理者发动下属讨论，共同商量，集思广益，然后决策，上下级关系融洽，合作一致地开展工作。具体特点：所有的政策在管理者的鼓励和协调下由群体讨论来决定；分配工作时尽量照顾到个人的能力、兴趣和爱好；给下属工作创造较大的自由空间，有较多的选择性和灵活性；主要用非职位权力进行管理，谈话时多用商量、建议的语气；管理者积极参加团体活动，与下属无心理距离。

管理故事

同花顺理论

接到W公司李总的电话之后，我犹豫了很久。李总是我的好友，自然不便推脱。但W公司的现状确实很棘手，组织结构、管理制度、人力资源、市场营销等问题一大堆，我该从何入手呢？因为与W公司接触过几次，对公司的情况有一定的了解，我知道公司决策层的做法竟是邓小平在改革之初说过的一句话：“摸着石头过河。”于是老总摸石头，员工们也摸石头，手忙脚乱却摸不着石头。所以，我提议必须首先改变操作层面上的混乱状态。

我拿出一叠扑克牌(牌面上有各种漂亮的图案)，把在场的公司员工分成两组，请A组每人从中选取自以为最好看的一张；请B组每人选取一张红桃，并对点数作了明确的要求。最后，请两组人员把牌亮出来。于是，出现了下面的结果。

A组：黑桃2、方块A、黑桃8、梅花Q、红桃3……

B组：红桃A、红桃K、红桃Q、红桃J、红桃10……

“发现问题了吗?”我问李总。李总仍然迷惑不解，要求我解释。我说：“两组的结果是完全不同的，A组是一副杂牌，B组却是一手红桃同花顺。为什么会这样呢？这是因为，对于A组我没有明确的指令，所以A组的人都是按照各自不同的审美观念来选牌。我们不必评判他们的选择孰优孰劣，但很显然，他们每个人的做法都是一种个人行为。个人行为与个人行为混合在一起叫什么？叫‘乌合之众’。——再看看B组，清一色的同花顺，这才是组织行为。”这时，我注意到李总轻轻“喔”了一声。我继续说：“你能拿一副杂牌去打败对手的同花顺吗？当然不能。所谓‘世有三亡’，以邪攻正者亡，以逆攻顺者亡，以乱攻治者亡。如果公司的管理现状不及时改变的话，恕我直言，恐怕会印证‘以乱攻治者亡’这句哲言。”

最后，我习惯性地讲了一段总结陈词：“现在公司处于A组状态，这不是员工的过错，而是决策层有问题。如果你想要得到一副同花顺，必须达到两个条件。第一，决策层一定要思路清晰；第二，要给员工发出明确的指令。否则，员工们要么茫然失措，要么自行其是，就像刚才的游戏一样，造成一手杂牌。”

点评：

记得有一句话说得好：“路线一旦确定下来，干部就成了决定因素。”可如果是路线确定错了，那再好的干部也无济于事，而且还可能再次为后人留下南辕北辙的笑柄。可见，对于企业而言，领导层决策的正确与否，会对企业的发展产生决定性的作用。有了正确的决策，员工才有了行动的方向，也有了拼搏、进取的目标。这样，大家才能心往一块想，劲往一块使，为企业的发展发挥自己的一份力量。

2.5 现代管理理论

20世纪的二三十年代，形成了管理学的经典理论，大大提高了企业和社会的管理水平。50年代提出了目标管理理论，60年代提出了决策理论，70年代提出了战略理论，80年代提出了企业文化管理，使得现代管理理论更加丰富与完善。现代管理理论产生的历史背景如下。第二次世界大战期间，交战双方提出了许多亟待解决的问题，如运输问题、机场和港口的调度问题等都涉及管理的方法。第二次世界大战以后，随着现代自然科学和技术的日新月异，生产和组织规模急剧扩大，生产力迅速发展，生产社会化程度不断提高，资本主义生产关系出现了一些新变化，生产集中和垄断统治的加强，工人运动的高涨，引起了人们对管理理论的普遍重视，资本家也需要更巧妙的剥削方式。许多学者结合前人的经验、理论，从各自所处的角度出发，结合自己本专业的知识，例如数学、法学、经济学、社会学、社会心理学、哲学等学科，去研究现代管理问题，促使管理科学的内容更加丰富。美国著名管理学家孔茨称之为“管理理论的丛林”。但是，由于人们在研究问题时，一般侧重于本专业的特点，而研究的对象又是相同的，所以形成了多种管理学派。这些学派相互补充，从不同角度，带着各自学科的特点阐明了现代管理的有关问题。

2.5.1 管理科学理论

管理科学学派也称数量管理学派，是泰罗科学管理理论的拓展，与1939年由美国曼彻斯特大学教授布莱克特领导的运筹学小组密切相关。这个学派认为，管理就是制定和运用数学模式与程序的系统，用数学符号和公式来表示计划、组织、控制、决策等合乎逻辑的程序，求出最优的答案，管理科学其实就是管理中的一种数量分析方法。可以用电子计算机作为工具，寻求最佳计划方案，以达到企业的目标。其目的就是解决能以数量表现的复杂系统的管理决策问题，作用在于通过管理科学的方法，减少决策中的风险，提高决策的质量，保证投入的资源发挥最大的经济效益。其代表人物与著作有美国埃尔伍德·伯法的《现代生产管理》，布莱克特的《运筹学方法论上的某些方面》，丘奇曼和阿考夫合著的《运筹学入门》等。

管理科学学派的主要内容可以概括为以下几点。

(1) 组织既是由“经济人”组成的一个追求经济利益的系统，同时又是由物质技术和决策网络组成的系统。

(2) 科学管理的目的就是将科学原理、方法和工具应用于管理的各种活动之中；科学管理的范围着重在管理程序中的计划和控制这两项职能；科学地解决问题可分为提出问题、建立数学模型、得出解决方案、对方案进行验证、建立对解决方案的控制和把解决的方案付诸实施6个步骤。

(3) 科学管理应重视科学管理方法的应用，科学的管理方法包括线性规划、决策树、计划评审法、关键线路法、模拟、对策论、排队论等。

(4) 应用多种学科交叉配合的方法对管理问题进行研究，除了计算机和数学以外，随着研究对象的不同，需要应用经济学、管理学、心理学、行为科学、会计学、物理学、化学等各种自然科学和工程技术。

(5) 管理过程中应重视先进工具的应用，这里主要是指计算机的运用。

数量管理学派的管理思想是建立在系统思维基础上的，系统的观点是要求从系统的整体效果出发进行考察、分析与解决问题。其目的是使整个系统的总效果达到最优。管理科学学派所提出的观点有助于使复杂的、大型的问题分解为较小的部分，更加便于诊断、处理。在管理过程中制作与分析模式必须重视细节并遵循逻辑程序，这样就把决策置于系统研究的基础上，增进决策的科学性。同时，强调科学管理有助于管理人员估价不同的可能选择，如果明确各种方案包含的风险与机会，便更有可能做出正确的选择。由于并不是所有管理问题都是能够定量的，这就限制了管理科学学派有关理论与方法的使用范围。同时，管理科学学派所提出的一些管理方法在实际解决问题中存在许多困难，通常需要相当数量的费用和时间。

2.5.2 决策管理理论

决策出现于20世纪30年代，是由美国的巴纳德首先提出的，当时只是决策的雏形，到了20世纪60年代以美国西蒙和马奇为代表使决策趋于完善，形成了科学决策管理理论。

赫伯特·西蒙(Herbert Simon，1916—2001年)是决策管理理论的主要代表人物，是美国的经济学家和社会科学家，在管理学、经济学、组织行为学、心理学、政治学、社会学、计算科学等方面都有所造诣。他早年就读于美国芝加哥大学，于1943年获得博士学位，1978年获得诺贝尔经济学奖。他的主要著作有《管理行为》(1945年)、《管理决策的新科学》(1960年)。

詹姆斯·马奇(J. G. March，1928—)是决策管理理论的重要代表人物，于1953年获得美国耶鲁大学博士学位，1964年，成为加利福尼亚大学社会科学学院的首任院长，1970年成为斯坦福大学的管理学教授。其主要著作有《组织》(1958年，与西蒙合写)、《企业行为理论》(1963年，与赛叶特合写)等。

决策管理理论的主要观点如下。

1. 决策贯穿于管理的全过程，管理就是决策

西蒙等人认为，组织就是作为决策者的个人所组成的系统，组织的全部管理活动都是集团活动，而其中心就是决策。制订计划、方案选择、组织形式以及控制选择等均是决策，而且一个组织的结构和职能也是人群行为的决策网络的结果。

2. 决策过程的4个阶段

西蒙等人认为决策的过程分为4个阶段：一是搜集情报阶段；二是拟定计划阶段；三是选定计划阶段；四是方案评价阶段。

3. 决策的准则

用满意准则代替最佳准则，人们之所以不用绝对理性的最佳准则，是因为实现绝对的理性要具备3个前提，而这是办不到的。这3个前提是：决策者对可供选择的方案及其未来的后果要无所不知；决策者要有无限的估算能力；决策者的脑中对各种可能的后果有一个完全而一贯的优先顺序。

4. 组织中集权和分权问题是和决策过程联系在一起的

有关整个组织的决策必须是集权的，而由于组织内决策过程本身的性质及个人认识能力的有限，分权也是必要的。

2.5.3 系统管理理论

系统管理理论盛行于20世纪60年代前后，当时系统科学、系统理论、系统工程、系统分析、系统方法等术语充斥于管理学文献中，成为一种风尚。倡导系统管理理论的人相当多，但主要代表人物有约翰逊(R. A. Johnson)、卡斯特(F. E. Kast)、罗森茨韦克(J. E. Rosenzwing)，这3位代表人物于1963年出版《系统理论和管理》一书，从系统概念出发，建立企业管理的系统模式，成为系统管理理论最初的代表作。

系统管理理论认为，一个组织的管理人员必须理解构成整个组织的每个系统。所谓系统由相互联系或相互依存的一组事物组成，其各部分在运作时像一个整体一样来达成特定的目标，或按计划与设计发挥其功能。组织也有其子系统，执行着其生存所必需的各项关联的任务。要理解一个系统是如何工作的，首先要懂得其各子系统是如何发挥作用以及每

一个子系统对整个系统的贡献。当任何一个子系统发生变化时，通常会对其他子系统产生影响。对于管理者而言，尤其是工商组织中的管理者，必须要有一个系统观念，了解当他们决定改变某一子系统时，将会对其他子系统、乃至整个系统产生怎样的影响。组织中整体的或部门在运作中要防止因局部的优化而造成对其他领域的负面影响。

1. 系统管理理论的主要理论观点和内容

(1) 组织是由许多子系统组成的。组织作为一个开放的社会技术系统，是由5个不同的分系统构成的整体，这5个分系统包括：目标与价值分系统；技术分系统；社会心理分系统；组织结构分系统；管理分系统。这5个分系统之间既相互独立，又相互作用，不可分割，从而构成一个整体。这些系统还可以继续分为更小的子系统。

(2) 系统管理理论是用系统观点来考察工商企业及其管理的。系统管理理论认为，工商企业就是一个由相互联系并且共同工作的多个子系统所组成的系统，是一个投入—产出系统，投入的是物资、劳动力和各种信息，产出的是各种产品(或服务)，以便达到一定的目标。工商企业是一个人造的系统，它同周围的环境之间存在着动态的相互作用，并具有内部的和外部的信息反馈网络，能够不断地自行调节，以适应环境和自身的需要。运用系统观点使管理人员不至于只重视某些与自己有关的特殊职能而忽视了大目标，也不至于忽视自己在组织中的地位与作用，这样可以提高组织的整体效率。

(3) 从系统的观点来考察和管理企业有助于提高企业的效率与效益。企业的系统管理就是把信息、能源、材料和人员等没有联系的资源结合成为一个实现一定目标的整体系统。按系统的观点组织资源的企业，并不会消除企业的各项基本管理职能，但能把企业中的各个子系统和有关部门的关系网络看得更清楚。计划、组织、控制和信息联系等基本职能不是孤立的，而是围绕系统及其目标而发挥作用的。

(4) 企业是由人、物资、机器和其他资源在一定的目标下组成的一体化系统，它的成长和发展同时也受到这些组成要素的影响。在这些要素中，人是主体，其他要素都是被动的。管理人员力求保持各要素之间的动态平衡、相对稳定以及一定的连续性，以便适应情况的变化，达到预期的目标。同时，企业还是社会这个大系统中的一个子系统，企业预定目标的实现，不仅取决于企业内部条件，还取决于企业外部条件，如资源、市场、社会技术水平、法律制度等，它只有在与外部条件的相互影响中才能达到动态平衡。

2. 系统管理理论的评价

(1) 系统管理理论通过对组织的研究来分析管理行为，体现了管理哲学的改变。它使人们从整体的观点出发，对组织的各个子系统的地位和作用以及它们之间的相互关系，得到了更清楚地了解。同时，它也使人们注意到任何社会组织都具有开放系统的性质，从而要求管理者不仅要分析组织的内部因素，解决组织内部因素的相互关系，还必须了解组织的外部环境因素，注意解决组织与外部环境的相互关系，为人们处理和解决各种复杂组织的管理问题提供了一种十分有用的思路和方法。

(2) 从系统的观点来考察和管理企业，有助于提高企业的整体效率。企业领导人有了系统观点，就更易于在企业各部门的需要和企业整体的需要之间维持适当的平衡，使得企业的管理人员不至于因为只注意一些专门领域的特殊职能而忽略了企业的总目标。

(3) 现代组织和管理面临着十分复杂的条件，系统管理理论试图用系统的一般原理和模式来解决如此复杂的现实问题是难以奏效的。现代管理学者认为，系统方法过于抽象，实用价值不大，强调系统管理理论应该同权变管理理论结合起来。

(4) 系统管理理论研究的对象是组织，通过对组织的研究来分析管理行为，虽然在理论上是正确的，但系统管理理论对组织构成因素的分析存在一定的问题，导致其未能提出具体的管理行为和管理职能，只是笼统地提出一些原理和观点，初学者在实践中会无所适从。因此，与其他管理理论相比较，它在解决具体的管理问题上的研究显得不足，许多人只是把它看做解决管理理论的一种崭新的方法，而不是一种新的管理理论。

总之，系统管理的思想不可忽视，管理必须强调实现整体系统的目标，实现不了合理目标的“管理”根本就不能称之为管理。同时，管理必须看清组织与目标之间的系统位移(作为整体的位移)，而大可不必过于关心其子系统的琐碎事项。只有切实追求整体系统的合理发展，才是管理中的有为之举。而且，系统管理理论中的许多内容很好地促进了自动化、控制论、管理信息系统、权变理论等的发展。

2.5.4 权变管理理论

该理论是20世纪70年代在美国产生的一种理论。其代表人物是美国的管理学者弗雷德·卢山斯(Fred Luthans，1939—)，他在《管理权变理论：走出丛林之路》一文中论述了该理论。该理论主要研究组织内各子系统内部及各子系统之间的相互联系和相互影响，以及一个组织与其所处的环境之间的相互联系和影响。

知识链接

权变就是权宜应变，其理论基础是超Y理论。中国古代有“经权”之说，经就是有所不变，权是指有所变，经权就是指站在不变的立场上来有所变，这便是以不变应万变的最高管理智慧。

1. 权变管理的基本思想

(1) 没有任何一成不变的、普遍适用的、最好的管理或不好的管理，好的管理必须因事、人、时、地而变。《孙子兵法》之《虚实篇》中说：“兵无常势，水无常形，能因敌变化而取胜者谓之神。”西方关于权变的管理有一句名言：“管理的智慧从你认识到世界上不存在唯一最优的管理系统时开始”。古今中外优秀的管理思想都认同：“变是唯一不变的真理。”成功的管理必须是权变管理。

(2) 组织是一个开放的系统，是一个既受外界环境影响又对外界环境施加影响的从属于大环境系统中的子系统。组织的活动只有与外部环境的特点和变化相适应时，才能得以生存和发展。

(3) 管理的方法、技术随企业的任务、生产方式或个人和群体行为的特点以及领导者和职工的关系而定。

2. 权变管理理论的核心

该理论的核心是函数关系，即管理是指管理因素和环境因素的函数关系。环境是自变量，环境又分为内部环境和外部环境，管理思想、管理方法和技术是因变量。函数关系式为管理因素＝f(内部环境，外部环境)。权变理论强调灵活性和适应性。随着环境的变化，观念、管理方式、组织结构、领导方式等要相应变化。

管理案例

为人才买公司

福特汽车公司是世界上一家大名鼎鼎的公司，该公司有个显著特点，就是非常器重人才。

一次，公司有一台电机坏了，公司所有的工程技术人员都没能修好。只好另请高明，这个人叫思坦因曼思，原是德国的工程技术人员，流落到美国后，一家小工厂的老板看重他的才能雇用了他。

福特公司把他请来，他在电机旁听了听，之后要了一架梯子，一会儿爬上去，一会儿爬下来，最后在电机的一个部位用粉笔画了一道线，写上几个字："这儿的线圈多了16圈。"果然，把这多余的16圈去掉之后，电机马上正常运转。

亨利·福特因此非常欣赏这个人，一定要请他到福特公司来。

思坦因曼思却说："我所在的公司对我很好，我不能见利忘义，跳槽到福特公司来。"

福特马上说："我把你供职的公司买过来，你就可以来工作了。"

福特为了得到一个人才，竟不惜买下一个公司。

2.5.5 经验主义理论

经验主义理论的主要代表人物有彼得·德鲁克、欧内斯特·戴尔、威廉·纽曼、艾尔弗雷德·斯隆等。

彼得·德鲁克(P. F. Druck，1909—2005年)是原籍奥地利的美国管理学家和管理咨询人员，也是国际著名的管理大师。他于1937年移居美国，先后任美国通用汽车等大型企业的顾问和大学教授，于1945年创办德鲁克管理咨询公司，任董事长。他的主要著作有《经济人的目的》(1939年)、《管理的实践》(1954年)、《有效管理者》(1966年)等。由于德鲁克对当代管理理论及管理思想有着深远的影响，被誉为"现代管理学之父"。

经验主义理论认为，古典管理理论和行为科学理论都不能完全适应企业管理的实际需要，只有从企业管理的实际出发，研究企业管理的经验，把它加以概括和理论化之后再用于指导实践，才能提高管理效率和效益。此外，该理论的代表人物还提出了许多论点，如管理的性质、任务和管理者职责、目标管理的思想、企业管理的组织结构的相关问题，用比较的方法研究概括企业的管理经验等。

2.6 当代管理理论的新发展

进入20世纪90年代以后，世界格局正经历着全新的整合，知识经济时代已经到来，市场竞争更加激烈。跨世纪的年代也是多变的年代，管理创新是管理的主旋律。当前对管理创新发展趋势的研究主要有：管理创新的内容，包括战略创新、制度创新、组织创新、观念创新和市场创新。把创新渗透于整个管理过程之中；整个组织中的每一个人都是创新者，组织为此要创造一个适于每个人创新的环境和机制；企业个性化，因为竞争的激烈性，企业必须要有自己独特的个性，模仿别人是难以生存的。

21世纪管理理论可能发生的重大突破与管理理论面临的挑战紧密相关，对管理理论的挑战来自于管理环境、管理对象和管理实践的变化。就管理环境而言，管理环境日趋复杂，环境变化的速度也明显加快。就管理对象而言，其变化表现在个人行为对企业绩效的影响在增强、管理者与被管理者之间的界限越来越模糊，这对知识和信息管理是新的挑战。就管理实践而言，管理目标从单一化向多元化转变，组织结构和企业治理结构面临挑战。因此，当代管理理论与思想是呈现时代特征的管理理论。

[讨论题] 在西方管理思想的发展过程中，新理论的出现是否有一定的规律性？

2.6.1 学习型组织理论

以美国麻省理工学院教授彼得·圣吉为代表的西方学者，吸收东方管理文化的精髓，提出了以“五项修炼”为基础的学习型组织理念。学习型组织的出现预示了未来的企业模式。学习型组织理论认为，在新的经济背景下，企业要持续发展必须增强企业的整体能力，提高整体素质，企业的发展不能再只靠领导者一夫当关，未来真正出色的企业将是能够设法使各阶层人员都全心投入并有能力不断学习的组织——学习型组织。

彼得·圣吉提出要建立学习型组织，并认为“五项修炼”是建立学习型组织的必备技能。所谓修炼，对于组织而言，就是通过学习和训练，提高组织内部结构和机能对社会、市场变化的适应能力；对个人而言，是指通过学习提高自身素质。

第一项修炼：自我超越。“超越”一词含有超过、胜过的意思。“自我超越”就是不断认识自己，认识外界的变化，不断赋予自己新的奋斗目标，突破过去，超越自己。这是一种学习和成长的“修炼”，也是学习型组织的精神基础。

第二项修炼：改善心智模式。心智模式是一种思维方法和行为模式，往往是人们长期实践经验的结果。通常人们的一言一行都受到多年形成的固有思维和逻辑的影响。比如说，由于外部环境和人们需求的急剧变化，今天越来越多的企业发现年复一年的传统做法已经不灵了，那些往昔使企业成功的方法和手段在今天则成了企业失败的原因。所以，改善心智模式，就是改善认知模式，要求企业能够不断随着外部环境的变化适时调整甚至革新企业内部的习惯做法，只有人的思想和逻辑改变才能使行为发生根本的转变。

第三项修炼：建立共同的愿景。愿景是期望的未来远景和愿望。建立共同的愿景就是建立一个组织成员共同的远景和愿望，并以这个共同的愿景感召全体组织成员，使之为这个愿景奋斗。显然，共同的愿景是组织产生活力和勇气的源泉。

第四项修炼：团队学习。团队学习是培养团队成员整体合作与实现共同目标的能力的过程，团队学习的主要形式为“深度汇谈”。彼得·圣吉将学习型组织的交谈称为深度汇谈。通过深度汇谈，组织内的成员可以互相帮助、进行沟通、建立共识，使集体思维变得越来越默契，使团队智商远远大于个人智商。

第五项修炼：系统思考。通常作为整体的一部分，置身其中却想要看清整体的变化非常困难，久而久之，也就形成了“见木不见林”的思考模式。系统思考的修炼就是要求人与组织形成系统观察、系统思考的能力，以系统的观点，动态的观点来观察世界，从而决定其正确的行动。

要进行这5项修炼，必须建立学习型组织。学习型组织是指更具有人性的组织模式。这种组织由一些学习团队形成社群，有崇高的而正确的核心价值、信心和使命，具有强韧的生命力与实现共同目标的动力，不断创新，持续蜕变。在这种学习型组织中，人们胸怀大志，心手相连，相互反省求真，脚踏实地，勇于挑战极限及过去的成功模式，不为眼前利益所诱惑；同时，以远大共同愿望以及与整体动态搭配的政策与行动激励成员，充分发挥生命的潜能，创造超乎寻常的成果，从而在真正的学习中体悟工作的真义，追求心灵的满足与自我实现，并与周围的世界产生一体感。

彼得·圣吉认为，判断一个组织是否是学习型组织，有以下4条基本标准：①人们能不能不断检验自己的经验。②人们有没有生产知识。③大家能否分享组织中的知识。④组织中的学习是否和组织的目标息息相关。

管理故事

纪 昌 学 箭

纪昌向飞卫学射箭，飞卫没有传授具体的射箭技巧，却要求他必须学会盯住目标而眼睛不能眨动，纪昌花了两年，练到即使锥子向眼角刺来也不眨一下眼睛的工夫。飞卫又进一步要求纪昌练眼力，标准要达到将体积较小的东西能够清晰地放大，就像在近处看到一样。纪昌苦练三年，终于能将最小的虱子看成车轮一样大，纪昌张开弓，轻而易举地一箭便将虱子射穿。飞卫得知结果后，对这个徒弟极为满意。

学习射箭必须先练眼力，基础的动作扎实了，应用就可以千变万化；企业的经营也是一样，基本的人事、财务、技术、业务一定要好好掌握，那么后续就可以宏图大展了。办企业犹如修塔，如果只想往上砌砖，而忘记打牢基础，总有一天塔会倒塌。

1. 学习型组织的特征

学习型组织，就是指通过培养整个组织的学习气氛，充分发挥员工的创造性思维而建立起来的一种有机的、高度柔性的、扁平的、符合人性的、能持续发展的组织。其特征概括为以下几个方面。

(1) 组织成员拥有一个共同的目标。组织是由多个创造性个体组成的。在学习型组织中，团体是最基本的单位，组织的所有目标都是直接或间接地通过团体的努力来实现的。

(2) 善于不断学习，这是学习型组织的本质特征，主要有4个含义：一是强调“终身学习”；二是强调“全员学习”；三是强调“全过程学习”；四是强调通过保持学习能力，及时铲除发展道路上的障碍，不断突破组织成长的极限，从而保持持续的发展态势。

(3)“地方为主”的扁平式结构。传统的企业组织通常是金字塔式的，学习型组织的结构则是扁平的，即从最上面的决策层到最下面的操作层，中间相隔层次极少。它尽可能将决策权向组织结构的下层移动。

(4) 自主管理。“自主管理”是使组织成员能边工作边学习的方法。团队成员在“自主管理”的过程中，能形成共同的愿景，能以开放求实的心态互相切磋，不断进行创新，从而增加组织加速应变，创造未来的能量。

(5) 组织的边界将被重新界定。学习型组织的边界是建立在组织要素与外部环境要素互动增大的基础上的，超越了传统的根据职能或部门划分的“法定”边界。

(6) 员工家庭与事业的平衡。学习型组织对员工承诺，支持每位员工充分发展自我，而员工也以承诺对组织的发展尽心尽力作为回报。这样，工作与家庭之间的界限也将逐渐消失，达到家庭与事业之间的平衡。

(7) 领导者的新角色。在学习型组织中，领导者是设计师、仆人和教师。

2. 学习型组织的真谛

学习型组织有着它不同凡响的作用和意义。它的真谛在于：一方面，学习是为了保证企业的生存，使企业组织具有不断改进的能力，提高企业组织的竞争力；另一方面学习更是为了实现个人与工作的真正融合，使人们在工作中实现生命的意义。事实上，学习型组织的缔造不应是最终目的，重要的是通过迈向学习型组织的种种努力，从而引导出的一种不断创新、不断进步的新概念，促使组织日新月异，不断创造未来。学习型组织的基本理念，不仅有助于企业的改革和发展，对其他组织的创新与发展也有着启示意义。

管理案例

联想——中国第一个学习型组织

联想集团创建于1984年，现已发展成为拥有19家国内分公司，21家海外分支机构，近1 000个销售网点，职工6 000余人，净资产16亿元，以联想电脑、电脑主板、系统集成、代理销售、工业投资和科技园区六大支柱产业为主的技工贸一体、多元化发展的大型信息产业集团。1997年销售总额达125亿元人民币，并在各主要业务领域都取得了显著成绩，其中联想电脑闯入亚太十强排名第五，联想QDI主板跻身世界板卡供应第三位，联想系统集成公司成为国内优秀系统集成企业之一。1995—1997年连续3年在全国电子百强企业中排名第二，在全国高新技术百强企业中排名第一。

联想的成功的原因是多方面的，但不可忽视的一点是，联想具有极富特色的组织学习实践，使得联想能顺应环境的变化，及时调整组织结构、管理方式，从而健康成长。早期，联想在与惠普(HP)的合作中学习到了市场运作、渠道建设与管理方法，学到了企业管理经验，这对于联想成功地跨越成长中的管理障碍大有裨益；现在，联想积极开展国际、国内技术合作，与计算机界众多知名公司，如英特尔、微软、惠普、东芝等，保持着良好的合作关系，并在与众多国际大公司的合作中受益匪浅。

除了能从合作伙伴那里学到东西之外，联想还是一个非常有心的“学习者”，善于从竞争对手、本行业或其他行业优秀企业以及顾客等各种途径中学习。

柳传志有句名言：“要想着打，不能蒙着打。”这句话的意思是说，要善于总结，善于思考，不能光干不总结。

2.6.2 企业再造理论

1. 企业再造理论的产生与含义

企业再造理论又称“企业流程再造”，是20世纪90年代初期兴起于西方的一种新的企业管理思想。1990年，美国新一代管理专家迈克尔·哈默在《哈佛商业评论》第7/8月上发表一篇题为“再造：不是自动化，而是重新开始”的文章，率先提出了企业再造的思想，引起了强烈的反响。1993年，他又与詹姆斯·钱皮合著了《再造企业：企业革命的宣言》一书。该书发展了再造原理，明确提出了企业再造的概念。之后，他们又陆续出版了《再造革命》(1995年)、《管理再造》(1995年)、《超越再造》(1996年)等著作，丰富和发展了企业再造理论。如今，这一理论仍在发展之中并且已取得了一些成果。

流程再造(Business Process Reengineering，BPR)又称企业再造。简单地说，流程再造就是以工作流程为中心，重新设计企业的经营、管理以及运作方式。按照迈克尔·哈默的定义，流程再造是指："根本地重新思考，彻底翻新作业流程，以便在现今衡量表现的关键问题如成本、品质、服务和速度等上获得戏剧性的改善"。这一定义包括5个方面：一是根本，就是指企业必须就公司的运营方式提出一些根本性的问题，进行创造性思维；二是彻底，就是要抛弃一切陈规陋习，创造出全新的工作方式，对原有的工作流程进行彻底地改造，而不是肤浅的改变或修修补补；三是戏剧性，即企业要通过流程再造取得业绩的显著提高、获得突破性的"飞跃"；四是流程，流程是企业为实现某一目标而进行的一系列相关活动的有序组合，它强调的是工作如何进行，是流程再造关注的焦点；五是关键指标，包括产品质量和服务质量、顾客满意度、成本和员工效率等。

2. 企业再造的主要流程

对原有流程功能和效率进行全面的分析，发现其共同存在的问题。因此，主要从以下几个方面来分析现行作业流程的问题：功能障碍、重要性、可行性等。同时，还必须深入现场，具体观测、分析现存作业流程的功能、制约因素，以及表现的关键问题。

设计新的流程改进方案，并进行评估。可以考虑将现在的数项业务或工作组合，合而为一；工作流程的各个步骤按其自然顺序进行；给予职工参与决策的权力；为同一种工作流程设置若干种进行方式；工作应当超越组织的界线，在最适当的场所进行；适量减少检查、控制、调整等管理工作；设置项目负责人。

对于提出来的多个流程改进方案，还要从成本、效益、技术条件和风险程度等方面进行评估，制定与流程改进方案相配套的组织结构、人力资源配置和业务规范等方面的改进规划，形成系统的企业再造方案。

3. 企业再造的组织实施

实施企业再造方案，必然会触及原有的利益格局，因此，必须精心组织，谨慎推进，既要态度坚决，克服阻力，又要积极宣传，形成共识。总体来说，企业再造理论顺应了通过变革来创造企业新活力的发展趋势。企业再造运动主要在两个方面和传统的管理模式不同：一是从传统的自上而下的管理模式变为信息过程的增值管理模式，即衡量一个企业有效性的主要标志是，当一个信息输入企业以后，经过企业的加工然后再输出，信息所通过企业的任何一个环节中其管理环节对此信息的加工增值是多少，从工业的新产品链到信息的价值链，形成一个企业价值的增值过程。这样就形成了一个企业管理机制观念的改变。二是企业再造不是在传统的管理模式基础上的渐进式改造，而是强调从根本上着手，要改变企业的运作模式就要彻底改造，把旧的全部忘掉、全部抛弃，才能创造新机，这样的企业再造革命是建立在信息网络遍布企业内部各个部门的基础上的。

2.6.3 虚拟组织理论

1. 虚拟组织的产生与定义

自20世纪80年代以来，信息和计算机网络技术的发展，使企业管理模式向计算机化、网络化和敏捷化的方向发展，快速原形、并行工程、敏捷创造、电子商务等技术日益成为企业发展进步的主要推动力。同时，伴随着经济全球化和信息技术的不断发展，以及市场竞争的日益加剧，越来越多的企业都意识到单靠自身内部的资源整合，已经难以把握快速变化的市场机会，于是，它们开始将注意力转向企业外部，而作为以核心能力为形式、对企业外部资源进行优化整合的一种虚拟企业，成为许多企业的现实选择。虚拟企业又称虚拟公司、虚拟组织等，1992年美国学者戴维陶和马隆在《虚拟公司》一书中提出虚拟公司的概念。目前虚拟组织还没有统一定义，有定义称虚拟组织是指两个以上的独立的实体为迅速向市场提供产品和服务，在一定时间内结成的动态联盟。

2. 虚拟企业的特征

虚拟企业的特征表现在以下几个方面。

(1) 虚拟组织具有较强的适应性，在组织内部结构、规章制度等方面具有灵活性、便捷性和松散性。它不具有法人资格，也没有固定的组织层次和内部命令系统，而是一种开放式的组织结构。

(2) 虚拟组织共享各成员的核心能力，实现对外部资源的整合利用，从而能够以强大的结构成本优势和机动性，完成单个企业难以承担的市场功能。

(3) 虚拟组织中的成员必须相互信任。不同于一般的跨国公司，虚拟组织相互之间的合作关系是动态的，完全突破了以内部组织制度为基础的传统的管理方法。

(4) 经营风险和收益的共享性。

(5) 以现代通信和计算机技术作为信息沟通的手段，虚拟组织中的成员可以遍布在世界各地。

(6) 在运行过程中运用并行工程而不是串行工程来分解和安排各个参与企业要做的工作。

3. 虚拟企业的意义及局限性

虚拟组织具有资源共享，相互学习，充分发挥各自的优势，把握市场机会，节省企业内部组织成本等优势，但是也存在会因管理协调不当而产生的各种风险，如技术泄密，产权纠纷等。

2.6.4 当代管理发展的新趋势

近几十年来，管理理论发展的主流是管理的变革与创新。当前的问题是人们今天处在什么位置上？当前的管理概念和实践将对明天的历史产生什么样的影响？通过学习认识几种趋势和问题，人们相信，这些趋势和问题正在改变管理者履行职责的方式。

1. 全球化

管理不再局限于某个国家，各种规模、各种类型组织中的管理者都面临全球市场经营机会和挑战。德国的宝马公司在南卡罗来纳州生产轿车；麦当劳作为一家美国公司在中国销售汉堡包；丰田这家日本公司在美国肯塔基州生产轿车；澳大利亚领先的房地产企业租约公司在英格兰肯特郡建立了大型的蓝水购物中心，并且与美国可口可乐公司签订合同，在东南亚建立瓶装厂；瑞士的ABB公司在马来西亚、韩国、中国和印度尼西亚都建设了大型的发电设备工厂。当前的世界显然已经成了一个全球村。

2. 劳动力多元化

21世纪管理者面临的一个重要挑战是协调多元化的员工队伍以实现组织的目标。今天的组织的主要特征是劳动力的多元化(Workforce Diversity)，即员工队伍在性别、种族、民族、年龄和其他特征方面更加多样化。劳动力的多元化达到什么程度呢？21世纪一份关于工人和工作的报告——《劳动力2020》(Workforce 2020)指出，美国的劳动力队伍将保持民族多元化的趋势。虽然这种趋势进展的速度并不快，但整个21世纪前期，少数民族在美国劳动力中新增部分的比例将超过1/2，增长最快的将是来自亚洲和拉丁美洲的工人。这份报告还指出，对劳动力多元化最重要的影响将是人口的老龄化，这种趋势将以3种方式严重地影响美国的劳动力；第一，这些上了年纪的工人将选择继续从事全日制工作、兼职工作或完全退休，设想一下他们对于组织意味着什么，当长期供职的、具有丰富的知识、经验和技能的员工一旦选择了退休，公司将会失去很大一部分人力资源；或者想象一下如果工人们拒绝退休，继续占据着职位，将会阻碍更年轻和更具有潜力的员工的成长。第二，这些上了年纪的员工通常已经获得了某些公共权利，主要是社会保障和医疗保障方面的权利，要维持这个群体的权利需要足够高的费用，这会对组织和年轻一代的工人造成巨大的压力。第三，这些老龄化的人口将成为一种巨大的消费力量，它会驱动某些类型的产品和服务的需求(如娱乐、旅游、休闲、专业保健、住宅维修以及其他的专业化服务等)，巨大的市场需求需要更多的劳动力来满足这些需求。

不仅仅是美国，劳动力的多元化是许多国家的企业面临的问题，管理者需要更有效地管理劳动力多元化问题。人们已经认识到，雇员是不会将他们的文化价值观和生活方式偏好在工作时撇在一边不顾的，这对管理者来说是个挑战，即怎么处理不同的生活方式、家庭需求和工作方式，使他们的组织更适合多元化的员工群体。聪明的管理者认识到多元化是一种资产，因为它带来了更宽广的视野和解决问题的多种技能，一个组织如果能够充分利用它所有的人力资源财富，将会享有强大的竞争优势。许多公司如利维·斯特劳斯公司、都乐食品公司、SBS通信公司、雅芳产品公司和施乐公司都设有多元化管理项目来专门处理这类问题。

3. 创业精神

实际上在每天的生活中，你都会读到和听说关于企业家的故事，如果你阅读当天的报纸或者新出版的杂志，或者登录到某个互联网的新闻网站上，你都会发现至少一个或多个关于创业者或者创业型企业的故事，创业精神已成为一个日益普遍的话题，它的含义究竟是什么呢？

创业精神(Entrepreneurship)是一个过程，即某个人或者某个群体通过有组织的努力，以创新的和独特的方式来追求机会、创造价值和谋求增长。创业精神包括发现机会和调动资源来开发这些机会。关于创业精神的定义包括3个重要的主题。

创业精神的第一个主题是对机会的追求，创业精神是追求环境的趋势和变化，而且这种趋势和变化往往是尚未被人们注意的。例如，杰夫·贝索斯——亚马逊公司的创始人，曾经是一个成功的程序员，在20世纪90年代中期供职于华尔街的一家投资企业。他注意到，统计表明利用万维网(World Wide Web)和互联网的用户数在呈现爆炸性的增长，他决定放弃他的工作而去追求他认为将出现巨大机会的互联网零售市场，历史表明他的选择是正确的。今天亚马逊公司通过它的知名网站销售书籍、音像制品、家庭装修产品、照相机、轿车、家具、珠宝以及大量的其他商品。

创业精神的第二个重要的主题是创新。创业精神包含了变革、革新、转换和引入新方法，即新产品、新服务或者是做生意的新方式。黛娜·莫哈哲就是一个具有创业精神的典型例子。作为一位对时装和流行款式很敏感的年轻女人，她不喜欢商店里出售的亮丽鲜艳的口红，她想要的是柔和的口红，当她发现她在商店里找不到这种颜色的口红时就决定自己来配制。当她听到朋友们热烈地评论她自制的颜色时，她决定制作一些口红的样品在洛杉矶的高档商店出售，正如事先预料到的，她的产品立刻销售一空。今天她的公司在全美国的时尚和新潮商店中销售完整系列的化妆品，所有这些产品都来自莫哈哲的创意。

创业精神的第三个主题是增长。创业者追求增长，他们不满足于停留在小规模或现有的规模上，创业者希望他的企业能够尽可能的增长，员工能够拼命工作。因为他们在不断地寻找新趋势和机会，不断地创新，不断地推出新产品和新的经营方式。创业精神在全世界范围内将始终是一股重要的社会力量，无论是营利性组织还是非营利性组织都需要创业精神，也就是说都需要追求机会、创新和成长。

4. 知识管理

随着世界经济由工业经济向知识经济的快速转变，传统的物质资源更显得日渐稀缺，知识资源较物质资源而言则相对丰富。与此同时，科学技术的不断进步还使得知识资源对物质资源的杠杆作用在不断加大，单位产品新创造价值中知识价值的比重越来越大，知识资源越来越成为一个企业生产率提高和财富增长的决定性资源。知识所创造的边际价值不是递减而是递增的，比较优势促使企业开始重视知识管理，知识管理已经成为企业参与市场竞争的需要。知识管理目前尚未形成统一的定义，一般是指在适当的时候把相关的信息与知识传达给适当的人员，使其能够有效地利用信息与知识，采取行动，产生效益。各种定义的共同之处在于以下几点。

(1) 知识管理的对象是知识，是企业所面对的纷繁复杂世界中的知识和企业的知识活动。

(2) 知识管理过程本身是知识的学习、运用、创新和传播的过程。

(3) 知识管理是以知识和知识活动为核心的综合管理，它把知识活动过程作为研究对象，把物流和价值流看作是从属于知识活动的东西，通过知识管理实现企业的各种管理职能。

5. 跨文化管理

企业竞争力的全球化必然带来管理活动的国际化。管理活动与不同文化相结合，就形成了不同的管理文化和管理风格。文化冲突的形成是由于国际企业管理者在不同文化背景下产生的种族优越感、不恰当地运用管理习惯、不同的感性认识、沟通误会、文化态度等。而文化冲突又将导致文化困惑，文化困惑又加剧文化冲突，二者的交互影响，会产生不良结果。为此提出了跨文化管理的对策：文化融合，即利用跨文化优势，消除跨文化冲突，必须要把组织的运营放在全球的视野中，建构自己的跨文化管理战略，从而实现组织跨国经营的成功。这种跨文化管理战略可以包括：识别文化差异，发展文化认同，进行跨文化培训，建立共同经营观等。

本章小结

本章主要介绍了中国古代管理思想，西方早期管理思想，西方古典管理理论，行为科学里理论，现代管理理论以及当代管理理论的新发展等。中国古代管理思想主要介绍儒家的德治、礼治、中庸之道等思想；道家的无为而治的思想；墨家的兼爱、节用、尚贤的思想。西方早期管理思想主要介绍了亚当·斯密、查尔斯·巴贝奇、欧文等人的思想观点。古典管理理论主要介绍科学管理之父泰罗提出的科学管理理论，其根本目的是提高工作效率，还包括科学的方法代替经验管理，职能管理原理，例外原则等主要观点；经营管理理论之父法约尔的14条管理原则等主要观点以及韦伯的管理思想。行为科学理论主要介绍霍桑试验及其结论、后期行为科学理论。现代管理理论主要介绍决策管理理论、系统管理理论、管理科学理论、权变管理理论、经验主义理论。当代管理理论的新发展主要介绍学习型组织理论、企业再造理论、虚拟组织理论以及当代管理发展新趋势。

练 习 题

一、单项选择题

1. 被誉为“经营管理理论之父”的人是(　　)。

A. 法约尔　　B. 韦伯　　C. 泰罗　　D. 梅奥

2. 古典管理理论认为，人是(　　)。

A. 经济人　　B. 社会人　　C. 复杂人　　D. 自我实现人

3. 决策管理理论是(　　)提出的。

A. 西蒙　　B. 德鲁克　　C. 巴纳德　　D. 孔茨

4. 被誉为“科学管理之父”的人是(　　)。

A. 法约尔　　B. 韦伯　　C. 泰罗　　D. 梅奥

5. 行为科学理论认为，人是(　　)。

A. 经济人　　B. 社会人　　C. 复杂人　　D. 自我实现人

6. 彼得·德鲁克是(　　)的代表人物。

A. 决策理论学派　　B. 经验主义学派

C. 社会系统学派　　D. 权变理论学派

7. 英国古典经济学家亚当·斯密以制针为例说明以下好处的是(　　)。

A. 均衡生产　　B. 成本记录

C. 劳动分工　　D. 差别计件工资制

8. 建立共同愿景属于哪种管理观念(　　)。

A. 科学管理　　B. 企业再造

C. 学习型组织　　D. 目标管理

9. 人际关系学说的创始人是(　　)。

A. 泰罗　　B. 法约尔　　C. 韦伯　　D. 梅奥

10. 泰罗管理理论的代表著作是(　　)。

A. 管理理论的丛林　　B. 科学管理原理

C. 有效的管理者　　D. 人的动机理论

二、判断题

1. 英国古典经济学家亚当·斯密提出了"社会人"的观点。(　　)

2. 经验主义学派的代表人物是切斯特·巴纳德。(　　)

3. 古典管理理论认为人不仅有物质需要，还有精神需要。(　　)

4. 中庸思想在现代管理中的应用是适度管理。(　　)

5. 管理是一门艺术，这是强调管理的精确性。(　　)

6. 根据权变管理理论，随着企业内外环境的变化，管理思想、管理方法等要相应的进行改变。(　　)

7. 科学管理理论的创始人是法约尔。(　　)

8. 梅奥是行为科学学派的开山鼻祖。(　　)

三、问答题

1. 泰罗的科学管理理论的主要观点是什么?

2. 法约尔提出的管理原则有哪些?

3. 霍桑试验的结论是什么?

4. 现代管理理论的内容有哪些?

5. 孔子的中庸思想如何理解?

案例应用分析

管理学的第一原则

N公司的利润在过去的一年一直在下降，尽管在同一时期，同行们的利润在不断上升。公司总裁杰克先生非常关注这一问题，为了找出利润下降的原因，他花了几周的时间考察公司的各个方面。接着，他决定召开各部门经理人员会议，把他的调查结果和他得出的结论连同一些可能的解决方案告诉他们。

杰克说："我们的利润一直在下降，我们正在进行的工作大多数看来也都是正确的。比方说，推销策略帮助公司保持住了在同行中应有的份额。我们的产品和竞争对手的一样好，我们的价格也不高，公司的推销工作看来也是有成效的，我认为还没必要改进什么。"他继续评论道："公司有健全的组织结构、良好的产品研究和发展规划，公司的生产工艺在同行中也占领先地位。可以说，我们的条件良好。然而，我们的公司却面临严重问题。"

室内的每一个人都有所期待地倾听着。杰克开始讲到了劳工关系："像你们所知道的那样，几年前，在全国劳工关系局选举中工会没有取得谈判的权利。一个重要的原因是，我们支付的工资一直至少和工会提出的工资一样高。从那以后，我们继续给员工提高工资，却没有维持相应的生产率。车间工人一直没能生产足够的产品，来把利润维持在原有的水平上。"杰克喝了点水，继续说道："我的意见是要回到管理学的第一个原则。近几年来，我们对工人的需求注意得太多，而对生产率的提高却注意得不够。我们的公司是为股东创造财富的，不是工人的俱乐部。公司要生存下去就必须创造利润。我在上大学时，管理学教授们十分注意科学管理先驱们为获得更高的生产率所使用的方法，这就是为了提高生产率广泛地采用了刺激性的工资制度。在我看来，我们可以回到管理学的第一个原则去，如果我们的工人的工资取决于他们的生产率，那么工人就会生产更多。管理学先辈们的理论在今天仍在指导我们。"

问题：

1. 你认为杰克的解决方案怎么样？
2. 生产率低的原因还可能有哪些？
3. 你认为在当今的管理实践中应当怎样应用科学管理理论？

阅读材料

狼的十大处世哲学

1. 卧薪尝胆：狼不会为了所谓的尊严在自己弱小时攻击比自己强大的东西。
2. 众狼一心：狼如果不得不面对比自己强大的东西，必群而攻之。
3. 自知之明：狼也很想当兽王，但狼知道自己是狼不是老虎。
4. 顺水行舟：狼知道如何用最小的代价，换取最大的回报。
5. 同进同退：狼虽然通常独自活动，但却是最团结的动物，不会有哪只狼在同伴受伤时独自逃走。
6. 表里如一：狼也很想当一个善良的动物，但狼也知道自己的胃只能消化肉，所以狼唯一能做的只有干干净净地吃掉每次猎物，而某些自认为善良的动物却总在酒店饭庄里做一些不是"太善良"的事。
7. 知己知彼：狼尊重每个对手，狼在每次攻击前都会去了解对手，而不会轻视它，所以在狼一生的攻击中很少出现失误。
8. 狼亦钟情：公狼会在母狼怀孕后，一直保护母狼，直到小狼有独立能力。而不像某些自诩为"唯一有感情"的动物，在妻子怀孕后，在外花天酒地。所以狼很不满人把那些不钟情的人称为狼心狗肺！因为这不公平！！
9. 授狼以渔：狼会在小狼有独立能力的时候坚决离开它，因为狼知道，如果当不成狼，就只能当羊了。
10. 自由可贵：狼不会为了嗟来之食而不顾尊严地向主人摇头晃尾。因为狼知道，决不可有傲气，但不可无傲骨，所以狼有时也会独自哼哼自由歌。

第3章 管理创新

教学目标

通过本章的学习，理解管理创新的概念，了解国内外学者对管理创新的认知，理解管理创新的内涵；理解创新与维持的关系；掌握管理创新的理念与过程，创造性思维与创意的形成，管理创新的策略与方法，培养管理创新实践观念。

教学要求

知识要点	能力要求	相关知识
创新与管理创新	(1) 创新的概念及理解 (2) 管理创新的概念及理解 (3) 管理创新的特征	(1) 创新与维持的关系 (2) 创新与管理创新
管理创新的内容	(1) 理解管理思想创新 (2) 理解管理目标创新 (3) 理解管理模式创新 (4) 理解管理环境创新	(1) 管理创新的基本内容 (2) 管理创新的内涵 (3) 扁平化组织
创造性思维与创意	(1) 了解创造力的来源 (2) 掌握创造性思维的形式 (3) 管理的创造技法及运用	(1) 创新精神、创造性思维 (2) 发散性思维、收束型思维、灵感思维 (3) 管理创新的方法
管理创新的基本过程	掌握管理创新的过程	(1) 管理创新的理念 (2) 管理创新的过程
管理创新实践	(1) 理解概念创新 (2) 理解技术创新 (3) 理解组织创新 (4) 理解制度创新	(1) 产品创新 (2) 组织创新 (3) 制度创新

凡是能改变已有资源创造财富的潜力的行为就是创新。

——彼得·德鲁克

基本概念

创新　维持　管理创新　目标创新　组织创新　模式创新　环境创新　创造力　创造性思维　灵感创新精神　　概念创新　产品创新　制度创新

导入案例

驴的哲学

有一天某个农夫的一头驴子不小心掉进一口枯井里，农夫绞尽脑汁想办法救出驴子，但几个小时过去了，驴子还在井里痛苦地哀嚎着。

最后，这位农夫决定放弃，他想这头驴子年纪大了，不值得费大力气救它出来，不过无论如何，这口井还是得填起来。于是农夫便请来左邻右舍帮忙一起将井中的驴子埋了，以免除它的痛苦。

农夫的邻居们人手一把铲子，开始将泥土铲进枯井中。当这头驴子了解到自己的处境时，刚开始哭得很凄惨。但出人意料的是，一会儿之后这头驴子就安静下来了。农夫好奇地探头往井底一看，出现在眼前的景象令他大吃一惊：当铲进井里的泥土落在驴子的背部时，驴子的反应令人称奇——它将泥土抖落在一旁，然后站到铲进的泥土堆上面！

就这样，驴子将大家铲倒在它身上的泥土全数抖落在井底，然后再站上去。很快地，这只驴子便得意地上升到井口，然后在众人惊讶的表情中快步地跑开了！

点评：创新是一种创造性劳动。

创新实际上是建立一种新的生产要素与生产条件的组合，以实现组织目标。就如驴子的情况，在生命的旅程中，有时候人们难免会陷入“枯井”里，会有各式各样的“泥沙”被倾倒在人们身上，而想要从这些“枯井”脱困的秘诀就是：将“泥沙”抖落掉，然后站到上面去！

3.1 管理创新概述

3.1.1 创新与管理创新的概念

创新一般具有“创造力”、“创造”的意思。美籍奥地利经济学家熊彼特是西方经济学中第一个系统地、完整地描述创新理论的人。熊彼特在1912年发表的《经济发展理论》一书中从经济学角度提出了“创新理论”。熊彼特认为所谓的“创新”实际上是指建立一种新的生产组合函数，即通过一种生产要素与生产条件的重新组合，使企业获得潜在的超额利润。这个概念包括下列5种情况。

(1) 采用一种新的产品——也就是消费者还不熟悉的产品或一种产品的新特性。

(2) 采用一种新的生产方法，也就是在有关的制造部门中尚未通过经验检定的方法，这种新的方法绝不需要建立在科学新发现的基础之上，可以用于商业上对某种产品进行处理。

（3）开辟一个新的市场，也就是有关国家的某一制造部门以前不曾进入的市场。不管这个市场以前是否存在过。

（4）掠取或控制原材料或半制成品的一种新的供应来源，不管这种来源是已经存在的，还是第一次创造出来的。

（5）实现任何一种工业中的新组织，比如造成一种垄断。

熊彼特强调了组织创新、管理创新、制度创新、社会创新和技术创新之间的联系，他认为“创新是新的、重新组合的或再次发现的知识被引入经济系统中的过程”，“创新才是资本主义增长的主要源泉”。

继熊彼特之后，新制度经济学家罗纳德·哈里·科斯等人主要以交易费用为分析工具研究了市场机制和企业组织的产生与变革问题，得出了现代公司主要是许许多多具有节约交易费用目的和效应的组织创新结果的结论。在管理学领域，著名管理学家彼得·德鲁克在《管理：任务、责任、实践》一书中将创新定义为“凡是能改变已有资源创造财富的潜力的行为”。他还指出：企业家的作用在于推陈出新，创新是体现企业家精神的特殊手段，德鲁克的定义赋予了创新重要的地位，同时这一定义也指出创新本身就是一项管理职能。

由此可见，综合国内外学者的看法，创新就是能够产生新颖性成果的劳动。管理创新这个概念由管理与创新组合而成，即在经济管理领域，管理创新是以能够产生新颖性成果的管理实践更有效地实现组织目标的过程。

3.1.2 管理创新的内涵

要理解管理创新的概念，需要把握管理创新的以下几点涵义。

（1）管理创新是一种创造性劳动。与工商组织中日常的事务性工作相比，具有如下特点：第一，新颖性，即以创造性的方法、手段解决新的问题，取得新的成果。第二，价值性或效益性，管理创新能够产生较大的经济价值和社会价值。第三，风险性，创新由于创新主体和参与者有限而具有一定的风险性，分为技术风险和市场风险两大类，前者是指一项创新在技术上存在着成功与否的不确定性，后者是指一项创新在技术上获得成功后还存在其成果能否适用于新环境的不确定性。第四，艰巨性，管理创新涉及组织目标、组织结构、组织制度，关系到人的意识、权力、地位、管理方式和资源的重新配置，这必然会涉及各个层面的利益，使得管理创新在设计与实施中会遇到许多“麻烦”，因而具有艰巨性。

（2）管理创新不同于创造和发明。创造是产生新的思想，而管理创新是指一种新的服务项目、一种新的工作程序或者是一种新的生产方法。发明是指研究活动的直接结果，而管理创新则强调商业结果；管理创新不仅指结果，而且指整个创新活动过程。

管理故事

巧算灯泡容积

一天，发明家爱迪生把一只灯泡交给他的助手——普林斯顿大学的数学系毕业生阿普顿，要他算出玻璃灯泡的容积，阿普顿拿着灯泡琢磨了好长时间，于是用皮尺在灯泡上左右、上下量了一阵，又在纸上画了好多的草图，写满了各种尺寸，列了许多道算式，算来算去还未得出结果。爱迪生见他算得满头大汗，就对他说：“我的上帝，你还是用这个方法算吧”。他在灯泡里倒满了水递给阿普顿说：“把这些水倒进量杯里，看一看它的体积，就是灯泡的容积了”。助手听了顿时恍然大悟，于是按照这种方法很快就算了出来。

(3) 管理创新的具体内容多种多样。管理创新的具体内容有管理理念创新、组织结构创新、技术创新、制度创新、产品创新与市场创新、战略创新等。

(4) 管理创新的内涵是不断丰富和发展的。随着生产力和科技的发展、管理学科的进步，从20世纪初科学管理理论产生开始，经过人际关系学派、现代管理学理论到目前21世纪初的当代管理学科，管理创新已经从早期的单个人的行为发展成为整个组织和环境互动的全面的创新工程，未来社会的管理创新空间将更加广阔。

3.1.3 创新与维持的关系

从管理工作的基本职能来看，管理内容的核心就是维持与创新。维持指按预定的计划来监控和保持系统运行的有序性与协调性。创新指对组织进行系统的调整以适应内外部环境的变化。作为管理的基本内容，维持和创新对组织系统的存在都是非常重要的。

维持是保证系统活动顺利进行的基本手段，也是系统中大部分管理人员，特别是中层和基层的管理人员要花大部分精力从事的工作。管理的维持职能便是严格地按预定的规划来监视和调整系统的运行状态，尽力避免各子系统之间的摩擦，或减少因摩擦而产生的结构内耗，以保持系统的有序性。没有维持，社会经济系统的目标就难以实现，计划就无法落实，各成员的工作就有可能偏离计划的要求，系统的各个要素就可能相互脱离，各自为政，各行其是，从而使整个系统呈现出一种混乱的状况。所以，维持对于系统生命的延续是至关重要的。

但是，仅有维持是不够的。任何社会系统都是一个由众多要素构成的，与外部不断发生物质、信息、能量交换的动态、开放的非平衡系统。而系统的外部环境是在不断地发生变化的，这些变化必然会对系统的活动内容、活动形式和活动要素产生不同的影响；同时，系统内部的各种要素也是在不断发生变化的。系统内部某个或某些要素在特定时期的变化必然要求或引起系统内其他要素的连锁反应，从而对系统的原有目标、活动要素间的相互关系等产生一定的影响。系统若不及时根据内外变化的要求，适时进行局部或全局的调整，则可能被变化的环境所淘汰，或为改变了的内部要素所不容。这种为适应系统内外变化而进行的局部和全局的调整，便是管理的创新职能。

维持和创新是管理的本质内容，两者相辅相成，缺一不可。创新是在维持基础上的发展，而维持则是创新的逻辑延续；维持是为了实现创新的成果，而创新则是为更高层次的维持提供依托和框架。任何管理工作都应围绕着系统运转的维持和创新而展开。有效的管理在于适度的维持与适度的创新相结合。

3.1.4 管理创新的动因

管理创新的动因指组织进行管理创新的动力来源。动因可以从不同角度包括外在动因与内在动因进行分析来探讨诱发创新的行为。就外因来看，主要有以下几方面。

(1) 制度环境的变动。经济体制和企业制度的变化会影响企业的行为。现代的企业制度的建立，使企业成为自主经营、自负盈亏的市场经济主体，这就促使企业积极从事管理创新来获取更大的收益。

(2) 技术的改变。技术的改变会影响企业资源的获取方式、生产设备和产品的技术水平发生变化，也可能使企业的生产规模以及组织形式发生变化。如光敏元件、光电池、太阳能热水器是物理学家发现光电效应以后的产物。光通信产品的开发是由光纤的发明引起的。

(3) 社会文化。社会文化会影响组织成员及组织的主导意识、价值观，从而必然影响创新行为。如美国硅谷崇尚冒险、开放与创新的文化有利于新企业的成长与技术变革。

(4) 市场需求和竞争的压力。市场需求是创新的动力，美国学者S·迈尔斯和D·马奎斯对567项创新产品的调查显示：其中，257项(占45%)是市场需求催生的，120项(占21%)是技术推动产成的，190项(占34%)是由生产和心理因素推动的。而市场竞争的法则就是不创新就死亡，只有创新才能持续地生存和发展。例如在第二次世界大战早期，日本占领了许多盛产天然橡胶的东南亚国家，切断了美国的橡胶供给来源，从而迫使美国研究开发了合成橡胶。

(5) 社会生产力发展的要求使得创新具有巨大的风险，需要投入大量的人力和物质资源。只有当生产力有了一定的发展，社会才可能投入较多的时间与资源进行创新，创新的成果才能够大规模地出现并得到扩散，同时发展了的生产力又会进一步提出创新的要求，促进创新的应用。

从内在动因来看，主要是与创新领导者和参与者有关的组织因素和心理因素，比如创新氛围良好，创新主体创新思维活跃，创新目标明确，创新兴趣强烈，创新心理需求旺盛，创新的经济性动机(即由于对收入报酬的追求和需要而产生创新行动)适当，责任心持久等。总之，管理创新是内外在动力作用下组织能动反应、与环境互动的结果。

3.1.5 管理创新的意义

从管理创新的具体作用看，主要表现在与组织生存和发展密切相关，有以下几个方面的意义。

(1) 提高组织的经济效率与效益。通常通过创新，采用更加节省时间、人力与资源的生产方法与管理手段，能够提高组织的效率与效益。通过创新可以引导科学管理方法的形成和实施。采用现代的科学管理方法，可以提高经营者和劳动者的素质，形成适度的企业规模，调整和提升经济结构，建立健全社会保障制度等。

(2) 促进组织发展，拓展市场，增强竞争力。通过创新使企业的组织机构设置适应需要，即适应生产特点、企业规模、市场情况等各方面的需要。而且，这样的组织机构也不是长久不变的，还需要不断加以完善和发展。

管理案例

杜邦公司

20世纪60年代初，杜邦公司过去许多产品的专利权纷纷满期，道氏化学、孟山都、美国人造丝、联合碳化物以及一些大的石油化工公司相继成了它的劲敌。以致在1960至1972年，在美国消费物价指数上升4%、批发物价指数上升25%的情况下，杜邦公司的平均价格却降低了24%，使它在竞争中蒙受重大损失。再加上它掌握了多年的通用汽车公司10亿多元股票被迫出售，美国橡胶公司转到了洛克菲勒手下，公司又历来没有强大的金融后盾，真可谓危机重重。1962年，公司的第11任总经理科普兰上任，他采用新的经营战略：运用独特的技术情报，选取最佳销路的商品，强力开拓国际市场；发展传统特长商品，发展新的产品品种，稳住国内势力范围，争取巨额利润。有了新的经营方针，还必须有相应的组织机构作为保证，除了不断完善和调整公司原设的组织机构外，1967年底，科普兰把总经理一职，在杜邦公司史无前例地让给了非杜邦家族的马可，财务委员会议议长也由别人担任，自己专任董事长一职，从而形成了"三头马车式"的体制。1971年，又让出了董事长的职务。这一变革具有两方面的意义：一方面，突破了公司一条不成文的法律，即非杜邦家族的人不能担任最高管理职务；另一方面，在当代，企业机构日益庞大，业务活动非常复杂，最高领导层工作十分繁重，环境的变化速度越来越快，管理所需的知识越来越高深，只有实行集体领导，才能做出最好的决策。在新的体制下，最高领导层分别设立了办公室和委员会，作为管理大企业有效的富有伸缩性的管理工具。科普兰说："'三头马车式'的集团体制是今后经营世界性大规模企业不得不采取的安全设施。"20世纪60年代后杜邦公司的几次成功，不能说与新体制无关。过去，杜邦公司是向联合碳化物公司购买乙炔来生产合成橡胶等产品的，现在，它自己开始廉价生产，使联合碳化物公司不得不关闭了乙炔工厂。在许多化学公司挤入塑料行业竞争的情况下，杜邦公司另外找到了出路，向建筑和汽车等行业发展，使20世纪60年代每辆汽车消耗塑料比20世纪50年代增加3至6倍，20世纪70年代初，又生产了一种尼龙乙纤维，挤入了钢铁工业市场。

(3) 有助于企业家的形成和组织成员的成长。现代企业制度使企业组织的所有权与经营管理权发生分离，企业的存续对经理阶层的职业生涯有至关重要的作用，这必将推动他们关心管理创新去实现企业的发展；通过创新，改善组织环境，组织成员将会获得更快的成长。

3.2 管理创新的内容

人类已进入信息时代。信息处理和传递技术的发展正在或仍将继续使企业生产经营活动及其组织产生重大变革。信息时代的基本特征如下。

(1) 信息化。企业生产经营活动、影响生产经营活动的条件都可以表现为某种形式的信息。对企业生产经营活动的管理也表现为组织不同形式的信息依不同的方式流动。

(2) 网络化。由信息技术集成的信息网络将引起人类交流、学习、工作、生产、贸易及生活方式的革命。出现许多虚拟化的学校、公司和其他活动形式。

(3) 知识化。知识创新成为经济发展的重要因素，知识经济使投资收益递增成为可能。

(4) 全球化。借助与信息网络的帮助知识技术和经济在全球的迅速流动，企业竞争成为全球竞争。

信息时代的上述特点影响了现代企业的管理，使管理正在朝着如下几个方面进行创新。

3.2.1 管理思想创新

管理思想创新，是企业进行创新的指导思想，是各种创新的灵魂。首先是进行管理观念的变革，因为"观念是行为的先导，它驱动、支配并制约着行为"。观念不创新，其他任何创新都是不可能实现的。因此，管理思想创新是各种创新的灵魂。

传统的企业管理是以资源稀缺性原理和投资收益递减规律为理论基础的。现代的企业管理将以知识的无限性和投资收益递增规律为指导思想。在新的时代，知识和掌握知识的员工将比资本和土地等自然资源更为重要，将成为创造财富最重要的资本。人本思想将真正成为企业管理的指导思想。

企业原有的劳资关系和雇佣关系将受到挑战。掌握知识的员工将获得企业剩余索取权，并将更多地参与管理。由于在企业经营各要素中的相对重要性增强，企业在资本运行中将更重视知识产权和无形资产的运用，如品牌、专利、专有技术等的运用。

3.2.2 管理目标创新

管理创新的目的是为了有效地实现组织的目标。目标创新在管理创新中占有头等重要的地位。在新的经济背景下必须根据组织内外环境的状况及其变化进行有效的目标创新。主要表现在以下两个方面。

(1) 以可持续发展代替利润最大化。长期以来都以利润最大化作为企业的经营目标，以盈利能力作为评价企业好坏与成败的唯一标准。新的时代，企业将可持续发展作为企业最主要的战略目标。由于战略目标的改变，企业将更注重对员工、对社会、对用户及其他利益者相关的责任。美国《幸福》杂志评选世界最优秀企业的9项指标可以作为企业经营目标导向的一个例证。这9项目标是：创新精神、总体管理质量、长期投资价值、对社区和环境的责任、吸引和保留有才华人员的能力、产品和服务的质量、财务的合理性程序、巧妙使用公司财产的效率、公司做全球业务的效率。

(2) 以公司市场价值代替市场份额。传统的经营项目都集中力量扩大公司的市场份额，争做本行业的老大或老二。似乎其他问题均可迎刃解决，而忽视争取最大的市场价值份额。

因此，企业必须通过满足社会需要来获取利润。企业目标的制定和调整，都是根据市场环境和消费者需求的特点及变化趋势进行的，这就是目标创新。

3.2.3 管理组织创新

管理组织创新包括组织机构创新和管理制度创新。企业内部组织结构正在向扁平化方向发展。通过企业再造，减少管理层次，实行“零管理层”。建立学习型组织。彼得·圣吉在《第五次修炼》中指出，企业应成为一个学习型组织，并提出了建立学习型组织的4条标准：①人们能不能不断检验自己的经验；②人们有没有生产知识；③大家能否分享组织中的知识；④组织中的学习是否和组织的目标息息相关。合资企业中的合作双方更应成为学习型组织，这是双方长期合作的保证。

规模经济的传统观点正在改变。人们在信息时代经营中逐渐认识到，企业规模不是愈大愈好。企业组织向两极分化，联合兼并发展的企业集团，成为本行业的领头羊；小企业迅速崛起。虚拟公司正代替传统的实体型企业，建立虚拟公司首先要有核心技术，能够抓住市场机遇，经过工业信息网络或国际互联网，寻找合适的合作伙伴，合作成员之间保持竞争与合作的企业文化。各成员都在利益驱动下加盟，通过协作达到互助的目的。随着市场机遇和项目的结束，虚拟公司也随之解体(也称为动态联盟)。

管理制度创新通过分工协作对组织资源进行有效整合，制定若干规则和程序，使组织内形成一定的秩序。

3.2.4 管理过程创新

改变传统企业的“橄榄球型”的企业管理系统，建立所谓的“哑铃型”企业，即企业注重产品开发和市场营销，中间的生产环节尽可能简化，灵活地组织其他企业进行协作。

计算机集成制造系统(Computer Integrated Manufacturing Systems，CIMS)的核心是集成。它把成熟的管理方法与先进的制造技术，用数字化的信息技术连成一体，形成四大系统：计算机管理信息系统、计算机设计与开发信息系统、生产自动化信息系统和质量控制系统，从而大大提高了工作效率，从根本上改变了管理工作的面貌。

CIMS使整个生产过程成为一个连续的统一体，每一个阶段的工作，从接收用户订单到向用户发货，都由计算机来处理，使企业管理层有可能对市场变化迅速做出反应，在几个小时内即可根据用户的需要改变几百种零件的设计，并组织多品种小批量的柔性生产。生产系统的柔性化打破了成本与批量的直接关系，大大降低生产准备时间，做到完全按订单生产，提供个性化服务，同时不失去高效率、低成本的优点。

在CIMS基础上，借助网络技术，还可以进一步把企业与客户、供应商有机地联系起来，成为一个整体，实现敏捷制造(Agile Manufacturing，AM)。或称组织虚拟公司，将分别属于不同企业的资源整合利用起来。

3.2.5 管理模式创新

人们通常所说的管理模式应该是一整套相互联系的观念、制度和管理方式方法的整合体的总称，例如在企业层次上产生的管理模式，如集成管理、危机管理、企业再造等；在企业内的某个领域形成的管理模式，如生产管理模式、财务管理模式、人事管理模式等。管理模式可以是国家级的宏观管理模式，也可以是某一领域的微观管理模式。不管是哪一种管理模式，都必须是观念、制度和管理方式方法有机结合的整体，并且具有综合性、可操作性和示范性。

管理模式创新就是创立一种新的管理模式，例如，企业管理的综合性模式创新；企业某一管理领域中的综合性模式创新，管理方式、方法和管理手段的综合性模式创新。管理模式是创新的结果，同时是进行进一步管理创新的条件。

现代企业面临社会经济、科学技术、市场等复杂的环境及其变化，为了适应这种状况，许多企业在长期的实践基础上，进行了成功的管理模式创新，这其中影响较大且具有代表性的管理新模式有集成管理、企业再造、知识管理、网络管理、柔性管理等。我国企业在管理模式创新中取得了不少积极的成果，如果善于学习和借鉴国外先进的管理模式及创新经验，一定会创立出更多更好的新管理模式。

3.2.6 管理环境创新

环境是企业经营的土壤，同时也是企业经营的重要制约因素。企业对环境的管理，一方面要去适应经济和社会的宏观环境，另一方面要严管与经营密切相关的任务环境，还必须改进内部环境。不管是哪一方面的环境管理都需要创新。特别重要的是要遵循客观规律，改造客观环境，使之朝着有利于企业经营的方向变化，例如，通过企业的公关活动，影响政府政策的制定；通过技术创新，影响技术进步等。企业的管理环境创新主要是市场创新。

1. 市场创新的概念

广义的市场概念不仅包括进行商品交换的场所，还应包括对某种商品或劳务具有需求、支付能力和希望进行某种交易的人或组织，即商品交换关系的总和。构成市场的三要素是客户、购买能力和购买欲望。

从广义的市场概念出发，市场创新是建立新型的商品交换关系的活动。从市场组成出发，市场创新就是影响和改变市场各个要素的活动。

2. 市场创新组合

市场创新是一项关系企业发展全局的系统工程，包括市场创新元素、市场创新机制和市场创新策略3个部分。

(1) 市场创新元素。市场创新的着眼点是激活市场的购买欲望。市场创新元素，如技术、产品、顾客、渠道、服务等都可能引发市场的创新。技术创新是市场创新中的首要元素，要根据前沿技术动向，捕捉新技术带来的市场商机，拖动自主创新，是企业的市场创新必须加强的工作。产品创新是市场创新中最活跃的元素，产品包括物质形态和服务两种。产品性能和功能的改进，产品定位、产品品牌和产品形象的改变，质量的改进都是产品的创新点。顾客创新是一种顾客主导型的市场创新活动，是指对已有的顾客群进行产品上的创新，以不同的产品培育不同的顾客群。渠道创新是指产品从生产、流通到向消费者转移途径的创新，有直接渠道的无中间商，有中间商的为间接渠道。创新和建立何种渠道视企业的具体条件和发展状况而定。服务创新已成为不可或缺的元素，客户在选择和购买商品时已更加注重服务。不少企业已经开展全天候服务、零距离服务、套餐式服务、一站式服务、主动服务、自助服务等多种服务创新，带来了市场创新的新景象。

对市场要素的任何改变都会引起市场的改变，企业通过技术创新、产品创新、机制创新、营销策略创新等与市场相关的创新活动，使市场充满活力，免于消亡。

市场创新对企业的发展具有决定性影响。其一，市场创新能改变企业的利润曲线。企业的产品利润曲线和产品的生命周期一样有一个周期变化，通过市场创新，不断推出新产品和新的服务，企业可以避免利润曲线随单一产品寿命周期演变而下降，如我国的彩电行业就是如此。其二，重塑企业价值。从企业到客户的价值链在市场创新中被重塑，可防止老化和中断。价值链的主节点，如产品设计、生产、分销、服务等的创新都会提升企业价值。其三，延长企业生命周期。企业的市场创新通过对原有的市场要素进行重新组合和补充，使区域衰退的市场重新焕发活力；通过对企业原有的资源进行重新组合，使其重新获得盈利。

(2) 市场创新机制。市场创新机制是依据市场发展变化的规律进行的市场健康发展的制度创新，它是企业创新中的核心。

(3) 市场创新策略。这里介绍几种市场营销策略的创新。事件营销是指利用社会上发生的某个有影响力的事件开展产品营销活动。文化营销是指客户对文化产品的需求越来越广泛，因此文化营销的价值越来越大。互动营销是指客户参与，提升客户满意度。网络营销是指撤除挡在企业与客户之间的墙，提高影响效率，降低营销成本。之所示进行关系营销是因为良好的关系是营销成功的基本条件。绿色营销是指从环境保护出发，实现客户价值、企业价值和社会价值的均衡。整合营销是指综合企业所有营销手段，统筹运作企业的所有营销渠道，统一调配企业营销资源，使企业内部形成一致的目标、一致的企业形象和顺畅的企业营销流程。

3.3 创造性思维与创意

通过创新，提出有创意的“点子”，并通过科学运筹，形成系统的、可操作的工作方案。要有新的创意和构想，创新的关键在于管理者的创造力。

3.3.1 创造力的来源

管理中的创新，靠的是创造力，而创造力的大小受很多因素的影响和制约。创造力的来源有直接来源和间接来源。直接来源是管理者本身，主要体现在以下4个方面。

(1) 创新精神。创新精神是创新的灵魂。没有创新精神，就没有创新实践。创新精神主要体现在以下3个方面：①强烈的创新欲望。创新欲望即管理者出于事业心、责任感或兴趣好奇心等，产生巨大的创新需要。②敢于创新的勇气。创新，在追求成功的同时，必然伴随着风险。只有“敢”字当头，勇于创新，创新行为才可能发生。③创新意识、创新观念。只有具备现代的、科学的创新观念、创新思想，才会有正确、有效的创新活动。

(2) 知识、经验与技能。管理者所拥有的知识、经验与技能是创新的知识基础。创新就是对传统的突破，但不是在零起点飞跃的，而是在过去知识、经验、技能基础上的飞跃。管理者的管理理论基础越扎实，实际管理经验越丰富，管理的技能越高超，他就越有条件进行管理上的创新。

(3) 创造性思维与创造方法。创造性思维与创造方法是创造力最直接、最重要的来源。管理者只有具有创造性思维，并能有效运用创造方法，才能卓有成效地开展管理创新活动。

管理故事

高斯巧解算术题

高斯是德国伟大的数学家。小时候他就是一个爱动脑筋的聪明孩子。

还是上小学时，一次一位老师想治一治班上的淘气学生，他出了一道数学题，让学生计算1+2+3+…+100。他想这道题足够这些学生算半天的，他也可能得到半天悠闲。谁知，出乎他的意料，刚刚过了一会儿。小高斯就举起手来，说他算完了。老师一看答案，5 050，完全正确。老师惊诧不已。问小高斯是怎么算出来的。

高斯说，他不是从开始加到末尾，而是先把1和100相加，得到101，再把2和99相加，也得101，最后50和51相加，也得101，这样一共有50个101，结果当然就是5 050了。聪明的高斯受到了老师的表扬。

(4) 勤奋工作。卓有成效的创新也依赖于勤奋工作。创新不是从天上掉下来的，不是人们随意想象出来的，而是通过脚踏实地、辛勤工作，在艰苦的实践中实现的。

创造力间接来源于外部的影响因素，具有促进创造力形成的作用。主要体现在以下两个方面。

(1) 激励。激励给创造者注入动力，会作用于管理者创新精神，促使其勤奋工作，并间接地帮助其掌握知识、经验、技能与创造方法。管理中的激励主要包括对创造者以精神鼓励，特别是激发他们的成就感和追求成功的欲望，同时包括各种形式的奖励等。

(2) 环境。环境是激发或抑制创新的重要条件，营造宽松而富有激励的环境会有效地促进创新。具体而言，宽松而富有激励的环境包括放宽约束，鼓励自主决策，实行自我控制，制定宽松政策，允许犯错误，鼓励冒险精神，营造有利于创新的团体氛围等。

上述 6 种因素综合作用，就会产生巨大的创造力。

3.3.2 创造性思维的形式

(1) 发散型思维。发散型思维是指为解决某一问题而最大限度地放开思路，从多视点、多方向、多途径寻求解决方法的一种开放性思维方式。具体包括以下几种。

① 立体思维，即突破平面思维定势，从多维视角对事物进行观察和思考。

② 想象思维，即在掌握大量信息的基础上，凭借丰富的想象力，产生有创意思路的一种思维方式。

③ 联想思维，即借助事物之间的某种共性将它们联系起来，产生新的思维方式。

④ 联结思维与反联结思维。联结思维指将相关的或表面看起来不相关的事物以某种方式组合起来加以认识；反联结思维则是指将整体分解或利用其中一部分的方式进行思考，两者的目的都在于寻求新事物。

⑤ 替代思维，即通过局部替代或整体替代的方式，产生新的认识或方案。

⑥ 求异思维，即打破常规，寻求变更和差异，建立新事物的一种思维形式。

⑦ 逆向思维，即改变原有的思维方向，进行反向思维的一种形式。

⑧ 侧向思维，即从所研究领域以外的事物中寻求启示，求得新的认识或进行创造的一种形式。

(2) 收束型思维。收束型思维是指利用已有的知识和经验，将众多信息、经验进行分析、整理和综合，以便最终实现最优化和系统化的思维形式。它本身不会产生创造性成果，但利用它能够将发散思维创造的各种思维成果逻辑化、系统化。

管理寓言

富翁的遗嘱

有一个富翁得了重病，已经无药可救，而唯一的独生子此刻又远在异乡。他知道自己死期将近，但又害怕贪婪的仆人侵占财产，便立下了一份令人不解的遗嘱："我的儿子仅可从财产中先选择一项，其余的皆送给我的仆人。"富翁死后，仆人便欢欢喜喜地拿着遗嘱去寻找主人的儿子。

富翁的儿子看完了遗嘱，想了一想，就对仆人说："我决定选择一样，就是你。"这个聪明的儿子立刻得到了父亲的所有财产。

(3) 灵感思维。灵感思维是创造性思维的重要形式。它是一种非自觉越轨思维。

① 灵感思维来自于外部的偶然机遇和内部的显意识和潜意识的交互作用两个方面，是内、外双重作用的结果，并且靠显意识和潜意识的交互作用才能形成。

② 紧张后面的小憩是灵感产生的有利时机。由于长时间紧张地循规思考，产生连续的优势兴奋中心区。在这种紧张刚过时，该中心区被抑制，自发地引起位于中心区外围皮层细胞的兴奋，循规思维思路外围的潜在概念、知识就有可能被激发出来，从而形成逆向越轨思维。

③ 促进灵感思维激发的途径：要积累广博的知识和信息；要积极深入地进行思索；要适时地放松。

管理故事

锯　子

话说鲁班发明锯子前，看到工人们大汗淋漓地砍树，觉得十分辛苦，他想，能不能有一种工具，可以轻易地把树截断呢？一天，他去山上考察木材，在爬一段比较陡峭的山路时，他脚下突然一滑，于是急忙抓住路旁的一丛茅草，就在这时，他突然觉得手疼，仔细一看，自己的手上竟然渗出了鲜血！

草也能把手割出血来？鲁班觉得奇怪。他对茅草仔细观察，发现草叶子上长着许多锋利的小齿，他用这些密密的小齿在手背上一划，居然又划开一道小口子。

此时，他已不顾疼痛，他发现自己已经有了重大发现。既然草都能将皮肤割破，那么铁做的这种小草，一定威力很大。根据这一想法，鲁班制成了人类历史上第一根锯条。直到21世纪的今天，全世界的木工们仍在沿用鲁班的发明成果。

灵犀一点：只要你时刻把工作的困难记在心中，你就容易在生活中发现创造的灵感。

[讨论题] 哪些思维方式容易产生创新？

3.3.3 管理的创造技法

面对棘手的管理问题，要熟练地运用一些创造性技法筹划管理方法。根据管理实践经验，有以下技法可供参考。

(1) 寻异。寻异是指打破常规，突破思维定势，改变现状，求新寻异，以创造出全新的构想与事物。创新在本质上必须是一种变异，打破常规是创新的起点。在管理实践中要敢于对约定俗成和司空见惯的事物发问，寻求改进与创新，谋求出奇制胜。

(2) 综合。综合是指将各种要素或不同方案综合起来，形成新的构想或事物。

(3) 分解。面对有关方案，如认为整体方案弊端太大，则可将其科学分解，提出不适当的部分，只选择和应用其中的部分内容。分解也是一种变动或创新。

(4) 折中。当几种意见对立，而又各有道理或各有弊端时，管理者一般不应简单地赞成其中一种意见，而应在深入分析的基础上，对几种意见进行折中处理，从而使各方都能接受。这种折中也是一种高难度的创新。

(5) 换元。换元或称替代，是指用等效目标进行替代，以寻求新的构想或方案。换元，可以是一种方案行不通时，用另一种方案进行替代；也可以对原方案中的某些要素或环节进行替代。有时还要进行多轮替代，直至满足目标要求时为止。换元是创新的重要手段。

(6) 重组。按照新的思路，将原有的要素进行重新组合，就可能获得有价值的新事物。詹姆斯·韦伯·扬创意法就体现了这一思想。韦伯·扬最重要的观点是“新构想是不折不扣的老要素的新组合”。韦伯·扬生前曾任美国智威汤逊广告公司创意主任，并于1940年提出其产生构想的概念。韦伯·扬创意法提出创意的产生有5个特定的步骤：①收集原始资料；②用心检查这些资料；③孵化；④产生构想；⑤形成和发展构想。

（7）移植。当将某一领域中的机制与方法引入新的领域用来解决所要解决的管理问题时，就会产生一种全新的思路或办法，使原有领域中传统的东西一下子变成另一个领域中全新的东西。

（8）逆寻。逆寻即运用逆向思维，在原有解决问题思路的相反方向上寻求解决方案。人们在思考或处理问题的过程中，经常存在一种思维惯性，沿着原来解决问题的思路走下去，直至碰壁。而逆向思维则是打破原有的思维惯性，从原有思路的相反方向突破，以寻求解决问题的全新思路和方案。

管理故事

世界地图

早上，儿子哭闹不止，牧师为了转移他的注意力，将一幅色彩缤纷的世界地图撕成碎片，丢在地上，哄儿子说：“约翰，你如果能把这些碎片拼起来，我就奖你五元钱。”

牧师原以为这件事会花费儿子一上午时间，谁知儿子10分钟后就拼好了。他问：“你怎么拼得这么快呢？儿子答道：“地图背面有一个人的像，我把这个人按像拼到一起，翻过来就行了。”

牧师高兴地打开了钱夹！

[讨论题] 你认为还有哪些创造技法？

3.3.4 创意及其形成过程

（1）创意的含义。创意是创造性思维的成果，是创新在计划职能中的体现，是决定计划价值的核心要素。创意是指在创造性思维活动过程中所创造的独特设想与构思。它是以创造性思维活动为前提与基础的，对所谋划的事项提出全新、独特的设想、构思，或称“点子”、“高招”。创意可能是关于所要解决事物的一个思路、一种对策、一条途径、一个主题、一种形式、一种方案等。

管理故事

第47号

某企业集团在招聘主管策划的副总。应聘者特别多。

一位应届大学毕业生赶到现场时，招聘人员发给他的是47号。没招了，只好等待。但是，他忽然想，这样等着不一定是好结果。“被动就要挨打”，还是主动出击的好。于是，他掏出一张纸条，认认真真地写上一行字，叠起来，让人传给招聘负责人。应聘者以为是有人在走后门，都用鄙视的目光盯着。

主考官接过条子一看，不由笑了。他向应聘者们说：“我刚接到一张条子，它是这样写的：尊敬的主考老师，没见到47号之前，请不要选用别人。我想，我们集团正是要招聘这样的创新人才！”其他应聘者们知趣地退散了，47号如愿了。

(2) 创意的形成过程。创意作为创造性思维的结果，其形成过程就是针对具体管理目标的创造性思维的活动过程。创意的形成过程主要包括以下几个步骤。

① 创意的准备。这是指管理者从管理目标和需要出发，搜集大量预处理信息资料，界定所要解决的问题与任务要求，明确客观环境与主观条件，理清创意的大致方向等。

② 创意的酝酿。在前一阶段的基础上，管理者遵循管理目标与创意的大致方向，根据自身或群体的知识、经验、想象力、创造力，运用多种创造性思维形式，通过极度活跃的思维活动，进行多角度、全方位的分析判断，综合分解，替代重组，大胆设想，上下求索，以期产生大量各异的新奇想法、念头。

③ 创意的闪现。在创意酝酿到一定程度时，会升华出某种具有灵感性质的新奇构想，这是创意的雏形或内核，这一步是具有决定意义的，将直接决定创意能否产生及其价值的大小。

④ 创意的确定。上一阶段所闪现的新奇构想是否就是有价值的创意，还需要运用理智和逻辑思维对其进行深入思考、分析和论证。创意的确定有两条最重要的标准：一是必须有效地服务于管理目标；二是必须可行。

⑤ 创意的完善。创意的基本构想确定后，还必须通过各种有效形式，充分研讨，集思广益，加以补充、修改与完善，并最终形成具有可操作性的活动项目、实现方式或工作方案。

3.4 管理创新的过程

管理创新充满偶然性，但是也有内在规律，根据众多成功企业的经验，成功的创新要经历“寻找机会、提出构思、迅速行动、创新评价与总结”4个阶段的努力。

3.4.1 寻找机会

在系统外部，有可能成为创新契机的变化主要有以下几种。

(1) 技术的变化。技术的变化可能影响企业资源的获取、生产设备和产品的技术水平。

(2) 人口的变化。人口的变化可能影响劳动市场的供给和产品销售市场的需求。

(3) 宏观经济环境的变化。经济的迅速增长可能给企业带来不断扩大的市场，而整个国民经济的萧条则可能导致企业产品需求者的购买能力降低。

(4) 文化与价值观念的转变，可能改变消费者的消费偏好或劳动者对工作及其报酬的态度。

在系统内部，引发创新的不协调现象主要有以下几种。

(1) 生产经营中的瓶颈可能会影响了劳动生产率或劳动积极性的发挥，因而始终困扰着企业的管理人员。这种卡壳环节，既可能是某种材料的质地不够理想且始终找不到替代品，也可能是某种工艺加工方法不完善，再或是某种分配政策不合理。

(2) 企业意外的成功和失败，如派生产品的利润贡献不声不响地、出人意料地超过了企业的主营产品；老产品经过精心整顿改进后，结构更加合理，性能更加完善，质量更加优异，但并未得到预期数量的订单等这些出乎企业预料的成功和失败，通常会将企业从原先的思维模式中解放出来，从而成为企业创新的一个重要源泉。

3.4.2 提出构思

透过现象究其原因，据此分析和预测不协调的未来变化趋势，估计它们可能给组织带来的积极或消极后果，在此基础上，努力利用机会将威胁转换为机会，采用畅谈法、头脑风暴法、德尔菲法、畅谈会等方法提出多种解决问题、消除不协调，在更高层次上实现系统平衡的创新构想。

3.4.3 迅速行动

管理创新小组组织、领导创新的具体实施者们在一定的创新目标导向下，实施创新方案，并注重同步创造条件的一系列活动。现在市场流行规律是：快鱼吃慢鱼，有新的构想、新的方案，就必须赶快付诸实施，可能还有许多不完善的地方，但如果还在犹豫，可能就会永远地失去机会，因此要迅速行动。创新是有风险的，有可能失败，创新者应该正确对待尝试过程中出现的失败，坚持下去，直到成功。

3.4.4 创新评价与总结

经过一段时期的强化、固定后，管理创新的领域开始呈现新的范式，并日益稳定，创新效果也日益明显。此时，有必要对其创新效果，特别是其效益性进行评价，并科学总结这一创新成果。在这一阶段一方面可使企业经营管理者和广大职工在其成果得到社会承认时产生巨大激励作用，并促进企业自身再次发现与外界的差距，形成新的冲动，以进行更深层次的创新；另一方面也是为了将创新成果向更大范围进行推广，促进其他企业审视现状，并积极进行创新，以发挥企业管理创新成果的社会效应。

以上划分的各阶段只是大概地反映了人们创新的思维过程。在实践中，这些阶段并非是截然分割的、刻板的固定模式。它通常是一个不太规则的过程。有时酝酿期很长，可能在较长的一段时间中无明显进展。有时过程存在多重循环与反馈并且多种活动交叉和并行进行。许多创新要经过多次尝试与失败，这些创新过程会由于遇到难以克服的技术或市场障碍而中途搁浅，但在不曾预料的时候会突然出现一个飞跃。作为有所作为的管理者，理解上述创新的过程不仅有助于充分发挥自身的创造性，也有助于激励他人的创新能力。

3.5 管理创新实践

3.5.1 概念创新

概念是人类思维的基本形式之一，反映事物一般的、本质的特征。把感觉到的事物的共同特点归纳出来，加以概括，就成为概念。概念创新就是创造新的概念，有 3 种方式：一种是全新的创造，代表着人类的新思维和新知识；另一种则是由原有的概念演绎而来；还有一种方式就是对原有概念的创造性运用。

概念创新对企业来讲，通常表现为经营理念、经营思路(经营思维)等方面的创新。经营理念也称为企业经营哲学，是企业在经营管理过程中提升的世界观和方法论，是企业在处理人与人(雇主与雇员、管理者与被管理者、消费者与生产者、企业利益与员工利益、企业利益与社会利益、局部利益与整体利益、当前利益与长远利益、企业与企业之间的相互利益)、人与物(产品质量与产品价值、职工操作规范、技术开发与改造、标准化、定额、计量、信息、情报、计划、成本、财务等)关系上形成的意识形态和文化现象。企业的经营管理理念或思想是企业的灵魂，它贯穿于企业经营管理的全过程，企业的一切生产经营管理活动都受到它的支配。企业管理理念的正确与否，对企业的生存和发展起着决定性的作用。概念创新是管理其他创新活动的源头，其他创新必须在创新观念的指导下才得以进行。概念创新是具有导向作用的创新，主要内容包括企业存在的目的和价值、企业的社会责任、企业与环境之间的关系。

21 世纪初，不少国际企业正在进行意识(理念)的变革，其趋势为：企业由追求利润最大化转向维持企业存续；企业行为由单纯追求目的性结果转向同时兼顾伴生性结果(如环境等)；企业由追求股东回报最大化变为在客户、员工和股东之间寻求平衡关系；大企业小经营意识；开放式网络型经营意识；尊重人性意识等。

经营理念创新是对现有的思维定势、内容、构想进行突破，甚至将以往的思维方法全盘否定，而树立起一种新的思维方式。经营思路创新同样是概念创新、思维创新，不过它更加具体，以经营理念创新为指导，实现经营思维创新，通过企业的某种产品或者服务表达出来。

特别提示

达维多定律：达维多定律是以英特尔公司副总裁达维多的名字命名的。他认为，一个企业要想在市场上总是占据主导地位，就要做到第一个开发出新产品，又第一个淘汰自己的老产品。这一定律的基点是市场开发和利益分割的成效。因为人们在市场竞争中无时无刻不在抢占先机，只有先进入市场才更容易获取较大的份额和较高的利润。

3.5.2 组织创新

组织结构是指组织内各构成要素、部门、单位及相互间发生作用的联系方式。组织内各要素、部门(各机构和人员)之间的关系有两类：一是纵向关系，即领导与下属、上级和下级的关系，二是横向关系，即同级机构和人员之间的相互关系。这种纵向和横向的关系，实质上是管理劳动的分工协作关系。由于组织结构受多种因素的影响，这些因素的变化必然要求对组织结构不断进行调整和变革。组织结构创新的目的和要求是充分发挥职工的主动性和创造性，提高管理劳动的效率。

组织结构创新的主要内容是：机构设置和人员配备的调整，机构、人员责权的重划，信息沟通渠道的重建，工作流程的重新安排等。新企业的组织形态主要有 4 种，即网络型组织、虚拟组织、扁平团队化构造组织和学习型组织等。

3.5.3 技术创新

技术创新就是将技术变为商品，在市场上销售并实现其价值，从而获得经济效益的过程和行为。技术创新是一个以新的技术思想产生为起点，以新的技术思想首次商业化为终点的过程。所谓商业化，就是将新的技术思想转化为正常生产和销售的新产品或正常生产中实际使用的新工艺。由于一定的技术都是通过一定的物质载体和利用这些载体的方法来体现的，参与企业生产过程的要素包括材料、设备以及企业员工3类，企业的技术创新主要表现在要素创新、要素组合方法创新以及产品创新3个方面。

1. 要素创新

1）材料创新

材料创新的内容包括：开辟新的材料来源，以保证企业扩大再生产的需要；开发和利用大量廉价的普通材料(或寻找普通材料)，以降低产品的生产成本；改造材料的质量和性能，以保证和促进产品质量的提高。

2）设备创新

设备是现代企业进行生产的物质技术基础，设备创新对于改善企业产品的质量，减少原材料、能源的消耗有十分重要的意义。设备创新主要从以下几个方面进行：①利用新的设备，减少手工劳动的比重，以提高企业生产过程的机械化和自动化的程度；②通过先进的科学技术成果改造和革新原有设备，延长其技术寿命，提高其效能；③有计划地进行设备更新，以更先进、更经济的设备来取代陈旧的、过时的老设备，使企业生产建立在先进的物质技术基础上。

3）人事创新

企业的人事创新，不仅包括根据企业发展和技术进步的要求，不断从外部获得合格的新的人力资源，而且更应注重企业内部现有人力的继续教育，用新技术、新知识去培训他们，使之适应技术进步的要求。

2. 要素组合方法创新

要素的组合包括生产工艺和生产过程的时空组织两个方面。

生产工艺是劳动者利用劳动手段加工劳动对象的方法，包括工艺过程、工艺配方、工艺参数等内容。工艺创新既要根据新设备的要求，改变原材料、半成品的加工方法，也要求在不改变现有设备的前提下，不断研究和改进操作技术和生产方法，以使现有设备得到更充分的利用，使现有材料得到更合理的加工。工艺创新与设备创新是相互促进的，设备的更新要求对工艺方法进行相应的调整，而工艺方法的不断完善又必然促进设备的改造和更新。

生产过程的时空组织包括设备、工艺装备、在制品以及劳动者在空间上的布置和时间上的组合。空间布置不仅影响设备、工艺装备和空间的利用效率，而且影响人机配合，影响在制品、设备、工艺装备的占用数量，从而影响生产成本，进而影响产品的生产周期。因此，企业应不断地研究和采用更合理的空间布置和时间组合方式，以提高劳动生产率、缩短生产周期，进而在不增加要素投入的前提下，提高要素的利用效率。20世纪最伟大的企业生产组织创新莫过于福特将泰罗的科学管理原理与汽车生产实践相结合而产生的流水生产方式，流水线的问世引发了企业生产率的革命。

3. 产品创新

现代产品的定义是以市场营销概念为基础的，是指企业向市场提供的能满足用户需要的任何有形物品和无形物品的组合。其中，有形物品包括产品的实体及其品质、式样、特色、品牌和包装，无形物品包括销售服务、质量保证、产品开发、销售声誉等。企业通过生产和提供产品来求得社会承认，证明其存在的价值，也是通过销售产品来补偿生产消耗、取得盈余，实现其社会存在价值的。产品是企业的生命，企业只有不断地创新产品，才能更好地生存和发展。

产品创新包括许多内容，这里主要分析物质产品本身的创新。物质产品创新主要包括品种和结构的创新。品种创新要求企业根据市场需要的变化，根据消费者偏好的转移，及时地调整企业的生产方向和生产结构，不断开发出受用户欢迎的适销对路的产品。产品结构的创新在于不改变原有品种的基本性能，而是对现在生产的各种产品进行改进和改造，找出更加合理的产品结构，使其生产成本更低，性能更完善，使用更安全，从而更具有市场竞争力。

产品创新是企业技术创新的核心内容，它既受制于技术创新的其他方面，又影响其他技术创新效果的发挥。新的产品、产品新的结构，往往要求企业利用新的机器设备和新的工艺方法；而新设备、新工艺的运用又为产品的创新提供了更优越的物质条件。

管理案例

牙膏开口扩大一毫米

美国有一间生产牙膏的公司，产品优良，包装精美，深受广大消费者的喜爱，每年营业额蒸蒸日上。记录显示，前10年每年的营业增长率为10%—20%，令董事部雀跃万分。

不过，业绩进入第11年，第12年及第13年时，则停滞下来，每个月维持同样的数字。董事部对这3年的业绩表现感到不满，便召开全国经理级高层会议，以商讨对策。

会议中，有名年轻经理站起来，扬了扬手中的一张纸对董事部说："我有个建议，如果您想使用我的建议，必须另付我5万元!"总裁听了很生气说："我每个月都支付你薪水，另有红包奖励。现在叫你来开会讨论，你还要另外加5万元。过分了吧?"

"总裁先生，请别误会。若我的建议行不通．您可以将它丢弃，一毛钱也不必付。"年轻的经理解释说。"好!"总裁接过那张纸后，阅毕，马上签了一张5万元支票给那个年轻经理。

那张纸上只写了一句话：将现有的牙膏开口扩大1mm。总裁马上下令更换新的包装。试想，每天早上，每个消费者多用1mm的牙膏，每天牙膏的消费量将多出多少倍呢？这个决定，使该公司第十四年的营业额增加了32%。

一个小小的改变，往往会引起意料不到的效果。教育学生也是如此，没有一成不变的做法，针对不同的学生采取不同的教育方式，才能取得满意的教育效果。

3.5.4 制度创新

企业制度是组织运行方式的原则规定。制度创新是指引入新的企业制度安排来代替原来的企业制度，以适应企业面临的新情况或新特点。企业制度主要包括产权制度、经营制度和管理制度3个方面的内容。

产权制度是决定企业其他制度的根本性制度，它规定了企业最重要的生产要素的所有者对企业的权利、利益和责任。不同时期企业各种生产要素的相对重要性是不一样的。在主流经济学的分析中，生产资料是企业生产的首要因素，因此，产权制度主要指企业生产资料的所有制。目前存在的相互对立的两大生产资料所有制——私有制和公有制(或更确切地说是社会成员共同所有的“公有制”)在实践中都不是纯粹的。私有制正越来越多地渗入“共有”的成分，被“效率问题”所困扰的公有制则正或多或少地添进“个人所有”的因素。企业产权制度的创新也许应朝着寻求生产资料的社会成员“个人所有”与“共同所有”的最适度组合的方向发展。在现代企业制度下产权制度要求所有者对企业财产的权力进行合理分解，使出资人所有权与企业法人财产权相分离，出资人与企业法人分别具有独立的财产权利并承担相应的责任和义务。

经营制度是有关经营权的归属及其行使条件、范围、限制等方面的原则规定。用来指定企业的经营方式，确定谁是经营者，谁来组织企业生产资料的占有权、使用权和处置权的行使，谁来确定企业的生产方向、生产内容、生产形式，谁来保证企业生产资料的完整性，谁来向企业生产资料的所有者负责以及负何种责任。经营制度的创新方向应是不断寻求企业生产资料最有效的方式。现代企业制度是以公司制为主的企业组织制度，主要指有限责任公司和股份有限公司，业主制企业、合伙制企业仍然存在。

管理制度是行使经营权，组织企业日常经营的各种具体规则的总称，是对材料、设备人员及资金等各种要素的取得和使用的规定，包括企业内部经营机构、用工制度、工资制度、人事制度、财务制度等。在管理制度的众多内容中，分配制度是最重要的内容之一。分配制度涉及如何正确地衡量成员对组织的贡献并在此基础上提供足以维持这种贡献的报酬。由于劳动者是企业各种要素的利用效率的决定性因素，因此，提供合理的报酬以激发劳动者的工作热情对企业的经营就有着非常重要的意义。分配制度的创新在于不断地追求和实现报酬与贡献在更高层次上的平衡。

产权制度、经营制度、管理制度这三者之间的关系是错综复杂的(实践中相邻的两种制度之间的划分甚至很难界定)。一般来说，一定的产权制度决定了相应的经营制度。但是在产权制度不变的情况下，企业具体的经营方式可以不断调整；同样，在经营制度不变时，具体的管理规则和方法也可以不断改进。管理制度发展到一定程度时，需要对经营制度进行相应的调整；经营制度的不断调整必然会引起产权制度的革命。因此，反过来，管理制度的变化会反作用于经营制度；经营制度的变化会反作用于产权制度。

管理故事

切 蛋 糕

老张和老李一人出一百块钱买了一个蛋糕，老张说我来切，老李怕他切得不公平，就找了3个朋友，第一个是搞政治思想工作的，他对老张说，你要提高你的道德素质，不可以以权谋私。第二个是搞技术的，老李，你好好把这个面积测定一下，再考虑这个蛋糕的均匀度，算好，通过优化计算，选择切入的面。第三个是学制度经济学的，“不用费事，老张你切，切完以后，老李先挑，保证尽量切得公平。”

特别提示

制度创新是技术创新和管理创新的基础，所以要特别注意制度创新。

企业制度创新的方向是不断调整和优化企业所有者、经营者、劳动者三者之间的关系，使各个方面的权利和利益得到充分的体现，使组织的各种成员的作用得到充分的发挥。组织的管理创新是一个完整的体系，上述各种创新是相互影响、相互支持、相互促进的。其中概念创新是创新行动的基础和其他创新的先导，组织创新为其他创新实践提供土壤和载体，技术创新是产品创新与市场创新的手段，也是其他创新行动的中介，产品创新与市场创新是管理创新的目标和结果，是检验其他创新行动的标准，而制度创新是管理创新的保证和动力，用于为其他创新实践提供支撑和服务。只有不断改进各类管理创新活动，才能最终实现组织长久健康的发展。

本章小结

管理创新，是指在经济管理领域，以能够产生新颖性成果的管理实践更有效地实现组织目标的过程，包括管理思想创新、管理目标创新、组织创新、过程创新、管理模式创新与环境创新等内容。

创新不同于创造和发明。管理创新是内、外在动力作用下组织能动反应、与环境互动的结果。创新作为管理的基本职能，在管理中具有相当重要的地位和作用。管理创新必须有创造性思维与创意。

管理创新的过程由寻找机会、提出构思、迅速行动、创新评价与总结等环节组成。管理创新实践的具体内容有概念创新、组织创新、技术创新、产品创新与市场创新、制度创新等。

练 习 题

一、单项选择题

1. 最早提出创新概念的学者是(　　)。

A. 德鲁克　　B. 科斯　　C. 熊彼特　　D. 西蒙

2. 管理创新的有效性最终体现在(　　)上。

A. 提高效率　　B. 取得成果　　C. 增加效益　　D. 作出方案

3. 现代企业管理方式创新是以(　　)为中心的。

A. 市场　　B. 人　　C. 人和市场　　D. 资金

4. 管理创新的主体是(　　)。

A. 技术创新　　B. 组织创新　　C. 制度创新　　D. 环境创新

二、问答题

1. 创新与维持的关系如何?
2. 管理创新的内涵是什么?
3. 什么是管理模式创新?
4. 创新的思维方法有哪些?
5. 如何培养创新能力?

案例应用分析

柯达公司的创新体系

1979年，柯达公司的一些创新的倡导者成立了创新办公室(OI)，其主要目的是促进公司业务的创新和变革，广泛收集创新意见。到1987年，公司在全球已经成立了近20个这样的机构，并形成了网络体系，同时收到员工提交的新创意和新构想累计达3 000多项。然而在公司的现有业务框架下，不可能吸收这么多的新创意和新点子。为了使更多的创业构想得到实现，公司于1983年建立了支持新业务发展的第2个层面——新业务发展部(NOD)。NOD主要是帮助内创业家把头脑中的创业构想转变成创业实践，为创业构想的开发和探索工作提供组织支持。1985年，柯达公司成立了全资子公司伊斯特曼技术公司(ETI)，作为公司创业过程的第3个组织层面。ETI扮演了一个具有创业孵化器和公司风险投资双重功能的角色，不仅为那些在NOD阶段具有发展前景的新项目(企业)提供管理支持，还为其商业化运作提供必要的投资。因此，柯达公司的创业体系就是由OI、NOD和ETI这3个层面构成的。

实际上，柯达公司的创新体系正是针对其新创业务的3个不同演进阶段的特点而形成的。柯达公司新创业务的演进过程分3个阶段：酝酿阶段、种子阶段、孵育阶段。与新创业务酝酿阶段对应的组织层面是OI，与种子阶段对应的组织层面是NOD，与孵育阶段对应的组织层面是ETI。柯达公司新创业务的演进过程如下。

1. 酝酿阶段

对于一项需要开发的新创意或发明，OI评判标准有以下几种。

(1) 是否能够提高柯达公司的技术、制造或营销能力。

(2) 是否与柯达公司现有业务的某些方面具有一种战略性适应。

(3) 是否有一定的盈利能力(预计的年收入达到200万美元)。

(4) 是否可以市场化。

如果公司内部没有人愿意支持这个构想，就意味着它与现有业务不大相关，新创意的持有者可以继续向NOD提出请求。

2. 种子阶段

这一阶段分4个步骤对新创业务进行管理。

(1) 种子预备期：内创业家应主动提交实现创业构想可操作的可行性分析报告，并且要说明创意的技术可行性和市场潜力。

(2) 种子前期：进行创业机会分析，内创业家获准利用20%的本职工作时间来完善创业构想，并可获得2.5万美元的资助。非正式的创业咨询小组会对其进行创业辅导。

(3) 种子中期：NOD帮助内创业家设计正规的商业计划，组建创业团队，并给予7.5万美元的资助。

(4) 种子后期：创业团队可以获得25万美元来开发产品模型，进行产品市场的检验，重新审定商业计划，并着手挑选经营管理班子。如果公司看好新项目的前景，则再提供额外的资金支持成立独立的新创企业，进入ETI进行孵育。

3. 孵育阶段

(1) 新创企业完全独立于柯达公司，在财务、人事等方面与公司完全脱钩。

(2) 柯达公司不再为新创企业的成立保留原先的职位。

(3) ETI为新创企业提供有偿的资源支持。

(4) 由公司内部风险投资基金向新创企业进行为期4～7年的分阶段投资。

根据上述材料，回答下列问题。

1. 柯达公司的创新体系是否是一种管理创新?
2. 从柯达公司的创新体系看大公司应如何营造创业环境?

阅读材料

华为的故事：生死关头，放弃苟活

记者在深圳采访时，无论是在政府还是在企业，常常听到人们说起“华为”，尽管华为非常低调，但在深圳，它是很多企业的楷模。华为创业18年，就是靠自主创新创造了一个又一个奇迹。

目前，华为每年的专利申请量基本维持在3 000件左右，去年达到4 389件，其中80%是发明专利。华为有文件明确规定：“保证按销售额的10%拨付研发经费，有必要且可能时，将加大拨付的比例。”十多年来，华为在3G领域投入的研发费用已超过50亿元。

记者注意到，国内大多数企业的研发投入不足销售额的1%。

华为注重创新，最初只是为了企业能够“活下去”。

深圳市市长许宗衡回忆说，在全国科技大会上，当有院士对深圳的创新模式提出质疑时，华为董事长孙亚芳就说：“我们为什么要创新，为什么要投入50多亿元到3G中去? 是为了企业的生存和发展。”实际上，这就是企业创新的原始动力。

20世纪80年代，华为公司成立之时，中国电信设备市场几乎被“外国列强”瓜分殆尽，华为只能从代理进口模拟交换机起步，在国际大公司之间的夹缝儿中艰难地谋求生存。即使是代理，也要看人家的脸色。果然，成立不到3年，华为所代理的香港公司看到市场局面已经打开，就把代理权收了回去。

生死存亡的考验，一夜之间被强加到自己的头上，华为人一下子懵了。是另做代理苟活下去，还是另闯一条道路? 前者易，后者难。关键时刻，华为选择了一条更危险但更有希望的路：将代理销售获得的微薄利润投向程控交换机的自主开发，给企业找一条生路。

因为缺乏研发资金，华为不惜高息融资，大家甚至垫出自己一半的工资。经过3年的艰苦攻关，华为拥有自己独创技术的程控交换机面世了。这款交换机让华为走出了困境，获得了利润。从此，在自主创新这条路上，华为一发不可收地走了下去。

华为也有过因为过于追求技术完美而失去商机的经历，但痛定思痛，华为实现了转变：从技术驱动转变为市场驱动，强调以新的技术手段满足客户的需求；华为会瞄准世界顶尖技术，建立一流的研发团队，但不研发“卖不掉的世界顶尖水平”，最好是比别人领先半步。

第2篇 计 划

第4章 战略与环境

教学目标

通过本章的学习，了解战略的内涵与特征，掌握战略的构成要素与战略类型，战略愿景与使命陈述。理解企业与环境的关系，掌握企业外部环境分析方法、企业内部环境分析方法。同时，掌握基本战略姿态，企业核心能力与成长战略以及防御性战略。

教学要求

知识要点	能力要求	相关知识
战略及其构成要素	(1) 理解战略的内涵与特征 (2) 理解战略的构成要素与战略类型	(1) 战略的概念 (2) 战略的构成要素 (3) 战略类型
战略愿景与使命陈述	(1) 愿景陈述的理解 (2) 理解使命陈述的涵义	(1) 核心价值观 (2) 核心目的
战略环境分析	(1) 理解企业与环境的关系 (2) 了解企业外部环境分析方法 (3) 了解企业内部环境分析方法	(1) 企业与环境的关系 (2) 五力分析法 (3) 价值链分析
战略选择	(1) 理解基本战略姿态 (2) 各种战略的运用	(1) 低成本战略 (2) 差异化战略 (3) 集中战略 (4) 核心能力企业外扩张 (5) 核心能力企业内扩张

企业战略的核心是获取竞争优势。

——迈克尔·波特

基本概念

战略　战略思想　战略目标　战略重点　战略对策　愿景陈述　使命陈述　核心价值观　核心目的管理环境　SWOT分析　五力分析法价值链分析　低成本战略　差异化战略　集中战略

导入案例

以 退 为 进

一位留美的计算机博士毕业后在美国找工作，结果好多家公司都不录用他，思前想后，他决定收起所有证明，以一种“最低身份”再去求职。

不久，他被一家公司录用为程序输入员，这对他说简直是“高射炮打蚊子”，但他仍干得一丝不苟。不久，老板发现他能看出程序中的错误，并非一般的程序输入员可比，这时他亮出了学士证，老板给他换了个与大学毕业生相对口的工作。

过了一段时间，老板发现他时常能提出许多独到的有价值的建议，远比一般的大学生要高明。这时，他又亮出了硕士证，于是老板又提升了他。

再过一段时间，老板觉得他还是与别人不一样，就对他“质询”，此时他才拿出博士证，老板对他的水平有了全面认识，毫不犹豫地重用了他。

点评：战略是一项非常复杂的决策活动。

战略是实现企业长期发展目标的总方针、重点部署和资源安排，是一项非常复杂的决策活动，它要求决策者必须具备比较高的素质和决策水平，决定着企业的生存和发展。

4.1 战略及其构成要素

战略决定着企业的生存和发展，由于战略是关于企业生产经营与发展的指导方针与策略，决定着企业的长远发展方向与思路，因此，战略所发挥的是一种长远性、全局性、根本性的作用，是非常重要的。

4.1.1 战略的含义

“战略”一词最早来自于希腊，意思是将军的才能或军队的运动。战略思想最早在军事领域中得到广泛地应用，苏格拉底、希腊将军色诺芬，凯撒等都是非常出色的战略家。但是战略成为一门高级艺术最初是在东亚。《孙子兵法》就是一部关于战略的经典巨著。

相对而言，企业战略学出现得较晚，一般认为，第一个提出企业战略的人是哈佛工商业史学家艾尔弗雷德·钱德勒(Alfred D. Chandler Jr.)。他在1962年出版的《战略与结构》一书中初步定义了战略：战略是一个企业基本长期目的和目标的确定，以及为实现这一目标所需要采取的行动路线和资源配置。钱德勒的战略概念体现了战略的三大要素：设定目的、分配资源、找出实现目的的方法。后来的战略学者和战略学派很大一部分是在钱德勒的基础上发展起来的。之后，企业战略研究迅速风靡全球。对于企业战略的含义，很多著名学者都提出过自己的见解。

战略管理大师安德鲁斯(Kenneth R. Andrews)认为，战略是关于企业宗旨、目的和目标的一种模式，以及为达到这些目标所制定的主要政策和计划；通过这样的方式，战略界定了企业目前从事什么业务和将要从事什么业务，企业目前是一种什么类型和将要成为什么类型。

安索夫(I. Ansoff)在研究企业多角化经营的基础上，提出了一个既具有分析性又具有行动导向的战略定义：战略是一条贯穿于企业活动与产品市场之间的“共同经营主线”，其决定着企业目前所从事的、或者计划要从事的经营业务的基本性质。

迈克尔·波特(Michael E. Porter)则提出，战略是公司为之奋斗的一些终点(目标)以及公司为达到它们而寻求的途径(政策)的结合物。波特认为，企业战略的核心是获取竞争优势，而获取竞争优势的因素有两个：一是企业所处产业的盈利能力，即产业的吸引力；二是在产业内的相对竞争地位。

拜亚斯(Lloyd L. Byars)认为，战略包括对实现组织目标和使命的各种方案的拟订和评价，以及最终选定将要实行的方案。

格鲁克(William F. Glueck)认为，战略就是企业为发挥战略优势、迎接环境挑战而制定的统一的、内容广泛的、一体化的计划。

贝茨(Donald L. Bates)和艾德雷奇(David L. Eldredge)认为，战略可以定义为组织投入资源、实现目标的指导哲学，它为组织做出必要的行动决策提供了约束和限制。

本书将战略定义为，战略是管理者为了实现预定目标，通过利用内部优势、把握外部机会，对事关组织全局的、长远的重大问题所作出的运筹规划。战略是实现企业长期发展目标的总方针、重点部署和资源安排。战略具有以下特征。

[讨论题] 战略只是高层管理者之事?

管理故事

丙吉的故事

汉宣帝时宰相丙吉，有一次坐轿子外出巡查，路上看见一群年轻人打架，他命令轿夫装作没看见，绕道走，后来他看见一头牛在呼呼喘气，他反而下轿询问此事。他说：“市民打架是地方官员之事，而牛在冬天喘气不止，担心瘟疫，是天下大事。”

(1) 全局性。这是战略的最根本特征。全局性是指战略是以组织的全局为研究对象来确定组织的总目标，规定组织的总行动。也就是说，组织战略的重点不是研究组织的某些局部性质的问题，而是组织的整体发展。

(2) 长远性。这是指战略的着眼点是组织的未来，是为了谋求组织的长远发展，而不是为了求得眼前的利益。

(3) 纲领性。这是指战略所确定的战略目标和发展方向，是一种原则性和概括性的规定，是对组织未来的一种粗线条的设计。它是对组织未来的总体谋划，而不纠结于现实的细枝末节。战略不在于精细，而在于洞察方向。

(4) 竞争性。这是指战略是组织在竞争中战胜对手，应付外界环境威胁、压力和挑战的整套行动方案。它是针对竞争对手制定的，具有直接的对抗性。也就是说，战略是一种具有“火药味”的计划，并非“和平”状态下的计划。

(5) 风险性。这是指战略考虑的是组织的未来，而未来是不确定的，因而战略必然具有一定的风险性。

从以上特征可以看出，战略的制定是一项非常复杂的决策活动，它要求决策者必须具备比较高的素质和决策水平。

知识链接

隆　中　对

亮躬耕陇亩，好为《梁父吟》。身长八尺，每自比于管仲、乐毅，时人莫之许也。惟博陵崔州平、颍川徐庶元直与亮友善，谓为信然。

时先主屯新野。徐庶见先主，先主器之，谓先主曰：“诸葛孔明者，卧龙也，将军岂愿见之乎？”先主曰：“君与俱来。”庶曰：“此人可就见，不可屈致也。将军宜枉驾顾之。”

由是先主遂诣亮，凡三往，乃见。因屏人曰：“汉室倾颓，奸臣窃命，主上蒙尘。孤不度德量力，欲信大义于天下；而智术浅短，遂用猖獗，至于今日。然志犹未已，君谓计将安出？”

亮答曰：“自董卓已来，豪杰并起，跨州连郡者不可胜数。曹操比于袁绍，则名微而众寡。然操遂能克绍，以弱为强者，非惟天时，抑亦人谋也。今操已拥百万之众，挟天子而令诸侯，此诚不可与争锋。孙权据有江东，已历三世，国险而民附，贤能为之用，此可以为援而不可图也。荆州北据汉、沔，利尽南海，东连吴会，西通巴蜀，此用武之国，而其主不能守，此殆天所以资将军，将军岂有意乎？益州险塞，沃野千里，天府之土，高祖因之以成帝业。刘璋暗弱，张鲁在北，民殷国富而不知存恤，智能之士思得明君。将军既帝室之胄，信义著于四海，总揽英雄，思贤如渴，若跨有荆、益，保其岩阻，西和诸戎，南抚夷越，外结好孙权，内修政理；天下有变，则命一上将将荆州之军以向宛、洛，将军身率益州之众出于秦川，百姓孰敢不箪食壶浆，以迎将军者乎？诚如是，则霸业可成，汉室可兴矣。”

先主曰：“善！”于是与亮情好日密。关羽、张飞等不悦，先主解之曰：“孤之有孔明，犹鱼之有水也。愿诸君勿复言。”羽、飞乃止。

4.1.2　战略构成要素

就一般组织的战略而言，其作为一个系统，主要应由以下5个要素构成。

(1) 战略思想。战略思想即制定和实施战略所依据的指导思想，是战略的灵魂。战略思想主要来自于战略理论、战略环境的客观分析以及领导层的战略观念。企业的战略思想主要包括：竞争观念、市场营销观念、创新观念、效益观念等。

(2) 战略目标。战略目标是组织通过战略在未来所要达到的目的。它是战略决策的核心，也是战略管理其他环节进行活动的依据。

(3) 战略重点。战略重点是指对战略目标的实现有重大甚至决定意义的关键部位、环节和部门。

(4) 战略阶段。战略阶段是指为了达到预定战略目标在战略的制定和实施过程中按一定的标志或依据划分的阶段。阶段的划分切忌主观随意性，要注意：①每一阶段都要有指定的战略任务，尽量使任务均衡，逐步推进。②每一阶段各有侧重点，注意抓关键问题。③各阶段要衔接紧密，防止脱钩、扯皮。

（5）战略对策。战略对策即为实现战略指导思想和战略目标而采取的措施和手段。战略对策要做到“四性”，即：①预见性，指要充分考虑未来可能出现的各种不确定因素，增强对未来事件的适应能力。②针对性，指对已存在和即将出现的各种问题要找准突破口，寻求最有效的解决办法。③综合性，或组合性，即对在战略制定和实施过程中出现的各种各样的问题，可以采取组合策略，综合各种有效方法，灵活应变。④灵活性，即根据具体情况、具体问题，采取有效的解决方法，避免墨守成规，要具有创新精神和冒险精神。

管理故事

同　　事

A在合资公司做白领，觉得自己满腔抱负没有得到上级的赏识，经常想：如果有一天能见到老总，有机会展示一下自己的才干就好了！

A的同事B，也有同样的想法，但他更进一步，去打听老总上下班的时间，算好他大概会在何时进电梯，他也在这个时候去坐电梯，希望能遇到老总，有机会可以打个招呼。

他们的同事C更进一步。他详细了解老总的奋斗历程，弄清老总毕业的学校，人际风格，关心的问题，精心设计了几句简单却有分量的开场白，在算好的时间去乘坐电梯，跟老总打过几次招呼后，终于有一天跟老总长谈了一次，不久就争取到了更好的职位。

4.1.3　战略的类型

企业战略可分为企业总体战略和企业经营战略两大类。企业总体战略考虑的是企业应该选择哪种类型的经营业务，经营战略考虑的则是企业一旦选定某种类型的经营业务，则应该如何在这一领域里竞争或运行。

［讨论题］你认为个人的战略是什么？

1. 企业总体战略

企业总体战略是涉及企业经营发展全局的战略，是企业制定经营战略的基础，一般有以下几种类型。

1）单一经营战略

单一经营战略，是指企业把自己的经营范围限定在某一种产品上。这种战略使企业的经营方向明确、力量集中、具有较强的竞争能力和优势。单一经营战略的优点是：把企业有限的资源集中在同一经营领域中，形成较强的核心竞争力；有助于企业通过专业化的知识和技能提供满意和有效的产品和服务，在产品技术、客户服务、产品创新和整个业务活动的其他领域开辟新的途径；有利于各部门制定简明、精确的发展目标；可以使企业的高层管理人员减少管理工作量，集中精力，掌握该领域的经营知识和有效经验，提高企业的经营能力。世界上许多企业都是通过单一经营而成为某一领域的主导者的。但单一经营战略的风险是：企业把所有的鸡蛋都放在同一个篮子里，当行业出现衰退或停滞时，难以维持企业的长远发展。

2）纵向一体化战略

纵向一体化战略，是指企业在同一行业内扩大企业经营范围，后向扩大到供应商的业务领域，前向扩大到最终产品的业务领域。企业实行纵向一体化战略的目标可以提高企业的市场地位，保障企业的竞争优势。后向一体化可以在原材料供给需求大、利润高的情况下，把一个成本中心变成利润中心，还可以摆脱企业对外界供应商的依赖；前向一体化的好处是保证企业分销渠道的畅通，维护生产的正常秩序。纵向一体化战略的不足是需要的投资较大。

3）多元化战略

多元化战略，是指企业通过使开发新产品与开拓新市场相配合而扩大经营范围的战略。这种战略一般适用于那些规模大、资金雄厚、市场开拓能力强的企业。其作用主要是分散风险，有效地利用企业的经营资源。

4）国际化战略

国际化战略，是指实力雄厚的大企业把生产经营方向指向国际市场，从而推动企业进一步发展的战略。实施国际化战略的常用方式有输出商品和建立跨国公司两种。从国际上看，输出商品往往是企业国际化的起点。由于实施跨国经营会面临各种关税和非关税壁垒，因此，一些资金雄厚、生产技术和经营能力强的企业，稳定地占领了国外市场后，常常会在海外国际市场建立独资或合资企业，以充分利用当地政府的各种优惠政策，绕过所在国的贸易壁垒，降低生产和营销成本，强化竞争能力。

管理案例

海尔的国际化战略

海尔的国际化战略可形象地概括为“三步走”：第一步是“走出去”，第二步是“走进去”，第三步是“走上去”。“走出去”，即进入主流市场；“走进去”，即进入主流市场的主流渠道销售主流产品；“走上去”，即成为当地化的主流品牌。

在“走出去”阶段，海尔坚持先难后易的原则，先进入市场成熟、技术水平要求高、产品要求严格的发达国家市场，提高自身的技术水平及产品的适应能力；同时通过市场细分，锁定缝隙产品，满足用户不被关注的需求，获取市场份额。

随着“走出去”战略初见成效，海尔启动了“走进去”战略。2001年，海尔集团并购了意大利迈尼盖蒂冰箱工厂，加之海尔在法国里昂和荷兰阿姆斯特丹的设计中心，以及在意大利米兰的营销中心，海尔在欧洲真正实现了“三位一体”的本土化经营。

2011年10月，海尔收购三洋在东南亚及日本5个市场的白电家电业务，标志着海尔在日本以及东南亚地区将形成两个研发中心、4个制造基地以及6个地域的本土化市场营销架构。海尔的海外扩张战略还远未止步。随着海尔收购三洋在东南亚及日本地区的白电家电业务，未来，海尔的国际化将更关注海外生产制造基地在全球化业务布局中的影响力提升，以及海外产品向高端市场的发展。

在品牌方面，中国虽然是世界家电生产大国，但中国品牌在海外市场的份额却仅占2.89%。其中，海尔占据了89.5%，这无疑是对海尔品牌战略最大的肯定。在2010年美国《新闻周刊》发布的全球十大创新公司中，海尔作为全球唯一家电企业入选。

2. 企业经营战略

企业经营战略是企业或企业的某一经营单位为了实现企业的目标，在一定时期内所作的经营发展策略具体设想与谋划。经营战略是企业总体战略的具体化，其目的是使企业的经营结构、资源和经营目标等要素，在可以接受的风险限度内，与市场环境所提供的各种机会达到动态平衡，实现经营目标。人们按照不同的标准对企业的经营战略做了不同的分类。

(1) 按照战略的目的性，可以把企业经营战略划分为成长战略和竞争战略。成长战略，是指企业为了适应企业外部环境的变化，有效地利用企业的资源，研究为了实现企业成长目标如何选择经营领域的战略。成长战略的重点是产品和市场战略，即选择具体的产品和市场领域，规定产品和市场的开拓方向和幅度。竞争战略，是指企业在特定的产品与市场范围内，为了取得差别优势，维持和扩大市场占有率所采取的战略。竞争战略的重点是提高市场占有率和销售利润率。企业经营战略归根到底是竞争战略。从企业的一般竞争角度看，竞争战略大致有低成本战略、产品差异战略和专业化战略 3 种可供选择的战略。

(2) 按照战略对市场环境变化的适应程度，可以把企业经营战略划分为进攻战略、防守战略和撤退战略。进攻战略的特点是：企业不断地开发新产品和新市场，力图掌握市场竞争的主动权，不断地提高市场占有率。进攻战略的着眼点是技术、产品、质量、市场和规模。防守战略也称维持战略，其特点是以守为攻，后发制人。所采取的战略是：避实就虚，不与对手正面竞争；在技术上，实行拿来主义，以购买专利为主；在产品开发上，实行紧跟主义，后发制人；在生产方面着眼于提高效率，降低成本。撤退战略是一种收缩战略，目的是积蓄优势力量，以保证进攻的重点方向取得胜利。

4.2 战略愿景与使命陈述

愿景和使命陈述回答的是“我们想成为什么和我们的使命是什么?”的问题。愿景和使命陈述应该生动活泼、言简意赅、易于记诵且富有意义和鼓舞性。

4.2.1 愿景陈述

愿景陈述包括两个主要部分：①核心意识形态(Core Ideology)；②远大的愿景(Envisioned Future)。核心意识形态由核心价值观(Core Values)和核心目标(Core Purpose)两部分组成，他为组织提供了长久存在的基础，是组织的精神。远大的愿景由 10—30 年的宏伟为目标和生动逼真的描述两部分构成。

(1) 核心意识形态。核心意识形态定义了一个组织持久的特征，这种特征超越产品或市场生命周期、超越技术突破、超越管理理论变迁，以及超越个体领导人。核心意识形态给组织提供了一种持久的粘合剂。核心意识形态包括以下几部分内容。

① 核心价值观。核心价值观是组织持久的和本质的原则，目光远大的公司的核心价值观不需要理性的或外在的理由，它们不随趋势和时尚的变化而变化，甚至也不随市场状况的变化而变化。核心价值观是企业存在的理由。在更多的时候，会成为一个企业的文

化。核心价值观应该宽泛，贯穿于企业的始终。它是宗旨或愿景，如我们想成为什么？也是一种可能的，人们所希望达到的状态。何时开发核心价值观：不再担心生存的时候，靠形象立足的时候，企业如日中天的时候。

特别提示

索尼公司的核心价值观

(1) 提升日本文化和民族地位。

(2) 做先锋者，不追随别人，做不可能的事。

(3) 鼓励个人能力和创造性。

② 核心目标。核心目标是企业存在的理由或目的，不是具体的目标或公司战略。有效的核心目标反映了为公司工作的内在动力，它不仅描述公司的产出或目标顾客，而且表达了公司的灵魂。核心目标在抽象但不能太空泛，也不能太狭窄，否则会限制企业发展。

特别提示

惠普公司的核心目标：为人类进步和福利做技术贡献。

(2) 远大的愿景。一方面，远大的愿景向人们传递着真实，看得见的、生动的和真正的东西。另一方面，远大的愿景包含时间和实现的梦想、希望和抱负。远大的愿景包括以下几部分内容。

① 10—30 年的宏伟的、大胆的、有难度的目标。目光远大的公司经常利用大胆的目标来促进进步。一个有效的 BHAG 具有强大的吸引力，人们会不由自主地被它吸引，并全力以赴地为之奋斗；它非常明确，能够使人受到鼓舞；它让人一目了然，几乎无需任何解释。

前通用电气公司总裁杰克·韦尔奇说，公司的第一步，也是最重要的一步，是用概括性的、明确的语言确定公司的目标。

特别提示

通用电气公司的目标：不断提高竞争力，争取在所有我们参加的市场中名列前茅；彻底改革我们的公司，使公司像小公司一样行动快捷、灵敏。

② 生动逼真的描述。远景描述了组织未来期望达到的图景和组织为之奋斗的任务，要用生动逼真的语言来表达未来的图画。

4.2.2 使命陈述

使命指企业的任务是什么？企业的业务是什么？使命陈述必须要平衡顾客、股东、员工和社会“四满意”。顾客的存在是企业生存之本，而股东、员工、社会的支持则为企业运行提供了良好的基础。从长期来看，“四满意”各主体之间不存在优劣、先后的排序，只反映了同一问题的不同角度，战略决策者必须给予平衡考虑。一个企业的使命陈述包括以下 9 个要素。

（1）用户：公司的用户是谁？

（2）产品或服务：主要产品或服务项目是什么？

（3）市场：公司在哪些地域竞争？

（4）技术：公司的技术是否是最新的？

（5）对业务增长和盈利的关切：业务的增长和财务状况？

（6）观念：基本信念、价值观、志向和道德倾向是什么？

（7）自我认知：最独特的能力或最主要的竞争优势？

（8）对公众形象的关切：是否对社会、社区和环境负责？

（9）对雇员的关心：公司是否视雇员为宝贵的资产？

愿景和使命陈述了组织未来期望达到的图景和组织的奋斗任务。愿景和使命陈述与企业战略是不同的。战略是为了达到组织总目标而采取的行动和利用资源的总计划。如果把战略比作是硬件，那么愿景和使命陈述则是软件。它是组织的梦，如同个体人一样对未来的梦。

4.3 战略环境分析

4.3.1 管理环境概述

任何管理活动都是在特定的环境中展开的。同一管理者在不同的发展阶段上对待同一种管理问题采用同一管理方式和方法，可能会得到截然不同的结果。这表明组织与环境之间有着密切的联系。作为一种综合性的系统活动，管理的成功与失败取决于对环境变化的适应程度。

1. 管理环境的涵义

众所周知，任何活动都是在特定的环境中产生、发展乃至衰退的。由于人类社会正处在环境的各因素瞬息万变的时代，环境一词已成为人们文字和口头表达中使用频率很高的一个概念，环境所涉及的范围也变得更为广泛。环境在不同学科中有着不同的含义。如以往对环境的界说，大都取自生态学的角度，认为主要是地理、气候、土壤、水、矿产、动植物等的分布构成了生态环境；而作为哲学范畴的环境则是指主体活动赖以进行的以及和主体发生相互作用的自然条件、社会条件和文化条件的总和。

一般地，为了明确某一系统的概念，必须区别本系统和围绕着该系统的周围系统。在这种情况下，把周围系统叫做环境，它是存在于社会组织内部与外部的影响管理实施和管理功效的各种力量、条件和因素的总和，其本身也是由一些相互依存、相互制约、不断变化的各种因素组成的一个系统。可见，要想明确组织环境的概念，首先要明确系统和环境的关系。环境的内容随着所属的系统的变化也有所变化。譬如，把企业看作国民经济系统的一环，那么企业环境就有政治、文化、经济、技术、行业等环境；如果就企业的供需系统研究企业，则需求动向、消费者动向、竞争者动向等，都是企业的环境。就企业而言，其管理环境由外部环境和内部环境构成。企业外部环境是指企业进行生产经营活动所处的外部条件或面临的周围环境的总称；企业内部环境是指企业在一定技术经济条件下从事生产经营活动所具有的内在条件或实力的总称。实际上企业实力也就是企业赖以生存和发展的综合素质(包括技术素质、管理素质、领导素质、职工队伍素质等)的反映。企业内外部环境之间有着密切的联系。一方面，企业外部环境对企业内部条件起着制约作用；另一方面，改善企业内部条件，增强企业实力，又将反作用于企业外部环境。

本书管理环境的定义，管理环境是指存在于社会组织内部与外部的影响管理实施和管理效果的各种力量、条件和因素的总和。

管理故事

孙冕反盐

《梦溪笔谈》记载：海州知府孙冕很有经济头脑，他听说发运司准备在海州设置3个盐场，便坚决反对，并提出了许多理由。后来发运使亲自来海州谈盐场设置之事，还是被孙冕顶了回去。当地百姓拦住孙冕的轿子，向他诉说设置盐场的好处，孙冕解释道：你们不懂得做长远打算。官家买盐虽然能获得眼前的利益，但如果盐太多卖不出去，三十年后就会自食恶果了。然而，孙冕的警告并没有引起人们的重视。

他离任后，海州很快就建起了3个盐场，几十年后，当地刑事案件上升，流寇盗贼、徭役赋税等都比过去大大增多。由于运输、销售不通畅，囤积的盐日益增加，盐场亏损负债很多，许多人都破了产。这时，百姓才开始明白，在这里建盐场确实是个祸患。

2. 管理环境的分类

管理环境可以按不同的标准进行分类。

(1) 按存在于社会组织的内外范围划分，可分为内部环境和外部环境。内部环境主要指社会组织履行基本职能所需的各种内部的资源与条件，还包括人员的社会心理、组织文化等因素。外部环境是指组织外部的各种自然和社会条件与因素。

(2) 组织的外部环境还可以进一步划分为一般环境和任务环境。一般环境，也称宏观环境，就是各个组织都共同面临的整个社会的一些环境因素；任务环境也称微观环境，是指某个社会组织在完成特定任务的过程中所面临的特殊环境因素。例如，一家工商企业，可能与一所学校面临的一般环境相同，但它所面临的任务环境不但与学校的任务环境不同，而且与其他企业的任务环境也可能不同。对于工商企业来说，任务环境主要包括：资源供应、合作者、竞争者、顾客、政府主管部门以及社区等。

3. 管理环境的特征

管理环境是相对于组织和组织活动而言的，只有相对于组织和组织活动的内外一切物质和条件来说才具有管理环境的意义。因而，管理环境的性质与内容都与组织和组织活动息息相关。与一定企业组织的管理活动相联系的是企业组织环境；与一定政府组织的管理活动相联系的是政府组织环境；与一定非营利组织的管理活动相联系的是非营利组织环境等。可以说，管理环境都是与一定组织和组织活动相对应的。总结概括各类组织管理环境的主要特征，应包括以下3个方面。

（1）客观性。管理环境从根本上说是客观存在的，它不随组织系统中人们的主观意志而转移，而且它的存在在一定程度上会对组织的管理活动有所影响。作为管理环境基础的内部和外部的各种条件都是物质实体或物质系统，它们是组织系统赖以存在的客观物质条件。而且管理环境有着自身发展变化的规律，组织无论是利用环境还是改造环境，都必须以正确认识环境、遵循环境的规律为前提。

（2）系统性。管理环境是由与组织相关的各种内外部事物和条件相互有机联系所组成的整体，它也是一个系统。组成这个系统的各种要素，如自然条件、社会条件、文化条件等相互关联，形成一定的层次结构，表现出管理环境的整体性。具体来说，组织系统所处的社会是一个大系统，组织系统的外部环境和内部环境构成了不同层次的子系统。任何子系统都要遵循它所处的更大的系统的运动规律，并不断进行协调和运转。组织的管理活动就是在这种整体性的环境背景下进行的。这种相互依存、合作共生、协作进化的关系则是管理生态系统的生动表现。

（3）动态性。管理环境的各种因素不是一成不变的，而是不断变化的，各种管理环境因素又在不断地重新组合，不断形成新的管理环境。组织系统既要从管理环境中获得输入物质、能量和信息，也要向管理环境输出各种产品和服务，这种输入和输出的结果必然会使管理环境发生或多或少的变化，使得管理环境本身总是处于不断运动和变化之中。这种环境自身的运动就是管理环境的动态性。管理环境处于经常的发展变化之中，使组织系统内部要素与各种环境因素的平衡经常被打破，往往导致组织系统结构的变化。因此，组织系统必须及时修订自己的管理方案，以适应不断变化的环境，通过调整组织系统输入/输出的结果，来促使管理环境更加有序，朝着有利于组织系统生存和发展的方向运动。

4.3.2 企业与环境的关系

企业作为一个与外界保持密切联系的开放系统，需要与环境不断地进行资源和信息的交换。因此，企业与环境相互依存和相互影响。

1. 环境决定企业的管理活动

任何组织系统都存在于一定的环境之中，环境的特点及其变化必然会影响组织管理活动的方向、内容以及管理方式的选择。环境因素对企业管理的影响具体表现为以下几个方面。

（1）环境决定和制约着企业的管理活动。环境是组织管理生存和发展的土壤和行动的空间，有什么样的环境就有什么样的组织管理。自然地理、政治制度、经济体制、意识形态和人文环境等都对企业管理起着不可忽视的影响。实际上，企业管理系统的活动方向和内容是由环境决定的，其价值观、目标、规模、结构与行为方式等都要受到环境的限制与制约。

（2）企业的管理活动必须适应环境的现状。企业管理的好与坏本身没有严格的区分，唯有适应环境现状才是最理想的。所谓适应环境现状是指企业管理必须符合现实特定的管理环境向它提出的要求和条件。如果企业管理不适应环境的现状，企业就无法进行有效的管理活动。可想而知，如果企业管理与其环境格格不入，即使再先进的企业管理方法也不可能有好的管理成效，必定会导致失败。

(3) 环境的发展变化必然导致企业管理活动的发展变化。环境不是一成不变的，而是始终处于不断变化的动态过程中。环境发生了变化，管理活动也必须去适应这种变化。管理活动正是在对环境不断变化的认识、把握和调整中才做到平衡和适应的。因此，环境的不断变化，迫使组织管理要对环境有科学预测的能力，从而在此基础上确立管理战略和规划。

2. 企业的管理活动反作用于环境

企业作为一个系统，它与外部的客观环境是相互作用、相互影响的。环境可以影响企业，企业也可以影响环境。因此，一个企业能否生存和发展，其目标能否实现，以及为此而进行的计划、组织、指挥、协调和控制等管理活动能否顺利进行，很大程度上取决于企业能否适应、利用和引导客观环境。企业对环境的适应包含两层含义：一是根据客观环境的变化进行组织变革；二是对客观环境进行正确的选择，包括对地理位置的选择、行业的选择、市场的选择和合作伙伴的选择。企业对环境的利用是指企业能够善于利用客观环境所提供的各种机遇。环境越是复杂多变，可供企业利用的机遇就越多，而利用机遇的前提是管理者必须善于发现和及时捕捉各种机遇。只有善于发现和捕捉各种机遇，才谈得上对环境的有效利用。企业对环境的引导，是指企业通过自身的努力去影响和改变客观环境。如生产企业通过广告宣传和新产品开发去引导消费，改变消费者的偏好；通过营销努力改变市场竞争态势；通过开展公共关系活动，取得公众和政府对企业的支持等。即使是对于政治法律环境和宏观经济政策，企业也并不是完全无所作为的。它可以通过各种渠道，运用各种方式对其施加影响。随着经济技术的发展和社会的进步，企业所依存的外部环境也将日趋复杂，环境的变化将越来越迅速，组织与环境的联系也将更加紧密。在这种条件下，任何一个企业的生存和发展，都离不开环境的支持；各项管理活动的开展，也必须与外部环境的要求相一致，才有可能实现企业的目标。

随着国内市场的逐步开放和与国际市场的日渐衔接，市场将越来越从产品的价格竞争转向以产品为载体的科技、质量、效率和效益的较量。一个企业乃至整个国家，要在激烈的竞争中取得优势，必须适应和利用管理环境的新变化，通过有效的管理，提高整体素质和效益，实现经济运行质量的提高。

4.3.3 企业经营环境分析的系统模型

环境分析是组织管理活动全过程中不可缺少的重要步骤，也是管理活动的第一步。企业的生存和发展，取决于它发挥自身优势适应外部环境变化的能力，并以履行其肩负的使命，不断满足社会需要为前提。环境分析的目的，首先是为了及时发现对企业战略成效有影响的外部环境因素。所谓企业的战略成效是指企业在既定的战略指导下取得的经营成果或者说达到既定目标的程度。通过外部环境分析，能使企业管理者认识到企业外部环境的机会和风险，再根据内部能力的分析，使企业在外部环境中处于最佳地位。

进行企业经营环境分析，包括外部环境分析与内部环境分析两大部分。外部环境分析包括一般环境分析和任务环境分析。通过外部环境分析，主要是要找出企业经营的机会，以便抓住机会，促进发展；同时，也要发现威胁，以主动的规避风险。企业内部环境分析，主要是对营运因素、企业的组织结构、组织文化进行分析。通过内部环境分析，要发现隐忧，以努力加以铲除；同时要找出优势，下大气力加以培育，把已有的优势做强做大，真正建立企业在经营上的竞争优势。

SWOT分析是企业经营环境分析的基本架构。分析内部环境主要是要找出企业经营的优势(Strengths)和隐忧(Weaknesses)；分析外部环境主要是要找出经营的机会(Opportunities)和威胁(Threats)。将这4种因素综合起来分析，就简称SWOT分析。这是企业经营环境分析的最基本思路与架构。SWOT分析的基本思路是：第一步通过对内部环境的分析，明确公司所具有的优势与劣势；第二步通过对公司所处外部环境的分析，发现当前或将来可能出现的机会或威胁。在完成SWOT分析后，公司所具有或面临的优势和劣势、机会和威胁便都已确定。管理人员就可以开始计划工作过程，确定公司的目标，制定公司的战略与计划。

管理案例

中国移动的SWOT分析

随着市场经济体制的日臻成熟和中国加入WTO，中国移动通信企业面临着来自越来越多、越来越强的国内外竞争对手的压力。分析全球移动通信市场，从与中国联通等以及潜在的其他国内外移动通信运营公司对比中，我们将发现中国移动通信企业内部资源的优势S、劣势W，以及企业外部环境的机会O和威胁T。

1. 竞争优势(S)分析

移动独立运营后，锐意改革，开拓创新，加快发展，赢得了机制与文化、网络资源、运营经验、企业形象等一系列的优势。一是机制与文化优势。中国移动是按照现代企业制度要求组建的国有特大型骨干企业。二是通信网络资源优势。中国移动自组建以来，加快基础网络建设，使移动通信网络规模迅速成为全球第一；突出抓好业务网络建设，实现了基础业务网络向智能目标网的升级，GPRS网络覆盖绝大部分移动本地网；重视支撑网络建设，初步建成计费结算、营业账务、客户服务和客户信息管理、经营分析一体化的BOSS系统和实时监控的网管系统；实现了与90多个国家与地区、50多个运营公司的漫游，塑造了通信网络。三是良好的运营经验和优质的客户管理优势。企业坚持“持续为社会、为企业创造更大价值”的企业价值观和“沟通从心开始”的服务理念，实施服务与业务领先，不断开拓市场，努力为客户提供全方位、个性化的服务。四是日趋增强的盈利能力和举足轻重的社会影响力优势。

2. 竞争劣势(W)分析

与世界一流通信企业相比，中国移动在企业管理、效益与效率、创新等方面还存在一定差距，比如，运行机制不够规范化、现代化管理所必需的支撑手段有待完善、员工素质相对较低以及人力资源结构不合理等。

3. 机会(O)分析

“十五”期间，党和国家确定了“以信息化带动工业化，发挥后发优势，实现社会生产力的跨越式发展”的战略，企业、政府信息化建设、电子商务等的蓬勃发展为移动通信企业发展带来了无限商机。同时，随着国民经济的稳步发展，必将进一步促进消费水平的提高，促进信息通信服务的普及。对于地处西部地区的移动通信企业而言，党和国家“西部大开发”战略的实施，将是一个难得的机会。

4. 威胁(T)分析

移动企业直面竞争，面临着两种威胁：一是入世后全球化竞争的威胁，二是滞后的电信立法以及尚不健全的法制环境。

面对加入WTO后全球化竞争的市场大格局，移动发展竞争的内部条件与外部环境已发展为两种矛盾：一是竞争优势与劣势的矛盾；二是机会与威胁的矛盾。对这两种矛盾的各个方面进行对比分析，我们认为在竞争优势与劣势的矛盾中，优势是矛盾的主要方面，它决定了内在条件这个矛盾的性质；在机会与威胁的矛盾中，机会是矛盾的主要方面，它决定了外部环境的性质。由此可以看出，移动企业的战略定位应是通过对企业资源进行有效整合，巩固和提升网络综合能力，突出业务与服务的领先优势，提高运营与管理水平，培育先进的企业文化，从而打造强大的核心竞争力，跻身全球通信业一流水平。

（资料来源：赵子河．移动竞争的战略思考．通信企业管理．2002.10.）

4.3.4 企业外部环境分析

企业外部环境范围极广、因素繁多，每天都有大量的凌杂信息困扰着企业。其中有一般环境因素，也有任务环境因素，但并不是所有环境因素都对企业有影响。究竟哪些因素重要，哪些因素在将来对企业有重大影响，这个问题是高层领导者首先需要解决的。这就要进行相关环境分析，即筛选外界环境因素，剔除与企业无关或无甚影响的因素，保留与企业有密切关系的因素。

1. 外部环境分析的内容

企业的外部经营环境主要包括5个方面。

(1) 政治、法律环境。政治法律环境是指国内外政治形势和政府制定的方针、政策、法令、规定等。国内政局是否稳定会影响本国经济的发展。国外政治形势的变化，也会对国内一些进出口企业的经营带来影响。政府的各种政策法令，如公司法、商标法、专利法、税法、中外合资企业法等，都具有强制性作用，对企业工作起到制约和指导作用。即使西方国家的企业对我国政府法令规定也十分重视，总要认真研究本国与发生经济关系国的政治法律环境来确定企业自身策略。

(2) 经济环境。经济环境是指国内外经济形势和企业面对的直接市场。一个国家经济形势的好坏可从经济增长率、通货膨胀率、失业率、资源利用率等方面来衡量，另外股票价格涨跌及汇率变动都会影响企业经营。企业参与的直接市场是与企业发展关系最密切、影响最大的环境因素。具体可分为以下几个市场。①销售市场。顾客需求或市场需求以及竞争者的情况是销售市场中最重要的因素。了解销售市场，必须进行消费者(或用户)与竞争者的研究。②供应市场。企业生产所需的各种物资要从供应市场上取得，供应市场的变化会影响企业生产。企业应特别关注原材料、能源和协作件的供应情况，使企业生产能得到可靠的物质保证。③资金市场。企业生产所需的资金要从资金市场上取得，资金市场的变化，如资金紧、借不到钱或贷款利息高等，也会影响生产经营。企业应关心各类银行的贷款利率和贷款条件，以改善企业所需资金或外汇的供应情况。④劳动力市场。通过劳动力市场，可以调剂劳动力的余缺，促进劳动力的合理流动，满足企业在劳动力方面的需要。随着企业经营机制的转换，不少职工要下岗分流，另找工作，再加上大量农业剩余劳动力转移到城市，这些必将促进我国的劳动力市场的形成和完善。除上述4个市场外，还有证券市场、房地产市场、期货市场等，它们对企业的经营都会带来一定的影响。

(3) 科技环境。这是指与本行业有关的科学技术水平和发展趋势，主要是新技术、新设备、新工艺、新材料的采用。这些对开发新产品、提高技术水平、决定企业发展方向等都具有重要的作用。当前，科学技术进步的速度很快，一个企业如果在技术上不求进取，生产经营将会处于被动地位。在技术已成为商品的情况下，新技术可以通过技术市场取得。这样，技术环境实际上就是指技术市场。

(4) 社会环境。社会环境是指人口、居民的收入水平和文化教育水平、人们的思维方式和生活方式、社会习俗和伦理道德观念等。这些将决定产品的需求和发展方向。人口的数量、分布和构成不同，市场需求也不同。随着居民收入的增加，人们生活水平的提高和文化教育水平的提升，他们对商品的质量和品种的要求也在提高。在现代社会组织中，管理者也越来越重视社会伦理道德观念对管理绩效的影响。企业管理者不仅要对企业内部员工负责，而且要对股东、消费者和供应商负责，对社会的一般公众负责。

(5) 自然环境。这是指自然资源的种类、数量和可用性以及地理、气候等因素。它对企业开发新产品、选择投资项目、采取相应环保措施等方面也有一定影响。

[讨论题] 面对外部环境的变化，企业高层管理者该怎么办?

2. 外部环境分析的方法

外部环境分析的内容包括政治、法律、经济、技术、社会、文化等多方面的因素。在分析时应抓住其中一些重点问题，如市场需求、竞争者、政府政策、供应者、贷款者、技术发展等。企业应结合实际在这些重点问题上找出对自己有利的机会和不利的问题。针对问题采取解决措施，以利于把握机遇。

五力分析法是美国哈佛大学商学院教授迈克尔·波特(Michael E. Porter)提出来的，他认为，企业最关心的是其所在行业的竞争强度，而竞争强度又取决于5种基本竞争力量，这5种竞争力量分别来自：行业中现有企业间的竞争、潜在的进入者的威胁、替代品的生产商的威胁、购买者的讨价还价能力、供应者的讨价还价能力等，如图4.1所示。

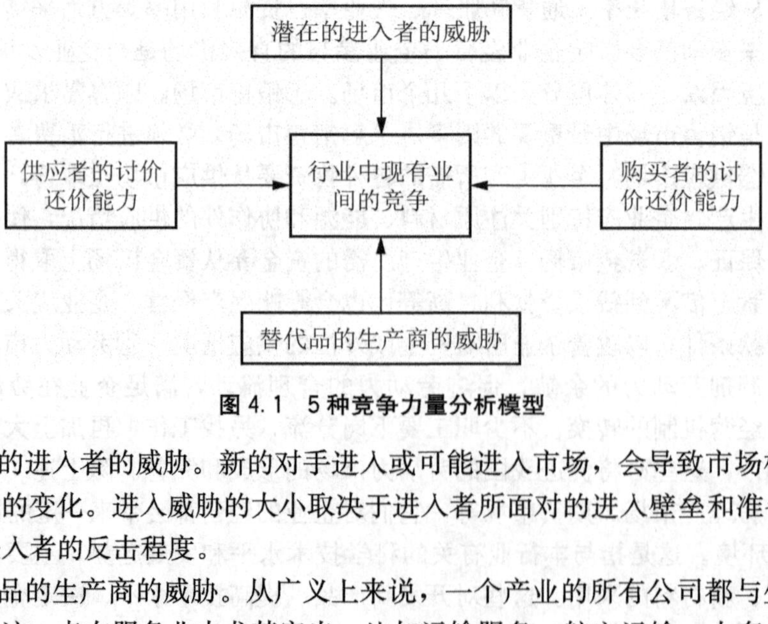

图4.1 5种竞争力量分析模型

(1) 潜在的进入者的威胁。新的对手进入或可能进入市场，会导致市场格局发生变化以及市场价格的变化。进入威胁的大小取决于进入者所面对的进入壁垒和准备进入者可能遇到的已经进入者的反击程度。

(2) 替代品的生产商的威胁。从广义上来说，一个产业的所有公司都与生产替代产品的产业竞争。这一点在服务业中尤其突出。比如运输服务，航空运输、火车、汽车以及轮船运输彼此构成了替代威胁。企业必须充分意识到所处行业类型与相关产业之间的关联性，而且这种关注往往需要全产业的集体行动。

(3) 购买者的讨价还价能力。在产品竞争状况下，买方的产业竞争手段往往就是压低价格、要求更高的产品质量或索取更多的服务项目而从中获利或者获得更多的让渡价值，这种讨价还价的结果一般是以产品利润为代价的。但是买方的讨价还价能力往往也和买方(或者说是服务的提供方)的地位有关系。

(4) 供应者的讨价还价能力。企业依类别不同对于供方的依赖程度也有所差异。对于那些在行业中实体产品所占比例较大的项目而言，供方的讨价还价能力的确有所表现。当然，供方的讨价还价能力还取决于供方所处的行业竞争情况。

(5) 现有企业间的竞争。研究竞争主要的内容还是对现有竞争对手的研究。服务行业的经营模式相对于物质产品的经营更容易受到竞争对手的模仿，这就是要求服务行业进行不断地创新并努力吸引和留住顾客，提升顾客的满意度和忠诚度。在服务行业中，竞争的主要战术通常有大量广告、业务创新、差别定位以及客户资源等。

[讨论题] 任务环境因素是不是只有上述5个方面?

这5种竞争力量反映了一般产业的竞争的构成因素，具有普遍性。正是这些力量的状况及综合强度影响和决定了企业在行业中的最终获利能力。

4.3.5 企业内部环境分析

面对同样的外部环境，处于同一产业内的企业所采取的战略和经营行为也有很大差异，其原因在于，企业究竟采取怎样的战略，不仅取决于外部环境及所在的产业结构，而且还与企业的内部资源与能力有非常密切的关系。特别是，在顾客偏好、购买行为和价值取向及满足顾客需求的技术都处在迅速变化的超竞争时代，仅以外部环境为导向，并不能形成有效的、方向一致的长期战略。换句话说，企业应该明确它能做什么，而不是一味地追求应该满足哪些要求。

正是由于以上原因，自20世纪80年代后期开始，人们将注意力更多地集中在企业的资源与能力分析上。资源指企业所拥有的各种要素，包括设备、机器、厂房、人力、土地、资金等有形资源，以及商标、公司形象、技术、专利、企业文化、商誉等无形资源。能力是指企业适应、协调、驾驭内外环境，成功地从事经营活动的能力，即有效地使用资源使其相互作用、组合从而产生新的资源的能力，其本质是企业在某一方面的知识。企业能力注重的是合理运用现有的资源，优化资源结构，最大限度地实现资源的转换效率，如将原材料转换为产品实体，将人的体力与智力转换为一种行动、过程或流程、概念等。企业能力包括：采购能力、研发能力、生产能力、分销能力、服务能力等。

对企业资源和能力进行分析的一个常用工具是迈克尔·波特提出的价值链分析。所谓价值链是一个企业用来进行设计、生产、营销、交货以及对经营起辅助作用的各种活动的集合。价值链分析是企业内部环境分析的重要方法，如图4.2所示。

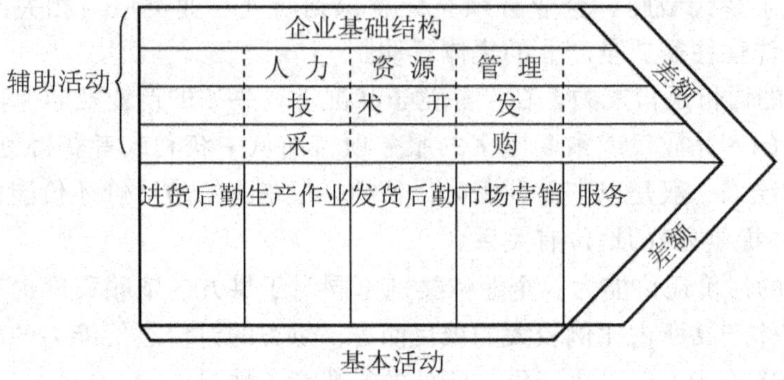

图 4.2 企业价值链

价值链分析的重点在于价值活动分析。价值活动可以分为两大类：基本活动和辅助活动。基本活动是涉及产品的物质创造及其销售、转移给买方和售后服务的各种活动；辅助活动是辅助基本活动并通过提供外购投人、技术、人力资源以及各种公司范围的职能以相互支持的各种活动。图 4.2 中虚线反映了基本活动与辅助活动之间的相互联系以及它们如何共同支持整个价值链。价值链分析能有效地帮助企业决策者认识竞争优势形成的基本准则：不同的战略要求不同的技能和资源支持，泛泛地讨论构建竞争优势毫无意义。各种战略的选择与实施，必须以价值活动为中心，以特有的资源与能力优势为基础，以系统和整体的战略管理为内容。价值链分析的核心是将企业的所有资源与能力、价值活动与企业的战略目标紧密连接起来，以价值增值为目的，形成一个简明而清晰的结构框架。

4.4 战略选择

战略分析的目的是帮助企业选择适当的战略，从而扬长避短，趋利避害和满足顾客。战略选择包括环境决定论与资源决定论。环境决定论指由环境决定收益水平的高低，首先通过分析外部环境，然后发现行业，制定战略，分配相关资源，最后实施战略过程。资源决定论指由内部决定收益水平的高低，首先通过分析内部环境确认能力，然后发现企业优势，去寻找有吸引力行业，最后制定战略、实施战略的过程。

管理故事

美国人、法国人和犹太人

有 3 个人要被关进监狱 3 年，监狱长给他们 3 个一人一个要求。美国人爱抽雪茄，要了 3 箱雪茄。法国人最浪漫，要一个美丽的女子相伴。而犹太人说，他要一部与外界沟通的电话。

3 年过后，第一个冲出来的是美国人，嘴里鼻孔里塞满了雪茄，大喊道："给我火，给我火!"原来他忘了要火了。

接着出来的是法国人。只见他手里抱着一个小孩子，美丽女子手里牵着一个小孩子，肚子里还怀着第 3 个孩子。

最后出来的是犹太人，他紧紧握住监狱长的手说："这 3 年来我每天与外界联系，我的生意不但没有停顿，反而增长了 200%，为了表示感谢，我送你一辆劳施莱斯!"

4.4.1 基本战略姿态

基本战略姿态有低成本战略、差异化战略、集中化战略。

(1) 低成本战略。在价值链各环节努力降低成本，使成本最低，发掘资源优势，采用先进设备，节约一切开支。具有夺取对手的市场份额，承受原材料涨价，大量采购的优惠，对付买方讨价还价，建立进入壁垒的优点。同时，具有投资较大(设备专用)，适应能力差，退出障碍高，需求变化转换成本高的缺点，如图 4.3 所示。

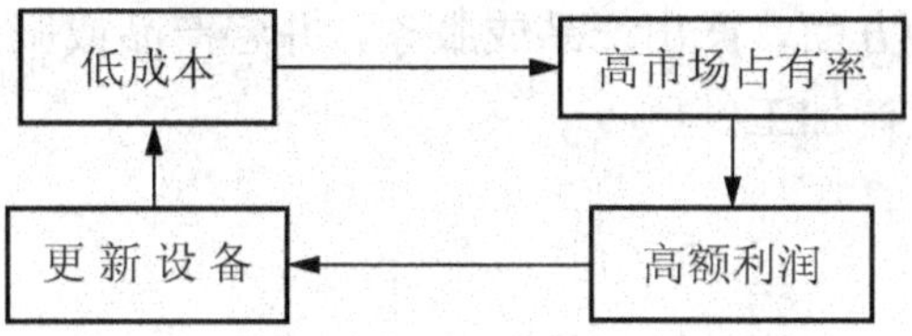

图 4.3 低成本战略基本模型

(2) 差异化战略。在产品价值链的某些环节上具有与众不同的特色，因而赢得客户。需要强的研发能力，高的知名度与美誉度，强营销能力，思想要尽可能活跃。具有可避开对手，供应商讨价还价能力弱，有力对付替代品的优点。但是，设备投入大，研发成本高。

价值工程(VE)是以提高产品功能、降低产品成本为目的的技术与经济相结合的一种管理方法。价值工程所说的价值是指某种产品(或劳务)的功能与成本(或费用)的相对关系，也就是产品(或劳务)的功能与成本(或费用)的比值，性价比是人们评价效益的尺度。$V=F/C$，成本不变，提高功能；成本略有提高，功能有更大的提高；功能不变，降低成本；功能略有下降，成本大幅度的降低。

(3) 集中战略：为在竞争领域内取得竞争优势，在特定的细分市场上实现低成本或差异化。需要有特殊的顾客存在，没有其他或强大的对手窥视这一战略，企业没有实力关注广泛的细分市场。企业在开始时总是采用集中战略的，具有目标和资源集中，实现高度专业化，低成本的优点。但是，需求发生变化，新技术和替代品出现，适应能力差。

4.4.2 企业核心能力与成长战略

增强企业的竞争力的手段：充分利用符合“天与地”规律、且是企业独特成长的，并“有助于实现消费者看重的价值”的核心能力。将有限的资源配置于核心能力之上，集中精力干最重要的事情。

成长战略包括核心能力企业内扩张和核心能力企业外扩张。核心能力企业内扩张可以通过一体化、多元化和加强型战略等战略形式实现企业扩张。核心能力企业外扩张可以通过出售核心产品、虚拟运作和战略联盟等战略形式实现企业扩张。

(1) 核心能力企业内扩张。①一体化战略。通过资产纽带，把市场上有联系的、但原本分散的企业联合起来，以降低交易成本。②多元化战略。在两个及以上行业从事经营活动。从总体中创造竞争优势，实现整体大于部分之和。③加强型战略。第一，市场渗透：

通过加强市场营销，提高现有产品或服务在现有市场中的市场份额。第二，市场开发：企业将现有产品或服务打入新的区域市场。第三，产品开发：企业通过改进或改变产品或服务而提高销售。

(2) 核心能力企业外扩张。①战略联盟。企业与其他企业在研究开发、生产运作、市场销售等价值活动中进行合作，互相利用资源。②虚拟运作。企业通过合同、参少数股权、优先权、信贷帮助、技术支持等方式和其他企业建立较为稳定的关系，从而将企业价值活动集中于自己的优势方面，将其非专长方面外包出去。③出售核心产品。企业将价值活动集中于自己少数优势方面，产出产品或服务，并将产品或服务通过市场交易出售给其他的生产者作进一步的生产加工。

4.4.3 防御性战略

以退为进，以迂为直。常用的防御性战略有以下几种。

(1) 收缩战略。减少成本和资产对企业进行重组，以加强企业基本的和独特的竞争能力。

(2) 剥离战略。出售分部、分公司或任一部分，以使企业摆脱那些不盈利、需要太多资金或与公司其他活动不相适应的业务。

(3) 清算战略。为实现其有形资产价值而将公司资产全部或分块出售。

本章小结

本章主要介绍了战略及其构成要素，战略愿景与使命陈述，战略环境分析，战略选择等。战略及其构成要素主要介绍了战略的涵义，战略的构成要素，包括战略思想、战略目标、战略重点、战略对策。战略的类型。战略愿景与使命陈述主要介绍愿景陈述和使命陈述。战略环境分析主要介绍企业与环境的关系，企业经营环境分析的系统模型，企业外部环境分析方法的五力分析法，企业内部环境分析方法的价值链分析法。战略选择主要介绍低成本战略、差异化战略、集中战略 3 种基本战略姿态，企业成长战略以及防御性战略。

练习题

一、单项选择题

1. 企业战略的灵魂是(　　)。

A. 战略思想　　B. 战略重点　　C. 战略对策　　D. 战略目标

2. 企业战略的起点是(　　)。

A. 战略愿景和使命陈述　　B. 战略环境分析

C. 战略选择　　D. 战略实施

3. 在价值链各环节努力发掘资源优势，采用先进设备，节约一切开支，是(　　)战略。

A. 低成本战略　　B. 差异化战略　　C. 集中战略　　D. 多元化战略

4. 企业战略的核心是(　　)。

A. 战略思想　　B. 战略重点　　C. 战略对策　　D. 战略目标

5. 价值链分析活动中的生产作业是(　　)。

A. 基本活动　　B. 辅助活动　　C. 支援活动　　D. 经营活动

二、问答题

1. 战略与环境的关系如何?
2. 如何理解战略的涵义?
3. 战略构成要素有哪些?
4. 如何理解组织环境?
5. 分析外部环境对企业的影响有哪些?

案例应用分析

菲利普·莫里斯公司的战略

在20世纪50年代，当医生们把香烟与癌联系在一起时，烟草公司就立即意识到，如果他们自己要正常的生存下去，就必须采用新的战略。由于消费者和广告限制对企业构成十分强大的威胁，因而不能忽视，于是绝大多数著名的烟草制造商就开始寻求进行多种经营，以及进入新的市场领域的方法。

菲利普·莫里斯公司是规模最大，获利最丰的烟草公司之一，它的主要产品——万宝路牌香烟风靡世界，它的强大的财力，足可使它购买其他企业。

1959年，菲利普·莫里斯公司用1.3亿美元收购了米勒啤酒公司，米勒公司的经历是开发市场最为成功的例子之一。先前，啤酒行业都采用保守和陈旧的方法来开发市场，菲利普·莫里斯公司采用了与之不同的新方法，并附之以庞大的市场开发预算。它对原先米勒公司的产品结构进行了改造，淘汰了老式产品，主要生产低度的高级啤酒和高度的低级啤酒，并加强广告宣传。结果，米勒牌啤酒获得巨大成功，在美国销售量仅次于巴德韦塞牌啤酒。接着，以米勒啤酒为基础，又生产出迎合各种顾客需要的莱特牌啤酒，这样就使菲利普公司的销售量和利润都大幅上升。

1978年，菲利普公司又购买了七喜饮料公司，并把原来含咖啡因的饮料改为无咖啡因饮料，随后又发展了一种无咖啡因的可乐饮料，并在广告上大量宣传这两种饮料，使其销售量飞速上升。菲利普公司在最近又购买了国际第四大烟业公司——罗思曼斯，致使菲利普公司成为全方位的国际公司，使它不仅能保持原产品线和市场，而且把万宝路牌香烟推向国际市场。

问题：试说明菲利普公司的总战略、经营战略和职能战略?

阅读材料

我有一个梦想

马丁·路德·金

我有一个梦想。

有一天，我们的国民拿出人类平等的真理，实现这信条的真正意义。

我有一个梦想。

有一天我们再熟悉不过的密西西比州——此时的她挣扎在道德败坏和不义、恶人和压迫的痛苦中——有一天她会变成自由和正义的绿洲。

我有一个梦想。

我的子女，还有我们可爱的子女有一天他们会彼此不分肤色，相互尊重人格。我梦想着这一天的到来。

我有一个梦想。

有一天还残留着黑人种族歧视的阿拉巴马州，我们尊敬的主教士亲口说出要废止种族歧视，我确信这一天的到来。

我有一个梦想。

我梦想有一天我们可爱的黑人孩子和白人孩子一起手拉着手，像兄弟姐妹一样玩耍。

第5章 决策与决策方法

教学目标

通过本章的学习，了解决策与决策理论，掌握决策原则与决策类型，掌握决策的影响因素有环境因素、组织自身的因素、决策问题的性质、决策主体的因素等方面，掌握决策过程的五步模型。同时，掌握决策的定性决策方法和定量决策方法。

教学要求

知识要点	能力要求	相关知识
决策与决策理论	(1) 理解决策的内涵与作用 (2) 理解决策的影响因素 (3) 理解决策类型 (4) 掌握决策的相关理论	(1) 决策的概念 (2) 决策的影响因素 (3) 决策类型 (4) 古典决策理论与行为决策理论
决策过程	(1) 理解诊断问题或识别机会 (2) 掌握选择决策方案的方法	(1) 决策目标 (2) 备选方案
决策的方法	(1) 掌握定性决策方法 (2) 掌握定量决策方法	(1) 集体决策方法 (2) 确定型、不确定型、风险型决策方法 (3) 定性决策方法与定量决策方法相结合

决策是管理的心脏，管理是由一系列决策组成的，管理就是决策。

——赫伯特·西蒙

基本概念

决策　战略决策　战术决策　程序化决策　非程序化决策　行为决策理论　古典决策理论　头脑风暴法　德尔菲法　线性规划　确定型决策　不确定型决策　风险型决策　决策树

导入案例

惩　罚

很久以前，一个人偷了一袋洋葱，被人捉住后送到法官面前。

法官提出了3个惩罚方案让这个人自行选择：

(1) 一次性吃掉所有的洋葱。

(2) 鞭打一百下。

(3) 交纳罚金。

这个人选择了一次性吃掉所有的洋葱。一开始，他信心十足，可是吃下几个洋葱之后，他的眼睛像火烧一样，嘴像火烤一般，鼻涕不停地流淌。

他说："我一口洋葱也吃不下了，你们还是鞭打我吧。"

可是，在被鞭打了几十下之后，他再也受不了了，在地上翻滚着躲避皮鞭。

他哭喊道："不能再打了，我愿意交罚金。"

后来，这个人成了全城人的笑柄，因为他本来只需要接受一种惩罚的，却将3种惩罚都尝遍了。

点评：首先要做正确的事，然后才是把事情做正确。

决策是解决问题或利用机会的过程，生活中许多人都有过这样的经历，由于人们对自己的能力缺乏足够的了解，导致决策失误，而尝到了许多不必要的苦头。

5.1 决策与决策理论

5.1.1 决策的特点与作用

决策，通俗地说就是决定、拍板的意思。目前理论界关于决策的概念概括起来有两种，一种认为决策是指为了实现某种目标而制定的某种行动方案；另一种则认为决策是指为实现某种目标而拟定、选择满意行动方案的过程。

本书定义：决策是指在一定的环境条件下，管理者为了实现特定目标，遵循决策的原理和原则，借助于一定的科学方法和手段，从若干个可行方案中选择一个满意方案并组织实现的全过程。决策的主体是管理者，因为决策是管理的一项职能。管理者既可以单独做出决策，这样的决策称为个体决策；也可以和其他的管理者共同做出决策，这样的决策称为群体决策。决策的目的是解决问题或利用机会，决策不仅仅是为了解决问题，有时也是为了利用机会。决策的本质是一个过程，这一过程由多个步骤组成。它既包括制定各种可行方案、选择满意方案的过程，又包括实施满意方案的全过程。

1. 决策的特点

(1) 决策目标的明确性。任何决策都包含着确定目标。目标体现的是组织想要获得的结果。目标明确以后，方案的拟定、比较、选择、实施及实施效果的检查就有了标准与依据。

(2) 备选方案的可行性。方案的实施需要利用一定的资源。在决策过程中，决策者不仅要考虑采取某种行动的必要性，而且要注意实施条件的限制。

[讨论题] 有比较方案的决策与没有比较方案的决策对决策结果有何影响?

(3) 选择方法的科学性。决策的关键是选择。要有所选择，就必须提供可以相互替代的多种方案。为了实现同样的目标，组织可以从事多种不同的活动。这些活动在资源要求、可能结果及风险程度等方面存在着或多或少的差异。因此，不仅有选择的可能，而且有选择的必要。

(4) 满意方案的相对性。决策的原则是满意，而不是最优。因此，决策的结果是相对于提供的几个备选方案而言的。

(5) 决策过程的综合性。组织中的决策是一系列决策的综合。每个决策本身就是一个过程。决策的过程可划分为几个阶段。但在实际工作中，这些阶段往往是相互联系、交错重叠的。

管理寓言

选择的故事

古希腊哲学大师苏格拉底的3个弟子曾求教老师，怎样才能找到理想的伴侣。苏格拉底没有直接回答，却让他们走麦田埂，只许前进，且仅给一次机会选摘一支最好最大的麦穗。

第一个弟子走几步看见一支又大又漂亮的麦穗，高兴地摘下了。但他继续前进时，发现前面有许多比他摘的那支大，只得遗憾地走完了全程。

第二个弟子吸取了教训，每当他要摘时，总是提醒自己，后面还有更好的。当他快到终点时才发现，机会全错过了。

第三个弟子吸取了前两位的教训，当他走到三分之一时，即分出大、中、小三类，再走三分之一时验证是否正确，等到最后三分之一时，他选择了属于大类中的一支美丽的麦穗。虽说，这不一定是最大最美的那一支，但他满意地走完了全程。

2. 决策在管理中的作用

随着社会化大生产的日益发展，决策在现代组织中的作用越来越大。一个组织的决策水平高低对其在市场经济中的兴衰存亡起到决定性作用，表现在以下几方面。

(1) 决策是决定组织管理工作成败的关键。组织的管理工作成效的大小，首先取决于决策的正确与否。决策正确，可以使组织兴旺发达，提高组织的管理效率和经济效益；决策失误，则一切工作都会徒劳无益，给组织造成直接经济损失或灾难性的损失。

(2) 决策是实施各项管理职能的根本保证。决策贯穿于组织各项管理职能中，在组织管理过程中，每个管理职能要发挥作用都离不开决策。在计划职能实行过程中，选择什么样的目标，为实现这个目标如何分配人力、物力和财力，采用什么样的方法和步骤，都要做出决策；在行使组织职能时，如何建立管理机构，怎样划分各管理机构的职权范围以及如何选配各机构的管理人员等，也都需要做出决策；在行使领导和控制职能时也不例外。总之，计划、组织、领导和控制几个管理职能的实现过程都需要决策，可见决策是各个管理职能实现的根本保证。

特别提示

决不能在没有选择的情况下做出重大决策。

知识链接

三门峡水利工程

以今天的眼光看，黄河上的三门峡水利工程是失败的，它可能是一个水害工程。

由于该水库在设计上存在缺陷，使得水库发电和上游泥沙淤积之间形成了尖锐的矛盾。2003 年秋，陕西渭河下游 5 年一遇的小洪水，导致 50 年不遇的大洪灾。黄河中游重要支流渭河变成悬河，多次发生水灾，学界早已公认其祸首就是三门峡水库。

2004 年 1 月 4 日，中华环境保护基金会理事长曲格平在国务院主持召开的“爱一滴水就是爱全世界大型公益活动”新闻发布会上表示，三门峡工程是一个重大的决策失误，是我国水利工程中一个失败的记录。中国科学院和中国工程院双院士张光斗与水利部前部长、全国政协前副主席钱正英对此发言：祸起三门峡！三门峡水电站是个错误，理当废弃。

5.1.2 决策的原则

决策遵循的是满意原则，而不是最优原则。对决策者来说，要想使决策达到最优，必须：容易获得与决策有关的全部信息；真实了解全部信息的价值所在，并据此制定所有可能的方案；准确预期到每个方案在未来的执行结果。

现实中的上述条件往往得不到满足。组织内外存在的一切对组织的现在和未来都会直接或间接地产生某种程度的影响，但决策者很难收集到反映这一切情况的信息。对于收集到的有限信息，决策者的利用能力也是有限的，决策者只能制定数量有限的方案。任何方案都要在未来实施，而人们对未来的认识是不全面的，对未来的影响也是有限的，因而决策时所预测的未来状况可能与实际的未来状况有出入。

5.1.3 决策的影响因素

(1) 环境因素。包括：①环境的稳定性。在环境比较稳定的情况下，组织过去针对同类问题所做的决策具有较高的参考价值，因为过去决策时所面临的环境与现在差不多。这种情况下的决策一般由组织的中低层管理者进行。②市场结构。如果组织面对的是垄断程度较高的市场，决策的重点通常在于如何密切关注竞争对手的动向，而在竞争性的领域，激烈的竞争容易使组织形成以市场为导向的经营思想。③买卖双方在市场的地位。在卖方市场条件下，组织所做的各种决策的出发点是组织自身的生产条件与生产能力。在买方市场条件下，组织所做的各种决策的出发点是市场的需求情况，市场或用户需要什么就生产什么。

(2) 组织自身的因素。包括：①组织文化。在保守型组织文化中决策者会在决策之前预见到带来变化的行动方案将遇到很大阻力，很可能遭致失败，而他们不会轻易容忍失败。因此，旨在维持现状的行动方案被最终选出并付诸实施，这就进一步强化了文化的保守性。在进取型组织文化中决策者选定的是给组织带来变革的行动方案。②组织的信息化程度。信息化程度对决策的影响主要体现在其对决策效率的影响上。信息化程度较高的组织决策者通常掌握着较先进的决策手段。③组织对环境的应变模式。对一个组织而言，对环境的应变是有规律可循的。随着时间的推移，组织对环境的应变方式趋于稳定，形成组织对环境特有的应变模式。

(3) 决策问题的性质。包括：①问题的紧迫性。决策涉及的问题对组织来说非常紧迫，急需处理，这样的决策被称为时间敏感型决策。对决策速度的要求高于对决策质量的要求。决策涉及的问题对组织来说不紧迫，组织有足够的时间从容应对，这样的决策称为知识敏感型决策，因为在时间宽裕的情况下对决策质量的要求必然提高。②问题的重要性。重要的问题可能引起高层领导的重视，决策可得到更多力量的支持。

(4) 决策主体的因素。包括：①个人对待风险的态度。人们对待风险的态度有 3 种类型：风险厌恶型、风险中立型和风险爱好型。决策者对待风险的不同态度会影响行动方案的选择。②个人能力。决策者个人能力对决策的影响主要体现在决策者对问题的认识能力、获取信息的能力、沟通能力和组织能力上。③个人价值观。组织中的任何决策既有事实成分，也有价值成分。个人价值观通过影响决策中的价值成分来影响决策。④决策群体的关系融洽程度。决策是由群体做出的，群体的特征也会对决策产生影响。在关系融洽的情况下，较好的方案容易通过。

[讨论题] 如何才能提高管理者的决策能力?

5.1.4 决策的类型

决策所要解决的问题是多方面的，不同类型的决策采用不同的决策方法。为了进行正确决策，必须对决策进行科学分类。一般来说，决策是按照以下标志进行分类的。

1. 按决策的作用范围分类

1) 战略决策

战略决策是指为了组织全局的长期发展和大政方针方面做出的决策。战略决策一般涉及组织全局，而且起着比较长的指导作用。一般说来战略决策又分为总体战略决策和职能战略决策。战略决策主要是为了适应外部环境的变化采取的对策，以谋求长期发展，例如经营方针决策。战略决策影响的时间长，所以风险性也很大。

2）战术决策

战术决策又称为管理决策或策略决策，是指为了实现战略目标而做出的带有局部性的具体决策。战术决策直接关系着为实现战略决策所需要的资源的合理组织和利用，例如财务决策等。

3）业务决策

业务决策又称为日常管理决策，是指组织为了提高日常业务活动而做出的决策。它直接关系到组织的生产经营效率和工作效率的提高。业务决策往往是和作业控制结合起来的，它是针对短期目标，考虑当前条件而做出的决定，例如，生产经营任务日常分配决策等。业务决策有很大的灵活性。

2. 按照决策的时间长短分类

1）中长期决策

中长期决策是指在较长时期内，一般为3～5年，甚至于15～20年才能实现的决策。它一般需要一定数量的投资，具有实现时间长和风险较大的特点，属于战略性决策。

2）短期决策

短期决策是指一年以内或更短时间内实现的决策，一般属于战术或业务决策。具有不需要投资和时间短的特点。例如，订货数量决策等。

3. 按照拟定决策的层次分类

1）高层决策

高层决策是指组织中最高管理人员所做出的决策。它所要解决的是组织全局性的，以及与外界环境相关的重大决策问题，大部分属于战略决策、战术决策，极少数属于日常业务决策。

2）中层决策

中层决策是指由组织中层管理人员所进行的决策。它所涉及的多属于安排组织一定时期的生产经营任务，或者是为了解决一些重要问题而采取一些必要措施的决策。一般属于战术决策和部分业务决策，也参与制定某些战略决策。

3）基层决策

基层决策是指组织内基层管理人员所进行的决策。它主要解决作业任务中的问题。主要包括两方面内容：一方面是经常性的作业安排，例如每天每个作业组织的任务安排等；另一方面是生产经营活动中偶然要解决的问题，例如设备发生故障等。这类决策问题技术性较强，要求及时解决，不能拖延时间。

4. 按照决策的重复程度分类

1）程序化决策

程序化决策又称为规范化决策或重复性决策。它是指经常重复发生，能按原来规定的程序、处理方法和标准进行的决策，多属于业务决策。例如，签订购销合同等。由于这类问题是重复出现的，因而可以规定出一定的程序，建立决策模式，可以用电子计算机进行处理。

2）非程序化决策

非程序化决策又称为一次性决策。它是指没有常规可循，对不经常重复发生的业务工作和管理工作所做的决策，例如，新产品开发决策等。这种决策不是经常发生的，缺乏准确可靠的统计数据和资料，而且解决这类问题的经验也不足。这种决策在很大程度上依赖于决策者的知识、经验、洞察力和逻辑思维能力。

5. 按照决策的时态分类

1）静态决策

静态决策又称为单项决策或一级决策。它是指对所处理的问题，一次就可以把决策问题确定，只做出一个决策，没有再规定出随事物发展进程和可能发生的变化进一步采取对策。例如，采用新工艺的决策，只确定是否采用，而不管新工艺是否成功。

2）动态决策

动态决策又称为序贯决策或多级决策。它是指所处理的问题，不是做出一个，也不是只做一次的决策，是随着事物的发展进程，针对可能出现的情况再规定出一系列对应的决策。例如，采用新工艺如果不成功，就转回采用旧工艺，或者转向外购零件进行补救等。

6. 按照决策问题具备的条件和决策的可能程度分类

1）确定型决策

确定型决策是指各种方案只有一种确定的结果。确定型决策各种可行方案的条件都是已知的，问题的各种未来的自然状态非常明确，只要比较各种方案的结果，就可以选择出最优方案。例如，任务分配的决策等。

2）风险型决策

风险型决策是指决策者对未来的情况无法做出肯定的判断，无论选择哪个方案都有一定风险的决策。风险型决策的各种方案都存在着两种以上的自然状态，其概率是已知的，对执行结果决策人虽然预先不能完全肯定，但可以根据概率进行计算做出决策。

3）不确定型决策

不确定型决策是指在决策中存在着许多不可控制的因素，而且各种方案的结果又是未知的，只能靠决策者的经验确定一个主观概率而做出的决策。这种决策的各种方案出现的自然状态是已知的，其概率是未知的，每种方案的执行后果决策人不能确定，主要凭借决策人的经验和估计进行决策。例如，在市场变化不能肯定时，投产方案的决策等。

7. 按照决策目标与使用方法分类

1）定量决策

定量决策又称为计量决策，是指能够应用数学方法和数学模型，借用电子计算机进行决策的一种方法。

2）定性决策

定性决策又称为非计量决策，是指在决策过程中，充分发挥专家集体的智慧、能力和经验，在系统调查研究和分析的基础上，根据掌握的具体情况与资料进行决策的方法。

管理故事

4个孩子与大狗熊

一天，4个孩子在山顶上做游戏，突然山下的树林里窜出一只大狗熊。

第一个小孩反应很快，拔腿就跑。等他感到安全了，才回过头来向山顶望去——人通常只有在自身感觉安全的时候才会关心同类。他发现3个伙伴还在山顶没动。于是，他着急了，向山顶喊："你们快跑啊，狗熊上来是要吃人的！"

第二个小孩回答说："我的第一任务不是跑，而是穿好跑鞋，系好鞋带儿，我不用跑过狗熊，我只要能跑过你们就行了！"

第二个小孩转身看了看第三个小孩，问道："你在这儿愣着干什么？"

第三个小孩说："你们都跑吧，千万不要干扰了狗熊的视线，我要让狗熊离我近一点。然后，我带着狗熊跑，把狗熊带到我爹开的森林动物园，给我爹融入一笔'固定资产'。"第三个小孩问第四个小孩："你为什么不走，想等死吗？"

第四个小孩说："我们4个人来此地的目的是痛快地玩一场，不要轻易改变初衷。你怎么知道狗熊是奔我们来的？也许狗熊的威胁根本就不存在！"

大家定睛向山下望去，果然发现山坡上有一头猪，原来狗熊是奔猪去的。于是，大家接着玩耍……

5.1.5 决策理论

1. 古典决策理论

古典决策理论是基于"经济人"假设提出的，主要盛行于20世纪50年代以前。这一理论认为应从经济的角度来看待决策问题，即决策的目的在于为组织获取最大的经济利益。古典决策理论假设，决策者是完全理性的，决策者在充分了解有关信息情报的情况下，是完全可以做出实现组织目标的最佳决策的。古典决策理论忽视了非经济因素在决策中的作用，这种理论不可能正确指导实际的决策活动，从而逐渐被更为全面的行为决策理论所代替。

古典决策理论的主要内容如下。

(1) 决策者必须全面掌握有关决策环境的信息情报。

(2) 决策者要充分了解有关备选方案的情况。

(3) 决策者应建立一个合理的层级结构，以确保命令的有效执行。

(4) 决策者进行决策的目的始终在于使本组织获取最大的经济利益。

2. 行为决策理论

行为决策理论始于20世纪50年代。对古典决策理论的"经济人"假设发难的第一人是诺贝尔经济学奖得主赫伯特·西蒙。他在《管理行为》一书中指出，理性的和经济的标准都无法确切地说明管理的决策过程，进而提出"有限理性"标准和"满意度"原则。行为决策理论抨击了把决策视为定量方法和固定步骤的片面性，主张把决策视为一种文化现象。

行为决策理论的主要内容如下。

① 人的理性介于完全理性和非理性之间，即人是有限理性的，这是因为在高度不确定和极其复杂的现实决策环境中，人的知识、想象力和计算力是有限的。

② 决策者在识别和发现问题中容易受知觉上的偏差的影响，而在对未来的状况做出判断时，直觉的运用往往多于逻辑分析方法的运用。所谓知觉上的偏差，是指由于认知能力有限，决策者仅把问题的部分信息当做认知对象。

③ 由于受决策时间和可利用资源的限制，决策者即使充分了解和掌握有关决策环境的信息情报，也只能做到尽量了解各种备选方案的情况，而不可能做到全部了解，决策者选择的理性是相对的。

④ 在风险型决策中，与对经济利益的考虑相比，决策者对待风险的态度对决策起着更为重要的作用。决策者往往厌恶风险，倾向于接受风险较小的方案，尽管风险较大的方案可能带来较为可观的收益。

⑤ 决策者在决策中往往只求满意的结果，而不愿费力寻求最佳方案。导致这一现象的原因有多种：决策者不注意发挥自己和别人继续进行研究的积极性，只满足于在现有的可行方案中进行选择；决策者本身缺乏有关能力，在一些情况下，决策者出于某些个人因素的考虑做出自己的选择；评估所有的方案并选择其中的最佳方案需要花费大量的时间和金钱，这可能得不偿失。

管理故事

到底该救谁

有个农民的妻子和孩子同时被洪水冲走，农民从洪水中救起了妻子，不幸孩子被淹死了。对此，人们议论纷纷，莫衷一是。有的说农民先救妻子做得对，因为妻子不能死而复生，孩子却可以再生一个；有的却说农民做得不对，应该先救孩子，因为孩子死了无法复活，妻子却可以再娶一个。

一位记者听了这个故事，也感到疑惑不解，便去问那个农民，希望能找到一个满意的答案。想不到农民告诉他："我当时什么也没有想到，洪水袭来时妻子就在身边，便先抓起妻子往边上游，等返回再救孩子时，想不到孩子已被洪水冲走了。"

特别提示

布里丹毛驴效应：决策过程中犹豫不定、迟疑不决的现象。

5.2 决策过程

决策不是瞬息之间的行为，是一个过程。它是一个发现问题、分析问题和解决问题的系统分析判断过程。为了保证决策正确，一般应按以下程序进行，如图 5.1 所示。

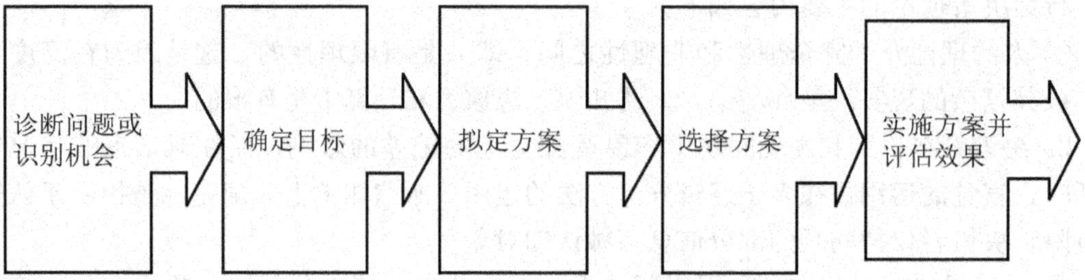

图 5.1 决策过程模型

5.2.1 诊断问题或识别机会

决策是为了解决问题而对准备采取的行动做出的决定。问题是决策的逻辑起点。在问题中已经包含了决策过程中各种因素的萌芽。只有找准了问题和问题发生的原因，才能有针对性地确定决策目标，提出解决问题、实现决策目标的措施或办法。

5.2.2 确定决策目标

确定决策目标是决策的前提。决策目标是根据所要解决的问题来确定的。因此，必须把需要解决问题的性质以及产生的原因分析清楚，目标才能确定。有了目标后，才能拟定出各种达到目标的方案，并根据目标的价值标准仔细衡量，从中选择最好的方案，做出决策。决策目标一般分为两类：一类是必须达到的目标；另一类是希望达到的目标。必须达到的目标，在资源限制方面，要设置一个最高限度，尽可能放开。在必须获得的成果方面，要有一个最低限度的标准，即边界条件。对希望达到的目标，只要表示出相对的需要就行了。区别两类目标有助于一开始就认清和淘汰那些不可能采纳的方案，对于所有达不到目标的方案则不予考虑。另外，保证在决策时不忘记基本要求。一般说来，边界条件说明越具体，划分越清楚，据此做出的决策就越有效。

5.2.3 拟定备选方案

在目标确定之后，就要探索和拟定一定数量有质量的备选方案。备选方案的好坏在很大程度上会影响决策的质量。制定决策方案就是寻找实现决策目标的手段，因此，制定可供选择的各种方案是决策的关键步骤。决策中十分强调拟定多种备选方案，备选方案越多，可供选择的余地就越大，决策就越科学。

特别提示

不要把所有的鸡蛋放在同一个篮子里。

5.2.4 选择决策方案

要选择满意方案，首先要对各备选方案进行比较评价，然后从中选择一个满意方案。分析评估即采用一定的方式、方法，对已经拟定的可行方案进行效益、危害、敏感度及风险度等方面的分析评估，以进一步认识各方案的利弊及其可行性。分析评估过程包括两个步骤：一是对备选方案的可行性和可能结果进行深入细致的分析；二是在分析的基础上，基于评价标准对各备选方案的优劣程度做出评判。方案评估的任务主要由智囊团来承担。

方案择优的过程就是决策者“拍板定案”的过程，方案的选优必须由决策者亲自完成。在方案选优的过程中，决策者应坚持以下标准：一是能够实现决策目标，总体最优；二是付出的代价尽可能小，获得的效益尽可能大；三是承担的风险尽可能小；四是实施后产生的副作用尽可能小。还要注意把握好方案的利弊得失。选优只能是相对的，任何一种方案都存在利和弊，无非是利大弊小、利弊各中、利小弊大这3种情况。总体来说应是两害相权取其轻，两利相权取其重。选择方案的方法有以下3种。

(1) 经验判断法。它是一种依靠决策者的实践经验和判断能力来选择方案的一种方法。对于比较复杂的方案，可用满意程度或关键评价标准淘汰一些方案。但是，这种方法不适用于那些比较复杂、目标多、方案多、难以直接看出方案优劣的决策问题。

(2) 数学分析法。它是一种用数学模型进行科学计算后选择出方案的一种方法。对于一些无法靠人的经验来选择方案的决策问题，要用数学分析方法来解决。

(3) 试验法。在选择重大方案时，若既缺乏经验、难以判断，又无法采用数学模型，在这种条件下，可以选择几个少数单位作为试点，以取得经验和数据，作为选择方案依据的方法。

特别提示

在没出现不同意见之前，不做出任何决策。

5.2.5 实施决策方案并进行跟踪决策

选择好决策方案之后，就要实施决策方案。实施决策方案，一方面要对决策方案进行真正考验，另一方面还要在实施中发现是否有与原来目标偏离的情况，进行适当做调整或进行跟踪决策。因为，实施决策方案和跟踪决策是决策全过程中不可缺少的阶段。为此，要抓好以下几个环节。

(1) 通过试验证实。当方案选定后，先进行局部试验，以验证其可靠性。同时，通过局部试验，也可以发现事先没有估计到的新问题、新情况，在规模实施方案之前及时地对原定的决策方案进行修正。对无法进行试验研究的决策方案，则需要在方案实施的过程中，加强管理和控制，发现问题，及时反馈，以便采取补救措施。

(2) 制定实施计划。经过试验证实后，就进入全面实施阶段，这时要有实施的计划。这一计划应由决策机关责成有关部门，请有关专家和具体工作人员共同制订。制订计划的总要求是把决策具体化，做到周密、细致、具体、灵活。计划一旦制定就要由决策机关向执行机构下达；通过各方面的工作，把实施计划变为广大群众的自觉行动。

(3) 反馈调节。领导决策是一个动态过程，由于现代决策的复杂性，决策者个人认识能力的局限性，使得已经做出的决策不符合或不完全符合客观实际的情况是经常发生的，这就要求决策者在进入决策实施阶段之后，注意追踪和监测实施的情况，根据反馈的情况对决策不断地进行调节。还应该建立一种灵活有效的反馈机制，重视反馈调节中的追踪决策。

管理寓言

决策与执行

一群老鼠吃尽了猫的苦头，它们开始召开全体大会，号召大家贡献智慧，商量对付猫的万全之策，争取一劳永逸地解决事关大家生死存亡的大问题。

众老鼠们冥思苦想。有的提议培养猫吃鱼、吃鸡的习惯，有的建议加紧研制毒猫药。最后，还是一个老奸巨猾的老老鼠出的主意让大家佩服得五体投地，连呼高明。那就是给猫的脖子上挂上一个铃铛，只要猫一动，就有响声，大家就可以事先得到报警，躲起来。

这一决议终于被投票通过，但决策的执行者却始终产生不出来。高薪奖励，颁发荣誉证书等等办法一个又一个被提出来，但无论什么高招，好像都无法将这一决策执行下去，至今，老鼠们还在自己的各种媒体上争辩不休，也经常举行会议。

再好的决策，如果不能够去执行，那么对于决策来讲都是没有意义的。决策与想法不在于多么英明，而在于能否实行。管理者不仅是决策者，还是不折不扣的执行者。

5.3 决策的方法

随着社会生产、科学技术、决策实践与决策理论的发展，人们创造出许多决策方法。归纳起来可以分为两大类：定性决策方法和定量决策方法。

5.3.1 定性决策方法

定性决策方法又称为决策的“软”方法，是指在系统调查研究和分析的基础上，根据掌握的情况与资料，充分发挥专家集体的智慧、能力和经验进行决策的方法。常用的定性决策方法有以下几种。

1. 头脑风暴法

头脑风暴法的创始人是英国心理学家奥斯本。该决策方法的 4 项原则是：各自发表自己的意见，对别人的建议不进行评论；建议不必深思熟虑，越多越好；鼓励独立思考、奇思妙想；可以补充完善已有的建议。

头脑风暴法的特点是：针对解决的问题，相关专家或人员聚在一起，在宽松的氛围中，敞开思路，畅所欲言，寻求多种决策思路。倡导创新思维。时间一般在 1～2 小时，参加者以 5～6 人为宜。

2. 名义小组技术

在集体决策中，如果大家对问题性质的了解程度有很大差异，或彼此的意见有较大分歧，直接开会讨论效果并不好，可能争执不下，也可能在权威人士发言后随声附和。这时，可以采取“名义小组技术”。管理者先选择一些对要解决的问题有研究或有经验的人作为小组成员，并向他们提供与决策问题相关的信息。小组成员各自先不通气，独立地思考，提出决策建议，并尽可能详细地将自己提出的备选方案写成文字资料。然后召集会议，让小组成员陈述自己的方案。在此基础上，小组成员对全部备选方案投票，产生大家最赞同的方案，并形成对其他方案的意见，提交管理者作为决策参考。

3. 德尔菲技术

德尔菲技术是兰德公司提出的，用于听取专家对某一问题的意见。运用这一方法的步骤是：根据问题的特点，选择和邀请做过相关研究或有相关经验的专家。将与问题有关的信息分别提供给专家，请他们各自独立发表自己的意见，并写成书面材料。管理者收集并综合专家们的意见后，将综合意见反馈给各位专家，请他们再次发表意见。如果分歧很大，可以开会集中讨论；否则，管理者分头与专家联络。如此反复多次，最后形成代表专家组意见的方案。

[讨论题] 3 种集体决策方法有何不同？

5.3.2 定量决策方法

定量决策方法又称为决策“硬”方法，是指应用数学模型，借助电子计算机进行决策的一种方法。

1. 确定型决策方法

确定型决策是指决策面对的问题的相关因素是确定的，因而建立的决策模型中的各种参数是确定的。确定型决策是比较容易求解的问题。实际中有许多问题虽然不是严格确定型的。但如果主要因素是确定的，也可以暂且忽略不确定因素，简化为确定型决策问题。

确定型决策方法有线性规划、非线性规划、动态规划等。在此重点介绍线性规划方法。

线性规划是最基本也是最常用的一种数学规划。求解线性规划的单纯形方法的基本原理是苏联学者康托洛维奇于1939年奠定的。1947年丹捷格提出了解线性规划问题的单纯形方法。下面举例说明线性规划的建模与应用。线性规划方法用于解决两类问题：①在资源一定的条件下，力求完成更多的任务，取得好的经济效益；②在任务一定的条件下，力求节省资源。

例5.1 某企业生产A、B两种产品，每种产品对某种材料的消耗定额、加工工时定额以及能够提供的资源量见表5-1。

表5-1 A、B两种产品现有资源表

可供资源名称	计量单位	产品		可供资源数量
		A	B	
某种材料	kg/件	3	6	6 000
工时	h/件	4	2	5 000
单位产品利润	元	120	180	

试问在现有资源条件下，A、B两种产品各生产多少才能使企业获得最高利润。

解：(1) 分析与建模。

该问题是在资源一定的条件下，力求利润最大化的问题。模型包括目标函数和约束条件两大部分。

设：A 为产品 A 的生产量

B 为产品 B 的生产量

目标利润为 $maxP$

模型：$maxP=120A+180B$

$3A+6B\leqslant 6\,000$

$4A+2B\leqslant 5\,000$

$A\geqslant 0$，$B\geqslant 0$

(2) 模型求解

上面的数学模型可以用图解法或单纯形法求解，解得：

$A=1\,000$(件)，$B=500$(件)

$maxP=120\times 1\,000+180\times 500=210\,000$(元)

2. 不确定型决策方法

决策问题涉及的条件中有些是未知的，对于一些随机变量连概率分布也不知道，这类决策问题称为不确定型决策。

常用的解决不确定型决策问题的方法有以下 3 种。

(1) 小中取大法(悲观准则)：决策者对未来持悲观态度，认为未来会出现最差的情况。决策时，对各种方案都按它带来的最低收益考虑，然后比较哪种方案的最低收益最高，简称小中取大法。

(2) 大中取大法(乐观准则)：决策者对未来持乐观态度，认为未来会出现最好的情况。决策时，对各种方案都按它带来的最高收益考虑，然后比较哪种方案的最高收益最高，简称大中取大法。

(3) 最小最大后悔值法(后悔值准则)：决策者在选择了某方案后，若事后发现客观情况并未按自己预想的发生，会为自己事前的决策而后悔。由此，产生了最小最大后悔值决策方法。最小最大后悔值法又称为后悔值大中取小法，计算各方案在各种自然状态下的后悔值，列出后悔值表，然后找出每一种方案在各种自然状态下后悔值的最大值，取其中的最小值，其所对应的方案为合理方案。

后悔值：机会损失值，在一定的自然状态下由于未采取最好的行动方案，失去了取得最大收益的机会而造成的损失。

后悔值=该自然状态下最大损益值—该自然状态下相应损益值。

例 5.2　某企业有 3 种新产品待选，估计销路和损益情况见表 5-2，试分别用乐观准则、悲观准则、后悔值准则选择最优产品方案。

表 5-2　损益表(万元)

状　态	甲产品	乙产品	丙产品
销路好	40	90	30
销路一般	20	40	20
销路差	−10	−50	−4

解：① 乐观准则(大中取大法)：

甲产品最大利润 40 万元
乙产品最大利润 90 万元
丙产品最大利润 30 万元
}90 万元对应的乙产品为最优的方案

② 悲观准则(小中取大法)：

甲产品最小利润－10 万元
乙产品最小利润－50 万元
丙产品最小利润－4 万元
}－4 万元对应的方案丙产品为最优的方案

③ 后悔值准则

后悔值的计算见表 5－3。

表 5－3 计算后悔值

状 态	甲产品	乙产品	丙产品
销路好	50	0	60
销路一般	20	0	20
销路差	6	46	0

甲产品最大利润 50 万元
乙产品最大利润 46 万元
丙产品最大利润 60 万元
}大中取小准则，46 万元对应的乙产品为最优方案

3. 风险型决策方法

决策问题涉及的条件中有些是随机因素，虽然不是确定型的，但知道它们的概率分布，这类决策称为风险型决策。

风险型决策可以采用决策树法，即用树状图来描述各种方案在不同自然状态下的收益，据此计算每种方案的期望收益从而做出决策的方法。

决策树法步骤如下。

(1) 绘制决策树草图(左──→右)

□表示决策点

□—表示方案枝

○表示状态结点

○—表示概率枝

△表示状态枝末端结果

(2) 计算各种状态下的方案期望值(右──→左)

(3)“//”表示剪枝，选择最优方案

例 5.3 某企业为扩大某产品生产的规模，拟建设新厂，据市场预测产品销路好的概率为 0.7，销路差的概率为 0.3，有 3 种方案可供企业选择。

方案 1，新建大厂，需投资 300 万元。据初步估计，销路好时，每年可获利 100 万元；销路差时，每年亏损 20 万元，服务期为 10 年。

方案 2，新建小厂，需投资 40 万无。销路好时，每年可获利 40 万元；销路差时，每年仍可获利 30 万元。服务期为 10 年。

方案 3，先建小厂，3 年后销路好时再扩建，需追加投资 200 万元，服务期为 7 年，估计每年获利 95 万元。

试用决策树法选择方案。

解：(1) 绘图：

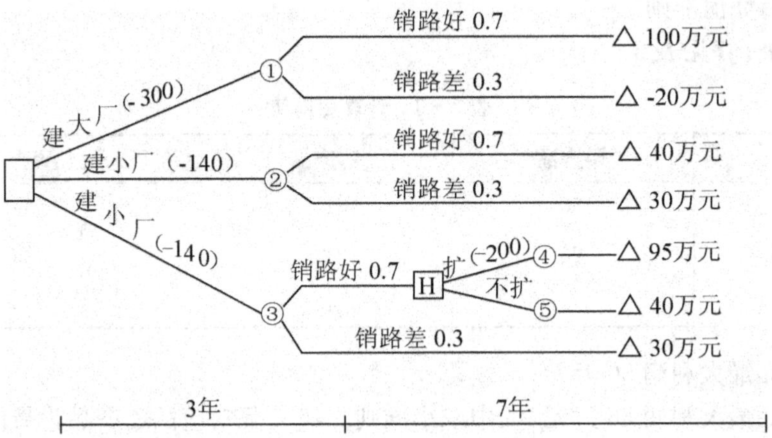

(2) 计算方案点的期望投益值：

$E_1=[0.7\times100+0.3\times(-20)]\times10-300=340$ 万元

$E_2=[0.7\times40+0.3\times30]\times10-140=230$ 万元

$E_4=95\times7-200=465$ 万元

$E_5=40\times7=280$(万元)

$E_4>E_5$

$E_3=(0.7\times40\times3+0.7\times465+0.3\times30\times10)-140=359.5$(万元)

比较 E_1、E_2、E_3，选择方案 3 最好。

本章小结

本章主要介绍了决策与决策理论、决策过程、决策的方法等。关于决策与决策理论主要介绍了决策的特点与作用、决策的满意原则、决策的影响因素、决策的类型以及古典决策理论与行为决策理论。关于决策过程主要介绍了诊断问题或识别机会、确定决策目标、拟定备选方案、选择决策方案、实施决策方案并进行跟踪决策几个步骤。关于决策的方法主要介绍定性决策方法中的头脑风暴法、名义小组技术、德尔菲技术 3 种集体决策方法以及定量决策方法中的确定型、不确定型、风险型决策方法。

练 习 题

一、单项选择题

1. 有一种说法认为“管理就是决策”，这实际上意味着(　　)。
A. 对于管理者来说只要善于决策就一定能够获得成功
B. 管理的复杂性和挑战性都是由决策的复杂性而导致的
C. 决策能力对于管理的成功具有特别重要的作用
D. 管理首先需要的就是面对复杂的环境做出决策

2. 企业经营方案决策最终所选出的方案一般为(　　)。
A. 成本最低的方案　　B. 令人较为满意的方案
C. 各个目标都最佳的方案　　D. 实现利润最大的方案

3. 决策是工作和日常生活中经常要进行的活动，但人们对其含义的理解不尽相同，你认为以下哪种理解较完整？(　　)。
A. 出主意　　B. 拿主意
C. 既出主意又拿主意　　D. 评价各种主意

4. 某服装企业集团最初是靠接受一笔美国商人的格子牛仔裤生意起家的，当时许多厂家因为利润太低而不愿意生产，但该集团的首脑却决定以此为企业发展的起点。这说明(　　)。
A. 一个企业应该独树一帜接受人家不愿意接受的生意
B. 选择好第一笔生意对企业的发展有重大意义
C. 在许多情况下，市场机遇可能比利润更为重要
D. 这种决策只能在企业刚刚起步时才可使用

5. 企业面临的境况正日益变得更为复杂多变，企业的决策越来越难以靠个人的智力与经验来应付了，因此现代决策应该更多地依靠(　　)。
A. 多目标协调　　B. 集体智慧　　C. 动态规划　　D. 下级意见

6. 你正面临是否购买某种奖券的决策。你知道每张奖券的售价以及该期共发行奖券的总数、奖项和相应的奖金额。在这样的情况下，该决策的类型是什么？加入何种信息之后该决策将变成一个风险型决策？(　　)。
A. 确定型决策；各类奖项的数量
B. 风险型决策；不需要加其他信息
C. 不确定型决策；各类奖项的数量
D. 不确定型决策；可能购买该奖券的人数

7. 在管理决策中，许多管理人员认为只要选取满意的方案即可，而无须刻意追求最优的方案。对于这种观点，你认为以下哪种解释最有说服力？(　　)。
A. 现实中不存在所谓的最优方案，所以选中的都只是满意方案
B. 在现实管理决策中常常由于时间太紧而来不及寻找最优方案
C. 由于管理者对什么是最优决策无法达成共识，只有退而求其次
D. 刻意追求最优方案，常常会由于代价太高而最终得不偿失

8. 相传英国有个名叫霍布森的商人，他在卖马的时候一直说，允许顾客任意挑选马匹，但需要符合一个条件，即只能挑选最靠近门边的那一匹。在此例中，顾客拥有的决策权限(　　)。

A. 很大，因为他可以任意挑选马匹

B. 很小，因为他的决策前提受到了严格控制

C. 无大小之别，因为这里顾客只是在买马，而不是在做决策

D. 无法判断，因为决策权限大小取决于所做决策的类型与重要程度

9. 采取匿名方式进行经济预测的专家预测法又称为(　　)。

A. 经验判断法　　B. 定性预测方法　　C. 德尔菲技术　　D. 管理人员评判法

10. 某企业打算开发一种新产品，预计该产品未来的市场销路可能有3种自然状态：销路好，销路一般，销路较差。各种自然状态的概率不知道。现有两个方案可供选择，自行开发方案在上述3种自然状态下的损益值分别为500、300和100，购买专利方案的损益值分别为800、500和−300。用最大最小后悔值法判断选择的结果应是(　　)。

A. 自行开发　　B. 购买专利　　C. 两个方案都可行　　D. 两个方案都不可行

11. 决策方法中的“硬技术”是指(　　)。

A. 定量决策方法　　B. 专家意见法　　C. 定性决策法　　D. 决策树法

12. 决策方法中的“软技术”是指(　　)。

A. 定量决策方法　　B. 盈亏分析法　　C. 定性决策法　　D. 决策树法

13. 头脑风暴法又称为(　　)。

A. 征询法　　B. 畅谈会法　　C. 歌顿法　　D. 方案前提分析法

二、多项选择题

1. 决策的程序包括(　　)。

A. 确定决策目标　　B. 拟定和评价备选方案

C. 选择决策方案　　D. 实施决策方案

2. 按照决策的条件和后果分，决策的类型有(　　)。

A. 风险型决策　　B. 确定型决策　　C. 战略决策　　D. 不确定型决策

3. 风险型决策需要具备的条件有(　　)。

A. 决策者对未来可能出现何种自然状态不能确定

B. 具有一个决策者企图达到的明确目标

C. 存在两个以上可供选择的行动方案

D. 不以决策者意志为转移的自然状态有两种以上

4. 很多学者提倡管理者进行决策时应尽量遵循满意原则，其原因在于(　　)。

A. 组织内外存在对组织的现在和未来都会直接或间接地产生某种程度的影响，但决策者很难收集到反映这一切情况的信息

B. 对于收集到的有限信息，决策者的利用能力也是有限的，因而决策者只能制订数量有限的方案

C. 任何方案都要在未来实施，而人们对未来的认识是不全面的，对未来会产生什么影响也不是很了解，因而决策时对所预测的未来状况可能与实际的未来状况有出入

D. 在管理工作中进行决策时不必考虑实际情况，只要心里满意就可以

三、判断题

1. 决策既是计划的前提，也是计划的逻辑延续。 ( )
2. 有效的决策能实现组织所有目标的最大化。 ( )
3. 组织中的高层管理者所做出的决策都是风险型决策。 ( )
4. 决策追求的是最优方案。 ( )
5. 战略决策大部分都是非常规决策。 ( )
6. 战略决策属于集体决策，战术决策属于个人决策。 ( )

四、问答题

1. 程序化决策与非程序化决策有什么不同？
2. 确定性决策满足哪些条件？
3. 集体决策有时会出现哪些不利的现象？试深入分析个体决策与集体决策的优劣差异。

五、计算题

以某企业为例，它要从甲乙丙3种新电脑中选择1种。电脑销售的自然状况有好、一般和差3种，具体的损益值见表5-4。试分别用大中取大法、小中取大法和后悔值大中取小法选择最优的产品方案。

表5-4　某企业产电脑产品开发损益表 (单位：万元)

损益值 自然状态 / 方案	销路好	销路一般	销路差
甲电脑	2 400	1 000	−500
乙电脑	1 200	900	500
丙电脑	2 050	1 200	300

案例应用分析

苏珊的决策

苏珊是美国西部一连锁店企业——冯氏超级市场的南方地区分部经理。苏珊手下有5位片区主管人员向她汇报工作，而每个片区主管人员分别监管8～12家商店的营业。

在一个春季的早上，苏珊正在查看送来的早晨工作报告，内部通信联络系统传来了她秘书的声音："苏珊女士，你看过今天晨报的商务版了吗？"苏珊应答："没有，什么事啊？""报上说查克已经接受了安途公司亚利桑那地区经理的职位"。苏珊马上站起来去看与她有关的这篇文章。

苏珊的关心并不是没有根据的。查克是她属下的一位片区主管，他已为冯氏公司在目前的职务上干了4年。冯氏是从阿尔法·贝塔商业中心将他聘过来的，他那时是个商店经理。苏珊从报纸上得知查克离职的消息，觉得内心受到了伤害，但她知道自己需要尽快恢复过来。对她更重要的是，查克是位很有成效的监管人员，他管辖的片区一直超过其他4个片区的绩效。苏珊到哪儿去找这样一位能干的顶替者？

几天过去了。苏珊同查克谈了一次话，诚恳地祝愿他在新工作岗位上顺利。她也同他谈到了顶替者的问题。最后，苏珊决定将她属下的一个小片区的主管人员调换到查克分管的片区，同时她也立即着手寻找合适的人选填补该小片区主管的空缺。

苏珊翻阅了她的案卷，找出片区主管人员职位的职务说明书(没有职务规范)。该项职务的职责包括：确保达到公司订立的整洁、服务和产品质量的标准；监管商店经理的工作并评价其绩效；提供片区的月份、季度和年度收入和成本预估；为总部或下属商店经理提出节约开支建议；协调进货；与供应商协商广告宣传合作方案；以及参与同工会的谈判。

试回答以下问题：

1. 你建议苏珊采用哪一种招聘渠道？为什么？
2. 你建议苏珊使用何种人员甄选手段甄别应聘者？为什么？

阅读材料

留住最优秀的草

有家大型工厂的老板，种田人出身。厂区有块空地，老板觉得空着可惜，便留下来用于自己闲暇种草，他从天南地北引来不同种类的草，种在地上，亲自耕耘，就像他当年种庄稼那样。

第一年，老板的辛勤劳动换来了这样的景象：一丛丛一蓬蓬不同品种的草儿长起来了，有的叶儿纤长，有的叶儿短肥，有的杆儿向上挺立，有的杆儿匍匐在地，总之，给人的印象是杂乱无章，一片狼藉。对此，员工们打心眼里瞧不起老板，认为此人没有品位，老土一个。老板似乎感觉到什么，以后逢节日闲暇之日，便召集手下大小头目，到草地整沟挖墒，施肥浇水。大伙一同将那些长势不旺，病怏怏、乱蓬蓬的草除掉了，留下那些生命力特别旺盛、出类拔萃的草，在草地上繁衍生息。

次年的早春，当田野里的野草刚刚绽芽，老板的草地已是芳草青绿，春意盎然了。大家这才明白，老板留下的是最优秀的草。就在这年的春天，一个考察团来老板的企业取经。老板闭口不谈企业管理经营，却把考察团引到他的草地上，大谈起种草经验来，弄得人家丈二和尚摸不着头脑。老板说，我在这块空地上引进了不同种类的草，让草儿自由生长，不管它是名贵的还是普通的，谁在咱地盘上长得最好就留下，不好的则淘汰。我不光自己种，还让属下来种。结果，大家通过种草都明白一个理……老板说到这儿卖起了关子，不说了。倒是考察团的团长接过话茬说："明白了，这个道理是，发现、留住、养好最优秀的草，这与用好人才是同一个道理啊！"

一语道破天机，在场的员工顿时恍然大悟。打这以后，老板的草地一年比一年生机勃发，老板的事业也像他的草地那样，一年比一年兴旺起来。

(资料来源：吕国荣．改变世界的100道管理鸡汤［M］．北京：中国经济出版社，2005.)

第 6 章 计划与计划工作

教学目标

通过本章的学习，了解计划的概念与性质，掌握计划的类型与计划的层次体系，掌握计划与决策的关系，掌握计划的编制过程。同时，掌握计划的组织实施的目标管理法、滚动计划法、网络计划法。

教学要求

知识要点	能力要求	相关知识
计划的概念、性质和类型	(1) 理解计划的内涵 (2) 理解计划的性质 (3) 掌握计划的类型 (4) 理解计划与决策的关系	(1) 计划的概念 (2) 计划性质 (3) 计划层次体系 (4) 计划与决策的关系
计划的编制过程	理解主要计划与派生计划的关系	(1) 预算 (2) 派生计划
计划的组织实施	掌握计划的组织实施方法	(1) 目标管理法 (2) 滚动计划法 (3) 网络计划法

计划工作是一座桥梁，它把我们所处的此岸和我们要去的彼岸连接起来，以克服这一天堑。

——哈罗德·孔茨

基本概念

计划　计划工作长期计划　战略计划　战术计划　业务计划　指导性计划　具体性计划　计划层次体系　目标管理法　滚动计划法　网络计划法

导入案例

邻家大嫂的面糊糊

有个富家子弟特别爱吃饺子，每天都要吃。但他又特别刁，只吃馅，两头的皮尖尖就丢到后面的小河里去。

好景不长，在他十六岁那年，一把大火烧毁了他的家，父母急怒中相继病逝。这下他身无分文，却又不好意思要饭。邻居家大嫂非常好，每餐给他吃一碗面糊糊。他则发奋读书，三年后考取官位回来，一定要感谢邻居大嫂。

大嫂对他讲：不要感谢我。我没有给你什么，那些都是我收集的当年你丢的饺子皮尖，晒干后装了好几麻袋，本来是想备不时之需的。正好你有需要，就又还给你了。

大官思考良久，良久……

点评：有效的计划是一切成功的秘诀。

计划是一个确定目标和评估实现目标最佳方式的过程，我们要了解计划的重要性，懂得如何做有效的计划和实施计划。

6.1 计划的概念、性质和类型

6.1.1 计划的概念

管理学家罗宾斯认为，计划是一个确定目标和评估实现目标最佳方式的过程。计划包括确定目标、制定全局战略任务以及完成目标和任务的行动方案。实质上，计划就是一个组织要做什么和怎么做的行动指南。

计划有两种含义，一种是计划(名词)，另一种是计划工作(动词)。计划与计划工作是两个既有联系又有严格区分的概念。计划是计划工作的结果，是未来行动安排的管理文件，往往是以书面文字或电子文档形式出现的。而计划工作又有广义和狭义之分。广义的计划工作是指制订计划、执行计划和检查计划的执行情况 3 个阶段的工作过程。狭义的计划工作则是指制订计划的工作过程。即通过计划的编制，合理地安排组织内的一切具体管理活动，有效地利用组织的人力、物力和财力资源，以期达到组织决策目标的实现。

[讨论题] 为什么不做计划?

无论在名词意义上还是动词意义上，计划内容都包括“5W1H”。

What——做什么？即明确所要进行的活动内容及其要求。例如，企业生产计划主要是确定生产产品的品种、数量、生产进度，在保证按期、按质和按量完成订货合同的前提下，尽可能使生产能力得到充分的利用。

Why——为什么做？即明确计划工作的原因和目的，并论证其可行性。只有把“要我做”变为“我要做”，才能充分发挥下属的主动性和创造性，实现预期目标。

When——何时做？即规定计划中各项工作的开始和完成时间，以便进行有效的控制和对能力及资源进行平衡。

Where——何地做？即规定计划的实施地点或场所，了解计划实施的环境条件和限制，以便合理安排计划实施的空间。

Who——谁去做？即规定由哪些部门和人员负责实施计划。例如，开发一种新产品，要经过产品设计、样机试制、小批试制和正式投产几个阶段。在计划中要明确规定每个阶段由哪个部门负主要责任，哪些部门协助，各阶段交接时，由哪些部门和哪些人员参加鉴定和审核等。

How——怎么做？即制订计划的措施以及相应的政策和规则，对资源进行合理分配和集中使用，对生产能力进行平衡，对各种派生计划进行综合平衡等。

知识链接

夫未战而庙算胜者，得算多也，夫未战而庙算不胜者，得算少也，多算胜，少算不胜，而况无算乎。明君贤将，所以动而胜人，成功大于众者，先知也。

我们经常会有这样的体会，如果行动前能对整个事情有一个周密的计划，对要做什么以及如何去做都能了然于胸，那么我们便能以更大的信心和把握投入到事情中去，而结果的成功率也会高得多。当我们把在进行个人计划时的考虑范围扩展到整个组织的范畴中去，则计划工作是全部管理职能中最基本的一项职能，与其他3个职能有着密切的联系。主管人员围绕着计划规定的目标，从事组织工作、领导以及控制工作等活动，以达到预定的目标。为使组织中的各种活动能够有节奏地进行，必须有严密统一的计划。就提高组织的经济效益来说，计划工作是十分重要的。

6.1.2 计划与决策

计划与决策是何关系？两者中谁的内容更为广泛，或者说哪一个概念被另一个包含？管理理论研究中对这些问题有着不同的认识。

有人认为，计划是一个更为宽泛的概念。作为管理的首要工作，计划是一个包括环境分析、目标确定、方案选择的过程，决策只是这一过程中某一阶段的工作内容。比如，法约尔认为，计划是管理的一个基本部分，包括预测未来并在此基础上对未来的行动予以安排。西斯克认为，“计划工作在管理职能中处于首位”，计划是“评价有关信息资料、预估未来可能的发展、拟定行动方案的建议说明”的过程，决策是这个过程中的一项活动，是在“两个或两个以上的可选方案中做选择”。

而以西蒙为代表的决策理论学派则强调，管理就是决策。决策是包括情报活动、设计活动、抉择活动和审查活动等一系列活动的过程；决策是管理的核心，贯穿于整个管理过程中。因此，决策不仅包括了计划，还包含了整个管理，甚至是管理本身。

我们认为，决策和计划是两个既相互区别、又相互联系的概念。说他们是相互区别的，是因为这两项工作需要解决的问题不同。决策是对组织活动方向、内容以及方式的选择。我们从“管理的首要工作”这个意义来把握决策的内涵。任何组织，在任何时期，为了表现其社会存在，必须从事某种社会需要的活动。在从事这项活动之前，组织当然必须首先对活动的方向和方式进行选择。计划则是对组织内部不同部门和成员在一定时期内的行动任务的具体安排，它详细规定了不同部门和成员在该时期内从事的活动的具体内容和要求。但计划与决策又是相互联系的，原因有以下两点。

(1) 决策是计划的前提，计划是决策的逻辑延续。决策为计划的任务安排提供了依据，计划则为决策所选择的目标活动的实施提供了组织保证。

(2) 在实际工作中，决策和计划是相互渗透的，有时甚至是不可分割的交织在一起的。

在决策制定过程中，不论是对内部能力优势或劣势的分析，还是在方案选择时对各方案执行效果或要求的评价，实际上都已经开始孕育着决策的实施计划。反过来，计划的编制过程，既是对决策的组织落实过程，也是对决策更为详细的检查和修订过程。决策无法落实，或者决策选择的活动中某些任务无法安排，必然导致对决策进行一定程度的调整。

6.1.3 计划的性质

1. 目的性

任何组织和个人制订计划都是为了有效地达到某种目标。然而在计划工作开始之前，这种目标可能还不具体，计划工作就是让这些目标具体化，以便执行和完成。在计划工作过程的初始阶段，制定具体的、明确的目标是其首要任务，其后的所有工作都是围绕目标进行的。例如，某家百货公司的经理希望明年的销售额和利润额有较大幅度的增长，这就是一种不明确的目标，为此，需要制订计划，根据过去的情况和现在的条件确定一个可行的目标，比如销售额增长20%，利润额增长15%。这种具体的、明确的目标不是单凭主观愿望就能够确定的，它要符合实际情况，是以许多预测和分析工作为基础的。

计划的目的性体现在以下几方面。

(1) 计划是一种协调过程，它给管理者和非管理者指明了方向，当所有人都明确目标后，可协调他们的活动，使他们团结协作。

(2) 计划工作促使管理者预测未来，考虑变化因素的冲击，制定相应的对策，从而降低不确定性。

(3) 计划工作设定的目标和标准便于进行控制，通过计划设立目标，在实际管理过程中可以将实际成绩与目标进行比较，及时发现偏差和问题，采取必要的校正和调整。

2. 首要性

计划工作在管理职能中处于首要地位，一方面，这主要是由于管理过程中的其他职能都是为了支持、保证目标的实现，计划职能在时间顺序上处在计划、组织、领导、控制四大管理职能的始发位置。因此这些职能只有在计划工作确定了目标之后才能进行。一位厂长只有在明确目标之后才能确定合适的组织结构、下级的任务和权力、伴随权力的责任，以及怎样控制组织和个人的行为不偏离计划等。所有这些组织、领导、控制职能都是用计划作标准的。没有计划工作，其他工作就无从谈起。

计划工作的首要性的另一个方面是，有些情况下，计划可能是唯一需要完成的管理工作。计划工作的最终结果可能导致一种结论，即没有必要采取进一步的行动。比如，原打算在某地建立一个新的钢铁厂，首先要做的工作是进行可行性分析，如果分析的结果表明在此地建立钢铁厂是不合适的，那么所有工作也就结束了，无须进行其他的管理职能。

特别提示

一年之计在于春，一日之计在于晨。

3. 普遍性

虽然计划的特点和范围由于管理层次不同而有所不同，但所有管理者都有制订计划的共同职能，只不过是粗细、时间范围等不同而已。高层管理者不可能也不必要对自己组织内的一切活动做出确切的说明，这也是有效的管理者所必须遵循的一条原则。最常见的情况是高层管理人员仅对组织活动制订结构性的计划。也可以这样说，高层管理人员负责制定战略性计划，而那些具体的计划由下级完成。这种情况的出现主要是由于一个人的能力是有限的，现代组织的工作是如此繁杂，即使是最聪明、最能干的领导人，也不可能包揽全部计划工作。此外，授予下级某些制订计划的权力，有助于调动下级的积极性，挖掘下级的潜在能力，这无疑对贯彻执行计划，高效地完成组织目标大有好处。

4. 效率性

计划的经济效益可用计划的效率来衡量。计划的效率是指实现目标所获得的利益与执行计划过程中所有耗损总和的比率。换句话说，计划效率是指制订计划与执行计划时所有的产出与所有的投入之比。如果一个计划能够达到目标，但它需要的代价太大，这个计划的效率就很低，因此不是一份好的计划。在制订计划时要时时考虑计划的效率，不仅要考虑经济方面的利益和耗损，还要考虑非经济方面的利益和耗损。

计划的效率性主要体现在3个方面：一是有效地实现组织与外部环境的协调，最大限度地减少由于这方面不协调给组织带来损失的可能性；二是有效地实现组织内部的协调，使投入产出比率最佳；三是有效地实现组织目标与组织成员个人目标的协调。因此，计划工作的任务不仅要确保实现目标，而且要从众多的方案中选择最优方案，以求资源的合理利用和提高效率。

6.1.4 计划的类型

计划是对未来行动的安排，从不同的角度，对计划有不同的划分方法：按时间跨度可分为：短期计划、中期计划、长期计划；按层次可分为：战略计划、战术计划、作业计划；按职能可分为：业务计划、人事计划、财务计划；按明确程度可分为：指导性计划、具体性计划等。

1. 按时间跨度分类

按计划时间跨度划分，计划可分为长期计划、中期计划和短期计划。一般地说，年、季计划是短期计划，2 年、3 年和 5 年计划称为中期计划，5 年以上的计划为长期计划，企业通常编制短期和长期计划，两者相互联系、相辅相成。现重点介绍长期计划和年度计划。

1）长期计划

长期计划的时间跨度一般在 5 年或 5 年以上，是规定企业生产方向和任务的纲领性规划，是组织在对未来市场需求情况进行科学分析和预测的基础上制定出来的。它是一种预测性较强，为组织发展方向、规模等确立一个较长时期的战略目标的计划，其特点是战略性、预见性和纲领性。

长期计划的内容，一般根据不同行业和企业的特点而有所不同。一般来说，包括以下几个主要计划。

(1) 发展计划。发展计划是为适应企业发展的要求，而对生产规模和产品开发进行的规划。扩大生产规模方面的规划主要包括：资金筹措计划，大、中型基本建设项目计划，技术改造和技术措施计划，以及与此相适应的物质资源需求计划，职工人数和结构计划等。产品开发方面的规划主要有：科研和新产品开发计划、产品质量计划等。它主要是规定企业产品品种的发展方向、新产品发展和老产品整顿的任务以及科学研究项目的安排等。产品开发规划是生产规模发展规划的依据。

(2) 经济效益计划。经济效益计划主要有：企业赢利计划、生产效益提高计划、降低成本计划、资金利用效益提高计划、产品品种与数量计划等。赢利计划对制定产品品种与数量计划、成本计划、效率计划等有指导作用，但同时，它的制定又要以这些计划为基础。

(3) 市场开拓计划。市场计划是企业编制其他计划的出发点和落脚点。它包括资源供应和产品销售两个方面。资源市场计划包括技术装备采购引进计划、配套件专业化协作计划等。产品销售市场计划包括市场开拓计划、产品销售计划和技术服务计划。

(4) 职工队伍建设和生活福利方面的计划。职工队伍建设和生活福利方面的计划主要包括职工培训计划即企业智力投资和开发计划，职工住宅、生活福利设施计划，职工收益水平提高计划等。

(5) 环境保护计划。环境保护计划主要是规定预期达到国家环境保护标准的程度，废水、废气、废物的清除和利用的程度，厂区内、外绿化面积的增加等。

长期计划是从整个企业的全局出发，确定在较长时间所要达到的目标和为实现这一目标应采取的各种具体措施。不仅考虑了企业的当前利益，而且考虑了长远的经济效果。因此，这种计划带有战略意义。有了长期计划，可以使企业全体员工的眼光不被眼前走出的第一步所限制，从而更好地激励全体员工不断提高企业的生产水平、技术水平和管理水平。

由于长期计划的时间跨度比较大，在这个较大的时间跨度内，企业内外的技术经济条件通常会发生较大的变化，很难做出精确的判断。因此，长期计划通常是比较难以概括全面的。

特别提示

人无远虑，必有近忧。

2）年度计划(短期计划)

企业的年度计划，又称为年度综合计划，或称生产技术财务计划，它是根据企业的长期计划、长期经济协议书、对市场情况的预测而制定的。它比较详细、具体地规定了企业在计划年度内的任务，是指导企业生产经营的主要计划，包括企业年度内各个生产环节和各个方面的活动，如生产、技术、财务等的活动。年度计划的特点是将各计划指标分类、分月，使企业经济计划的各组成部分具体化和各项落实措施具体化。

年度计划的内容，在不同的行业、不同规模的企业是不尽相同的。根据企业现有的计划内容和经济体制改革后的发展情况，企业年度计划通常由以下几个主要内容组成。

(1) 生产与销售计划。它规定企业计划年度内生产的各种产品的数量、生产期限、生产能力的利用程度，以及可供销售的产品数量等。

(2) 新产品试制与科研计划。它规定企业在计划年度内的新产品试制、老产品的改进，以及主要的科学研究项目。

(3) 产品质量计划。它规定企业在计划年度内为提高产品技术所要达到的目标及主要指标。

(4) 劳动工资计划。它规定企业为保证完成生产任务所需要的各类人员数量、所要达到的劳动生产率水平，以及职工的工资总额和平均工资水平。

(5) 物资供应计划。它根据生产计划规定各种原材料、燃料、动力、工具以及外购件等各类物资的需要量、储备量和供应期等。

(6) 机器设备维修计划。它规定在计划期内主要机器设备的大修、中修、小修的台数、期限、工作量，以及备品配件制造任务等。

(7) 成本计划。它规定企业为完成生产计划需要支出的生产费用、生产计划成本，以及降低可变成本的任务等。

(8) 财务计划。它规定企业为完成生产计划所必需的财务收入和支出，主要包括固定资产、流动资产、产品成本和利润计划等。

(9) 技术组织措施计划。它规定为了保证全面完成企业计划任务所采取的改进生产技术、生产组织和劳动组织等方面的措施和项目，以及实施这些项目的效果、期限、负责单位和费用来源等。

2. 按计划的层次分类

按计划的层次分类，计划可分为战略计划、战术计划和作业计划。

1）战略计划

战略计划是由企业高层管理部门制订的、涉及企业长远发展目标的计划。它包括经营目的和经营方向、目标，即一定时期内企业经营活动的出发点和归宿。战略是达到目标的指导思想或基本途径。

2）战术计划

战术计划是由企业中层管理部门制订的、涉及企业生产经营资源分配和利用的计划。它把战略计划转化为能够实施的具体行动计划，因而较为具体。例如，人员、资金、物资分配和使用计划；各种费用支出的预算方案等。

3）作业计划

作业计划是由企业基层管理部门制订的计划，也是关于资源分配和利用的计划，但比战术计划更具体、更详细，便于具体执行和检查。作业计划的对象是例行的重复性工作。

3. 按职能空间分类

1）业务计划

业务计划是组织的主要计划。这是由于组织是通过一定业务活动立身于社会的。它分为长期业务计划和短期业务计划，涉及业务方面的调整或业务规模的发展的计划属于长期业务计划；涉及业务活动具体安排的计划属于短期业务计划。

2）人事计划

人事计划是围绕业务计划而展开的，它是为业务计划服务的。人事计划主要是为组织提供人力资源方面的保障。它也分为长期人事计划和短期人事计划。长期人事计划主要是研究如何保证组织的发展，提高员工素质，储备必要的人力资源；短期人事计划则主要研究如何将不同素质和特点的组织成员安排在不同的岗位上。

3）财务计划

财务计划也是围绕业务计划而展开的。它从资金的提供和利用上保证组织活动的有效进行。它分为长期财务计划和短期财务计划。长期财务计划主要是为了满足业务规模发展和资本增大的需要，研究如何建立新的融资渠道或选择不同的融资方式；短期财务计划则主要研究如何保证资金的供应或如何监督这些资金的利用效果。

4. 按计划内容的明确程度分类

1）指令性计划

指令性计划一般是指由上级主管部门向下级下达的具有严格约束力的计划。指令性计划一经下达，计划的执行者就必须遵照计划开展活动，并且要尽一切努力去完成计划。它主要依靠行政手段来实现，具有强制性。

2）指导性计划

指导性计划可以是上级主管部门下达的，也可以是同级部门编制的，执行单位不一定完全遵照执行，是一种参考性的计划。上级为了促使下级按指导性计划工作，通常采用价格、税收、信贷等方面的优惠政策来进行调节。

5. 按计划的不同表现形式分类

按照不同的表现形式，可以将计划分为宗旨、目标、战略、政策、规则、程序、规划和预算等几种类型，如图 6.1 所示。

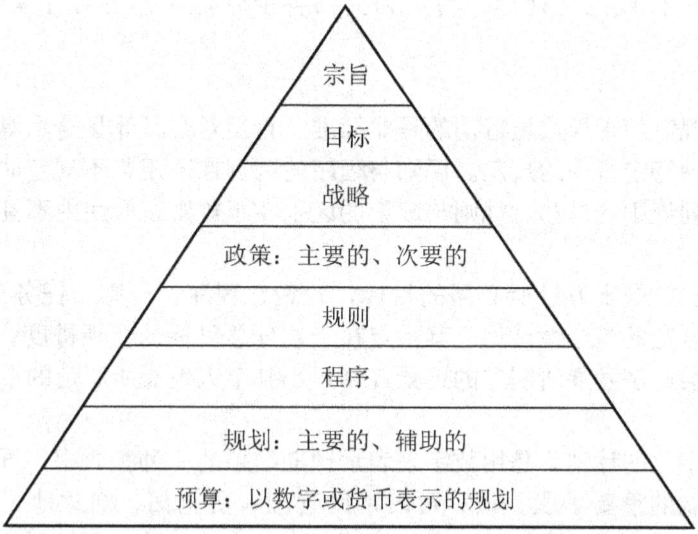

图 6.1 计划的层次体系

1）宗旨

宗旨表明了社会赋予组织的基本职能和使命，它说明组织是干什么的，应该干什么。所以，不同性质的组织，有其不同的宗旨。例如，日本索尼(SONY)公司的宗旨便是："索尼是开拓者、永远向着那未知的世界探索。"正是从这一宗旨出发，索尼公司把最大限度地发掘人才、信任人才、鼓励人才、不断前进视为自己的唯一生命，并取得了巨大成功。

2）目标

目标是宗旨的具体化，一定时期的目标或各项具体目标是在宗旨的指导下提出的，它具体规定了组织及其各个部门的经营管理活动在一定时期内要达到的具体成果。它不仅是计划的终点，也是组织、领导以及控制等活动所要达到的结果。从确定目标起，到目标分解，直至形成一个最终的目标网络，是一个严密的计划过程，也是构成组织全部计划的基础。

3）战略

战略是计划的指导方针和行动方针。它为政策和规划的确定提供一些基本原则。它不是要具体地说明组织如何实现目标，而是要指明方向、重点和资源分配的优先次序。

4）政策

政策是表现在计划之中的文字说明或协商一致的意见，用于指导或沟通决策过程中的思想或行动。制定政策的目的不是约束下级使之不敢擅自决策，而是鼓励下级在规定的范围内自由处置问题、主动承担责任，是要将一定范围内的决策权授予下级，这是政策与规则的主要区别。组织为了促使目标的实现，就要使其政策保持连续性和完整性，形成一种持久作用的机制。

5）程序

程序是一种经过优化的计划，它规定了某些经常发生的问题的解决方法和步骤。它的实质是对所要进行的活动规定时间顺序。组织的每个部门都要制定工作程序，以便加强控制，对例行事物进行规范化处理。制定和贯彻各项管理工作的程序是组织的一项基础工作。

6）规则

规则是组织规定的指导成员行动的是非标准。它是对在具体场合和具体情况下，允许或不允许采取某种特定行动的规定。规则与程序的区别在于规则不规定时间顺序，可以把程序看成是一系列规则的总和。规则与政策的区别在于规则在应用中不具有自由处置权。

7）规划

规划是为了实施既定方针所必需的目标、政策、程序、规则、任务分配、执行步骤、使用的资源等而制定的综合性计划。其重点在于划分总目标的实现进度。它可大可小，大到为实现国家社会经济发展所制定的远景规划，小到个人发展所制定的个人规划。

8）预算

预算就是数字化的计划，是用数字来表示预期结果的一种报告书。同时，预算也是检查计划、实现控制的重要手段。预算可以帮助管理者更全面、细致地了解企业组织的规模、重点和预期成果。通过预算可以考核管理工作的成效以及对预算目标的偏离情况，从而实现控制的目的。由于预算要用数字来表现，所以它能使计划工作做得更细致、精确。

6.2 计划的编制过程

虽然计划的类型和表现形式多种多样，但科学地编制计划所遵循的步骤却具有普遍性。管理者在编制各类计划时，可遵循以下步骤：确定目标、确定前提条件、确定备择方案、评价备择方案、选择方案、制定派生计划以及编制预算。

6.2.1 确定目标

人们在旅行之前必须明确自己的目的地，同样，计划工作的第一个步骤就是为整个计划确立目标，也就是计划的预期成果。确立目标时要注意解决以下3个问题。

1. 确立目标的内容和顺序

某一个组织在一定的时间内到底要取得哪些成果是首先要确定的。此外，这些成果不可能是等量齐观的，在一定的时间和一定的条件之下，某一目标可能比其他目标更为重要。不同的目标内容和顺序将导致不同的政策和行动，也会有不同的资源分配顺序。因此，大至一个国家，小至一个人，正确地选择目标内容和顺序是和社会制度、组织的性质、面临的主要问题以及管理者个人，特别是高层管理者的价值观念有关的。

2. 选择适当的目标时间

这是指要用多长的时间来达到目标。一般的，人们往往习惯于按日历的相等间隔来确定计划时间，从而也就确定了目标时间，但这种做法有时与实际工作中所需时间不一致。最好的办法是按承诺原则确定目标时间。我们做了某项选择就是对未来将采取的某一串行动做了“承诺”，合理的目标时间应当与合理承诺所需要的时间相同。例如，目标时间应与采用某一方案所使用的投资充分回收的时间相等。

3. 目标要有明确的科学指标和价值

目标不能含糊其辞，应尽可能数量化，以便度量和控制。同时应反映出事物的本质并确切地反映目标。目标不仅要有数量指标，而且要有质量指标；不仅要有绝对指标，而且要有相对指标。如利润与利润率、单位流动资金所创造利润、单位总投资所创造利润、企业评估的分数和名次等。

6.2.2 确定前提条件

这是计划工作的一个重要内容。选定目标即确定计划的预期成果，而确定前提条件则是要确定整个计划活动所处的未来环境。计划是对未来条件的一种“情景模拟”，计划的整个工作步骤就是要确定这种“情景”所处的状态和环境。一般来说，对以下几个方面的环境因素的预测是必不可少的：①宏观的社会经济环境；②政府政策，包括政府的税收、价格、信贷、能源、进出口、技术、教育等；③组织面临的市场环境；④组织的竞争者，包括国内外的竞争者、潜在的竞争者等；⑤组织的资源，如资金、原料、设备、人员、技术、管理等。

6.2.3 确定备择方案

计划工作的第三步是探讨和制定可供选择的行为过程，即可行方案。任何事物只有一种可行方案是极少见的，完成某一项任务总是有许多方法，即每一项行动均有异途存在，这叫做异途原理。有些异途是潜藏着的，只有发掘了各种可行的方案才有可能从中抉择出最佳方案。

6.2.4 评价备择方案

对各个备择方案进行评价。评价备择方案的尺度有两个方面：一是评价的标准；二是各个标准的相对重要性，即权数。

6.2.5 选择方案

选择方案就是选择行为的过程，正式通过方案。选择方案是决策的关键。为了保持计划的灵活性，往往可能会选择两个方案，并且决定首先采取哪个方案，并将另一个方案也进行细化和完善，作为后备方案。

6.2.6 制订派生计划

完成选择之后，计划工作并没有结束，还必须帮助计划涉及的各个下属部门制订支持总计划的派生计划。基本计划要靠派生计划来扶持，派生计划是主计划的基础；只有派生计划完成了，主计划才有保障。

6.2.7 编制预算

编制预算即把决策和计划转化为预算，使之数字化，通过数字来反映整个计划。这主要有两个目的：第一，计划必然涉及到资源的分配，只有将其数字化后才能汇总和平衡各类计划，分配好各类资源；第二，预算用来衡量计划是否完成。

6.3 计划的组织实施

6.3.1 目标管理法

1. 目标管理的产生与发展

目标管理(MBO)20 世纪 50 年代产生于美国，它是以泰罗的科学管理和后来的行为科学(其中的参与管理)为基础形成的一套管理制度。凭借这种制度，可以使员工参加到目标的制定中，实现“自我控制”，并努力完成目标。对于员工的工作成果，由于有明确的目标作为考核标准，使得对员工的评价和奖励更客观、更合理，因而可以大大鼓舞员工为完成目标而努力。这种管理制度在美国得到了广泛的应用，被称为“管理中的管理”。1954 年，美国著名管理学家彼得·德鲁克在《管理的实践》一书中首先提出了目标管理思想，他强调，在影响企业健康发展的所有方面都必须建立目标，在目标管理中要实行自我控制。

继德鲁克提出了目标管理理论的思想之后，许多学者对其具体运作提出了具体的观点。

1957 年，麦格雷戈在一篇论文中提出了以德鲁克的目标管理概念为基础的评价方法。

1960 年，麦格雷戈在《企业的人性面》一书中提出“Y 理论”，成为目标管理的理论依据。

1961 年，爱德华·施莱在《成果管理》一书中提出的“成果管理”理论对目标管理方法的完善与发展有重要影响。

20 世纪 70 年代，海因茨·韦里克等人主张以全面、综合的系统观点来定义目标管理，认为目标管理并不是一种评价工具或一种激励技术，也不是一种计划工作和控制的手段，而是一种以目标为中心的管理系统方法。

目标管理的思想是在 1978 年引入到我国的，伴随着各项计划指令层层分解落实方式的应用，特别是全面质量管理的开展，目标管理的思想在我国也得到了广泛的重视。结合我国的应用情况，我国习惯将目标管理定义为：组织的领导层根据组织的需要，确定未来一定时期内所要达到的总目标，然后再将总目标层层分解落实，以至于组织中的各级各类人员，包括每个职工都有自己明确的目标和措施，并以此作为考核工作的依据。在实践中，目标管理理论从一种管理哲学、一种评价工具、一种激励手段、一种计划和控制的手段发展为一种全面的管理系统。

知识链接

美国著名管理学家彼得·德鲁克说：“人们无法实现一个要求模糊的目标，企业的目的和任务必须转化为目标，企业管理人员必须通过这些目标对下级进行领导，以此来保证企业总目标的完成。如果一个领域没有特定的目标，这个领域必然被忽视，如果没有方向一致的分目标指导每个人的工作，则在企业规模越大，人员越多时，发生冲突和浪费的可能性就越大。”

2. 目标管理的性质

目标管理首先是一种现代管理哲学。它彻底打破了管理就是对管理过程进行严格监督控制的观念，提倡管理者要通过科学的目标体系来进行激励和控制，同时要放手让被管理者进行预先控制，事后注重成果评价，而事中则完全交由被管理者自我控制。目标管理的思想广泛应用于一切管理之中，而且特别适用于高层管理。

目标管理是一种现代管理方法，它是一种将计划职能和控制职能融合的综合性方法。一方面，它是一种规划技术，可以帮助管理者设计目标及分目标的层次结构；另一方面，它又是一种激励方法，因为有关目标的设定、组织成员的参与、目标规划的反馈等做法，都能起到激励作用，在许多具有可衡量的明确目标的基层管理中也广泛采用。

3. 目标管理的特点

1）目标管理提倡参与管理，不主张独断专行

目标管理提倡民主、平等和参与的管理思想，不主张管理者闭门造车、独断专行。目标的实现者同时也是目标的制定者，主张由上级和下级一起共同协商讨论确定目标。首先确定出总目标，然后对总目标进行分解，逐级展开，通过上下协商，制定出企业各部门、各车间直至每个员工的目标；用总目标指导分目标，用分目标保证总目标，形成一个“目标——手段”链。因此，组织应该具备民主、平等参与的宽松的组织氛围与文化。

2）强调“自我控制”，不主张怀疑和压制

倡导目标管理就必须相信人是“社会人”和Y理论，要具备新的人性观，即人并非生来就是懒惰的，要求工作是人的本能；在适当的条件下，人们不仅愿意而且能够主动承担责任；个人目标与组织目标能够统一；人对所参与的工作目标，能实行自我指挥与自我控制。人对企业目标的参与程度，同获得成就的效用直接相关，大多数人都具有解决组织问题的想象力和创造力。目标管理的主旨在于，用“自我控制的管理”代替“压制性的管理”，它使被管理人员能够控制自己的成绩。这种自我控制可以成为更强烈的动力，推动他们尽自己最大的力量把工作做好，而不仅仅是“过得去”就行。

3）强调授权，主张下放权力

集权和分权的矛盾是组织的基本矛盾之一，唯恐失去控制是阻碍大胆授权的主要原因之一。授权是组织领导对自己和员工有信心的表现。因为只有宽容而自信的领导才不怕失去对组织的领导力，才敢于授权，对员工的才华和能力才能够给予充分的信任。推行目标管理有助于促使权力下放，有助于在保持有效控制的前提下，调动员工的想象力和创造力，发挥其主观能动性，促使组织更有生气和效率。

4）注重成果第一，看重实际贡献

目标管理注重成果第一，看重实际贡献。采用传统的管理方法评价员工的表现，往往容易根据印象、本人的思想和对某些问题的态度等定性因素来评价。其结果往往不是很客观科学，这样很容易束缚员工手脚，难以发挥其主观能动性，调动员工的想象力和创造

力。组织实现目标管理，由于有了一套完善的目标考核体系，从而能够按员工的实际贡献如实地评价一个人。目标管理还力求将组织目标与个人目标更密切地结合在一起，以增强员工在工作中的满足感。这对于调动员工的积极性，增强组织的凝聚力起到了很好的作用。

4. 目标管理的实施过程

目标管理的实施过程一般可以分为目标建立、目标分解、目标控制、目标评定与考核4个阶段。

1）目标建立

目标建立是目标管理实施的第一阶段，这一阶段要做的事情就是目标的建立。建立企业目标首先要明确企业的使命宗旨，并结合企业内外环境决定一定期限内的工作具体目标。传统的目标设定过程是单向的，由上级给下级设定目标，即由企业领导者设定，然后分解成各级目标，最后落实到个人目标。现代管理学提倡参与制的目标设定方法，要求企业员工参与目标的设立。常用的有自上而下的目标制定法和自下而上的目标制定法。目标建立过程中要注意以下问题：①目标要略高于企业当前的生产经营能力，同时保证企业经过一定的努力能够实现；②目标要保证质与量的有机结合，尽可能量化企业目标，确保目标审核的准确性；③目标期限要适中；④目标数量要适中。

2）目标分解

把企业的总目标分解成各部门的分目标和个人目标。要使所有员工都乐于接受企业的目标，明确自己应承担的责任。在目标分解过程中要注意以下几点：①目标体系要逻辑严密，纵横成网络，具有由上到下目标越来越具体的特点；②目标要突出重点，与企业总目标无关的工作不必列入各级分目标；③鼓励职工积极参与，尽可能把目标分解中的“要我做”变成“我要做”；④目标一旦分解完毕，要进行严格的审批。

3）目标控制

为保证企业目标的顺利实现，管理者必须进行目标控制，随时了解目标的实施情况，及时发现问题并协助解决。必要时也可以根据环境变化对目标进行一定的修正。积极的自我控制与有利的领导控制相结合是实现目标动态控制的关键。目标控制管理中应注意以下几点：①充分发挥职工自我控制能力，必须将领导的信任与完善的自检制度相结合，保证企业具有进行自我控制的积极性与制度保障；②建立目标控制中心，结合企业均衡生产的特点保证企业生产的动态平衡；③保证信息反馈渠道畅通，以便及时发现问题，进行目标的必要修正；④创造良好的工作环境，形成团结互助的工作氛围。

4）目标评定与考核

目标管理注重结果，对部门及个人目标的完成情况必须进行自我评定、群众评议、领导评审。

综合评价成绩＝目标完成程度×复杂困难程度×努力程度±修正值

通过评价活动，肯定成绩、发现问题、及时总结目标执行过程中的成绩与不足，完善下一个目标管理过程。目标评定要注意以下几点：①首先要进行自我评定；②上级评定要全面、公正；③目标评定与人事管理相结合；④及时反馈信息是提高目标管理水平的重要保证。

目标管理有许多优点，如暴露机构缺陷，改善上下级关系，促进信息沟通，改进计划工作，发挥管理者的才能，提高管理水平等。但也存在一些问题，如费时、适当的目标难以制定，特别是在不确定和不利条件下，实施目标管理的困难大。当环境和市场有利时，目标管理非常奏效；当买卖逆转时，目标管理不但不能调动积极性，反而会成为主要冲突的源泉。

管理案例

北 斗 公 司

北斗公司刘总经理在一次职业培训中学习到很多目标管理的内容。他对于这种理论逻辑上的简单清晰及其预期的收益印象非常深刻。因此，他决定在公司内部实施这种管理方法。

首先他需要为公司的各部门制定工作目标。刘总认为：由于各部门的目标决定了整个公司的业绩，因此应该由他本人来为他们确定较高的目标。

确定了目标之后，他就把目标下发给各个部门的负责人，要求他们如期完成，并口头说明在计划完成后要按照目标的要求进行考核和奖惩。

但是他没有想到的是中层经理在收到任务书的第二天，就集体上书表示无法接受这些目标，致使目标管理方案无法顺利实施。刘总感到很困惑。

根据目标管理的基本思想和目标管理实施的过程，分析刘总的做法存在哪些问题？他应该如何更好地实施目标管理？

6.3.2 滚动计划法

滚动计划法是一种定期修订未来计划的方法。这种方法是根据计划的执行情况和环境变化情况定期修订未来计划，并逐期向前推移，使短期计划、中期计划和长期计划有机地结合起来。对于长期计划，由于很难准确地预测将来影响经济发展的各种因素的变化，而且，随着计划期的延长，这种不确定性也就越来越大。所以，如果硬性地按几年以前的计划实施，可能导致巨大的错误和损失，滚动计划法可以避免这种不确定性带来的不良后果。由于这种方法在每次编制和修订计划时，都要根据前期计划执行情况和客观条件的变化，将计划期向前延伸一段时间，使计划不断向前滚动、延伸，故称为滚动计划，其流程如图 6.2 所示。

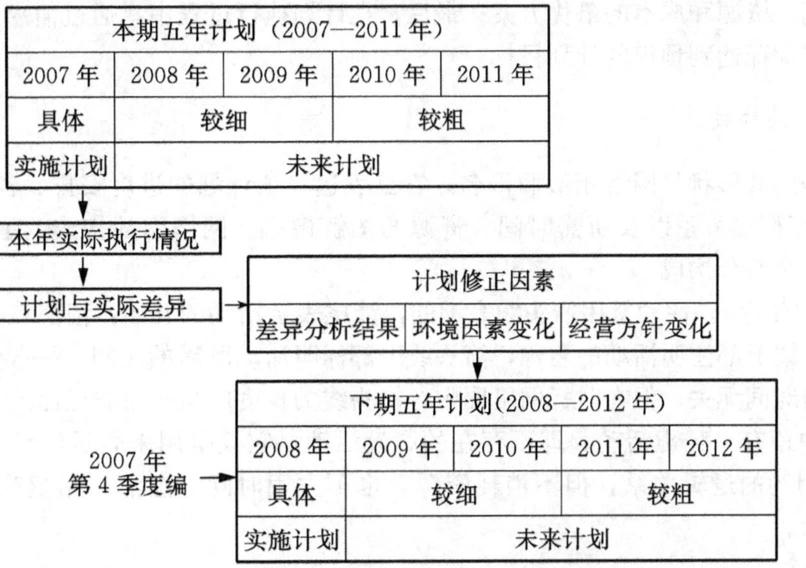

图 6.2 滚动计划法程序示意图

这种计划方法有以下几个特点。

(1) 计划期分为若干个执行期，近期计划内容制定得详细、具体，是计划的具体实施部分，具有指令性；远期内容较粗略笼统，是计划的准备实施部分，具有指导性。

(2) 计划执行一段时期，就要根据实际情况和客观条件的变化对以后各期的计划内容进行适当的修改、调整，并向前延伸一个新的执行期。

滚动计划法特点表现为：第一，可使计划更加切合实际，极大地提高了计划的准确性，更好地保证了计划的指导作用，提高计划的质量。第二，使长期计划、中期计划与短期计划相互衔接，短期计划内部各阶段相互衔接，这就保证了当环境出现某些不平衡时，能及时进行调整，使各期计划基本保持一致。第三，滚动计划大大增加了计划的弹性，这在环境剧烈变化的时代尤为重要，它可以提高组织的应变能力。

[讨论题] 如何进行个人管理？

6.3.3 网络计划法

网络计划法是系统工程中常用的一种计划管理方法，它是把要开发研制的规划和控制过程作为一个系统来加以处理，又称网络计划技术。网络计划法是 20 世纪 50 年代后期在美国产生和发展起来的，包括各种以网络为基层制订计划的方法，如关键路径法、计划评审技术、组合网络法等，并开始在组织管理活动中被广泛地应用。

1. 基本原理

网络计划的基本原理是：首先，利用网络图表示计划的进度安排，并反映组成计划的各项活动(工序、作业)之间的先后顺序及相互关系；其次，通过网络时间的计算，找出计划中的关键活动，确定关键线路，以进行网络分析；再次，利用时差，不断改善网络计划，求得工期、资源和成本的最优方案；最后，在计划执行过程中，通过信息反馈进行监督与控制，以保证达到预定的计划目标。

2. 网络图的构成

网络图是因其形状与网络相似而得名，它是表达一项计划的进度安排、各项活动(工序)之间的相互衔接关系以及所需时间、资源的图解模型。网络图的构成，主要由活动、事项和线路 3 个部分构成。

(1) 活动(工序)。活动是用箭头线表示的，箭尾表示活动的开始，箭头表示活动前进的方向，箭头线上部注明活动的名称，箭头线下部标明活动所需的时间。一般情况下，箭头线的长短与时间无关，但在时标网络图中，箭头线的长度应与时间成正比。

网络图中还有一种虚活动，即不存在的虚设活动，它只是用来表示活动之间的相互依存和相互制约的逻辑关系，但不消耗资源，也不占用时间。虚活动用虚箭头线表示，如图 6.3 所示。

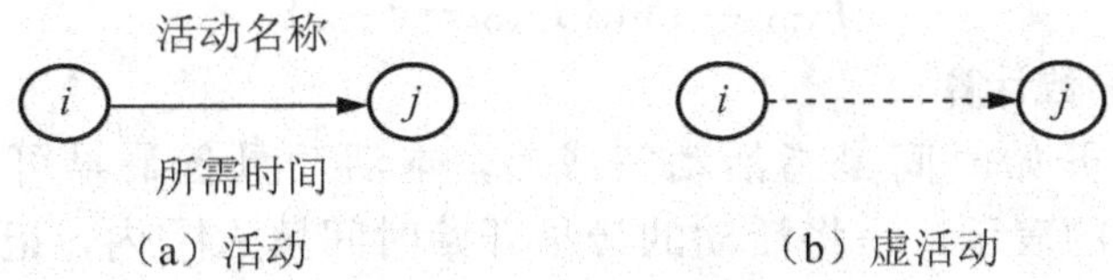

图 6.3　活动和虚活动的表示方法

(2) 事项(结点)。在网络图中，事项表示一项活动的开始和结束，它是相邻活动的分界点和衔接点，即两条或两条以上箭头线的交点，称为结点。事项用标有号码的圆圈表示。

网络图中只有一个始点事项，表示一项工程或任务的最初活动的开始，只有一个终点事项，表示最终活动的结束，其余的事项都具有双重含义，它是前项活动的结束和后项活动的开始。

事项既不占用资源，也不占用时间，仅仅是表示某项活动开始或结束的一个符号。

(3) 线路。线路是指从始点开始，顺着箭头所指的方向，连续不断地到达终点的通道，一般网络图中有若干个通道。线路上各项活动之和称为路长，路长值最大的线路称为关键线路或主要矛盾线，关键线路以外的线路称为非关键线路。关键线路用粗箭头线或双箭头线表示。关键线路上的活动称为关键活动，网络分析主要是找出工程任务的关键线路。

3. 网络图时间的计算

网络图时间计算的目的在于确定图上各活动(工序)和事项(结点)的时间参数，为网络计划的执行、优化提供明确的时间概念。计算网络时间参数的内容包括：各结点的最早开始时间和最迟结束时间；各项活动的最早开始、最迟开始、最早结束、最迟结束时间；时差及关键路线的时间周期。

1) 结点时间参数的计算

(1) 结点的最早开始时间是指从结点开始的各项活动最早可能开始的时间，用 $T_{E(j)}$ 来表示。在图上的表示，是将结点最早开始时间填入□内，记在结点的上方或下方。计算结点的最早开始时间，从网络的始点开始，始点的最早开始时间记为 0，其余结点的最早开始时间则按结点编号由小到大的顺序，用加法逐一推算，直至网络终点。如遇结点前有数条箭头线时，应选取这些箭头线的箭尾结点的最早结束时间与其活动时间之和的最大值，计算公式如下：

$$T_{E(j)}=\max\{T_{E(i)}+T_{(i,j)}\}$$

(2) 结点的最迟结束时间是以该结点为结束的各项活动、为了不至于推迟计划的完成时间、最迟必须结束的时间，用 $T_{F(i)}$ 表示。在图上的表示，是将结点的最迟结束时间填入△内，记在结点的上方或下方。计算结点的最迟结束时间，应从网络的终点开始，终点的最迟结束时间与最早开始时间相等，也是计划的完成时间。其余结点的最迟结束时间则按结点编号从大到小的顺序，用减法逐一推算，直至网络始点。如遇结点后面有数条箭头线时，应选取这些箭头线的箭头结点的最迟结束时间与其活动时间之差的最小值，计算公式如下。

$$T_{F(i)} = \min\{T_{F(j)} - T_{(i,j)}\}$$

2）活动的时间参数计算

（1）活动的最早开始时间是指活动完成后，本活动具备最早可能开始的时间，用 $T_{ES(i,j)}$ 表示。在图上的表示，是将活动的最早开始时间填入□内，记在箭头线尾端的上方。该时间值可用它的箭尾结点的最早结束时间来表示，计算公式如下。

$$T_{ES(i,j)} = T_{E(i)}\text{。}$$

（2）活动的最早结束时间是本活动最早可能完工的时间，用 $T_{EF(i,j)}$ 表示。在图上的表示，是将活动的最早结束时间填入□内，记在箭头线头端的上方。一项活动最早结束时间就是其最早开始时间加上活动时间，计算公式如下。

$$T_{EF(i,j)} = T_{ES(i,j)} + T_{(i,j)}$$

（3）活动的最迟结束时间是指本活动最迟必须结束的时间，用 $T_{LF(i,j)}$ 表示。在图上的表示，是将活动的最迟结束时间填入△内，记在箭头线头端的下方。在不影响紧后活动按期开工的情况下，计算公式如下。

$$T_{LF(i,j)} = T_{L(j)}$$

（4）活动的最迟开始时间。它是指在不影响紧后活动按期开工的情况下，本活动最迟必须开始的时间，用 $T_{LS(i,j)}$ 表示。在图上的表示，是将活动的最迟开始时间填入△内，记在箭头线尾端的下方。一项活动的最迟开始时间等于其最迟结束时间减去活动的时间，计算公式如下。

$$T_{LS(i,j)} = T_{LF(i,j)} - T_{(i,j)}$$

3）时差和关键线路

计算各项活动的最早开始和结束时间、最迟开始和结束时间，其目的之一就是要分析各项活动在时间配合上是否合理、衔接是否紧凑、是否有潜力可挖。在一项工程计划中，总是有一些活动在时间衔接上紧密相连、环环相扣，如果其中任何一个环节延误了时间，就会影响整个计划按期完成。但也有一些活动环节，它们的开始与结束在允许的时间范围内提前或推迟对后续环节或整个工程完工期限没有影响，说明它们在时间上有一定的机动性。为了判断这一情况，就需要计算时差。时差又称机动时间或宽裕时间，它分为总时差和单时差。

（1）活动总时差 $R_{(i,j)}$。某项活动在不影响整个工程完工期限的条件下，可以推迟的机动时间，称为活动的总时差，用 $R_{(i,j)}$ 表示，其计算公式为

$$R_{(i,j)} = T_{LS(i,j)} - T_{ES(i,j)} = T_{LF(i,j)} - T_{EF(i,j)}$$

根据结点时间参数与活动时间参数的计算关系，活动的总时差还可以表示为

$$R_{(i,j)} = T_{L(j)} - T_{E(i)} - T_{(i,j)}$$

总时差在网络图的有关线路中，可以储存起来，互相串用。在一条线路上可能有几个活动都存在着总时差，但线路的总时差是取其中的最大者，而不是各活动的总时差之和。总时差为零的活动是关键活动，将它们连接起来就是关键线路。

（2）单时差。单时差是指该活动在不影响紧后活动的最早开始时间的前提下，存在的机动时间，用 $r_{(i,j)}$ 表示。其计算公式为

$$r_{(i,j)} = T_{E(j)} - T_{E(i)} - T_{(i,j)}$$

活动的单时差只能为本活动所用，不能给其他活动使用，因此单时差为零的活动，不一定是关键线路。

(3) 关键线路。确定关键线路的方法有最长线路法和时差法两种。最长线路法是从所有线路中找出最长的线路作为关键线路，这种枚举法只可应用在比较简单的网络中。当图形较为复杂时，容易出现错误。另外也可以通过结点的最早开始时间来找出最长线路。具体方法是从始点按编号由小到大的顺序计算出所有结点的最早开始时间，终点最早开始时间就是代表着最长线路的路长，同时也代表着整个工程的完工期。只要逆向去寻找该时间路长求得路径，追根寻源直至始点，这样就能找出关键线路。时差法也是确定关键线路的比较好的方法。其做法是首先计算各项活动的总时差，然后将总时差为零的各项活动连接起来，即为关键线路。关键线路在图中要用双箭头线或粗箭头线表示，以示醒目，便于在计划实施过程中加强管理、严格控制，以保证计划的按期完成。

例 1：某项工程的作业程序及所需时间，见表 6-1。

表 6-1　某工程的服务业程序及所需时间

作业名称代号	A	B	C	D	E	F	G	H	I	L
紧前作业	—	A	A	B	B	C	C	E、F	D、E、F	G
作业时间	4	8	2	6	5	6	8	15	4	6

根据资料绘制网络图；计算各事项最早开始时间和最迟结束时间；计算活动时差；确定关键线路与总工期。

解：第一步，绘制网络图，如图 6.4 所示。

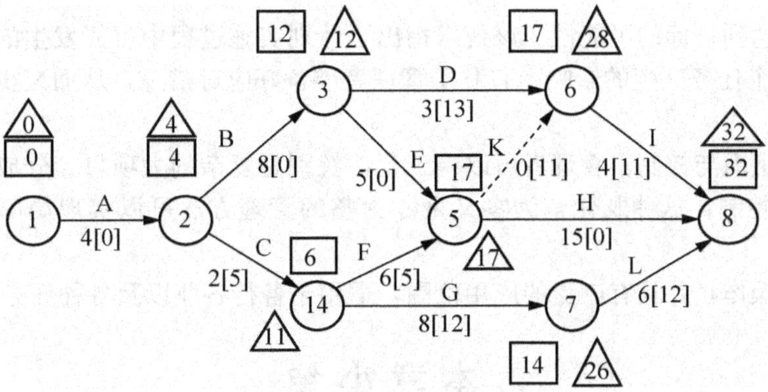

图 6.4　某工程作业计划网络图

第二步，活动时间参数计算。按公式计算出各结点最早开始时间，再计算出结点最迟结束时间，并标在图中的“□”、“△”内。

第三步，活动总时差计算。用每一活动上最迟结束时间减去最早开始时间，即用该活动箭头所指结点“△”中的数减去该活动箭尾结点“□”的数，再减去活动时间，即为该活动总时差，将时差值记在图中［　］内。如：

A 活动总时差 $R_{(1,2)}=T_{L(1,4)}-T_{E(1,4)}-T_{(i,j)}=4-0-4=0$ 天

B 活动总时差 $R_{(2,3)}=12-4-8=0$ 天
C 活动总时差 $R_{(2,4)}=11-4-2=5$ 天
D 活动总时差 $R_{(3,6)}=28-12-3=13$ 天
E 活动总时差 $R_{(3,5)}=17-12-5=0$ 天
F 活动总时差 $R_{(4,5)}=17-6-6=5$ 天
G 活动总时差 $R_{(4,7)}=26-6-8=12$ 天
H 活动总时差 $R_{(5,8)}=32-17-15=0$ 天
K 活动总时差 $R_{(5,6)}=28-17-0=11$ 天
I 活动总时差 $R_{(6,8)}=32-17-4=11$ 天
L 活动总时差 $R_{(7,8)}=32-14-6=12$ 天

第四步，关键线路的确定。通过计算可知总工期为 32 天，关键线路为总时差为 0 的所有活动组成的线路，即 A、B、E、H 活动。

4. 网络计划技术的评价

网络计划技术虽然需要大量而繁琐的计算，但在计算机广泛运用的时代，这些计算已大都程序化。这种技术之所以被广泛地运用是因为它有一系列的优点。

(1) 能清晰地表明整个工程的各个项目的时间顺序和相互关系，并指出了完成任务的关键环节和路线。因此，管理者在制订计划时可以统筹安排，全面考虑，又不失重点。在实施过程中，管理者可以进行重点管理。

(2) 可对工程的时间进度和资源利用实施优化。在计划实施过程中，管理者调动非关键路线上的人力、物力和财力从事关键作业，进行综合平衡。这既可节省资源又能加快工程进度。

(3) 具有达到目标的可能性。该技术指出了计划实施过程中可能发生的困难点以及这些困难点对整个任务产生的影响，有利于管理者准备好应对措施，从而减少完不成任务的风险。

(4) 便于组织与控制。管理者可以将工程，特别是复杂的大项目，分成许多支持系统来分别组织与控制，这种既化整为零又聚零为整的管理方法可以实现局部和整体的协调一致。

(5) 易于操作，并具有广泛的应用范围，适用于各行各业以及各种任务。

本章小结

本章主要介绍了计划的概念、性质和类型，计划的编制过程，计划的组织实施方法等。计划的概念、性质和类型主要介绍了计划的概念包括计划与计划工作，计划具有目的性、首要性、普遍性、效率性。计划的类型可以根据不同标准进行划分。计划的编制过程主要介绍了确定目标、确定前提条件、确定备择方案、评价备择方案、选择方案、制定派生计划以及编制预算这几个基本步骤。计划的组织实施方法主要介绍了目标管理法、滚动计划法、网络计划法。

练　习　题

一、单项选择题

1. 为保证总体战略目标的实现而作出的、旨在解决组织局部重要问题的决策是(　　)。

A. 战略决策　B. 管理决策　C. 业务决策　D. 程序化决策

2. 如果你是公司的总经理，当企业出现以下几件事需要作出决策时，你将把主要精力放在哪件事上(　　)。

A. 原材料的采购　B. 资金的安排　C. 组织结构的调整　D. 生产计划的制订

3. 企业计划工作的前提条件可分为企业可控制的和企业不可控制的。下列哪个(些)条件是企业可控制的？(　　)

A. 未来市场价格水平　B. 税收和财政政策

C. A和B　D. 产品投放市场的时机

4. 企业计划从上到下可分成多个层次，通常越低层次目标就越具有(　　)特点。

A. 定性和定量结合　B. 趋向于定性　C. 模糊而不可控　D. 具体而可控

5. 计划制订中的滚动计划法是动态的和灵活的，它的主要特点是(　　)。

A. 按前期计划执行情况和内外环境变化，定期修订已有计划

B. 不断逐期向前推移，使短、中期计划有机结合

C. 按近细远粗的原则来制定，避免对不确定的远期做过早过死的安排

D. 以上三方面都是

6. 以下哪一个不仅是计划工作的终点，而且也是组织工作、人事工作、领导工作和控制活动所要达到的结果(　　)。

A. 宗旨　B. 目标　C. 政策　D. 预算

7. 狭义的计划指的是(　　)。

A. 执行计划　B. 制订计划　C. 计划准备　D. 检查计划

8. 涉及计划工作的基本特征的下列各种说法中，错误的是(　　)。

A. 计划工作普遍存在　B. 计划工作居首要地位

C. 计划是一种无意识形态　D. 计划工作要讲究效率

9. 目标管理的提出者是(　　)。

A. 泰罗　B. 法约尔　C. 韦伯　D. 德鲁克

二、多项选择题

1. 德鲁克目标管理的基本思想是(　　)。

A. 重视成果评价　B. 自我控制　C. 强调职工培训　D. 进行评价和奖励

2. 广义的计划工作是指(　　)。

A. 制订计划　B. 选择计划　C. 执行计划　D. 检查计划

3. 影响计划工作重点的权变因素有(　　)。

A. 组织层次　B. 组织的生命周期

C. 环境的波动性　　　　　　　　　　　D. 组织文化

4. 从完整意义上来说，目标是组织在一定时期内通过努力争取达到的理想状态或期望获得的成果，它包括组织的(　　)。

A. 任务　　　　　B. 目的　　　　　C. 指标的时限　　　　D. 具体的目标项目

三、判断题

1. 计划就是一个组织要做什么和怎么做的行动指南。　(　　)

2. 宗旨、战略、预算都是计划的表现形式。　(　　)

3. 古人云："运筹于帷幄之中，决胜于千里之外"这里的"运筹帷幄"反映了管理中的组织职能。　(　　)

四、简答题

1. 计划与决策的关系如何？

2. 计划工作的程序是？

3. 目标管理的特点是什么？

4. 目标管理有哪些缺陷？

5. 计划在企业经营中具有哪些作用？还有哪些局限性？

案例应用分析

科宁公司的中短期计划

科宁是美国一家创建最早的公司之一，主要经营玻璃制品的生产和加工。科宁公司成功制造了第一个电灯泡。科宁公司一直由其创始人科尼家庭掌管，并一直以制造和加工玻璃为重点。然而，科宁的这种经营战略也给它带来了许多问题：它的骨干产品——灯泡生产在30年前曾占领1/3的美国灯泡市场，而今天却丧失了大部分市场；电视显像管的生产也因面临剧烈的竞争而陷入困境。这两条主要产品线都无法再为公司获取利润。面对这种情况，公司既希望开辟新的市场，又不愿意放弃其传统的玻璃制品的生产和加工。因而，公司最高层领导制定了一个新的战略计划。计划包括3个主要方面：第一，缩小类似灯泡和电视显像管这种低产的部门；第二，减少因市场周期性急剧变化而浮动的产品的生产；第三，开辟具有挑战性又具有巨大潜在市场的产品。

计划的第三方面又包括3个新的领域：第一个领域是开辟光波导器生产——用于电话和电缆电视方面的光波导器和网络系统以及高级而复杂的医疗设备等，希望这方面的年销售量能达到40亿美元。第二个领域是开辟生物工艺技术，这种技术在食品行业大有前途。第三个领域是利用原有优势，继续制造医疗用玻璃杯和试管等，并开拓电子医疗诊断设备，希望在这方面能达到全国同行业中第一或第二的地位。

科宁公司还有它的次一级目标。例如，目前这个公司正在研发一条较复杂的玻璃用具生产线，并想在不发达国家扩展业务。很明显，科宁在进行着一个雄心勃勃的发展计划。公司希望通过提高技术，提高效率，以获得更大的利润。

但是，在进行新的冒险计划中，科宁也碰到了许多问题。例如，如果科宁真要从光波导器和生物控制等方面获得成功的话，就必须扩大其经营领域。同时科宁给人的印象是要保持其原来的基础，而不是为了获取利润。

问题：你能分别列出科宁公司的中、短期计划吗？

阅读材料

新宇化工公司的目标管理

新宇化工公司是一个地方中型企业，在实行目标管理之前，公司领导总感到职工的积极性没有最大限度地发挥出来，上下级之间关系也比较紧张，管理很不顺畅。所以公司效益从1993年以来连续下滑。为了从根本上扭转这种被动的管理局面，从管理中获得效益，公司领导班子达成共识，从“九五”计划第一年(1996年)开始在公司实行目标管理。

一、确定目标

新宇化工公司根据企业“九五”计划的总体要求来确定公司的总目标。总目标包含以下4个方面，并尽量用定量指标来表达，目标又分期望和必达两种，分别如下(以1996年为准)。

1. 对社会贡献目标。新宇化工公司作为一个地方化工企业，不仅要满足地区经济发展的物质要求，而且要满足人民群众对化工产品需求的不断增长。具体指标为：总产值7 914万元必达，期望8 644万元；净产值1 336万元必达，期望1 468万元；上缴税收517万元必达，期望648万元。

2. 市场目标。随着市场经济的发展与深入，化工产品市场竞争越来越激烈。新宇公司在本省是具有竞争力的企业，所以在力图巩固现有市场份额的基础上，要强化市场营销策略，不断扩大销售量，并开拓外省(市)市场，从而提高市场占有率。销售指标：期望年增8%～10%，必须达到年增6%～7%；市场占有率指标：期望达到38%，必须达到34%。

3. 公司发展目标。新宇公司根据“九五”计划发展规划，确定其发展目标为：销售收入6 287万元必达，期望达到7 100万元，且年增6%～8%；资产总额650万元，且年增10%～12%；必须开发5个新系列化工产品，期望开发6个新产品系列；职工人数年增长3%，且实行全员培训，职工培训合格率必达85%，期望98%。

4. 公司利益和效益目标。确定的具体指标如下：利润总额480万元，期望实现540万元；销售利润率7.6%，期望达到8.5%；劳动生产率年增85%，期望年增105%；成本降低率递减5%；合格品率达到92%，期望达到95%；物质消耗率年下降7%；一级品占全部合格品比重达50%，期望达到60%。

二、目标分解

新宇化工公司对总目标的每一个表达指标，都按纵横两个系统从上至下层层分解。从横向系统看，即公司每一个职能部门都细分到各自的目标，并且一直到具体的科室人员。从纵向系统看，从公司总部到下属车间、段、班组直至每个岗位工人都要落实细分的目标。由此形成层层关联的目标连锁体系。

现以公司实现利润总额480万元为例，对其目标进行分解。为确保1995年实现利润总额480万元，经过分析取决于成本的降低，而成本降低又分解为原材料成本、工时成本、废品损失和管理费用4个第三层次的目标，然后继续分解下去，共细分成96项具体目标，涉及降低物耗，提高劳动生产率，保证和提高产品质量以及管理部门节约高效的具体要求。最后按归类分级原则落实到责任单位和责任人。

三、执行目标

新宇化工公司按照目标管理的要求，让各目标执行者“自主管理”，使其能在“自我控制”下充分发挥积极性和潜能。为职工实现自己的细分目标创造一个宽松的管理环境，不再强调上级对下属严密监督和下级任何事情都必须请示上级才行动的陈旧管理模式。

在此阶段，新宇化工公司领导注重做到了以下几点。

1. 对于大多数公司所属部门和岗位，都进行充分的委权和放权，提高自主管理和自我控制的水平。对于极少数下属部门和岗位，上级领导对下属部门和成员仍进行一定的监督，以确保这些关键部门和岗位的目标得以实现。

2. 公司建立和健全了自身的管理信息系统，创造了执行目标所需的信息交流条件，使得上下级和平级之间的不同单位、部门、人员都能在执行各自目标的过程中得到信息支持。

3. 公司各级领导人员对下属及成员并不是完全放任不管。他们的职责主要表现在以下几个方面：一是为下属创造良好的工作环境；二是对下级部门和下属人员做好必要的指导和协调；三是遇到例外事项时，上级要主动到下属中去协商解决，而不是简单下指令。

在上述新宇公司成本降低的96项具体目标落实到公司有关部门和个人后，他们就按各自目标制定具体实施方案。实施方案包括执行目标所需的权限、工作环境、信息交流渠道、工作任务、计划进度、例外事项处理原则等。在每天的工作中，每个目标执行者都要问自己，我今天要做到些什么才能对自己目标的完成做出贡献？然后对每天的工作和时间进行最佳组合安排，尽可能取得最大工作效率。

四、评定成果

新宇化工公司在进行目标管理时，很重视成果评定。当预定目标实施期限结束时(一般为一年)，就大规模开展评定成果活动。借以总结成绩，鼓励先进，同时发现差距和问题，为更好地开展下一轮的目标管理打好基础。

新宇化工公司强调评定成果要贯彻3项原则：一是以自我评定为主，上级评定与自我评定相结合；二是要考虑目标达到程度、目标的复杂程度和执行目标的努力程度，并对这3个主要因素进行综合评定；三是按综合评定成果进行奖励，体现公平、公正的激励原则。

例如，三车间聚丙乙烯产品成本目标是6 500元/吨，公司考核部门的标价标准是：达到6 500元，得100分；降至6 400元/吨以下，得120分；超过6 600元/吨，得10分；处在6 500元/吨至6 600元/吨之间时，得50分。三车间全体职工经过一年奋斗，最终自评成绩是120分，成功使成本降至6 400元/吨以下，在达到目标程度这一因素上取得了最优级，并经过公司考核部门认可。

成本是一个综合项目，涉及企业管理的许多方面。三车间的成本目标定为6 500元/吨，确属于比较复杂、困难、繁重的目标。公司考核部门在制订评价标准时，把6 500元/吨订为难度比较大的目标，记为100分；6 400元/吨以下为难度极大的目标，记为120分；6 600元/吨以上为较为容易目标，记为10分。在评定时，影响成本的环境和条件没有大的改变。所以，三车间和公司考核部门一致确认，6 500元/吨的成本目标应记为100分。

在评定执行目标的努力程度时，公司考核部门也制订了很努力、比较努力、一般努力三个等级，分值分别是120分、100分和80分。三车间自评结论是在全车间同心协力，努力奋斗一年，应该记120分。

当然，在确定目标的复杂程度和执行的努力程度时，公司考核部门都有一些更多的细分指标和因素来衡量。比如，执行努力程度要看出勤率、工时利用率，合理化建议多少等。

对于不同层级的部门和岗位，3个因素在评定成果中所占的比例有所不同。一般越是上级职位和部门，第一要素所占比重越大。本例三车间属基层部门，可按5∶3∶2比例，对其成果分值予以最终确定。

三车间综合评价分＝120×50％＋100×30％＋120×20％＝114(分)

(目标达到程度)(目标复杂程度)(执行中努力程度)

由于三车间进行的目标管理成绩很大，新宇化工公司对其进行了表彰和奖励。三车间每个职工也通过评定成果，做了一次认真全面系统的总结。每个职工也有自己细分目标的评定结果，成绩并非完全相同。所以后进职工认真总结教训和学习先进职工的经验，以便把下一轮目标管理搞好。

新宇化工公司执行目标管理的第一年就取得了丰硕成果。公司总目标都超额实现，总产值达到8 953万元，净产值达1 534万元，上缴税收680万元。总目标中对社会贡献的目标全部超过期望目标。在市场目标方面：1996年比1995销售量增长9％，市场占有率达到35％，都超过了必达目标。在公司发展目标方面：销售额达到7 130万元，比上年增长85％；资产总额730万元，比上年增长15％；已开发出6个新品种系列；职工培训上岗合格率达到93％。在公司利益和效益目标上，已实现利润总额630万元，其他各项经济效益指标也全部达到、甚至超过预定目标。

同时，公司内部的上下级关系和人际关系也开始变得融洽、和睦，职工群众的积极性、主动性、创造性得以真正的发挥。全公司呈现出一种同心协力、努力奋斗，力争实现公司目标的新景象。

第3篇 组 织

第7章 组织设计

教学目标

通过本章的学习，使学生对组织职能有一个基本的认识和了解，掌握组织结构的类型，了解组织设计的任务、原则，组织设计的影响因素。掌握组织部门化的基本原则与组织部门化的基本形式。理解组织的层次化和管理幅度的关系，集权与分权、授权的不同。

教学要求

知识要点	能力要求	相关知识
组织与组织设计	(1) 理解组织设计的任务和原则 (2) 理解组织设计的影响因素	(1) 组织设计的任务 (2) 组织设计的原则 (3) 组织设计的影响因素
组织横向设计	(1) 理解组织部门化的基本原则 (2) 掌握组织部门化的基本形式	(1) 组织部门化 (2) 组织部门化的基本形式
组织纵向设计	(1) 理解组织的层次化和管理幅度的关系 (2) 掌握集权与分权、授权的关系	(1) 层次化和管理幅度的关系 (2) 集权与分权 (3) 授权

对于一个经理人来说，最要紧的不是你在场时的情况，而是你不在场时发生了什么。

——美国管理学家R·洛伯

基本概念

组织　组织结构　组织部门化　矩阵制　网络制　管理幅度　管理层次　扁平结构　锥型结构　集权　分权　授权

导入案例

通用公司的“分家”

20世纪20年代的通用汽车公司由于组织规模扩大，组织层次不断增加，当时，公司采取的还是职能制的组织结构，组织效率变得很低，问题层出不穷，导致公司几乎濒临破产。在这种情况下，通用进行了“分家”，试图寻求解决问题的办法。

由于传统的职能制无法维系这样一个巨大的机构，只好把下属的各个单位分成相对独立的一些子部门。战略对外关系、财务等由公司统一管理，但是在具体的运营上则赋予下级单位以相当大的自主权。这种分家式的办法使管理上出现了一种新的组织结构形式，解决了当组织规模扩大到一定程度以后职能制所不能解决的一些问题。

“斯隆模式”这种事业部制组织结构是美国通用汽车公司总裁斯隆于1924年提出的，目前已成为大型企业、跨国公司普遍采用的组织结构，是一种分权式的企业组织形式。企业针对不同的生产经营活动按照产品或地区的不同建立不同的经营事业部，同时，对内每个经营事业部均是一个独立的利润中心，在总公司领导下，实行统一管理、分散经营、独立核算、自负盈亏的经营。

点评：组织是由结构来决定其形状的。

以前，中国存在很多大户人家，正所谓“四世同堂”，难免存在各种各样的矛盾，通常这时“分家”是一个很好的解决办法。在一个公司内，每个组织之间的关系就好像是个大家庭，成员中的兄弟姐妹应该和和气气，团结一致。若发生什么不愉快的事，大家应开诚布公地解决。因为大家都在同一个公司内服务，一旦某个组织溃不成军时，其他组织也将深受其害。

7.1　组织与组织设计

管理人员一旦确定了组织的基本目标和方向，并制订了实施计划和步骤之后，就必须设计和维持一种结构，这种结构能把各类人员按不同的管理目的、职能和区域系统地组成一个能够协调活动的、有成效的整体，这就是组织的职能。

7.1.1　组织设计的必要性分析

组织可以从不同角度去解释和理解。从动态方面看，组织是按照管理目标和任务的要求，对管理要素和管理环节进行配置和协调的过程。这个过程是在组织实体架构的基础上，按照组织的规范性和准则进行的，是一种再创造的组织艺术过程。从静态方面看，组织是按照管理目标和任务的要求，对管理要素和管理环节进行配置和协调的有机整体。组织一般泛指各种各样的社会组织或事业单位，例如工厂、学校、商店、慈善机构、政府机构等。一般而言，组织是指在一定环境下，为了实现共同的目标，在分工与协作的基础上按照一定的职权制度构成的有机整体。这里包含以下几层含义。

(1) 组织是由人群构成的有形的实体，如企业。在这一群体内，组织按照一定的分工与协作原则划分权责关系，以确定组织成员与项目活动之间的关系。

(2) 有共同的目标。目标是组织存在的理由，也是维持组织凝聚力的纽带。无论哪一类组织，都必须围绕既定目标进行资源配置活动，以是否能达到目标为衡量组织绩效的标准。

(3) 一定的职权关系与责任制度。这是组织职能特有的内容，是由分工与协作原则决定的，是达成组织目标的重要保证。

组织结构也是决定组织效率的重要因素。建立一个组织的根本目的是为了能有效地实现组织的目标，提高工作效率。著名管理学家哈罗德·孔茨(Harold Koontz)认为："建立组织结构的目的是建立起一种能使人们为了实现组织目标而在一起以最佳的方式工作，履行职责的正式体制。"组织结构描述了组织的框架体系，就像人类由骨骼确定体形一样，组织是由结构来决定其形状的。

个体劳动者和手工作坊不存在组织结构问题。个体劳动者需要安排的只是自己的活动、自己的时间和资源的分配；手工作坊或规模很小的其他社会组织，其主管可以直接管理每一个成员的活动。但是，在一个拥有数百、上千乃至几万人的大型现代社会组织中，由于时间和精力的限制，主管人员不可能直接地、面对面地安排和指导每个成员的工作，而需要委托他人分担管理工作。委托多少人？委托什么样的人？每个受委托人从事何种性质的工作？他们在工作中的关系以及与委托者的关系如何？要解决这些问题，就需要设计组织的机构和结构，确定管理职务的类型和组合方法，规定工作任务和相互关系。

可以说，组织结构的必要性和重要性是随着组织活动内容的复杂性和参与活动的人员数量的增加而不断提高的。同时，组织结构本身也不会一成不变。

由此可见，所谓组织结构就是组织中正式确定的，使组织任务得以分解、组合与协调的职权框架体系，即横向的部门联系与纵向的层次关系。

管理案例

联想的组织结构选择

昨天的成功不能保证今天和明天的成功。因为昨天的经验可能已经不适应今天的形势。因此，在科技、社会日新月异的今天，企业要想生存和发展，就必须根据内外环境的变化，及时调整组织结构，绝不能因循守旧，故步自封。在短短十几年时间里，联想的组织结构变了好几次：从大船结构到舰队模式；从众多的事业部到整合为六大子公司；从北京联想、香港联想分而治之到统一平台……联想几乎每年都在变。但经过几次"折腾"，联想已经摆脱了大多数民营企业小作坊式的经营模式，走向大集团、正规化、协同作战的现代企业管理模式。通过调整，联想不断打破阻碍自己发展的"瓶颈"，从而不断走向成熟。

7.1.2 组织设计的任务和原则

1. 组织设计的任务

组织设计的任务是设计组织结构和编制职务说明书。组织结构是指组织的各部门之间，根据权责而确定的从属和并列关系的一种模式。组织结构的特征包括：①复杂性。复杂化是指组织分化的程度，一个组织越是进行细致的劳动分工，具有越多的纵向等级层次，组织单位的地理分布越广泛，则协调人员及其活动就越困难。②规范性。规范化就是组织依靠规则和程序引导员工行为的程度，有些组织的规范准则较少，其正规化的程度就较少；而另一些组织，规模虽然很小，却具有各种规定，指示员工可以做什么和不可以做什么，这些组织的正规化程度就较高。③集权性。集权化是决策制定权的集中程度，在一些组织中，决策是高度集中的，问题被自下而上传递给高级经理人员，由他们制订合适的行动方案；而另一些组织，则将其决策制定权授予下层人员，这称为分权化。职务说明书要求能简单明确地指出该职务的工作内容、职责和职权，与组织中其他部门和职务的关系，要担任该职务的人应拥有的基本素质、技术和知识、工作经验、处理问题的能力等条件。

特别提示

大型组织具有更高的规范化程度，原因是大型组织更依靠规章、程序和书面工作去实现标准化和对大量的雇员与部门进行控制。与之相反，小型组织则可以通过管理者的个人观察进行控制。

为了达到组织设计的理想效果，组织设计者需要完成以下几项工作。

1）职能与职务的分析和设计

组织首先需要将总的任务目标进行层层分解，分析并确定为完成组织任务需要哪些基本的职能与职务，然后设计和确定组织内从事具体管理工作所需的各种职能部门以及各项管理职务的类别和数量，分析每位职务人员应具备的资格。在创构组织时，可以根据组织的宗旨、任务目标以及组织内外环境的变化，自上而下地确定组织运行所需要的部门、职位及相应的权责。另外，组织设计也可以根据组织内部的资源条件，在组织目标层层分解的基础上从基层自下而上地进行。

2）部门设计

部门设计，即组织横向设计。根据每位职务人员所从事的工作性质不同以及职务间的区别和联系，根据组织职能相似、活动相似或关系紧密的原则，将各个职务人员聚集在“部门”这一基本单位内。组织活动的特点、环境和条件不同，划分部门所依据的标准也不同。对同一组织来说，在不同时期不同战略目标指导下，划分部门的标准可以根据需要进行动态调整。

3）层级设计

层级设计，即组织纵向设计。在职能与职务设计以及部门划分的基础上，必须根据组织内外能够获取的现有人力资源情况，对初步设计的职能和职务进行调整和平衡，同时要根据每项工作的性质和内容，确定管理层级并规定相应的职责、权限，通过规范化的制度安排，使各个职能部门和各项职务形成一个严密、有序的活动网络。

[讨论题] 如何设置学校的社团机构?

2. 组织设计的原则

组织设计是一个科学的运作过程，必须遵守以下基本原则。

1）目标导向原则

任何一个组织都有其特定的任务和目标，组织设计者的根本目的是为了保证组织的任务和目标的实现，组织设计者的每一项工作都应以是否对实现目标有利为标准。因此在进行组织设计时，首先要明确组织确立的任务和目标。

2）统一指挥原则

统一指挥原则就是要求每位下属应该有一个并且仅有一个上级，要求在上下级之间形成一条清晰的指挥链。它有两层含义：一是指自上而下统一指挥，自下而上统一领导，任何下级只能接受一个上级的统一领导，上级指示从上到下逐级下达，这样可以避免多头领导、令出多门的混乱现象；二是把组织建成一个统一整体，整个指挥系统形似一个金字塔，这对于规模较大的组织来说非常重要，组织规模大、内部分工细、层次划分多，就容易出现交叉、重叠的现象，统一指挥的原则就越发显得重要。

但是，这条重要的原则在组织实践中常遇到来自多方面的破坏，最常见的有两种情况。图 7.1 表明了组织中各个职务之间的等级关系。

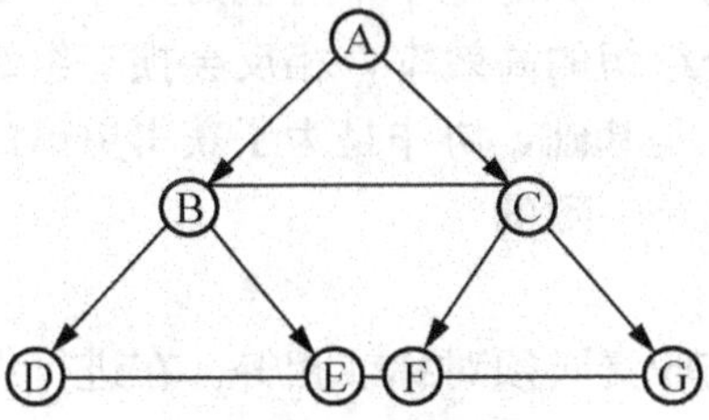

图 7.1　等级关系

(1) 在正常情况下，D 和 E 只接受 B 的领导，F 和 G 只服从 C 的命令，B 和 C 都不应闯入对方的领地。但是，如果 B 也向 F 下达指令，要求他在某时某刻去完成某项工作，而 F 也因其具有与自己的直系上司 C 相同层次的职务而服从这个命令，则出现了双头领导的现象。这种在理论上不应出现的现象，在实践中却常会遇到。

(2) 在正常情况下，A 只能对 B 和 C 直接下达命令，但如果出于“效率”和速度的考虑，为了纠正某个错误，或及时停止某项作业，A 不通过 B 或 C 而直接向 D、E 或 F、G 下达命令，而这些下属的下属对自己上司的上司的命令，在通常情况下是会积极执行的。这种行为经常反复，也会出现双头或多头领导的现象。这种越级指挥的现象给组织带来的危害是极大的，它不仅破坏了命令统一的原则，而且会引发越级请示的行为。长此下去，会造成中层管理人员在工作中的犹豫不决，增加他们的依赖性，诱使他们逃避工作，逃避责任，最后会导致中间管理层乃至整个行政管理系统的瘫痪。

为了防止上述现象出现，在组织设计中要根据一个下级只能服从一个上级领导的原则，将管理的各个职务形成一条连续的指挥链；在组织实践中，在管理体制上，要实行各级行政首长负责制，减少甚至不设各级行政主管的副职。

3）管理幅度原则

管理幅度也称为管理跨度，是指每一个领导者能够直接指挥和监督的下属人员的数量。任何一个组织的最高主管，由于受到时间、精力、知识的限制，如果事必躬亲，往往会事倍而功半，管理幅度原则要求一个领导人要有一个适当的管理幅度。

知识链接

法国早期的管理学家格拉丘纳斯(V. A. Graicunas)在1933年指出，管理幅度以算术级数增加时，管理和下属间可能存在的相互交往的人际关系将以几何级数增加。在一定的管理幅度下可能存在的联系人员总数或人际关系人员总数可用如下公式来表示。

$$N = n(2^{n-1} + n - 1)$$

上式中：N为可能存在的人际关系人员总数，n为管理幅度。

4）专业化分工与协作原则

随着组织规模的扩大和市场竞争的加剧，组织的活动日益复杂化，而人的知识和经验总是有限的。在这种情况下，为了有效地完成自己的工作，就必须实行分工协作，使每个人仅仅担当一种主要职能，专门从事某一方面的专业工作。分工不是目的，仅仅是手段，是为了提高效率的手段，在强调专业分工的时候，不要忘记协作。只要有分工，就必然会产生协作的需要。因为管理的各种职能是一个有机的整体，是不可分割的。如果只讲分工而不讲协作，仍然不会有整个组织的高效率，相反会损害组织的统一性。在专业化分工的基础上实行高度的协作，分工是基础，协作是为了获得更高的效率。因此，分工与协作是一个问题的两个方面，其目的是一致的。

5）权责对等原则

权责对等原则是指职权与职责必须对称或相等。在进行组织设计时，既要明确每一个管理层次和各个部门的职责范围，又要赋予其完成职责所必需的管理权限，两者必须一致。只有职责，没有职权或权限太小，则其职责承担者的积极性、主动性必然受到束缚，实际上，也不可能承担起应有的责任；相反，只有职权而无任何责任，或责任程度小于职权，将会导致滥用权力和“瞎指挥”，产生官僚主义等。

7.1.3 组织设计的影响因素

组织要生产和发展，必须适应组织内外部的各种变化和冲击，根据所处的条件和环境来设计和调整组织结构。一般来说，影响组织结构设计的因素主要包括组织的环境、战略、技术、规模等。

1. 环境的影响

组织的环境是由外部的可能影响组织的多种机构和因素构成的，主要包括产业、原材料、人力资源、财务资源、市场、技术、经济环境、政府、社会文化和国际部门。环境的不确定性会影响组织的有效性，组织无法轻易改变环境，因此，组织需要从内部进行调整来适应环境，方法之一就是调整组织结构。

环境的不确定性主要体现在两个维度上，一是环境的复杂性，二是环境的动态性。复杂的环境具有较高的异质性，例如，IT 行业的公司的顾客与竞争者都具有较高的异质性，所以环境比较复杂，而烟草行业由于经营商较少、顾客群相对稳定、政府管理机构明确，环境相对简单，烟草公司只需要密切关注有限的范围即可适应竞争。环境的动态性越高，管理人员的决策就越困难，因为难以对各种决策意见的未来结果进行准确预测。图 7.2 利用环境复杂性和动态性这两个维度将环境不确定性进行了划分，而面对不同的环境，组织设计的难度和类型也是不相同的。

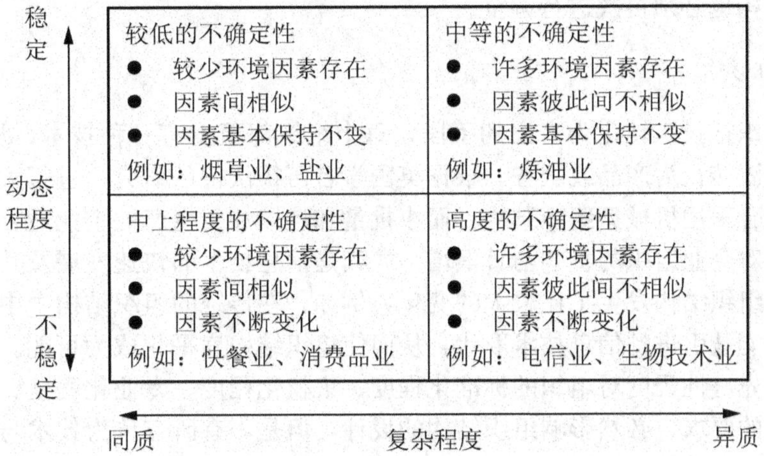

图 7.2 环境的不确定性

在图 7.2 中，左上格代表“同质稳定环境”，在这种环境中很少有意外情况发生，管理者的作用是保证员工持续按照建立的途径和程序工作。管理者和员工在这种环境下比在其他环境下所需的技巧、正规培训和工作经验都要少。右上格代表“异质稳定环境”，这种环境对管理者和员工提出了风险，管理者要能设计相对灵活的组织结构去适应异质环境，但是环境是相对稳定的，因此，正规的培训和固定的呈现就能保障工作的正常开展。左下格代表“同质不稳定环境”，这种环境要求组织的设计是灵活的，经常的变动可以通过合理的技术和适当的分权决策去适应。右下格代表“异质不稳定环境”，这是最困难的组织条件，因为此环境包含了众多不确定性。在所有环境中，此环境要求管理者和员工的经验洞察力和解决问题的能力是最多的，标准的规则和程序只能起到辅助作用，更多的时候要靠人去灵活应对。

环境的不确定性与组织结构有关。英国学者伯恩斯和斯托克曾对英国 20 家工业企业进行研究，考察不同外部环境条件对企业的组织结构模式产生的影响，发现处于急剧变动环境中的组织结构十分灵活，对变化的环境具有高度适应性，强调横向沟通而不是垂直沟通，这种组织结构称为“有机式组织”；处于稳定环境中的组织结构称为“机械式组织”，这种组织结构具有高度的复杂化、正规化和集中化的特点。

2. 战略的影响

组织的战略决定着组织的全局方针和政策，指引着组织总目标的实现，而组织结构是为实现组织目标服务的，是实现组织战略目标的手段之一。因此，组织结构与组织战略是紧密联系在一起的。钱德勒指出组织战略的变化先行于并且导致了组织结构的变化。组织结构应该服从和服务于组织战略，如果组织战略发生了重大变化，组织结构也应该进行相应的调整，以支持组织战略的变化。例如，简单的战略通常只要求由一种简单的、松散的组织结构来执行这一战略，同时决策可以较多地集中在一个高层管理者手中，对组织的复杂性和正规化程度要求相对较低，但组织发展壮大后，随之而来的是组织战略的调整和变化，组织的活动将在既定的产业内不断扩大，向纵向一体化发展，需要更复杂的协调手段，对组织结构的重新设计提出了要求，随着组织的进一步发展，组织战略向多元化经营转变，组织结构也必须再次进行调整。

3. 技术的影响

技术是组织把投入转化为产出的手段，每个组织都至少有一种技术，从而把人、财、物、信息等资源转化为产品或服务。根据英国学者伍德沃德的研究，进行大批量生产的制造企业通常适合采用机械型组织结构，而小批量和连续加工生产的企业适合采用有机型组织设计。技术对企业组织的影响与日俱增，尤其是信息技术的快速发展及其在企业中的广泛应用，使得组织结构发生了比较大的变化，例如，在传统的组织结构中中间层级的信息上传下达的职能被引进的信息技术取代，从而使组织结构扁平化成为可能。同时，技术的复杂化程度、先进性程度对组织的标准化程度、集权化程度、专业化程度、信息沟通方式等又有着不同的要求，必然影响组织结构的设计，但是，有研究认为技术与组织结构之间的这种关系并非高度相关。

管理案例

范妮·梅

范妮·梅公司(联邦国民抵押协会)是一家非常基本的现代高技术组织，是美国国内最大的家庭抵押的收购者。该公司是建立在主机库中存储的信息基础上的，该计算机存储了大量的贷款信息，允许公司把几百万抵押容易地变为可售证券，然而到了20世纪90年代初期，这些主机和高度集中的管理系统却成了范妮·梅进一步扩展的一大障碍。

由于以华盛顿为基地的公司计算机无法满足增长的工作量的需要，范妮·梅开始重新设计自己。它取消了旧的办事缓慢的集中化部门，取而代之的是在每笔贷款开始时由有联系的财务、营销和计算机专家组成的工作团体。现在2 000多台个人计算机的网络把新的系统连接在一起，新的软件系统使微型机能被经过最少培训的雇员使用。1992年利率下降，家庭再融资开始成为浪潮，范妮·梅掌握的新贷款业务量几乎是前一年的两倍，但仅仅增加了100多名雇员就完成了原先将近3 000人才能完成的工作量，这不能不归功于新的软件系统的应用以及由此带来的组织结构的变化。

4. 组织规模的影响

组织规模对结构具有明显的影响作用。例如，对于产品单一、只有少数人的小企业来说，通常都采用直线制的组织结构。而随着组织规模的扩大，工作专门化程度的提高，组织的复杂性和正规化程度也在提高，但是这种关系不是线性的，规模对结构的影响强度是逐渐减弱的，即随着组织的扩大，规模的影响力也显得越来越不重要了。

7.2 组织横向设计

组织结构设计的实质是按照劳动分工的原则将组织中的活动专业化，而劳动分工又要求组织活动保持高度的协调和一致。协调的有效方法就是组织的部门化。组织的部门划分主要是解决组织的横向结构问题。

7.2.1 组织部门化的基本原则

1. 因人设职与因事设职相结合的原则

为了保证组织目标的实现，必须将组织活动落实到每一个具体的部门和岗位上去，确保“事事有人做”。另外，组织中的每一项活动终归要由人去完成，组织部门设计就必须考虑人员的配置情况，使得“人尽其能”、“人尽其用”。特别是组织需要根据外部环境的变化进一步调整和再设计组织部门结构时，必须贯彻因事设职和因人设职相结合的原则，及时调整与组织环境不相适应的部门和人员，使组织内的人力资源能够得到有效的整合和优化。

[讨论题] 因人设职与因事设职有何区别?

2. 分工与协作相结合的原则

分工与协作是社会化大生产的必然结果，古典的管理理论强调分工是效率的基础。在组织的部门设计中，必须要对每一个部门、每一个岗位进行必要的工作分析和关系分析，并按照分工与协作的要求进行业务活动的组合。部门设计者可以依据技能相似性的归类方法来集合相关的业务活动，以提高专业分工的水平。但是，过分强调专业化分工也会造成管理机构增多、部门之间难以协调等问题，这反而会使管理效率下降。这时，可以依据关系紧密性的归类方法，按照业务流程管理的逻辑顺序来集合业务活动，以期达到紧凑、连续、利于协作的工作效果。

3. 精简高效的设计原则

部门精简高效是每一个部门设计者所追求的理想效果，作为一项基本原则应当贯彻在部门设计的每一个阶段和每一项活动过程中。按照这一原则要求，部门设计应当体现局部利益服从组织整体利益的思想，并将单个部门效率目标与组织整体效率目标有机地结合起来。另外，部门设计应在保证组织目标能够实现的前提下，力求人员配置和部门设置精简合理，不仅要做到“事事有人做”，而且要“人人有事做”，工作任务充裕饱满，部门活动紧密有序。

7.2.2 组织部门化的基本形式

1. 职能部门化

职能部门化是指根据业务活动的相似性来设立管理部门。判断某些活动的标准是否相似，这些活动的业务性质是否相近，从事活动所需的业务技能是否相同，这些活动的进行对同一目标的实现是否具有紧密相关的作用。如企业为了实现生存和发展的目标，必须盈利，而盈利的前提是有效地向社会提供人们需要的商品。开发、生产、营销以及财务被认为是企业的基本职能，除了这些基本职能外，企业还需要一些保证生产经营能顺利展开的辅助性的或次要的职能，如人事、公共关系、法律事务等职能。

图 7.3 是一个基本的职能部门化的组织结构系统图。

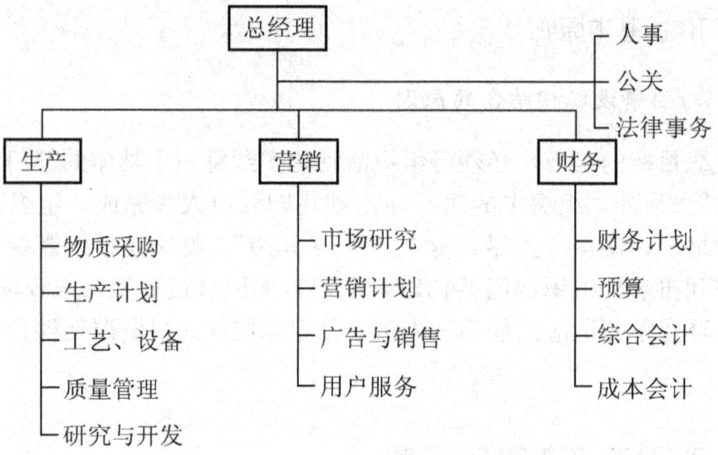

图 7.3　职能部门化组织结构

2. 产品部门化

按职能设立部门往往是企业发展初期、品种单纯、规模较小时的一种组织形式。但是随着企业的成长和品种多样化，把制造工艺不同和用户特点不同的产品集中在同一生产或销售部门进行管理，会给部门主管带来日益增多的困难。因此，如果主要产品的数量足够大，不同产品的用户或潜在用户足够多，那么组织的最高管理层除了应保留公关、财务、人事，以及采购这些必要的职能外，还应该考虑根据产品来设立管理部门，划分管理单位，把同一产品的生产或销售工作集中在相同的部门进行组织。

图 7.4 是一个典型的产品部门化的组织图。

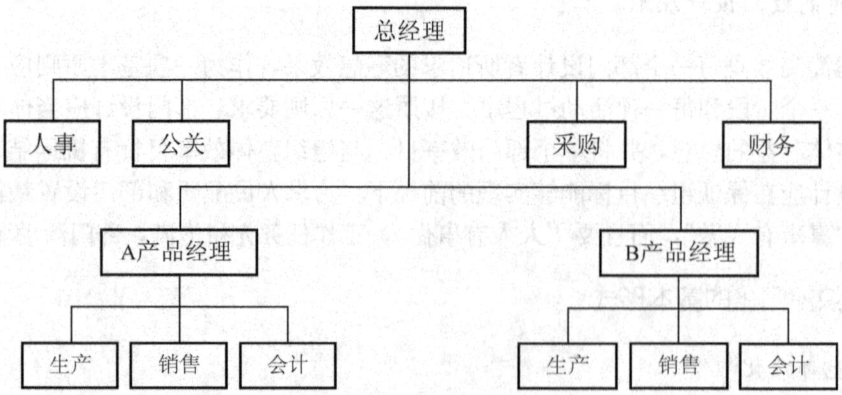

图 7.4　产品部门化组织结构

3. 区域部门化

区域部门化是根据地理因素来设立管理部门的，把不同地区的经营业务和职责划分给不同部门的经理。组织活动在地理上的分散带来的交通和信息沟通困难曾经是区域部门化的主要理由。但是，随着通信条件的改善，这个理由已不再那么重要。取而代之的是社会文化环境方面的理由。随着管理理论研究的深入，人们越来越清楚地认识到社会文化环境对组织的活动有着非常重要的影响。不同的文化环境，决定了人们不同的价值观，从而使人们的劳动态度、对物质利益或工作成就的重视程度以及消费偏好不一样，因此，要求企业采用不同的人事管理或营销方法。文化背景是历史形成的，由于历史上各个地区之间相互封闭，使得今天一定的文化环境总是同一定的地理区域相联系。因此，根据地理位置的不同设立管理部门，甚至使不同区域和生产、经营单位成为相对自主的管理实体，可以更好地针对各地区的劳动者和消费者的行为特点来组织生产和经营活动。

图 7.5 是一个典型的区域部门化的组织结构图。

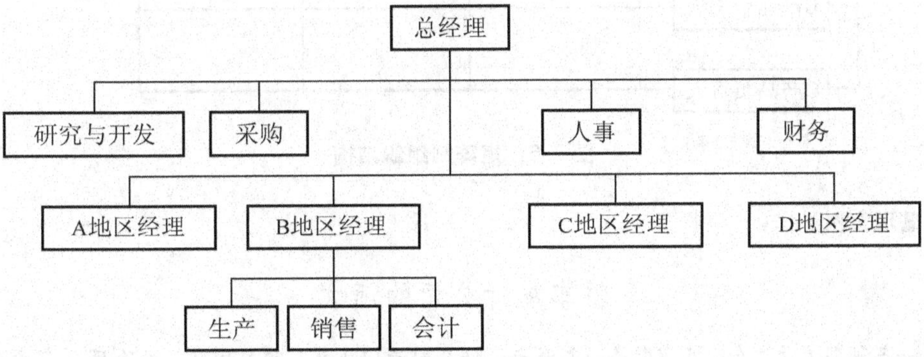

图 7.5　区域部门化组织结构

4. 矩阵制

矩阵制结构是在直线职能的垂直指挥链系统的基础上，再增设一种为了完成某一任务而组成的横向指挥链系统，形成具有双重职权关系的组织矩阵。矩阵制组织是为了改进直线职能制横向联系差、缺乏弹性的缺点而形成的一种组织形式。

矩阵制组织结构的特点表现在围绕某项专门任务成立跨职能部门的专门机构上，例如，组成一个专门的产品(项目)小组去从事新产品开发工作，在研究、设计、试验、制造几个不同阶段，由有关部门派人参加，力图做到条块结合，以协调有关部门的活动，保证任务的完成。这种组织结构形式是固定的，人员却是变动的，需要谁，谁就来，任务完成后即可离开。项目小组和负责人也是临时组织和委任的。任务完成后就解散，有关人员回原单位工作。因此，这种组织结构非常适用于横向协作和攻关项目。矩阵制结构的优点是机动、灵活，可随项目的开发与结束进行组织或解散。矩阵制结构的缺点是项目负责人的责任大于权力，因为参加项目的人员都来自不同部门，隶属关系仍在原单位，只是为“会战”而来，所以项目负责人对他们进行管理存在困难，没有足够的激励手段与惩治手段，这种人员上的双重管理是矩阵结构的先天缺陷；由于项目组成人员来自各个职能部门，当任务完成以后，仍要回原单位，因而容易产生临时观念，对工作有一定影响。

根据矩阵制结构的特点，这种组织结构适合在需要对环境变化做出迅速而一致反应的企业中使用。如咨询公司和广告代理商就经常采用，以确保每个项目按计划要求准时完成。在复杂而动荡的环境中，由于采取了人员组成灵活的产品管理小组形式，大大增强了企业对外部环境变化的适应能力。

图 7.6 是一个典型的矩阵制组织结构图。

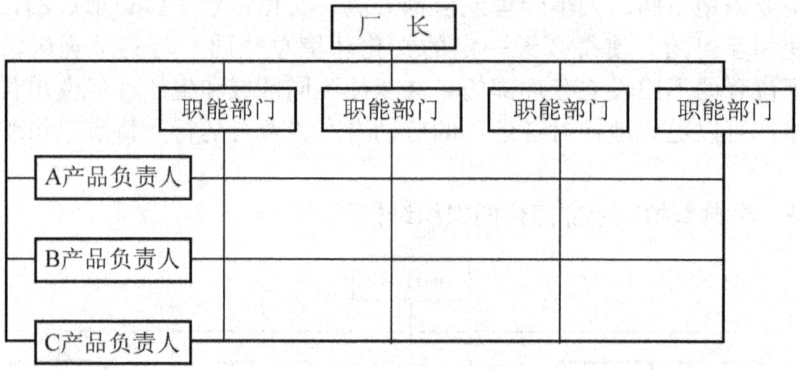

图 7.6　矩阵制组织结构

管理案例

轿车配件公司的烦恼

为了给各种型号的轿车配备密封条，某汽车配件公司专门成立了项目团队，每个团队负责为一种车型研究设计和销售配套的密封条。团队成员来自于原来的研究开发部、工艺技术部、生产车间、销售部和客户服务部等部门，他们同时接受项目团队负责人和原来职能部门领导人的双重指挥。这种结构设计的初衷是希望每个团队拥有研发所需要的各种专业人才，可以专心进行一种产品的研究设计和经营。同时，项目组成员又参与原有职能部门的活动，专业知识和技能也可得到发展。

项目团队解决了原来结构中的一些问题，但同时产生了新的问题。在跨职能的项目团队中，没有明确谁有权做出哪些决定。例如，谁有权决定产品的特点，是否允许销售人员打折，项目经理是否可以告诉工程技术人员产品设计中应该优先考虑的因素。故项目经理和运营人员之间的冲突日益尖锐。

项目团队不知道他们的权力到什么地方为止，项目团队的工程技术人员努力执行项目团队的工程计划，但是无权改变工程部门的时间进度。每个项目团队都想让自己的产品成为工程部最重要的产品。每个项目团队也都想从职能部门拉来最高级的人才，希望他们在所代表的职能部门中更有影响力。解决权威问题的一个办法是让高级主管参加所有项目团队会议，由他来做出所有的决定。曾经有一段时间也是这么做的，但这可不是切实可行的好办法，因为高级主管需要时间来负担其自身的诸多职责。

项目团队也产生了其他资源分配的问题，有团队内部的，也有团队之间的。因为项目团队没有系统地确定资源应当按照何种优先次序在小组内进行分配。

5. 网络制

网络型组织是由多个相互独立的企业组成的，以契约关系为纽带，通过互利互惠、相互协作、相互信任、相互支持的机制进行密切合作的组织结构。网络制组织结构是基于企业间长期业务协作关系而出现的，因现代信息技术手段迅速发展而被广泛使用的一种新型组织结构。具有高度的灵活性，便于适应动态变化的环境；适用于经济全球化趋势，易于形成全球竞争力；易于降低管理费用。与传统组织相比，对一些职能部门(特别是制造部门)的控制力有所减弱；网络制结构容易丧失组织的职责，削弱员工的忠诚度。网络制组织结构不仅适用于小企业，而且也适用于大型组织。

现代高度发达的信息技术提高了企业与外部交流信息、寻找合作伙伴的效率，这使得网络制组织结构在单个企业发挥自身优势并取得尽可能大效益的同时，实现全社会资源的有效配置。在知识经济条件下，网络制组织结构将具有更广阔的发展前景。

图 7.7 是一个典型的网络制组织结构图。

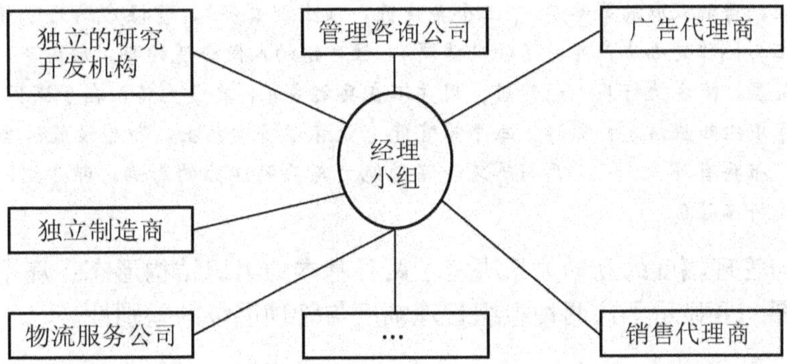

图 7.7 网络制组织结构

7.3 组织纵向设计

7.3.1 组织的层次化和管理幅度

1. 管理层次与管理幅度的互动性

管理层次是指组织内纵向管理系统所划分的等级数。一般分为 3 个层次：高层管理者，他们是组织的高层领导，主要职能是确定组织的发展目标和发展战略，决定组织的发展计划、发展方向和组织结构，建立重要的规章制度，协调组织与其他组织的关系等；中层管理者，他们将高层管理者的决策转变为指导基层管理者以至员工的计划和步骤，担负着“承上启下”的职责；基层管理者，他们是处于第一线的监督人员，直接负责生产经营计划的实现，具体指挥着每一个员工。

管理层次与管理幅度密切相关。在一般情况下，管理层次会受到组织规模和管理幅度的影响，它与组织规模成正比，组织规模越大，所包括的人员越多，组织工作也越复杂，则管理层次也就越多；在组织规模一定的条件下，它与管理幅度成反比，主管所能直接控制的下属越多，管理层次也就越少，相反，管理幅度越少，则管理层次会增加。

管理案例

诸葛亮谋臣术缺失

诸葛亮一生事必躬亲，积劳成疾，卒于军中，终年54岁。“出师未捷身先死，长使英雄泪满襟”，虽业绩彪炳，却落得“蜀中无大将，廖化做先锋”——国家后继无人的结局。诸葛亮作为一名管理人员，究竟能够有效地管理多少下属呢？

遥想当年，诸葛亮在隆中草堂里指着远处的江山为迷茫中的刘备画了一幅图，告诉他这就是你的天下，刘备就此折服。诸葛亮立志“扫清天下浊”，攻城略地，神机妙算，胜赤壁、得荆州、取西川、定汉中，西蜀盛极一时。

随着西蜀的壮大，诸葛亮日益操劳，事无巨细、亲力亲为、日理万机、“夙兴夜寐”，军中“二十罚已上皆自省览”，诸如任免一个县官这样的芝麻小事，他也要亲自处理。正如司马懿评价说：“孔明食少事烦，其能久乎？”

而与之相对比，曹魏采取的策略是：“三个臭皮匠，顶个诸葛亮”，曹操广纳天下贤才，达到人才的整合效应，用分工与协作的办法产生更多的“诸葛”，让合适的人做合适的事，形成了高、中、基3个管理层次：战略决策层、战术执行层、运营层。用兵不在兵之多寡，在于主将，在于谋臣——而谋臣之术，用兵之法，在于军中组织应该怎样布阵：每个将官能有效管理多少兵士，即要设置适当的管理幅度，这样才能用兵得法、布兵有阵——而排兵布阵又受官的能力与兵的能力的影响，即“揣能”——古人之善用兵者，揣其能而料其胜负。

管理层次与管理幅度的互动关系决定了两种基本的组织结构形态：扁平结构形态与锥型结构形态。图7.8显示了这两种组织管理幅度与管理层级的差别性。

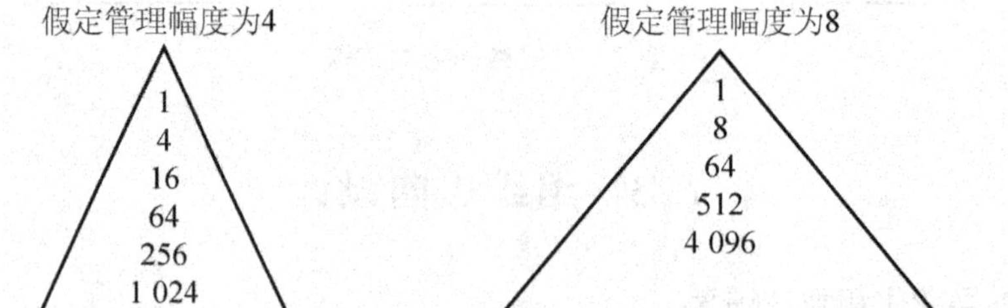

图7.8 管理幅度与管理层级比较图

1）扁平结构

扁平结构是指管理层次少而管理幅度大的一种组织结构形态。其优点是：由于管理的层级比较少，有利于缩短上下级距离，密切上下级关系，信息的沟通和传递速度比较快，因而信息的失真度比较低，管理费用也低；同时，由于管理幅度较大，上级主管对下属的控制也不会太呆板，这样被管理者有较大的自主性、积极性和满足感，有利于发挥下属员工的积极性和创造性。其缺点是：过大的管理幅度增加了主管对下属的监督和协调；同时，下属也缺少了更多的提升机会；另外每个主管从较多下属中获得的信息，因其信息量大可能淹没了其中最重要最有价值的信息，从而可能影响信息的及时运用。

2）锥型结构

锥型结构是指管理层次较多而管理幅度较小的高、尖、细的金字塔式的组织结构形态。其优点是：由于管理的层级比较多，管理幅度比较小，每一管理层级上的主管都能对下属进行及时的指导和控制；另外，层级之间的关系也比较紧密，这有利于工作任务的衔接，同时也为下属提供了更多的提升机会。其缺点是：过多的管理层级往往会影响信息的传递速度，因而信息的失真度可能比较大，这又会增加高层主管与基层之间的沟通和协调成本，增加管理工作的复杂性；同时也可能使各层主管感到自己在组织中的地位相对渺小，从而影响积极性的发挥。

综合和发扬这两种基本组织形态的优点，要求确定合理的管理层次和管理幅度。由于管理层次的多少取决于管理幅度的大小，因此后者便成了矛盾的主要方面。

早期管理学家认为管理幅度应不大于 7 人，以免权力过于集中。20 世纪初，美国将军汉密尔顿根据他的经验，提出一般人的头脑在管理 3～6 人时能处于最佳的工作状态，越接近于整个组织的最高领导人，他的管理幅度越应接近 6 个人。亨利·法约尔认为合适的管理幅度应该是最高经理管理 4～5 名部门经理，英国有名的管理顾问林德尔·厄威克研究认为没有一个管理者能直接管理超过 5 个工作紧密相关的下属的工作。管理幅度窄有一定的好处，管理者直接管理不超过 6 个人，可以对其实行较为严密的控制，但是管理幅度窄会导致管理成本随管理层次的增加而大大增加，垂直沟通更复杂，降低了决策速度，并容易妨碍下属的自主性。因此，加宽管理幅度是近年来管理中的一种趋势。

现代管理理论认为，管理幅度是权变的，受到诸多因素的影响。第一，取决于管理者和员工的素质，例如，管理者能够恰当、迅速、合理地指导下属工作，或者下属经验丰富、受过良好训练时，可以考虑较宽的管理幅度；第二，取决于工作自身的特点，例如，下属从事的工作内容和性质相近，则同一主管相对可以直接管理较多下属，而如果下属对工作的目的和要求十分明确，也可以考虑较宽的管理幅度；第三，取决于环境稳定性，组织环境变化越快，变化程度越大，组织中遇到的新问题就越多，下属往往会更多地向上级请示汇报，占用管理者更多的时间和精力，同时上级必须花更多的时间和精力去关注环境的变化，所以这样就适合采用较窄的管理幅度。

总之，必须根据组织自身的特点来确定适当的管理幅度，没有绝对的最佳管理幅度，一切取决于组织所面临的具体的环境特征，不同的环境或者情景条件要求具有不同的管理幅度。

管理案例

在第二次世界大战时，盟军总司令艾森豪威尔和当时的罗马教皇这两个高层管理者，他们的管理幅度谁宽谁窄呢？

艾森豪威尔的管理幅度要窄一些，因为他所面临的是战争环境，战场瞬息万变，所以他不可能直接指挥过多的下级。那么，两者之间的管理幅度差别会有多大呢？答案是惊人的。艾森豪威尔当时直接指挥的下级实际上只有 3 个人，也就是说他的管理幅度是 3 人，而罗马教皇的直接下级是红衣主教，当时罗马教皇直接指挥着 700 多个红衣主教，即 3：700。可见在不同的环境下，管理幅度的差别有多大。

2. 影响管理幅度的因素

任何组织都需要解决主管人员直接指挥与监督下属的数量问题，但在同样获得成功的组织中，每位主管直接管辖下属数量却往往是不同的。根据孔茨和奥唐奈的介绍：美国五星上将艾森豪威尔在第二次世界大战中任盟军欧洲部队最高司令官时，有 3 名直属下级，而这 3 名下属没有一人有多于 4 名下属的；1975 年，通用汽车公司的总经理有两名执行副总经理和一个由 13 名副总经理组成的小组向他直接报告工作；同年一家管理较好的运输公司的最高主管直接领导 7 名主要下属……这些事实表明，努力去确定一种适用于任何组织的管理幅度是没有意义的，也是不可能有结果的。有效的管理幅度受到诸多因素的影响，主要有：管理者与被管理者的工作能力、工作内容和性质、工作条件和工作环境。

1）工作能力

凡受过良好训练的下属，不但所需的监督比较少，而且不必时时事事向上级请示汇报，这样就可以减少与其主管接触的次数，从而增大管理幅度。同样的道理，素质和能力均较强的主管人员能够在不降低效率的前提下，比在相同层次负责类似工作的其他主管人员管辖更多的人员而不会感到过分紧张。

2）工作内容和性质

主管人员所处的管理层次越高，决策的工作量就越大，用于指导、协调下属的时间就越少，其管理幅度就越小；下属工作的相似性越大、计划越完善、非管理性工作越少，则管理幅度可适当加大。

3）工作条件

主管人员的助手配备情况越好、掌握信息的手段越先进、不同下属工作岗位的分布越接近，则主管人员的管理幅度就可以越大。

4）工作环境

每一个组织都必须根据环境的变化进行及时的调整，环境变化越快，组织遇到的问题越多，组织变革的速度也就越快，主管人员对下属的指导时间和精力耗费也就越多，各层主管人员的管理幅度就越受限制。

7.3.2 集权与分权

组织中不同部门拥有的权力范围不同，会导致部门之间、部门与最高指挥者之间以及部门与不同单位之间的关系不同，从而使组织的结构不同。例如，同是按产品划分设立的管理单位，既可以是单纯的生产车间或与其他职能部门的性质相同，也可是一个拥有相同自主权的分权化经营单位，这涉及组织中权力的分配问题。

在组织中，权力的配置是以履行职位责任和完成任务为前提的，也就是说，在实现企业目标的过程中，员工必须承担起其职位所必需的责任，并且拥有完成责任所需的相应职权，因此权力分配的中心是职责，职权与职责具有对等的重要性。职权是与一定的职位相关的，而与担任该职位的个人没有直接关系，这就是通常所说的“制度权力”或者“法定权力”。组织内的职权分为以下 3 种类型。

（1）直线职权。直线职权是上级对直线下属的指挥权，这种上下级的职权关系贯穿于整个组织，拥有这种指挥权的上级就是所谓的“直线上级”，代表着一种命令和服从关系。直线职权使得直线上级可以无需征求任何人的意见而对指导下属工作做出决策。

(2) 参谋职权。参谋职权的概念由来已久，在中外历史上很早就出现了一种为统治者出谋划策的智囊人物，我国有过很多的食客、谋士、军师、谏臣的记载。参谋职权是一种辅助性职权，主要是建议、咨询的权力。当组织规模得到扩大并变得更为复杂后，直线管理者缺乏足够的时间、技能来有效地完成工作，为此组织配置了参谋职能来支持、协助直线主管，减轻其负担并提供专业化建议。

(3) 职能职权。职能职权是指参谋或某部门的主管人员所拥有的原属直线主管拥有的那部分权力。纯粹的参谋人员所具有的仅仅是辅助性职权，但是随着管理活动的日益复杂，组织规模日益扩大，许多职能的独立性和专业性加强了，主管人员仅仅依靠参谋的建议依旧难以做出最后的决定，因此，为了改善管理效率和决策质量，就可能需要让更为专业的参谋人员拥有此部分管理活动的决策权，这就是职能职权，其实是直线主管把一部分本属于自身的直线职权授予了参谋人员。

管理案例

斯隆与德鲁克——直线与参谋

德鲁克1944年受聘于美国通用汽车公司任管理政策顾问，第一天上班，总经理斯隆对他说：“我不知道我们要你研究什么，也不知道该得到什么成果，这些都是你的任务。我唯一的要求是希望你把正确的东西写下来，不必顾忌我们的反应，也不应该怕我们不同意。尤其重要的是，你不必为了使你的建议易为我们接受而想到调和折中。在我们的公司中，人人都会调和折中，不必劳您大驾。你当然也可以调和折中，但必须先告诉我正确的是什么，我们才能进行正确的调和折中。”

集权与分权是相对而言的。集权是指将决策权集中在上级，下级只能依据上级的决定和指示行事，分权是指上级将决策权分配给下级部门和机构，使其能够自主解决一些问题，是决策权在组织系统中较低管理层次上的分散。绝对的集权和绝对的分权都不存在，在现实社会中的组织可能是集权或者分权程度大一点。因此，需要研究的不是应该选择集权还是分权，而是哪些权力宜于集中，哪些权力宜于分散，在什么情况下需要更多的集权，在什么情况下需要更多的分权等。

实际上，一个组织是采取集权好还是采取分权好并没有一个固定的标准，而是各有其优缺点。集权有利于命令的统一，加强控制，提高决策和执行效率，但权力的过分集中则会使组织僵化，增加管理者负担，降低决策的质量。

影响集权与分权程度的主要因素有如下几个。

(1) 工作的重要性。凡涉及庞大的费用支出和关于组织长远发展规划等重要事项，有关的决定权应集中在上层，不宜分权。因为基层管理人员限于能力及获得的信息量，难以做出重大决策。反之，重要性较低的事项可进行分权。

(2) 方针的统一性。组织的方针政策有必要统一时，应实行集权，反之可实行分权。

(3) 组织规模和空间分布广度。组织规模较大，跨越地域范围大，管理复杂，此时应将单位划小，实行分权管理；如果组织的规模较小，以领导者个人的能力完全可以管理好，集权管理的效率会更高。

(4) 组织的工作性质。组织所面临的工作流动性和变化性较大时，宜采用分权管理。因为这种变化信息不允许通过较长时间的层层等级渠道传递。当工作性质变化较小并有规则性时，宜采用集权管理。

(5) 高层管理者的管理水平和控制能力。高层管理者的管理水平较高，控制能力较强时，宜采用集权管理，否则宜采用分权管理。

(6) 组织外部环境。外部环境变化较大且复杂时，宜采用分权管理，外部环境变化较小且简单时，可采用集权管理。

在通常情况下，大多数的组织都有一定的集权倾向，但是在现代组织中，由于组织规模扩大，组织活动分散化和跨地域化，外部环境变化快且复杂，以及员工素质的逐步提高和培养后备管理队伍的需要都对分权提出了要求。因此，现代组织中更强调有效地分权。考察组织的分权程度，关键在于决策权是保留还是下放，主要标准有以下 4 个方面。

(1) 决策的数量。组织中较低管理层次制定决策的数目越多，分权程度越高。

(2) 决策的范围。组织中较低层次决策的范围越广、涉及职能越多，分权程度越高。

(3) 决策的重要性。组织中较低管理层次所承担的决策的重要性越大，分权的程度越大。

(4) 对决策的控制程度。组织中较低层次做出的决策，上级要求审核的程度越高，做出决策前还必须请示上级，则分权的程度就越低。

管理案例

尤金·杜邦的集权管理

美国著名的杜邦公司，其第三代继承人尤金·杜邦坚持实行一种“恺撒式”的经验管理模式，对大权进行绝对控制，公司的所有主要决策和许多细微决策都要由他独自制定，所有支票都得由他亲自开，所有契约也都得由他签，他亲自拆信复函，一个人决定利润分配，亲自周游全国，监督公司的好几百家经销商，在每次会议上，总是他发问，别人回答……尤金的绝对式管理，使杜邦公司的组织结构完全失去了弹性，很难适应变化，在强大的竞争面前，公司连遭致命的打击，濒临倒闭。

与此同时，尤金本人也陷入了公司错综复杂的矛盾之中。1920 年，他因体力透支去世，合伙人也均心力交瘁，两位副董事长和秘书兼财务长也相继累死。

7.3.3 授权

分权可以通过两种途径进行：第一种途径是改变组织设计中的权力分配，即制度分权，或者主管人员在工作中充分授权。第二种途径是进行组织变革，重新设计组织中的权力分配格局，这种分权途径属于直接进行管理变革。一般来说，组织分权的主要途径还是后者——授权。

(1) 制度分权。制度分权是在进行组织设计时，考虑到组织规模和活动特点，在职位和部门设计的基础上，根据各个管理岗位工作任务的要求，规定必要的职责和权限。制度分权往往需要授权来进行补充，因为在组织设计中难以详细规定每项职权的运用，难以预测每个管理岗位上工作人员的能力和每个管理部门可能出现的新问题，重新进行制度分权涉及组织的变革，所以授权是比较好的替代方式。

(2) 授权。授权是管理者将其权力的一部分授予下属，使下属在一定的监督下，拥有相当的行动自主权，以此作为下属完成任务所必需的客观手段。授权可以减轻高层管理人员的负担，发挥下属专长，提高下属的工作热情，培养后备管理人才，还可以改善组织关系，形成职责分明的联动系统，提高工作效率。

[讨论题] 制度分权与授权有何区别?

授权是指管理者将分内的某些工作托付给下属(或他人)代为履行，并授予被托付人完成工作所必要的权力，使被托付人有相当的自主权、行动权。授权的含义包括以下3点。

(1) 分派任务。分派任务就是向被托付人交代任务。任务是指授权者希望被授权者去做的工作，可能是写一个报告或计划，也可能是担任某一职务。不管是单一的任务还是某一固定的职务，都是由组织目标分解出来的工作或一系列工作的集合。

(2) 授予权力。在明确了任务之后，就要授予被托付人相应的权力，如有权调配有关人员或相应资源，使授权者有权履行原本无权处理的工作。

(3) 明确责任。当被授权者接受了任务并拥有了所必需的权力后，就有义务去完成所分派的工作。被授权者的责任主要表现为向授权者承诺保证完成指派的任务，包括向上级汇报任务的执行情况和成果，并根据任务完成情况和权力使用情况接受授权者的奖励或惩处。值得指出的是，被授权者所负的责任只是工作责任，而不是最终责任，授权者对于被授权者的行为负有最终的责任。

授权并不是职权的放弃或让渡。管理者授权和教师传授知识相类似，教师将知识传授给学生，学生获得了这些知识，但教师并没有因此失去知识。同样，授权者也不会由于将职权授予别人而丧失它，授出的一切职权都可由授权者收回和重新授出。为使授权行为达到良好的效果，需要灵活掌握以下原则。

(1) 重要原则。授予下级的权限，要使下级认为是该层次比较重要的权限。如果下级发现上级授权只是一些无关紧要的小事，就会失去积极性。

(2) 权责相当原则。授权时，必须向被授权者明确所授事项的责任、目标及权力范围，让他们知道自己对什么资源有管辖权和使用权，对什么样的结果负责及责任大小，使之在规定的范围内有最大限度的自主权。否则，被授权者在工作中不着边际，无所适从，势必贻误工作。

(3) 适度原则。评价授权效果的一个重要因素是授权的程度。授权过少，往往造成领导者的工作太多，下属的积极性受到挫伤；授权过多，又会造成工作杂乱无章，甚至失去控制。授权要做到下授的权力刚好够下属完成任务，不可无原则地放权。

(4) 不可越级授权原则。越级授权是上层领导者把本来属于中间领导层的权力直接授予下级。这样做，会造成中间领导层工作上的被动，扼杀他们的负责精神。如果有时上层领导者越级授权是由于中层领导不力，也应该采用机构改革的办法予以调整。所以，无论哪个层次的领导者，均不可将职权授予不属于自己权力范围内的下属，否则，将导致机构混乱、争权夺利的严重后果。

本章小结

本章主要介绍了组织与组织结构、组织横向设计、组织纵向设计等。关于组织与组织结构主要介绍了组织设计的必要性分析，组织设计的任务，包括组织结构设计与编制职位说明书。组织设计的原则包括目标导向原则、统一指挥原则、权责对等原则、专业分工与协作原则、管理幅度原则。组织设计的影响因素有环境因素、结构因素、战略因素、组织规模因素等。关于组织横向设计主要介绍组织的部门化和层级化，组织部门化的原则包括因人设职与因事设职的原则，分工与协作的原则，精简高效的原则；组织部门的基本形式包括职能部门化、产品部门化及区域部门化、矩阵制、网络制。关于组织纵向设计主要介绍管理幅度与管理层次的关系及影响管理幅度的因素。最后介绍了集权与分权以及授权。

练　习　题

一、单项选择题

1. 多维立体组织结构适合于(　　)。

A. 小型企业　　B. 跨国公司　　C. 中型企业　　D. 国有企业

2. 在一个集体内，由各个成员按其分工各负其责，彼此之间无隶属关系，属于(　　)。

A. 集权　　B. 授权　　C. 分工　　D. 分权

3. 当代管理机构变革的一大趋势是(　　)。

A. 管理层次复杂化　　B. 组织结构扁平化

C. 管理幅度日益减小　　D. 锥型结构更受欢迎

4. 把生产要素按照计划的各项目标和任务的要求结合成为一个整体，把在计划工作中制定的行动方案落实到每一个环节和岗位，以确保组织目标的实现，这是管理的(　　)。

A. 计划职能　　B. 组织职能　　C. 领导职能　　D. 控制职能

5. 某项职位或某部门所拥有的包括做出决策、发布命令等的权力，属于(　　)。

A. 直线职权　　B. 参谋职权　　C. 职能职权　　D. 决策职权

6. 部门划分是组织设计中的重要内容，主要解决组织(　　)问题。

A. 整体目标　　B. 纵向组织结构

C. 横向组织结构　　D. 分权

7. 管理幅度和管理层次的关系是(　　)。

A. 成反比　　B. 成正比　　C. 相关性　　D. 不相关

8. 企业管理人员设计组织的管理层次和管理幅度，确定各个管理部门和岗位，规定其责任和权力的工作称为(　　)。

A. 职能分析　　B. 管理规范设计

C. 组织结构设计　　D. 协调方式的设计

9. 组织中较低管理层次做出决策的数目或频度越大，则分权程度(　　)。

A. 越低　　B. 不变　　C. 越高　　D. 不一定

10. 总经理把产品销售的责任委派给一位市场经营的副总经理，由他负责所有的地区经销办事处，但总经理要求地区经销办事处的经理们直接向总会计师汇报每天的销售数字，他违反了什么原则？而总会计师直接向销售经理们下指示，他违反了什么原则？(　　)

A. 指挥的统一性；指挥链　　B. 指挥链；指挥的统一性

C. 分工协作；责权一致　　D. 集权化；分权化

11. 如果你是公司的总经理，你将授予哪种人以决策和行动的权力？(　　)

A. 参谋人员　　B. 直线人员　　C. 咨询人员　　D. 其他人员

12. 如果一个公司处于一种技术与市场因素相对来说复杂多变的外部环境中，在这种情况下，该公司所应选择的比较适宜的组织形式是(　　)。

A. 直线职能结构　　B. 矩阵结构

C. 集团结构　　D. 事业部结构

13. 关于管理幅度和管理层次，下述说法中明显不正确的是(　　)。

A. 管理层次一般与组织规模成正比

B. 在组织规模一定的条件下，管理层次与管理幅度成反比

C. 组织成员越多，管理层次一般也就越多

D. 主管所能直接控制的下属越多，管理层次一般就越多

14. 关于组织的概念和本质，你认为下列哪种说法是不正确的？(　　)

A. 只有一个人的组织是不存在的

B. 不追求经济效益的组织是不存在的

C. 没有共同目标的组织是不存在的

D. 不需要管理与领导的组织是不存在的

15. 某公司总裁决定进一步采取授权行动，在公司内部推行民主管理。最近公司发文规定，在文件所列举的20种紧急情况下，一线经理有权自主采取行动，但需将进展情况和结果及时报告上级经理。对于这一安排，你认为下述描述中哪一条最贴切？(　　)

A. 这表明公司显著增加了一线经理的决策权

B. 公司有限度地扩大了一线经理的自主决策权

C. 如果无须报告上级经理，这种做法就是授权

D. 这不是真正意义上的授权而只是一种工作落实

16. 在制度分权和授权的问题上，以下哪一种理解是不正确的？(　　)

A. 组织的制度分权只能通过各级主管人员在工作中充分授权来实现

B. 授权不会改变组织设计中管理权限的制度分配

C. 授权者对被授权者有监控权和相应责任

D. 制度分权主要是为了防止上级主管过度集权，而授权主要是为了减轻上级主管的负担

二、多项选择题

1. 授权应遵循的原则是(　　)。

A. 重要原则　B. 明责原则　C. 适度原则　D. 不可越级授权

2. 属于职位权力的有(　　)。

A. 惩罚权　B. 奖赏权　C. 合法权　D. 专长权

3. 影响分权的因素有(　　)。

A. 决策的代价　B. 组织的规模　C. 政策的一致性　D. 管理哲学

4. 衡量分权程度的标志主要有(　　)。

A. 决策的数量　B. 决策的范围

C. 决策的重要性　D. 决策的审核

三、判断题

1. 在一定条件下，随着计算机等信息技术和手段在组织中的广泛应用，组织结构将有可能变得高度集权化。(　　)

2. 在组织规模一定的条件下，管理层次与管理幅度成正比。(　　)

3. 一个组织中管理层次太少，会带来权力集中的问题。(　　)

4. “正式组织”与“非正式组织”有重大区别，在“正式组织”中以效率逻辑为重要标准。(　　)

5. 在外部环境变化比较大时，企业内部的部门划分可以细一些，适当集权，以增强应对能力。(　　)

四、简答题

1. 组织结构设计的任务和原则是什么？
2. 统一指挥的优缺点有哪些？
3. 影响管理幅度的因素有哪些？
4. 锥型结构和扁平型结构是如何形成的？各有什么特点？
5. 评价分权程度的标志是什么？
6. 有哪几种部门化方法？
7. 在授权过程中应注意哪些问题？

案例应用分析

一对孪生企业的不同组织模式

1. 基本情况介绍

1965 年，美国一家大型技术产品公司清理电子产品业务，将属下制造和装配印刷电路板的两个电子厂卖给了不同的投资者。

其中一个工厂位于欧梅格市内，更换所有者后取名为欧梅格电子公司(这里简称为 A 公司)。A 公司保留了原管理队伍，任命原厂长泰康为公司总经理。A 公司年销售额达 1 000 万美元，员工有 550 人。A

公司的总经理泰康把公司的高效益归功于对员工实行严密的控制。他解释说，他保留着工厂原隶属技术产品公司时形成的基本组织结构，这种结构对于大批量制造印刷电路板及随后进行的装配具有很高的效率。泰康相信，要不是市场需求量这么大，他的竞争对手就不可能生存下来。A公司具有详细的组织机构图和职务说明书，对每个部门和员工的工作进行细密的专业化分工，并规定有明确的职责范围。A公司的员工一般都对工作感到满意，不过，一些管理人员已提出了扩大工作自主权的要求。

另一家工厂地处该市郊区，改名为阿克米电子公司(这里简称B公司)。B公司选用了该厂原有的部分管理人员，并聘请一电子研究所所长罗奇担任公司总经理之职。B公司年销售额为800万美元，有480名员工。B公司设有同A公司相似的管理部门，但总经理罗奇并不相信组织机构图的功用。他认为，公司的规模并不大，像组织机构图这类东西只能在专家之间制造人为的障碍，而这些专家是需要在一起工作的。罗奇很关心员工的满足感，希望每个人都把自己看做是组织中的一员，熟悉整个组织的活动。罗奇强调部门之间的工作协调，但他不提倡人们在沟通中用书面文件，也不对人们的工作做出死规定。技术部的一个新成员说："我刚来这里时，不知道自己该干些什么。今天我同技术人员一起工作，明天我又帮助装运部门设计包装盒。工作的头几个月乱哄哄的，但我对公司整个活动有了比较真实的了解。"

A公司通常能赚得更多的利润，这引起了B公司管理人员的嫉妒。A公司和B公司经常为争取同一项生产合同而展开竞争。作为电子产品协作厂，两家公司都得益于20世纪70年代初期电子行业的兴旺发展，同时也都期待着将来的扩大与繁荣。

2. 协作合同竞争及内部管理过程

1976年，美国电子行业微型化的步伐在加快，市场对晶体管的需求直线下降，取而代之的是集成电路。由于集成电路的生产过程是高度保密的，而A公司和B公司以往所生产的印刷电路板主要是与晶体管相配套的。意识到未来的潜在威胁，两家公司都开始拼命寻找新的顾客。

这年7月，有家大型复印机厂正想为其新试制的复印机中的存储器找个电路板协作厂。这项协作合同预计有500万～700万美元的订货额。A公司和B公司在地理位置上都很靠近这家复印机厂，因此，都想以具有竞争力的出价获得该协作生产合同。A公司的出价稍低于B公司，但两家公司都被要求试生产100件样品。

复印机厂告诉这两家公司：速度是关键，因为他们的总经理已向其他厂家夸口说将在新年前制造出一台完整的复印机。这一夸口使复印机厂的设计师们大为慌张，他们要求向所有的协作厂施加压力，使之在复印机最终设计完成之前就开始试生产样品。这就意味着，A公司和B公司最多只能用两周的时间订出装配计划，并准备第二天就开始正式生产。周一下午，B公司的产品设计、方法设计、生产和技术等部门的有关人员聚集在一起讨论并开始第一件样品的试制工作。在试制过程中，他们发现了接线板设计上的一个错误。经过反复检查设计图纸后，所有的工程师都同意接线板设计有误的看法。当晚，产品设计部门和技术部门的人员利用晚上的时间重新设计了接线板，并修改了制造图纸。次日上午，罗奇闻知设计修改的消息后很为吃惊，决定要征得复印机厂认可。到了星期二，复印机厂的设计负责人给罗奇回话说，他们可以按前一天电话所说的设计修改方案继续工作。周五B公司试生产的100件样品经过质量管理部门的检验后装运出厂。

3. 结果

A公司生产的100件存储器中有10件质量不合格，B公司的所有样品都通过了复印机厂的检验。A公司本来就推延了交货日期，后来因返修不合格产品，又进一步拖延了些日子。

尽管如此，复印机厂还是把1976年下半年的生产协作任务交由A公司和B公司共同来承担，而没有把整批订货全部给其中某一家。不过，复印机厂在协作合同中附加了两个条件：一是保证产品无缺陷；二是降低产品成本。

在执行合同过程中，A公司通过广泛的努力，使单位产品成本降低了20%。这样，A公司就从1977年开始赢得了复印机厂存储器的全面生产协作任务。

4. 说明：组织模式的设计对企业经营绩效有着显著的影响

A公司的总经理相信，保持工厂原隶属于技术产品公司时形成的“机械式”组织结构，有利于提高对员工实行严密控制的能力，同时对大批量制造印刷电路板及随后的装置具有很高的效率。事实上，A公司正是借着这种组织结构设计而在降低成本上取得了可靠的成绩，并最终争得了复印机厂的全部订单。

相反，来自电子研究所的B公司总经理认为，规模不大的企业宜采取更富有弹性的“有机式”组织结构，以灵活解决问题的能力来取得适应性和创新性。因此，B公司在发现接线板设计错误和缺货元器件供应方面做出了非凡的表现。也正因为同样的原因，B公司在后来进行的常规业务活动中逐渐失去了竞争力。可见，组织设计不存在适用于任何情况的最好的模式，而只能根据不同境况选用合适的模式。

根据案例材料，思考下列问题：

(1) A与B公司各采用了什么样的组织结构？对公司产生了怎样的影响？

(2) 你认为可以给A、B公司设计怎样的组织结构，为什么？

(3) 你认为A公司的利润通常比B公司的多的原因是什么？

(4) 试比较A、B公司组织结构的优劣。

阅读材料

杜邦的组织机构演变

美国杜邦公司(DuPont Company)是世界上最大的化学公司，建立至今已近200年。在这200年中，杜邦公司所创设的组织机构随着时代的变迁经历了各种变化，反映了企业组织机构发展演变的一般特点。

1. 创办初期

历史上的杜邦家族是法国王室的贵族，1789年法国在大革命中化成灰烬，老杜邦带着两个儿子伊雷内和维克托逃到美国。1802年，儿子们在特拉华州布兰迪瓦因河畔建起了火药厂。由于伊雷内在法国时是个火药配料师，与他共事的又是法国化学家拉瓦锡，加上美国历次战争的需要，工厂很快站住了脚并发展起来。

2. 粗暴式经验管理阶段

在亨利时代，也就是整个19世纪中，杜邦公司基本上是单人决策式经营，也被称为“凯撒型经营管理”。亨利是伊雷内的儿子，军人出身，他接任公司以后完全是一套军队派头，所以人称“亨利将军”。在公司任职的40年中，亨利挥动军人严厉粗暴的铁腕统治着公司。他实行的这套管理方式无法传喻，也难以模仿，实际上是经验式管理。公司的所有主要决策和许多细微决策都要由他亲自制定，所有支票都得由他亲自开，所有契约也都得由他签订。他一人决定利润分配，亲自周游全国，监督公司的好几百家经销商。在每次会议上，总是他发问，别人回答。他全力加速账款收回，严格支付条件，促进交货流畅，努力降低价格。

在亨利的时代，这种单人决策式的经营基本上是成功的。这主要是因为：①公司规模不大，直到1902年合资时才2 400万美元；②经营产品比较单一，基本上是火药；③公司产品质量占了绝对优势，竞争者难以超越；④市场变化不甚复杂。单人决策之所以取得了较好的效果，这与“将军”的非凡精力也是分不开的。直到72岁时，亨利仍不要秘书的帮助；任职期间，他亲自书写的信不下25万封。

但是，正因为这样，亨利死后，继承者的经营终于崩溃了。亨利的侄子尤金是公司的第三代继承人。亨利是与公司一起成长的，而尤金一下子登上舵位，缺乏经验，晕头转向。他试图承袭其伯父的作风经营公司，也采取绝对的控制，亲自处理细微末节，亲自拆信复函，但他终于陷入公司错综复杂的矛盾中。1902年，尤金去世，合伙者也都心力交瘁，两位副董事长和秘书兼财务长终于相继累死。这不仅是由于他们的体力不胜负荷，还由于当时的经营方式已与时代不相适应。

3. 集团式经营管理阶段

正当公司危机重重，家族拟将公司出卖给别人的时候，3位堂兄弟出来力挽家威，以廉价买下了公司。3位堂兄弟不仅具有管理大企业的丰富知识，而且具有在铁路、钢铁、电气和机械行业中采用先进管理方式的实践经验，有的还请泰罗当过顾问。他们果断地抛弃了“亨利将军”的那种单枪匹马的管理方式，精心地设计了一个集团式经营的管理体制。在美国，杜邦公司是第一家把单人决策改为集团式经营的公司。集团式经营最主要的特点是建立了“执行委员会”，隶属于最高决策机构董事会之下，是公司的最高管理机构。在董事会闭会期间，大部分权力由执行委员会行使，董事长兼任执行委员会主席。1918年时，执行委员会有10个委员、6个部门主管、94个助理，高级经营者年龄大多在40岁上下。

公司抛弃了当时美国流行的体制，建立了预测、长期规划、预算编制和资源分配等管理方式。在管理职能分工的基础上，建立了制造、销售、采购、基本建设投资和运输等职能部门。在这些职能部门之上，是一个高度集中的总办事处，控制销售、采购、制造、人事等工作。

执委会每周召开一次会议，听取情况汇报，审阅业务报告，审查投资和利润，讨论公司的政策，并就各部门提出的建议进行商讨。对于各种问题的决议，一般采用投票、多数赞成通过的方法，权力高度集中于执委会。各单位申请的投资，要经过有关部门专家的审核，对于超过一定数额的投资，各部门主管没有批准权。执委会做出的预测和决策，一方面依据发展部提供的大量数据，另一方面依据来自各部门的详尽报告，各生产部门和职能部门必须按月按年向执委会报告工作。在月度报告中提出产品的销售情况、收益、投资以及发展趋势；在年度报告还要论及5年及10年计划，以及所需的研究资金、研究和发展方案。

由于在集团经营的管理体制下，权力高度集中，实行统一指挥、垂直领导和专业分工的原则，所以秩序井然，职责清楚，效率显著提高，大大促进了杜邦公司的发展。20世纪初，杜邦公司生产的5种炸药占当时全国总产量的64%～74%，生产的无烟军用火药则占100%。在第一次世界大战中，协约国军队40%的火药来自杜邦公司，公司的资产到1918年增加到3亿美元。

第8章 人力资源管理

教学目标

通过本章的学习，了解人力资源、人力资源管理的含义，掌握人力资源管理的原则和内容，掌握人力资源计划编制的原则。掌握管理人员选聘的方法，掌握人员组合的结构和原理，掌握人员培训的方法。同时，掌握员工绩效评价方法。

教学要求

知识要点	能力要求	相关知识
人力资源管理概述	(1) 理解人力资源、人力资源管理的含义 (2) 理解人力资源管理的原则 (3) 掌握人力资源管理的内容	(1) 人力资源的概念 (2) 人力资源管理的概念 (3) 人力资源管理的原则 (4) 人力资源管理的内容
人力资源计划	(1) 理解人力资源计划的任务 (2) 掌握人力资源计划编制的原则	(1) 人力资源计划的任务 (2) 人力资源计划编制的原则
人员的选聘	(1) 理解管理人员选聘的标准 (2) 理解管理人员选聘的方法	(1) 外部招聘 (2) 内部提升
人员的组合	(1) 掌握人员组合的结构 (2) 掌握人员组合的原理	(1) 技术结构 (2) 社会结构 (3) 同素异构原理
人员的培训	(1) 理解人员培训的目标 (2) 掌握人员培训的方法	(1) 工作轮换 (2) 彼得原理
员工的绩效管理	(1) 理解绩效与绩效管理的涵义 (2) 掌握员工绩效评价方法	(1) 绩效 (2) 绩效管理 (3) 360 度评价

我们所能做的是把赌注压在我们所选择的人上，因此我的全部工作是选择适当的人。

——杰克·韦尔奇

基本概念

人力资源　人力资源管理　人员选聘　外部招聘　内部提升　人员组合　技术结构　社会结构　同素异构原理　人员培训　工作轮换　彼得原理　绩效　绩效管理　360度评价

导入案例

《淮南子道应训》记载，楚将子发爱结交有一技之长的人，并把他们招揽到麾下。有一个其貌不扬，号称"神偷"的人，也被子发待为上宾。有一次，齐国进犯楚国，子发率军迎敌。交战三次，楚军三次败北。子发旗下不乏智谋之士、勇悍之将，但在强大的齐军面前，简直无计可施了。

这时神偷请战。他在夜幕的掩护下，将齐军主帅的睡帐偷了回来。第二天，子发派使者将睡帐送还给齐军主帅，并对他说："我们出去打柴的士兵捡到您的帷帐，特地赶来奉还。"当天晚上，神偷又去将齐军主帅的枕头偷来，再由子发派人送还。第三天晚上，神偷连齐军主帅头上的发簪子都偷来了，子发照样派人送还。齐军上下听说此事，甚为恐惧，主帅惊骇的对幕僚们说："如果再不撤退，恐怕子发要派人来取我的人头了。"于是，齐军不战而退。

一个团队总是需要各式各样的人才。人不可能每一方面都出色，但也不可能每一方面都差劲，再逊的人也总有一技之长。一个成功的领导人不在于他自己能做多少事情，而在于他能很清楚地了解每个下属的优缺点，在适当的时候派"逊色"的员工去做他们适合的事情，这样往往会取得出人意料的效果。

点评：在职业生涯中发现和形成人才储备，随时调用。

人力资源管理是对组织人力资源的取得、配置、利用所进行的计划、组织、领导、控制行为。办公司就是办人。人才是利润最高的商品，能够经营好人才的企业才是最终的赢家。

8.1 人力资源管理概述

8.1.1 人力资源管理及其内容

1. 人力资源的涵义

组织的资源可以划分为"人"的资源和"物"的资源两大类。当把"人"的资源看成是组织最重要、最有活力、最能为组织带来效益的资源时，组织的全体成员就是人力资源。理解人力资源的含义要把握几个要点：①人是组织最宝贵的资源，它将决定其他资源作用的发挥；②组织的全体成员都属于人力资源，而不仅限于"人才"；③人力资源本身是可以被不断开发的；④人力资源在狭义上特指为实现组织目标服务并作出贡献的全体成员的能力的总和。

[讨论题] 人力资源与"人才"有何不同?

特别提示

世界上没有垃圾，只有放错了位置的财宝。合理的配置是管理者必备的管理技能。在用人大师眼中，没有废人，正如武林高手，不需要宝刀名剑，摘花飞叶即可杀人，关键看如何运用。

2. 人力资源管理的涵义

在狭义上，人力资源管理是指为实现组织目标，对组织人力资源的取得、配置、利用所进行的计划、组织、领导、控制行为。在广义上，人力资源管理包括狭义的人力资源管理和人力资源开发。人力资源开发是指对人力资源的充分发掘和对人力资源的培养与发展。

比较人力资源管理和人事管理。人力资源管理与人事管理在管理的内容上是大致相同的，但人力资源管理与人事管理相比更强调两点：一是更加重视人的重要性，把组织的所有成员(而不仅是人才)都提高到资源的高度；二是重视人的能力的开发，并把人的全面发展作为组织的重要目标。

3. 人力资源管理的内容

人力资源管理的内容主要包括：①人力资源需求预测与规划。②人员选聘与组合。即根据岗位的需要，选拔配备合适的人才，并进行优化配置。人员选聘主要解决人与事的配置问题，人员组合主要解决人与人的配合问题。③人员使用与激励。即将人作为一种最为宝贵的资源，通过合理使用、有效激励、科学考核、奖惩强化，充分调动人的积极性，有效发挥人力资源的功效。④人力资源开发。即根据工作需要与人的自身需要，进行系统培养，以促进人的全面发展。

8.1.2 人力资源管理的原则

1. 优化原则

优化原则即通过科学选聘、合理组合，实现人员配备的最优化。优化原则应注意以下几点。①要择优选拔，使优秀的人才担任重要的工作。②要适才适用，使不同类型的人才与不同性质的工作相适宜，实现人与事的科学配置。③要用人所长，善于选择人的长处而用之，充分发挥其优势。④要人才互补、优化组合，发挥人才组合的整体效应。

管理故事

1861年，当美国内战开始时，美国总统林肯还没有为联邦军队找到一名合适的指挥官。林肯先后任用了4名总指挥官，而他们没有一个人能“100%执行总统的命令”——向敌人进攻，打败他们。最后林肯总统任命格兰特将军为总司令，当时有人告诉他，格兰特嗜酒贪杯，难当大任，林肯却说：“如果我知道他喜欢什么酒，我倒应该送几桶，让大家共享。”林肯总统不是不知道酗酒可能误事，但他更知道在北军诸将领中，只有格兰特能够运筹帷幄，决胜千里。后来的事实证明格兰特将军的任命，正是南北战争的转折点。

特别提示

才干越高的人，其缺点也往往越明显。有高峰必然有深谷，所谓“金无足赤，人无完人”。作为管理者对下属决不能求全责备，应牢记“水至清则无鱼，人至察则无徒”。

2. 竞争原则

人员的选聘、组合、使用与发展不能在封闭和僵化的环境下进行，必须引入竞争机制，公开、公正、平等的竞争，并形成有力于人才脱颖而出的有效机制。

管理故事

国外一家森林公园曾养殖几百只梅花鹿，尽管环境幽静，水草丰美，又没有天敌，但在几年以后，鹿群非但没有发展，反而病的病，死的死，竟然出现了负增长。

后来这家森林公园买回几只狼放置在公园里，在狼的追赶捕食下，鹿群只得紧张地奔跑以逃命。这样一来，除了那些老弱病残被狼捕食外，其他鹿的体质日益增强，数量也迅速地增长。

流水不腐，户枢不蠹。人天生有种惰性，没有竞争就会固步自封，躺在功劳薄上睡大觉。竞争对手就是追赶梅花鹿的狼，时刻让梅花鹿清楚狼的位置和同伴的位置。跑在前面的梅花鹿可以得到更好的食物，跑在最后的梅花鹿就成了狼的食物。按照市场规则，给予头鹿奖励，让末鹿被市场淘汰。

3. 激励原则

激励原则即通过人员配备，最大限度地调动人的积极性和创造性。激励原则要注意以下几点。①要搞好授权，放手使用，充分信任下级。②要科学地安排工作职位和进行工作设计，增强下级对所从事工作的兴趣。③要实行科学的考核，对组织成员做出客观的评价。④要将奖励与贡献紧密挂钩，并使物质奖励与精神奖励结合起来。

4. 开发原则

开发原则即在人员配备和使用的过程中，通过各种形式进行智力开发，不断提高人员的素质，最大限度的发挥人的潜能，并把促进人的全面发展作为组织的重要目标。

特别提示

“小企业”是生产产品的地方，“大企业”是培养人才的地方。

8.2 人力资源计划

8.2.1 人力资源计划的任务

编制与实施人力资源计划的目标，就是要通过规划人力资源管理的各项活动，使组织的需求与人力资源的基本状况相匹配，确保组织总目标的实现。人力资源计划的任务包括以下几个部分。

1. 系统评价组织中人力资源的需求量

人力资源计划就是要使组织内外人员的供给与一定时期组织内部预计的需求相一致。人力资源的需求量主要是根据组织中职务的数量和类型来确定的。职务数量指出了每种类型的职务需要多少人，职务类型指出了组织需要具备什么技能的人。一个组织在进行了组织设计之后，需要把组织的需求与组织内部现有人力资源状况进行动态对比并找出预计的缺额。

2. 选配合适的人员

组织中的员工总是随着内外环境的变化而不断变动的。为了确保担任职务的人员具备所要求的基本知识和技能，必须对组织内外的候选人进行筛选。这就必须研究和使用科学的人力资源管理方法，使组织所需要的各类人才得到及时的补充。

3. 制定和实施人员培训计划

培训既是为了适应组织内部变更和发展的要求，也是为了提高员工素质，实现员工个人生涯发展的要求。要使组织中的成员、技术、活动、环境等要素能更好的适应环境，就必须运用科学的方法，有计划、有组织、有重点、有针对性地对员工进行培训，以培养和储备适应未来要求的各级人才。

人力资源计划的整个过程是在在组织战略规划框架的指导下进行的，具体有编制人力资源计划、招聘员工、选用员工、职前引导、培训员工、职前生涯发展 6 个步骤。前 3 个步骤的目的是要发掘有能力的人才并加以选用。后 3 个步骤是为了确保组织既能留住人才，又能使员工技能得以更新。

8.2.2 人力资源计划编制的原则

人力资源计划的编制和组织执行不仅关系到人力资源本身的获得和利用，而且影响企业其他资源的利用效率；不仅关系到企业的生存和发展，而且直接关系到以企业为舞台的员工的职业生涯。因此，人力资源计划的编制需要依循以下基本原则。

(1) 既要保证企业短期内自下而上的需要，也要能促进企业的长期发展。人力资源计划的编制和组织执行，不仅要确保组织必要的人力资源，使组织的每一项活动都有符合相关要求的人去做，从而保证组织目前活动的顺利进行，而且要为组织的未来发展准备人才力量，特别是准备后备干部力量。

(2) 既要能促进员工现有人力资源价值的实现，又要能为员工的长期发展提供机会。人力资源计划的编制和组织执行，既要注意对现有人力资源条件的充分运用，使每个人都能从事与其个人特点相吻合的工作，而且要为他们提供提高和完善自己的机会。

(3) 实现人事的动态平衡。一个企业或是一个部门中人员的合理配置，一是要考虑能级问题，即纵向形成一个合理的等级；二是要考虑互补问题，即横向人员的能力互补。组织在不断变革和发展，对成员的要求也在不断变动，人的能力和知识也在工作中不断地提高和丰富，人与事的配合需要进行不断地协调平衡。要使那些能力发展充分的人去从事组织中更为重要的工作，同时也要使能力平平、不符合职务需要的人得到识别及合理的调整，最终实现人与工作的动态平衡。

管理故事

不拉马的士兵

一位年轻的炮兵军官上任后，到下属部队视察操练情况，发现有几个部队操练时有一个共同的情况：在操练中，总有一个士兵自始至终站在大炮的炮筒下，纹丝不动。经过询问，得到的答案是：操练条例就是这样规定的。原来，条例因循的是用马拉大炮时代的规则，当时站在炮筒下的士兵的任务是拉住马的缰绳，防止大炮发射后马因后坐力产生的距离偏差，减少再次瞄准的时间。现在大炮不再需要这一角色了，但条例没有及时调整，因而出现了不拉马的士兵。这位军官修改了条例并且受到了国防部的表彰。

8.3 人员的选聘

人员选聘，即解决人与事的配置问题，通过分析人与事的特点，谋求人与事的最佳组合，实现人与事的不断发展。首要的是人事决策，特别是管理人员的选聘尤为重要。正所谓群众是英雄，领导是关键。

8.3.1 管理人员选聘的标准

“士兵有权得到能干的指挥员”这是古罗马凯撒大帝时期就已成为名言的一句格言。同样，组织中的每个成员都有权得到最称职的管理干部。战争中，士兵们不得不把自己的生命托付给指挥作战的长官；类似地，在现代社会工作中，组织成员不得不把自己许多需要得到满足的希望寄托于优秀的管理干部。因此，必须选择合适的管理人员来担任特定的管理工作。怎样才算是合适的管理人员？应根据哪些标准来选聘管理人员？

在具体讨论管理干部的标准之前，有必要做两点说明。

(1) 组织中不同层次不同职能机构的管理任务，需要完成不同的工作，要求职务担任者具备不同的知识和技能。因此，要列出一个所有管理岗位工作人员的条件清单是非常困难的，甚至是不可能的。

(2) 选聘管理干部的主要依据是贡献还是能力？由于这两者并不总是一致的，个人对组织的贡献并不仅仅取决于个人的能力，也要受到自身以外的许多其他因素的影响，因此，人们选择了后者。那么不以成员对组织的贡献程度来提升干部是否意味着对贡献者的不公平呢？人们认为不是的。对组织成员贡献的补偿主要是通过报酬，特别是给予物质方面的报酬。当然，贡献的大小有时也是能力高低的一种体现，如果某个成员不仅为组织提供了特殊贡献，而且在提供贡献的过程中，充实了工作技能和知识，能胜任更高层次的工作，那么这种特殊贡献应该成为予以提升的补充依据。

不同管理层次的具体管理业务是不同的，但其本质特征却是一样的，即组织和协调他人的劳动。因此，从对不同管理人员的具体要求中可以辨别出一些相同的方面。

1. 管理的欲望

强烈的管理欲望是有效地进行管理工作的基本前提。担任管理工作，对某些人来说，它意味着在组织中取得较高的地位、名声以及与之相应的报酬，但对更多的、成功的管理人员来说，它意味着可以根据赋予的权利来组织他人的劳动，意味着通过他人的劳动来实现自己制定的、符合组织需要的目标，并从中获得心理上的满足。对权力不感兴趣的人，断然不会负责任地、有效地使用权力，从而难以借此获得积极的效果。

2. 正直诚信的品质

正直和诚信是每个组织成员都应具备的基本品质。管理人员尤其如此。由于担任管理职务具有相当大的职权，而组织对权力的运用往往难以进行严密、细致、及时、有效的监督，所以权力能否正确运用在很大程度上取决于管理人员的良知。管理人员必须是道德高尚的，值得信赖的，必须具有正直的品质。正直诚信，意味着对上不去逢迎，不拍马屁，敢于提出自己的观点，指出上级的错误；意味着对部属一视同仁，不拉帮派，不分亲疏，不搞“顺我者昌、逆我者亡”，在评价下属工作时，有一套客观公正的标准，而不是根据个人的好恶；意味着脚踏实地地工作，而不是为了哗众取宠，搭花架子，做表面文章。总之，正直诚信意味着许多内容，应该成为管理人员的基本品质。管理人员缺乏了这种品质就可能使人心涣散。当然，只有这种品质而无工作能力的人是不能成为合格的管理者的，然而，有能力而无正直诚信品质的管理人员，则可能给组织造成巨大的破坏，且能力越大，破坏越大。

3. 冒险的精神

管理的任务不仅在于执行上级的命令，维持系统的运转，而且要在组织系统或部门的工作中不断创新。只有不断创新，组织才能充满生机，才能不断发展。而创新意味着打破原有机制的束缚，做以前没有做过的事，没有现成的程序或规律可循。因此，既有成功的可能，也有失败的风险，且往往是，希望取得的成功越大，需要冒的风险也越大。因此，要创新，就要敢于冒风险。

4. 决策的能力

管理人员不仅要计划和安排自己的工作，而且更重要的是要组织和协调下属的工作。管理人员在组织下属工作的过程中要进行一系列的决策，例如本部门在未来时期内要从事何种活动；从事这种活动需达到何种状况和水平；谁去从事这些活动；利用何种条件、在何时完成这些活动等。所以西蒙说，管理就是决策，管理过程中充满了决策。因此，掌握一定的决策能力对管理人员来说是非常重要的。当然，拥有决策的能力，并不一定要求每位管理人员都能娴熟地运用决策的定性或定量方法(管理人员在这方面的缺陷可以通过设立参谋人员或进行咨询而得到补充)，但管理者至少应具备分析问题的能力和果断决策的魄力。他们必须能够敏锐地观察事物的变化，善于捕捉信息，发现问题，能够透过现象，抓住本质，判断问题的性质，预估事物的发展趋势；必须能够在基本把握事物变化的脉络以后，制定并比较了解多种解决问题的可行方案的基础上，迅速果断地做出决策、采取行动。

5. 沟通的技能

管理人员要理解别人，也需要别人理解自己。组织成员之间的相互理解是组织成功的基本保证。理解要借助信息的沟通来完成。信息沟通是在“说”和“听”的过程中实现的。管理人员要通过充分地“听”与艺术地“说”来正确地理解上级的意图，认清组织的任务与目标，制定正确的落实措施，或巧妙地提出自己的不同意见，争取上司的赞同；同时，也要通过娴熟地运用听与说的技巧，准确地表述自己的思想，布置下属的工作，并充分地聆听下属的怨诉，体察他们的苦衷，了解下属的工作进度，协调他们的活动。

8.3.2 管理人员的来源渠道

组织可从外部选聘或从内部提拔所需的管理人员。

1. 外部选聘

外部招聘是根据一定的标准和程序，从组织外部的众多候选人中选拔符合空缺职位工作要求的管理人员。

外部选聘干部具有以下几个优点。

(1) 被聘干部具有“外来优势”。所谓“外来优势”主要是指被聘者没有“历史包袱”，组织内部成员(部下)只知道他目前的工作能力和实绩，而对其历史、特别是职业生涯中的失败记录知之甚少。因此，如果他确有工作能力，那么便可迅速地打开局面。相反，如果从内部提升，部下可能对新上司在成长过程中的失败教训有着非常深刻的印象，从而可能影响后者大胆地放手工作。

(2) 有利于平息和缓和内部竞争者之间的紧张关系。组织中空缺的管理职位可能有好几个内部竞争者希望得到。每个人都希望有晋升的机会。如果员工发现自己的同事，特别是原来与自己处于同一层次具有同等能力的同事提升而自己未果时，就可能产生不满情绪，导致懈怠工作，不听管理，甚至拆台等行为。从外部选聘可使这些竞争者得到某种心理上的平衡，从而有利于缓和他们之间的紧张关系。

(3) 能够为组织带来新鲜空气。来自外部的管理人员可以为组织带来新的管理方法与经验。他们没有太多的束缚，工作起来可以放开手脚，从而给组织带来较多的创新机会。此外，由于他们新近加入组织，没有与上级或下属历史上的个人恩怨，因而在工作中可以很少顾忌复杂的人情网络。

管理故事

鲶 鱼 效 应

西班牙人爱吃沙丁鱼，但沙丁鱼非常娇贵，极不适应离开大海后的环境。当渔民们把刚捕捞上来的沙丁鱼放入鱼槽运回码头，但用不了多久沙丁鱼就会死去。而死掉的沙丁鱼味道不好，销量也差，倘若抵港时沙丁鱼还存活着，活鱼的卖价就要比死鱼高出若干倍。为延长沙丁鱼的活命时间，渔民想方设法让鱼活着到达港口。后来渔民想出一个法子，将几条沙丁鱼的天敌鲶鱼放在运输容器里。因为鲶鱼是食肉鱼，放进鱼槽后，鲶鱼便会四处游动寻找小鱼吃。为了躲避天敌的吞食，沙丁鱼自然会加速游动，从而保持了旺盛的生命力。如此一来，沙丁鱼就一条条活蹦乱跳地回到渔港。

外部选聘也有许多局限性，主要表现在以下几点。

(1) 外聘干部不熟悉组织的内部情况，同时也缺乏一定的人事基础，因此需要一段时期的适应才能有效地工作。

(2) 组织不能对应聘者的情况进行深入了解。虽然选聘时可借鉴一定的测试、评估方法，但一个人的能力是很难通过几次短暂的会晤，几次书面测试就得到正确反映的。被聘者的实际工作能力与选聘时的评估能力可能存在很大的差距，因此组织可能聘用一些不符合要求的管理干部。这种错误的选聘可能给组织造成极大的危害。

(3) 外聘干部的最大局限莫过于对内部员工的打击。大多数员工都希望在组织中有不断发展的机会，都希望能担任越来越重要的工作。如果组织经常从外部选聘管理人员，且形成制度和习惯，则会堵死内部员工的升迁之路，从而挫伤他们的工作积极性，影响他们的士气。同时，有才华、有发展潜力的外部人才在了解到这种情况后也不敢应聘，因为一旦应聘，虽然在组织中工作的起点很高，但今后提升的希望却也很小。

由于这些局限性，许多成功的企业强调不应轻易用外聘请管理人员，主张采用内部管理培养和提升的方法。

2. 内部提升

内部提升是指组织成员的能力增强并得到充分的证实后，被委以需要承担更大责任的更高的职务。

作为填补组织中由于发展或伤老病退而空缺的管理职务的主要方式，内部提升制度具有以下几个优点。

(1) 有利于鼓舞士气，提高工作热情，调动组织成员的积极性。内部提升制度给每个人带来希望。每个组织成员都知道，只要在工作中不断提高能力、丰富知识，就有可能被分配担任更重要的工作，这种职业生涯中的个人发展对每个人都是非常重要的；职务提升的前提是要有空缺的管理岗位，而空缺的管理岗位的产生主要取决于组织的发展，只有组织发展了，个人才可能有更多的提升机会。因此，内部提升制度能更好地维持成员对组织的忠诚，使那些有发展潜力的员工能自觉地更加积极地工作，以促进组织的发展，从而为自己创造更多职务提升的机会。

(2) 有利于吸引外部人才。内部提升制度表面上是排斥外部人才、不利于吸引外部优秀的管理人员的，其实不然。真正有发展潜力的管理者知道，加入到这种组织中，担任管理职务的起点虽然比较低，有时甚至需要一切从头做起，但是凭借自己的知识和能力，花较少的时间便可熟悉基层的业务，从而能够迅速地提升到较高的管理层次。

(3) 有利于保证选聘工作的正确性。已经在组织中工作若干时间的候选人，组织对其了解程度必然要高于外聘者。候选人在组织中工作的经历越长，组织越有可能对其作全面深入的考察和评估，选聘工作的正确程度也就越高。

(4) 有利于使被聘者迅速展开工作。管理人员能力的发挥要受到他们对组织文化、组织结构及其运行特点的了解的限制。在内部成长提升上来的管理干部，由于熟悉组织中错综复杂的人事关系，了解组织运行的特点，所以可以迅速地适应新的管理工作，工作起来要比外聘者显得得心应手，从而能迅速打开局面。

同外部招聘一样，内部提升制度也可能带来某些弊端。

(1) 引起同事的不满。在若干个内部候选人中提升一个管理人员，可能会使落选者产生不满情绪，不利于被提拔者展开工作。避免这种现象的一个有效的方法是不断改进干部考核制度和方法，正确地评价、分析、比较每一个内部候选人的条件，努力使组织得到最优秀的干部，并使每一个候选人都体会到组织的选择是正确、公正的。

(2) 可能造成"近亲繁殖"的现象。从内部提升的管理人员往往喜欢模仿上级的管理方法。这虽然可使老一辈的传统得以发展，但是不利于组织的管理创新，不利于管理水平的提高。要克服这种现象，必须加强对管理队伍的教育和培训，特别是要不断地组织他们学习新知识。在评估候选人的管理能力时，也必须注意对他们创新能力的考察。

[讨论题] 企业如何选择外部招聘与内部提升?

8.3.3 员工选聘的程序和方法

1. 制订并落实招聘计划

当组织中出现需要填补的工作职位时，有必要根据职位的类型、数量和时间等要求确定招聘计划，同时成立相应的选聘工作委员会或小组。选聘工作机构可以是组织中现有的人事部门，也可以是代表所有者利益的董事会，或由各方利益代表组成的临时机构。选聘工作机构要以适当的方式，通过适当的媒体介绍待聘职务的数量、类型以及对候选人的具体要求等信息，向组织内外公开"招聘"，鼓励那些符合条件的候选人积极应聘。

2. 对应聘者进行初选

当应聘者数量很多时，选聘小组需要对每一位应聘者进行初步筛选。内部候选人的初选可以根据以往的人事考评记录来进行；外部应聘者则需要通过简短的初步面谈，尽可能多地了解每个申请人的工作及其他情况，观察他们的兴趣、观点、见解和独创性等，及时排除那些明显不符合基本要求的人。

3. 对初选合格者进行知识与能力的考核

在初选的基础上，需要对余下的应聘者进行材料审查和背景调查，并在确认之后进行细致的测试与评估，其主要内容如下。

(1) 智力与知识测试。该测试是通过考试的方法测评候选人的基本素质，它包括智力测试和知识测试两种基本形式。智力测试的目的是通过候选人对某些问题的回答，测试他的思维能力、记忆能力、应变能力和观察分析复杂事物的能力等。知识测试是要了解候选人是否具备待聘职务所要求的基本技术知识和管理知识。缺乏这些基本知识，候选人将无法进行正常工作。

(2) 竞聘演讲与答辩。这是对知识与智力测试的一种补充，测试可能不足以完全反映一个人的素质全貌，不能完全展示一个人运用知识和智力的综合能力。发表竞聘演讲，介绍自己任职后的计划和远景，并就选聘工作人员或与会人员的提问进行答辩，可以为候选人提供充分展示才华、自我表现的机会。

(3) 案例分析与候选人实际能力考核。在竞聘演讲与答辩之后，还需要对每个候选人的实际操作能力进行分析。测试和评估候选人分析问题和解决问题的能力，可借助“情景模拟”或“案例分析”的方法。这种方法是将候选人置于一个模拟的工作情景中，运用各种评价技术来观测、考察他的工作能力和应变能力，以此判断他是否符合某项工作的要求。

知识链接

情景模拟的具体方法有很多，在这里主要介绍“处理公文测验”与“无领导小组讨论”两种方法。

1. 处理公文测验

(1) 向候选人提供“一揽子”公文，包括电话记录、下级请求报告、上级批件、公司内部报告、外部函件等。其中有重要事项，也有琐碎的小事。

(2) 要求候选人在规定时间内把这些公文处理完毕。

(3) 观察候选人在一大堆公文压力下的心理与行为，是分清轻重缓急、有条不紊或授权下属，还是杂乱无章，“眉毛胡子一把抓”。

(4) 询问候选人处理某些公文的依据是什么？有什么设想？为什么这样做而不那样做？

(5) 根据观测结果，选聘工作小组对候选人的管理能力做出集体评价。

2. 无领导小组讨论

“无领导小组讨论”的方法主要用于评价候选人的领导能力、合作能力、应变能力，其运用步骤如下。

(1) 将候选人编成若干小组。

(2) 规定身份，明确任务。向候选人提供相同的“公司”或“市场”材料，要求就公司在未来时期内增加盈利或提高市场份额制定对策。讨论时各自的指定身份是相同的，不存在领导与被领导关系。

(3) 每个候选人根据提供的材料，开动脑筋，提出自己的看法和设想，进行讨论。

(4) 考核应变能力。讨论中每隔一定时间通报一次市场行情和企业生产情况的变化。有时，某个问题刚刚讨论完毕，解决问题的方案刚刚制订，便立即告诉候选人情况发生了变化。这时，要注意每个候选人的表现，在突然的变化面前是焦躁不安、不知所措，还是沉着冷静，应付自如。

(5) 最后对参加讨论的每个人的领导能力、合作能力、应变能力进行评价，分配符合每个人能力的工作。

(4) 选定录用员工。在上述各项工作完成的基础上，需要利用加权的方法，算出每个候选人知识、智力和能力的综合得分，并根据待聘职务的类型和具体要求取舍。对于决定录用的人员，应考虑由主管亲自进行一次面试，并根据实际工作与应聘者再做一次双向选择，最后决定是否录用。

(5) 评价和反馈招聘效果。最后对整个选聘工作的程序进行全面的检查和评价，并且对录用的员工进行追踪分析，通过对他们的评价检查原有招聘工作的成效，总结招聘过程中的成功与失败，及时反馈到招聘部门，以便改进和修正。

8.4 人员的组合

人员组合，即解决人与人的配合问题。人力资源管理中的组织问题，特别是中层管理者的组织问题就是人员的组合问题。

8.4.1 人员组合的结构

1. 人员组合的含义

人员组合是指组织内按管理或作业需要所进行的人员配置与合作。人员组合的目的是提高管理的效率，取长补短，人尽其才，最大限度地调动组织内各种人员工作的积极性，使他们能在彼此之间、上下级之间以及整个组织内，达成一种默契的合作关系，为实现组织的总体目标而共同努力。

2. 人员组合的结构

人员组合包括技术结构和社会结构两个方面的组合。

(1) 人员组合的技术结构。这是指人作为劳动要素，按照完成组织工作任务的要求，结合人员的专业与素质条件，实现各类人员在技术上的科学配置。例如，在一个班组中不同工种的工人之间的配备与组合。

(2) 人员组合的社会结构。这是指人作为社会成员，根据各类人员的社会心理类型特点，实现最佳社会心理组合，以形成有效激励的氛围，增强组织的凝聚力。例如，在一个班组工作的员工之间，存在着较强的社会心理相容性或互补性，从而相处融洽。

管理寓言

两　头　鸟

从前，某个国家的森林内，喂着一只两头鸟，名叫“共命”。这只鸟的两个头“相依为命”。遇事两个“头”都会讨论一番，才会采取一致的行动，比如到哪里去找食物，在哪儿筑巢栖息等。

有一天，一个“头”不知为何对另一个“头”发生了很大误会，造成谁也不理谁的仇视局面。其中有一个“头”，想尽办法和好，希望还和从前一样快乐地相处。另一个“头”却不理不睬，根本没有和好的意思。

如今，这两个“头”为了食物开始争执，那善良的“头”建议多吃健康的食物，以增进体力；但另一个“头”则坚持吃“毒草”，以便毒死对方才可消除自己心中的怒气！和谈无法继续，于是只有各吃各的。最后，那只两头鸟终因吃了过多的有毒食物而死去了。

8.4.2 人员组合的原理与效应

1. 人员组合的原理

人员组合的原理包括以下几个。

(1) 人员组合最基本的原理是同素异构原理。这是指在群体成员的组合上，同样数量和素质的一群人，由于排列组合不同，所产生的效应也会有所不同。在人员组合中，要考虑如何根据组织的目标或所需完成的工作任务，特别是要考虑其成员的技术与社会心理特点，进行科学的组合与配置，以形成尽可能大的综合效应。

(2) 技术匹配原理。这是指在人员组合中，要根据群体工作任务的需要，按照技术上各类劳动力相匹配的规律，科学地配置人员，这是合理设计群体结构必须遵循的原理。

(3) 社会心理相容与互补原理。这是指为使组合中的成员获得心理上的满足，应使他们在社会心理上存在着相容性或互补性，从而使他们能够愉悦而和谐地相处。一是组织成员的相容性。相容性是指组织成员之间具有相同或相似的思想、志向、性格等，关系融洽，愉快共事。这是最佳人员组合的基础。二是组织成员的互补性。组织成员的互补性是指组织成员之间具有不同的素质、能力、个性、风格，使其形成一种互补效应，从而发挥人员组合的整体优势。组织的管理者应对其组织的成员进行科学组合，在注意人员组合同质化的同时，寻求适度的异质组合，实现组织相容性与互补性的结合，以建立最佳组合。如在管理人员的组合中，在统一思想、统一目标、统一行动的前提下，实现最佳年龄组合、最佳知识技能组合、最佳气质性格组合。

特别提示

男女搭配，干活不累。

2. 人员组合的综合效应

当人作为个体，按一定的方式进行组合后，便会产生相应的组合效应。合理组合使综合效应放大；不合理组合将使综合效应缩小。具体表现为以下 3 种类型。

设：Z 为综合效应；X、Y 分别为个体。则有：

(1) 最佳效应组合：$Z>X+Y$。

(2) 低效效应组合：$Z=X+Y$。

(3) 最差效应组合：$Z<X+Y$。

当人员组合非常差时，Z 可能为负值。管理者必须通过有效的管理与配置，努力实现最优组合，取得最佳综合效应。

8.4.3 实现最佳组合的途径

要建立组织人员的最佳组合，最基本的就是处理好组织内部的相容性和互补性。管理者要善于根据组织目标、工作要求以及人员特点，从以下 3 个方面寻求人员的最佳组合。

1. 实现最佳知识、技能组合

这是指组织成员之间在知识、技能上扬长避短，科学互补。最佳的组合应是成员之间具有不同专业知识优势和不同技能特长，取得互补效应，实现最佳配置。在组织的基层，主要体现为不同技术工种与专长的合理配置。

2. 实现最佳年龄组合

这是指组织中各成员年龄实现合理搭配。合理的年龄结构应是老、中、青结合的梯形结构。一般而言，老年人阅历丰富，思想深邃，遇事沉着冷静，但往往精力、体力显得不足，因而可以在群体中掌舵，或充当参谋、顾问；中年人年富力强，锐意进取，有开拓精神，捕获新知识快，创造力强，各方面日益成熟，处于人生的高峰期，因而可以在管理集体中发挥承前启后的桥梁作用、核心作用；青年人思想敏锐，行动敏锐，精力充沛，竞争心强，不墨守成规，因而可以充当从事攻坚工作的突击队，但他们也有缺乏经验、处事草率等不足之处。因此，一个较合理的人员组合应是老中青各具一定比例的结构。

3. 实现最佳气质、性格组合

这是指群体成员之间在气质、性格上的相容与互补，人们通常把人的性格划分为内向型与外向型；也有人把人的性格划分为理智型、意志型和情绪型。但无论如何划分，人的性格由于个人经历、周围现实环境等的差异，总会有所不同，管理者应正视这种差异，合理组合，实现在社会和心理上的相容与互补，从而使群体成员之间融洽相处，得到归属感，形成凝聚力。

[讨论题] 人员组合应该更重视技术结构还是社会结构?

8.5 人员的培训

8.5.1 人员培训的目标

人员培训不仅可以为组织发展服务，而且通过培训，能够丰富人员的知识，提高其素质与技能，进而增强员工的职业安全感，获得更多的发展晋升机会，从而减少人员的离职。同时，员工队伍的稳定，又能促进组织放心得进行人力投资，舍得花钱培训员工，而不需要担心为他人作嫁衣。旨在提高员工队伍素质，促进个人发展的培训工作，必须实现以下 4 个方面的具体目标。

1. 补充新知识，提炼新技能

随着科学技术进步速度的加快，人们原先拥有的知识与技能在不断地老化。国外有人曾统计分析，认为在学校学到的知识，5 年后已有 50%过时了；大学学到的知识仅为实际工作中要求的 10%，其余的 90%需要在工作以后不断学习。为了使员工掌握与工作有关的最新知识和技能，就要对员工不断地进行培训。美国通用电气公司就非常重视对在职员工的教育和培训，它深刻地认识到，在处于不断变化的社会中，不可能期望受到一次教育就一劳永逸。现在，已经没有一种教育或一种技能可以终身受用。学校教育的宗旨在于为学生的一生(其中大部分时间是工作)做好准备。但公司所需要的技能与学校所能提供的知识之间却存在着很大的差距，这个差距也迫使公司跨入教育领域。

2. 全面发展能力，提高竞争力

员工培训的一个主要目的便是根据工作的要求，努力提高员工在决策、用人、激励、沟通、创新等各方面的综合能力，特别是随着工作的日益复杂化和非个人行为化，组织内部改进人际关系能力的要求不断提高，这使得组织对合作的培训变得越发迫切，这也是衡量组织竞争力的重要体现。

3. 转变观念、提高素质

每个组织都有自己的文化、价值观念、行动的基本准则。员工培训的目标就是通过对组织中各个成员，特别是对新聘管理人员的培训，使他们逐步了解组织文化，接受组织的价值观念，按照组织中普遍的行动准则来从事管理工作，与组织同化。例如，通用电气公司的新雇员进入公司后，首先接受的一项培训内容是有关公司或厂史和产业、组织机构、质量管理、规章制度、工资系统、福利待遇的简介以及参观有关部门，其目的在于使新雇员尽快熟悉环境和业务，顺利开展工作。

4. 交流信息，加强协作

组织培训员工的基本要求是要通过培训，加强员工之间的信息交流，特别是使新员工能够及时了解组织在一定时期内的政策变化、技术发展、经营环境、绩效水平、市场状况等方面的情况，熟悉未来的合作伙伴，准确而及时地给自己定位。

［讨论题］员工通过培训提高了能力要离开企业该怎么办？

知识链接

日本企业界的“经营即教育”思想在日本可以说是深入人心，得到了企业家们的普遍重视。日本所有企业都很重视职工的素质，在录用新员工时，先看应聘人员的学历证书和特长证书，录用后必定先送入培训机构接受训练，考试合格后才能顶岗上班。所有大企业都根据企业的特点和发展需要，制定了长期、中期、短期的人才培训计划，建立多层次的职工教育训练组织和机构，拥有相当完善的现代化教育手段。“经营即教育”是一代经营之神松下幸之助最早系统地提出的。自 1928 年松下创办电器产业以来，一直把教育作为其经营管理的核心。松下认为，事业是人为的，人才的培养是当务之急，他明确地提出“松下造就人，兼而制造电器”。出于这种远见卓识，早在 1964 年，松下公司就在大阪建起了占地 14.2 万平方米的大型培训中心，这个中心一年开支可达 40 万亿日元。松下公司现有职工 20 万人，每年到培训中心学习的员工就有 6 万人左右。也就是说，全公司每年有 1/3 的员工接受培训，他们的口号是：“松下制造东西，也制造人。”职工素质的提高，保证了松下电器公司的产品源源不断地涌向世界各地。

8.5.2 人员培训的方法

一个组织中的培训对象主要有新进员工、基层员工、一般技术或管理人员、高级技术或管理人员。下面介绍管理人员培训的方法。

1. 工作轮换

工作轮换包括管理工作轮换和非管理工作轮换。非管理工作轮换是让管理者轮流在公司生产经营的不同环节中工作，以帮助他们获得各种工作知识、熟悉公司业务。管理工作轮换是在提拔某个管理人员担任较高层职务之前，让他先在一些较低层次的部门工作，以积累不同部门的管理经验，了解各部门在整个组织中的地位、作用及相互关系。

2. 设置助理职务

在一些较高的管理层次设置助理职务，不仅可以减轻主要负责人的负担，使之从繁忙的日常管理中脱出身来，专心致力于重要问题的考虑和处理，而且具有培训待提拔管理人员的好处。比如，可以使助理接触较高层次的管理事物，并通过处理这些事物，积累高层的管理经验，熟悉高层管理工作的内容与要求。设置助理职务还可以使培训组织者更好地了解受训者(助理)的管理能力。

3. 设置临时职务

设置临时性职务可以使受训者体验和锻炼在空缺职位上的工作情景，充分展示其个人能力，避免“彼得现象”的发生。英国的幽默大师劳伦斯·彼得首先发现在“在实行等级制度的组织里，每个人都崇尚爬到能力所不及的层次”。他把这种由于组织中有些管理人员被提升之后不能保持原来的成绩，反而可能给组织效益带来大滑坡的现象写成《彼得原理》一书。它所描述的实际上是这样一个事实：某个人被提拔担任某项管理职务之后，起初缺乏经验，表现平平，但随着工作时间的增长，管理经验不断丰富，能力不断提高，政绩不断改善，其能力超越了现任职务的要求。这时组织可能考虑将其提升。提升后又经历了一个“表现平平”到“超越职务要求”的过程，再度提升。这样一直延续下去，直到晋升到某个较高职位后，能力不再提高，甚至不符合该职务要求。这就是彼得的所谓“爬到了能力所不及的层次”。这种情况对个人来说，已不再有晋升的机会，对组织来说，会带来一定的损失，如何防止彼得现象的产生呢？从理论上讲，组织总是有可能及时撤换不称职的管理干部。但在实际工作中，“表现平平”的管理者被降职的可能性极小。为对他们负责，组织往往需要给他们提供一个改善的机会，而当他们的能力确实不符合职务要求，组织下决心撤换他们时，他们可能已经在组织中产生了一些不利的影响。因此，消极的在提升后撤换不称职管理人员的方法需要付出极高的代价，积极的方法应通过分析彼得现象产生的原因去寻找避免的办法。这种现象产生的重要原因是：提拔管理人员往往是根据他们过去的工作成绩和能力，但在较低层次表现优异，能力突出的管理者并不一定能胜任较高层次的管理工作，只有当这些人担任高层管理工作的能力得到证实后，组织才能考虑将其晋升。证实其能否胜任高层次职务的一种可行方法是安排他担任临时性的代理职务。如果在代理期间，所表现出来的能力不符合该职务要求，显然不能由“代理”转为“正式”，这样就可避免错误提拔。

管理案例

海尔的多种培训形式

一是岗前培训。培训的一方面内容是进行业务知识教育，使员工掌握必要的业务知识；另一方面是进行企业文化教育，包括组织的总体目标、使命、管理哲学和价值观。

二是岗位培训。这种培训的重点主要放在对员工业务能力的培训上。海尔内部设有专门的培训学校，对员工进行专门的业务知识教育，同时针对工作中容易出现的问题进行重点的讲解。所有中高层管理人员必须接受海尔大学培训部的安排，定期到海尔大学授课。

三是个人生涯培训。上至集团高层领导，下至车间一线操作员工，海尔根据个人的职业生涯为每个人制订了个性化的培训计划。

四是转岗培训。主要是为培养掌握技能的复合型人才。

五是半脱产培训。主要是为提高骨干员工的知识水平。中高层管理人员参加MBA班的培训，工程技术骨干人员到高等院校进修。海尔先后与复旦大学、上海交通大学、浙江大学、青岛海洋大学等高等院校和科研院所建立了合作关系，委托他们培训海尔的骨干员工。

六是出国考察培训。为了掌握国际科技发展的最新动态，海尔利用各种机会派出有关人员参加各种专题研讨会、专题学术会议、科技博览会，有时还采取让科技人员出国进修的方式对人才进行培训。

8.6 员工的绩效管理

绩效管理是一种哲学，观念的改变是绩效管理实施的关键。绩效管理的根本目的在于调动全体员工同心同德的向心力，是一个企业独特的文化建设。

8.6.1 绩效与绩效管理

1. 绩效的含义

绩效是指从事某项活动所期望产生的成绩或结果，指具有一定素质的员工围绕职位的应付责任所达到的阶段性结果，以及在达到过程中的行为表现。对一个企业组织而言，企业的绩效评价通常包括3个层次，即员工绩效、团队绩效、组织绩效。绩效被组织和员工共同关注，但是关注的角度不同。对组织而言，绩效就是工作任务在数量、质量及效率等方面的完成情况；对员工个人来说，绩效则是上级和同事对自己工作状况的评价。

2. 绩效管理的要素

一个良好的绩效管理系统一般由3个部分组成，即定义绩效、考评绩效和反馈绩效。绩效管理系统模型如图8.1所示。

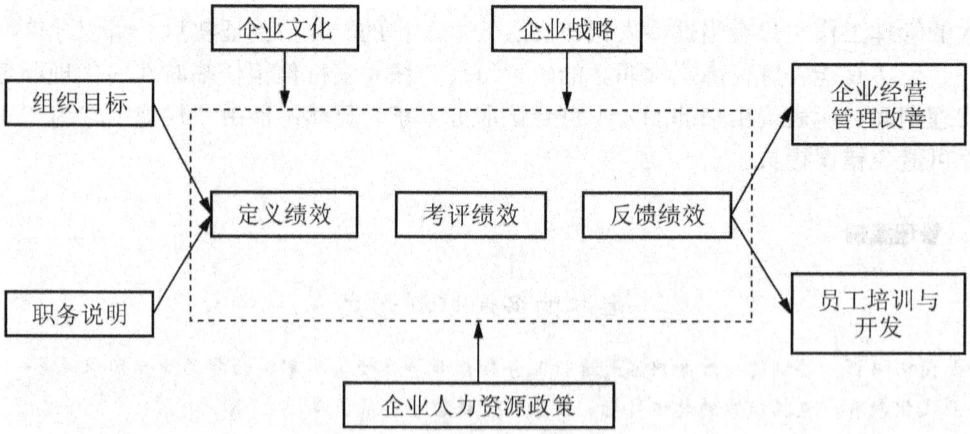

图8.1 绩效管理系统模型

1）定义绩效

定义绩效即界定绩效的具体维度及各维度的内容和权重，也就是让各层次的员工都明白自己努力的目标。这是进行绩效考评的基础，也是绩效管理的关键。在这里，职务说明和企业发展目标分别为定义员工绩效和企业经营绩效的内容提供了一般意义上的支持，企业文化、企业战略为定义绩效确定了明确的方向。这种方向性可以通过加大某一维度的权重来实现，它要求员工和企业整体努力的行为和方式与企业战略以及企业文化相一致。例如，本年度企业的中心任务是通过导入全面质量管理来提高产品质量，并实行团队管理来加强合作。那么，在定义绩效时，员工的质量意识、产品质量的实现状况以及合作意识就应该成为重点内容，同时还要考虑将实行团队管理的小组工作绩效定义为小组的绩效。另外，企业的人力资源政策也会影响员工的绩效定义。例如，当一个企业有从内部提升的惯例或政策时，对于各层次管理者而言，工作绩效的考评中必然有一项重要的内容是培养开发下属的能力。

2）考评绩效

这是绩效管理系统的主体部分，表现为在定义绩效的基础上制定出一个健全、合理的考评方案并实施绩效考评。考评方案主要包括考评的内容、考评的方法、考评的程序、考评的组织者、考评人与被考评人以及考评结果的统计处理等。其中，选择合适的考评方法，设计出可行的考评方案是最关键的、也是最困难的。

3）反馈绩效

向员工本人和企业主管(或有关部门)反馈对员工工作绩效和企业经营绩效的考评结果，是为了让员工了解自己的工作情况，或让企业主管了解企业的经营业绩，但在绩效管理系统中，反馈的意义并不仅限于此。客观、合理的考评结果可以真实地说明员工和企业绩效达到组织所期望的标准的程度，而对不足之处所进行的分析可以提出有针对性的改进措施。同样，绩效的考评结果可以使相关主体了解员工和企业的优缺点和发展特点，管理者根据绩效考评中获得的信息，对员工和企业进行适当、明确的指导，可以使员工的个人发展与实现组织目标结合起来，从而达到提高绩效的目的。另外，一个组织的组织文化对反馈绩效的方式、重视程度都有很大影响。

综上所述，绩效管理系统使绩效考评的内涵更丰富，实施过程更系统、更全面，并与其他管理职能衔接得更紧密，从而使绩效考评在现代管理中发挥出更强大的功能。

3. 绩效管理的目的与意义

组织绩效不能忽视对员工绩效管理，给员工指明绩效期望，绩效反馈，并致力于对员工的绩效开发。通过沟通、指导融洽管理者与员工关系，有效地进行人力资源决策，奖励绩优者，淘汰绩劣者。同时，识别员工的培训需要，充分挖掘和发挥员工潜力，为公司长远发展提供人才库。提高经济价值增量和保持在组织中的员工绩效，承认提高员工的竞争力是驱动组织绩效的因素。

实施绩效管理，从某种意义上说，是企业对自己目前现状作出的反思与展望。但很多企业喜欢把更多的时间花在目前正在进行的工作上，却很少花时间对过去作出反思，很少去总结过去的成败得失，而是一门心思地往前走，生怕因为总结过去而耽误了赚钱，耽误了发展。

8.6.2 绩效管理的流程

1. 制定绩效目标计划

绩效目标分为两种，其一是结果目标，即做什么。要达到什么结果，结果目标来源于公司的目标、部门的目标、市场的需求目标，以及员工的个人目标等；其二是行为目标，即怎样做。确定一个明智的目标就是既要确定要实现什么结果又要确定怎样去做才能更好地实现要达成的目标。

确定一个明智的目标应遵循的原则——SMART原则。

S：(Specific)目标要清晰、明确，让考核者与被考核者能够准确的理解目标。

M：(Measurable)目标要量化，考核时可以采用相同的标准准确衡量。

A：(Attainable)目标要通过努力可以实现，也就是说目标不能过低和偏高，偏低了无意义，偏高了实现不了。

R：(Relevant)目标要和工作有相关性，不是被考核者的工作，就不应该设定目标。

T：(Time bound)目标要有时限性，要在规定的时间内完成，时间一到，就要看结果。

知识链接

“杜拉拉”的SMART原则

拉拉想了想，劈劈啪啪地开始打字，她虚拟了一个故事，用以解说SMART原则。

我刚来这家公司的时候，发现配给我的行政主管很年轻，心里不太情愿要这么个没有多少经验的主管。处了两周，感觉她的潜力还不错，是个当官的好苗子，但实际工作经验太少。

在设定本年度工作目标时，我发现在她的计划里几乎找不到可以量化的东西，这样势必导致年终时说不清楚工作到底做得好还是不好。而且她自己在日常工作中对下属的要求也会不明确。于是我给她做了一次SMART原则的辅导。

先解释一下什么是SMART原则。该原则是在工作目标设定中，被普遍运用的法则。S就是specific，意思是设定绩效考核目标时，一定要具体——也就是说目标不可以是抽象模糊的；M就是measurable，目标要可衡量，要量化；A是attainable，即设定的目标要高，要有挑战性，但一定是可达成的；R是relevant，即设定的目标要和该岗位的工作职责相关联；T是time bound，即对设定的目标，要规定什么时间内达成。

举例说明一下。

1. 关于“量化”

有的工作岗位，任务很好量化，典型的就是销售人员的销售指标，做到了就是做到了，没做到就是没做到。而有的岗位，工作任务不太好量化，比如R&D(研发部门)，但还是要尽量量化，可以有很多量化的方式。

行政主管和我说行政的工作都是很琐碎的，很难量化。比如对前台的要求：要接听好电话。这可怎么量化、怎么具体呢？

我告诉她：什么叫接好电话？比如接听速度是有要求的，通常理解为“3声起接”，就是一个电话打进来，响到第三下时，你就要接起来。不可以让它再响下去，以免打电话的人等得太久。

我又对她指出：你对前台的一条考核指标是“礼貌专业地接待来访”，做到怎样才算礼貌专业呢？有些员工反映，前台接待不够礼貌，有时来访者在前台站了好几分钟也没人招呼，但是我们的前台又觉得她尽力了，这个怎么考核呢？

行政主管解释说：前台有时非常忙，她可能正在接一个三言两语打发不了的电话，送快件的又来让她签收，这时旁边站着的来访者可能就会出现等了几分钟还未被搭理的现象。

我告诉她：前台应该先抽空请来访者在旁边的沙发坐下稍等，然后继续处理手中的电话，这才叫专业，而不是做完手上的事才处理下一件。

又比如什么叫礼貌。你应该规定使用规范的接听用语，不可以在前台用“喂”来接听，早上要报：早上好，某某公司；下午要报下午好，某某公司；说话速度要不快不慢。

所以，没有量化是很难衡量前台到底怎样算接听好电话了，到底礼貌接待来访了没有的。

2. 关于“具体”

我告诉她，比如她的电话系统维护商告诉她，保证优质服务。什么是优质服务？很模糊，要具体点。比如保证对紧急情况，正常工作时间内4小时响应。那么什么算紧急情况，又要具体定义：比如四分之一的内线分机瘫痪等。

如果不规定清楚这些，到时候大家就会吵架了。

3. 关于“可达成”

你让一个没有什么英文基础的初中毕业生，在一年内达到英语四级水平，就不太现实，这样的目标是没有意义的。但你让他在一年内把新概念第一册拿下，就有达成的可能性，他努力地跳起来能够到的果子，才是有意义的。

4. 关于“相关性”

毕竟是工作目标的设定，要和岗位职责相关联，不要跑题。比如一个前台，你让她学点英语以便接电话时用得上，就很好。但如果让她去学习管理学，就比较跑题了。

5. 关于时间限制

比如你和你的下属都同意，他应该让自己的英语达到四级。你平时问他：有没有在学呀？他说一直在学。然后到年底，发现他还在二级三级上徘徊，就没有意思了。一定要规定好，比如他必须在今年的第三季度通过四级考试。要给目标设定一个大家都同意的合理的完成期限。

基本上，做到这5点，人们就能知道怎样算做得好，怎样是没有做好，怎样算超越目标了，从而考核者和被考核者能有都认同的、清晰的考核标准，进而避免很多人和人之间的矛盾与争执。

2. 设计与选择绩效考核指标

考核指标的设计要能够获得真实和全面的绩效信息，要包括所有与评估绩效相关的指标，防止指标未被列出的情况，即“标准欠缺”，导致评估不全面，不能包括与评估绩效无关的指标，防止“标准走样”，导致对员工进行不相干或不公平评估。

选择关键绩效指标：通过关键绩效指标的设计，评价员工的关键绩效行为和产出。下面是对KPI(Key Performance Indicators)体系的解读。

企业战略目标决策经过层层分解产生可操作性的战术目标，其基本作用是企业战略执行效果的监测指针，或战略执行工具。KPI的建立的目的是形成一种机制，将企业战略转化为内部过程和执行活动。KPI进入员工绩效管理体系，提升了个人绩效管理层次，将员工绩效与部门绩效和组织绩效联结起来。

KPI指标体系构建，具体流程如下。

(1) 企业高层构建业务重点，即价值评估重点。

(2) 找出关键业务领域的KPI，企业KPI。

(3) 部门主管建立部门的KPI。

(4) 分解部门的KPI，确定要素目标，分析绩效驱动因素(技术、组织和人)。

(5) 确定实现目标的工作流程。

(6) 确定各岗位的绩效指标和评价指标体系。

(7) 将绩效考核指标作为员工绩效考核的依据。
(8) 跟踪和监控关键指标的操作效果。
(9) 反馈指标的完成效果。

3. 制订考核计划、规划

(1) 明确考核的目的和对象。
(2) 选择考核的内容和方法。
(3) 确定考核时间。①选择适当的时间间隔。间隔时间短会导致成本太高；间隔时间长会导致效果低。对不同类型的人员，间隔时间长短有所区别，一般人员短，管理人员长，因为绩效显示特征不一样，评估因素也有所不同。②评估时间点选择。与晋升的结合、调资结合、人员配置结合等。③评估时间与常规监控的配合。

4. 进行技术准备

绩效考核是一项技术性很强的工作。其技术准备主要包括确定考核标准、选择或设计考核方法以及培训考核人员。

5. 选拔考核人员

确定具体的考评标准、准备考评所需的各种表格和工具。对考评工作人员进行特别的培训，提高他们的业务能力，减少评定中人为的非正常误差。培训一般包括两个方面的内容：①培养正确的态度，提高对绩效考评及其意义的认识；②提高专业知识和技术水平，包括考评中容易产生错误的原因及其防止对策、考评方法、文件资料和数据处理的方法、专用工具与设备的使用技术等。通过培训，可以使考核人员掌握考核原则，熟悉考核标准，掌握考核方法，克服常见偏差，

6. 收集资料信息

收集资料信息是要建立一套与考核指标体系有关的制度，并采取各种有效的方法来达到。

7. 作出分析评价

(1) 确定单项的等级和分值。
(2) 对同一项目各考核来源的结果的综合。
(3) 对不同项目考核结果的综合。

8. 考核结果反馈

在员工绩效评价时，对排序所得出的人员考评的初步结果加以确认，对于不合理的考评结果与排序需通过复议予以调整或重新评定和分析，然后将最终结果在一定的范围，大到全体员工，小到考评对象本人进行通告。如果有人对考评结果不服，必要时可以再次进行复议。

建立通畅的反馈系统的具体步骤如下。

(1) 严格的绩效评估制度和操作程序。

(2) 严格的高层管理者和管理机构监督制度。

(3) 通畅的反馈系统：员工评估投诉系统。

(4) 建立越级投诉制度。

9. 考核结果运用

按最终确定的考评结果，对考评对象的奖惩等作出合理的安排，有针对性地制定改善措施。考核结果的运用也可以说就是结束绩效管理的流程，如图 8.2 所示。

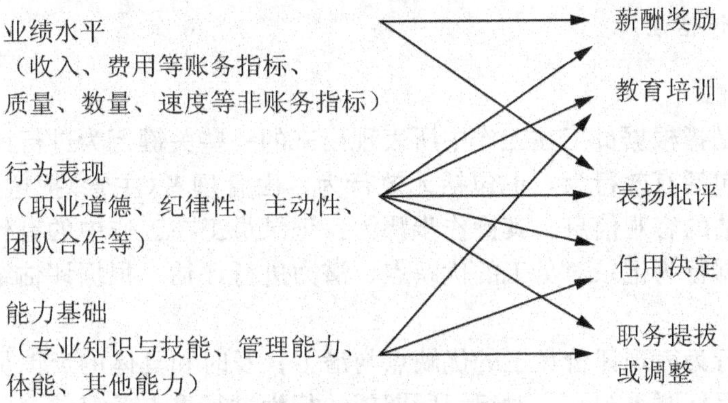

图 8.2　考核结果的运用

8.6.3　员工绩效评价方法

1. 员工特性评估法

员工特性评估法也称图表评价尺度法，是指先确定绩效评估的指标，然后将一定的分数或比重分配到各个绩效评估指标上，使每项指标都有一个权重，再由评估者根据评估对象的表现情况给评估对象打分，最后计算出总分，作为评估对象的绩效评估结果。员工特性评估法主要以个人为评估的对象，关注对企业有利的员工的个人行为特征，具有比较强的行为引导作用。

常用的方法是图解式评估尺度指标法(单一标准法、混合标准法)，主要是将员工行为分解为不同的测量维度(指标类别)，分别进行评估。因此，在量表中，对每一个指标都应该有明确的程度区分和内涵界定，以显示不同的绩效水平。

优点：成本低，开发容易，易操作，通用性强。

缺点：指标模糊不精确，主观性强，评价缺乏同一性，效度和信度较低。

其具体步骤如下。

(1) 制定绩效评估指标。绩效评估的指标是否合适是尺度评估表法能否取得成功的关键。在制定评估指标时要充分考虑评估主体的评估能力以及被评估者工作的性质。

(2) 根据企业的战略目标和评估的目的，以及被评估者的工作性质确定评估标准。

(3) 根据被评估者的工作性质，确定哪些评估指标对于完成工作是重要的，哪些是不太重要的。对于重要的评估指标，规定的权重应大一些，不太重要的指标，其权重要小一些。

(4) 确定了评估指标和标准，并且分配了各级评估指标的权重之后就可以对评估对象的表现进行打分了。

(5) 得出被评估者的各项评估分数之后，对其进行汇总，最后得出被评估者的评估结果。

要点：评估结果可以用于不同员工之间的比较；但不能有效指导员工的行为；只限于对过去行为的评估。某公司对员工采用尺度评估表法进行评估，评估表是根据该公司的整体工作情况，由人力资源部统一制定的，要求各部门经理根据员工的工作情况进行评分。

2. 工作行为评估法

1) 关键事件法

关键事件法是指根据员工在工作中所表现出来的一些关键行为进行评定的方法。

关键事件既包括有效行为，也包括无效行为，由管理者(主管)把这些行为记录下来，以此作为绩效评估的客观信息。其操作步骤为：记录员工在工作中的有代表性的有效行为和无效行为；根据行为记录对员工的优缺点、潜力进行评估；根据评估结果，给出评价结果和改进意见。

优点：根据行为表现评价员工的优缺点与潜力；及时和具体的反馈员工做得好与不好之处；可与企业目标联系起来，对组织所期望的行为进行重点考察。

缺点：需要评估者能够长期观察员工的工作行为，持续不断的记录；有些管理者不愿意配合；不便于进行群体的绩效比较和管理。

2) 行为锚定法

行为锚定法又称为定位等级法、行为期望量表法(BehavioralExpectationScale，BES)，也是一种根据员工行为特征评估员工绩效的方法，是关键事件法与量表法的结合。设计行为锚定的目的是通过建立与不同绩效水平相联系的行为描述对绩效维度进行具体界定。其操作步骤为：设计绩效维度，分成若干绩效维度(Performance Dimensions)，例如，管理能力、创新能力、决策能力等，一般从6～10个方面来进行分类；收集工作中的关键事件，由主管确定员工在工作中的一系列有效或无效的工作行为或特征；分配关键事件，即把关键事件归入相应的绩效维度；对每个绩效维度进行评估，一般分为7～9个分数等级；形成最终的评估表。每个绩效维度上的关键事件都按绩效水平进行排列，每个关键事件代表一种绩效水平，称为行为锚，最终通常有6～7个绩效维度，最少有6～7个关键事件代表。

优点：准确确定员工的绩效水平，用工作行为的实例反映每种特性的不同绩效水平；可以有效地监督指导员工行为。

缺点：开发费时、费力；有可能出现重视主要行为，忽视其他绩效信息的倾向；在同一维度上出现不同行为时很难作出判断。

其具体步骤如下。

第一步：找出关键事件。这是运用行为定位等级评估法的非常关键的一步，因此，找出的关键事件必须是具有代表性的。

第二步：从关键事件中提取出各个行为等级的要素作为各个等级的评估指标，并且划分一、二、三、四……各个等级。

第三步：把找出的各个关键事件与确定的评估等级对应形成联系列表。例如，关键事件A代表等级一，关键事件B代表等级二等。

第四步：根据部门业绩和工作情况对关键事件和评估等级进行调整，并最终确定关键事件和评估等级。

在以上4个步骤的基础上，根据企业的战略目标和评估，建立最终的工作绩效评估体系。

要点：获取关键事件；初步建立绩效评估等级；重新分配关键事件；确定各关键事件的评估等级；建立最终的工作绩效评估体系。这是一个比较好的评估方法，当员工看到自己的评估得分比较低的时候，就知道下一回该怎样做才可以得到高分。

3）行为观察法

行为观察法是行为锚定法的变体，也是运用关键事件来设计的绩效评估方法，但它们之间有三方面的差别。行为锚定法是对一种绩效(维度)定位出不同的等级，用一个关键事件来反映，用关键事件对应相应的等级；行为观察法通过更多的行为来评价绩效水平。

行为锚定法只评估最能反映个人绩效的某个单一的行为。行为观察法根据员工在评估期内表现出的每个行为的频度，按照数个等级进行衡量。锚定法只对关键事件感兴趣；观察法对评定期内所有的行为信息都要进行搜集。

行为观察法的优点是可以区分绩效水平的高低，客观性强、反馈信息具体、能指出培训需要，以及易于使用等。缺点是需要持续监控，成本高；对一些复杂的工作不便使用，因为一个管理者不可能同时对几个员工进行有效监督。行为观察量表是规定一系列与工作绩效有关的行为，评估者根据员工各项行为的表现频率来评估他的工作绩效。

其具体步骤如下。

第一步：评估指标不再是数字或描述性的语言，而是用一些与工作业绩紧密相关的行为作为评估的指标，这些行为必须是能给企业部门发展带来好处的、有利的行为。

第二步：确定打分的标准时，要根据与标准行为的吻合程度来确定，例如，与标准行为完全一样，应该给满分，很接近标准行为，应该给70分，比较接近给50分等。

第三步：根据被评估者的表现是完全和标准行为一样，还是比较接近标准行为？然后按照各个频率的分值进行打分。

第四步：汇总各项得分，得出评估结果。

行为观察量表法在实际运用中对评估者有很高的要求，因此，运用此方法进行评估时，应先对评估者进行培训。

要点：评估结果对员工的行为有指导作用；评估标准比较明确；适用于比较简单、稳定的工作；每一个岗位要单独设计评估表；适用于评估对象比较少的部门；不同评估者可能对等级的理解不一致。

3. 工作结果评估法

工作结果评估法也称目标管理法。德鲁克认为，管理应该遵循的一个原则是“每一项工作都必须为达到总目标而展开”；衡量一个管理者是否称职，关键是看他对总目标的贡献如何，反过来说，称职的管理者应该明确地知道他期待的目标是什么，否则，就会指错方向，浪费资源，遭受损失。因此，要克服错误就需要“分担责任”、“自我调节”，并通过工作鉴定来实现。德鲁克认为，目标管理就是提出在一定时间内期望达到的总目标，然后由各部门和员工根据总目标确定自己的分目标，并采取积极的方法使之实现的一种管理方法。

4. 360 度评估法

360 度评估指在一个组织中，通过所有熟悉被评估者的人，对被评估者进行绩效评估的一种方法。它综合运用了心理学、心理统计学、社会学、组织行为学、管理学、人力资源管理理论等多门学科的理论和技术，企图从多角度、多来源地对个人绩效作出客观、准确的评估。

它起源于 19 世纪 40 年代。英国设立评估中心在对部队的战斗能力评估和选拔士兵时，使用了这种方法。到了 20 世纪五六十年代，企业主要运用这种方法来评估领导能力；70 年代主要用于经理人的选拔；到了 80 年代，成为人事测评与绩效评估的重要评估工具。360 度评估吸收了多方面的与工作相关人员的意见，因此，现在有很多企业将其应用于人力资源管理。这种评估方式可以全面了解员工的工作情况，得出一个公正、真实的评估结果。

进行 360 度评估需要注意：确保保密性，不要让员工知道哪些人参与了对他的评估，特别是这些人分别给了他什么样的评价。评估者以相同的了解来对待每一个评估项目，在评估开始前，应该先对所有参与评估的人进行评估培训，向他们解释每一个评估项目的含义以及打分的原则。不要让所有的评估者都评估所有的方面，由于 360 度评估的目的就是了解员工工作的每一个方面，因此，每一个评估者都是因为比较了解某一方面而被列入评估者行列的。如果让每个评估者都评估所有的方面就失去了 360 度评估的意义。向员工解释这些评价并帮助其制订改进计划，由于 360 度评估中可能包含一些不准确的评价，因此组织应该对其进行解释。不要把所有的评估结果都告诉员工，应该选择那些有助于其改善绩效的方面进行沟通。有规律地执行 360 度评估，评估方法要有一定的稳定性，因为这是员工行为的指南。一旦决定要进行 360 度评估，就要按规定执行，不能心血来潮就搞一次，下次觉得太麻烦就不搞了。

运用 360 度评估可以全面评估员工，但是，并不是所有的企业都适合运用 360 度评估。因此，是否采用 360 度评估还要根据企业自身的情况而定。

要点：不要让所有的评估者评估所有的方面；确保评估的保密性；评估者以相同的了解来对待每一个评估项目；有规律地执行 360 度评估。

管理案例

汉普顿退休服务公司是一家位于俄亥俄州的退休管理和服务公司，该公司把 360 度绩效评估推向了极端。公司的 40 多名员工对公司的每一位员工都要进行评估，包括他们自己。

1988 年，来自各个层次的员工组成一个小组，开发了 10 条绩效评估标准。他们考察了下列因素：把组织的利益放在个人之上；尊重和体谅他人、勇于对错误承担责任；是否表现出“我开始创业时，我愿意雇用这个人到我公司工作”等。公司创始人、总裁 WaiterBetting 说：“这些问题反映了公司全体员工希望公司是什么样的。”

为了保密，所有的评价都用标准的表格在计算机中进行处理，员工把自己的评估意见复制到一张软盘上，交给一个员工小组处理，然后给每位员工和管理者一份评估报告，包括公司总裁。这份报告包括公司对个人的评估等级，也包括根据评估者级别进行的分类统计等级，这样每位员工就可以知道管理者如何评价自己，同伴如何评价自己了。这些评估得出的数字等级用来决定管理人员和员工年终加薪和分红的比例。

到目前为止，这个全面的评估系统看起来仍然很有效。员工对自己得到的具体绩效反馈赞不绝口。正如一位副总裁所说："当40个人告诉你一件事情时，这件事就有它的作用了。"这个方案在降低公司员工的流动率方面也功不可没，该公司的员工流动率远低于同行业的平均水平。

本章小结

本章主要介绍了人力资源管理的涵义，人力资源计划，人员的选聘、人员的组合、人员的培训、员工的绩效管理等。人力资源管理概述主要介绍了人力资源、人力资源管理的概念、人力资源管理的内容以及人力资源管理的原则。人力资源计划主要介绍了人力资源计划的任务，人力资源计划编制的原则。人员的选聘主要介绍了管理人员选聘的标准，管理人员的来源渠道包括外部招聘和内部提升，员工的选聘的程序与方法。人员的组合主要介绍了人员组合的技术结构和社会结构，人员组合的同素异构原理、技术匹配原理、社会心理相容与互补原理以及实现人员最佳组合效应。人员的培训主要介绍了人员培训的目标和人员培训的工作轮换、设置助理职务和设置临时职务这3种方法。员工的绩效管理主要介绍了绩效与绩效管理的涵义，绩效管理的流程以及员工绩效评价方法。

练习题

一、单项选择题

1. 对大多数企业主管来说，最令他们困扰的不是如何与竞争对手抢夺市场，而是如何找到、训练和留住优秀的员工的方法，对高技术企业尤其如此。请你为这些主管在以下几项中找出最佳的一种方法(　　)。

A. 提供诱人的薪水和福利　　C. 提供舒适的工作环境

C. 提供具有挑战性的工作　　D. 提供自由工作的便利

2. 组织设计中最为重要的基础工作是(　　)。

A. 部门划分　　B. 职务设计与分析　　C. 人员的激励　　D. 组织目标的分解

3. 某公司正常运转几年后，遇到了以下4个意想不到的问题，你认为其中哪一个最为关键？(　　)

A. 一家主要竞争对手推出了具有很大优势的新型产品

B. 公司管理费用高出预算10%

C. 本市新成立了一家合资企业，提供高薪职位，多名技术和管理骨干跳槽

D. 由于火灾使部分厂房受损，停产一个月

4. 某企业生产经营运转正常，产销两旺，劳动生产率、经济效益在同行业中居领先水平。该企业领导想办以下几件事，你认为哪件事对于企业的长期发展来说最为基础？(　　)

A. 采取多种形式，分层次加强员工培训工作。

B. 积极研究开发新产品。

C. 加强国内外市场的开拓。

D. 提高职工福利水平，进一步调动职工的生产积极性。

二、问答题

1. 管理人员的培训方法有哪些？

2. 不同层次的管理人员应具备哪些基本素质？

3. 比较管理人员内部提升与外部招聘的优点和各自的局限性。

案例应用分析

NIC化学有限公司

NIC化学有限公司是一家跨国企业，主要以研制、生产、销售医药、农药为主。耐顿公司是NIC化学有限公司在中国的子公司，主要生产、销售医疗药品，随着生产业务的扩大，为了对生产部门的人力资源进行更为有效的管理开发，在2007年初始，分公司总经理把生产部门的经理于欣和人力资源部门经理李建华叫到办公室，商量在生产部门设立一个处理人事事务的职位，主要负责生产部与人力资源部的协调工作。最后，总经理说希望通过外部招聘的方式寻找人才。

在走出总经理的办公室后，人力资源部经理李建华开始一系列工作，在招聘渠道的选择上，李建华设计了两个方案：一个方案为在本行业专业媒体中做专业人员招聘，费用为3 500元，好处是对口的人才比例会高些，招聘成本低；不利条件是企业宣传力度小。另一个方案为在大众媒体上做招聘，费用为8 500元，好处是企业影响力度很大；不利条件是非专业人才的比例很高，前期筛选工作量大，成本高；初步选用第一种方案。总经理看过招聘方案后，认为公司在大陆地区处于初期发展阶段不应放过任何一个宣传企业的机会，于是选择了第二种方案。

其招聘广告刊登的内容如下。

您的就业机会在NIC化学有限公司下属的耐顿公司1个职位：对于希望发展迅速的新行业的生产部人力资源主管，主管生产部和人力资源部两部门协调性工作。抓住机会！充满信心！

请把简历寄到：耐顿公司人力资源部收

在一周内的时间里，人力资源部收到了800多封简历。李建华和人力资源部的人员在800多份简历中筛出70封有效简历，经再次筛选后，留下5人。

于是他来到生产部门经理于欣的办公室，将这5个人的简历交给了于欣，并让于欣直接约见面试。部门经理于欣经过筛选后认为可从两人中做选择——李楚和王智勇。

他们将所了解的两人资料对比如下。姓名/性别/学历/年龄/工作时间/以前的工作表现/结果。李楚，男，企业管理学士学位，32，有8年一般人事管理及生产经验，在此之前的两份工作均有良好的表现，可录用。王智勇，男，企业管理学士学位，32，7年人事管理和生产经验，以前曾在两个单位工作过，第一位主管评价很好，没有第二位主管的评价资料，可录用。

从以上的资料可以看出，李楚和王智勇的基本资料相当。但值得注意的是：王智勇在招聘过程中，没有上一个公司主管的评价。公司通知两人，一周后等待通知，在此期间，李楚在静待佳音；而王智勇打过几次电话给人力资源部经理李建华，第一次表示感谢，第二次表示非常想得到这份工作。生产部门经理于欣在反复考虑后，来到人力资源部经理室，与李建华商谈何人可录用，李建华说："两位候选人看来似乎都不错，你认为哪一位更合适呢？"于欣说："两位候选人的资格审查都合格了，唯一存在的问题是王智勇的第二家公司主管给的资料太少，虽然如此，我也看不出他有何不好的背景，你的意见呢？"李建华说："很好，于经理，显然你我对王智勇的面谈表现都有很好的印象，人嘛，有点圆滑，但我想我会很容易与他共事，相信在以后的工作中不会出现大的问题。"于欣说："既然他将与你共事，当然由你做出最后的决定。"于是，最后决定录用王智勇。

王智勇来到公司工作了六个月，在工作期间，经观察发现王智勇的工作不如期望的好，指定的工作他经常不能按时完成，有时甚至表现出不能胜任，所以引起了管理层的抱怨，显然他并不适合这个职业，必须加以处理。然而，王智勇也很委屈，在来公司工作了一段时间后，发现招聘所描述的公司环境和各方面情况与实际情况并不一样。原来谈好的薪酬待遇在进入公司后又有所减少。工作的性质和面试时所描述的也有所不同，也没有正规的工作说明书作为岗位工作的基础依据。

请根据案例材料，思考以下问题：

1. 试对耐顿公司的人力资源管理作出评价。
2. 结合案例谈谈如何更有效的进行管理人员的选聘。

阅读材料

物尽其用，人尽其才

【原文】使鸡司夜，令狸执鼠，皆用其能，上乃无事。【大意】让公鸡掌夜报晓，让猫来捕捉老鼠，如果都能像这样各展其才，君主就可以无为而治了。

自然界有其永恒的活动规律，支配着天地万物，使他们各有其道，各按其本分活动。造物主无所干涉，这就是"无为"。而人类社会中，人总是有意无意地破坏"无为"状态，从而引起平衡的破坏，反作用于人，造成恶果。各具所长是自然界万物之规律，人类社会也讲究人尽其才。万事万物都有其法则，万物都有其适宜的用处。

知人善任是所有英明的领导者的共同特点，能够善用人才，才能使国家走上强大的道路，在这一点上，三国时的孙权真是做得不错。孙权用人方面能够知人善任，突出表现在一生中4次都督的任命上。统领东吴兵马的都督依次是周瑜、鲁肃、吕蒙、陆逊。这4人为东吴开辟疆土、开展外交、抵御外敌做出了突出的贡献。

孙权任命的第一个都督是周瑜，周瑜是他的哥哥孙策推荐的，孙策临终前曾嘱咐他说："外事不决问周瑜。"孙权牢牢记住了这句话，在许多重大问题上都请教周瑜。在孙刘联盟抗曹的问题上，东吴主降派占据大多数优势，虽然孙权不想投降，但最有权威的谋臣张绍也主张投降，孙权只能沉默不语，等到周瑜一到，在全体谋士、武将的大会上，对曹操的兵力作了一番极为精辟且具有强烈说服力的分析后，孙权马上下定抗战的决心，他下达命令，委任周瑜为大都督，把军权全部交给周瑜。这次任命，可谓有胆有识。面临曹操率领的号称百万之众的大军，面对以张绍为首的主降派占优势的局面，若没有胆量，不可能做出战的决定；没有识，他也不可能肯定周瑜的见解，而委以全部军权。这次授封，是在文武大会上以闪电般的形式举行的，尤能看出孙权的英雄气概。

孙权任命的第二个都督是鲁肃。鲁肃与孙权相交已经很久了，可谓相知甚深，但他对鲁肃的任命，是由于周瑜的推荐。周瑜将死之时，上书孙权，其中一条建议是："鲁肃忠烈，临事不苟，可以代瑜之任。"孙权读过遗书后，哭着说："公瑾有王佐之才，今忽短命而死，孤何赖哉？既遗书特荐子敬，孤敢不从之。"于是即日便任命鲁肃为都督，总领兵马。在这里，表面上看，是孙权不能忘情于周瑜，对他的遗言又不好不听，所以说："孤敢不从之。"但实际上，孙权早有意如此，这样做，一来是表示对周瑜的深情，遵从他的遗嘱，是对有功者的尊重；二来，他对鲁肃本来就很了解，周瑜遗嘱中提到这一点，正好合了他的心意，所以果断采取任命行动。鲁肃初投孙权时，二人就甚为投机。有一次二人交谈国事，鲁肃为他举策，要"鼎足江东"，扩展疆土，创帝王之业，二人谈了差不多一夜。赤壁之战，鲁肃力排众议，也给了他极大的支持和鼓励。周瑜死了之后，比较起来，武将中有勇的不少，有谋的特别是有谋而能担任主帅的可以说是没有；文官中白面书生居多，而吕蒙、陆逊还尚未充分出头露面，鲁肃战略眼光远大，又尽忠竭力，任命他当都督是很适宜的。果然，鲁肃在任期间，巩固了孙刘联盟，起了很好的作用。

孙权任命的第三个都督是吕蒙。吕蒙原是陆口守将，没有担任大都督的职务。他和陆逊密谋取荆州之时，把守将的名义让给了没有名望的陆逊，自己以养病为名，上书辞职。目的是麻痹关羽，使他专注抗魏，不复防矣。一切布置就绪，关羽上了圈套，东吴方面开始行动。可在这里又出了一点小小的波折：孙权召吕蒙商议曰："今云长果撤荆州之兵，攻取樊城，便可设计袭取荆州，卿与吾弟孙皎同引大军前去，如何?"孙皎字叔明，乃孙权叔父孙静之次子也。蒙曰："主公若以蒙可用，则独用蒙；若以叔明可用，则独用叔明。岂不闻昔日周瑜、程普的左右都督，事虽决于瑜，然普以旧臣而居瑜下，颇不相睦；后因见瑜之才，方始敬服。今蒙之才不及瑜，而叔明之亲胜于普，恐未必能相济也。"吕蒙在这里所提出的问题是用人原则上的：用人必专，不专必败。所谓专就是指在一定职权范围内，只能有一个人做出最后的决定权，作为三军统帅尤其如此。但在现实生活中却常出现不专的情况，吕蒙说了两种：一种是命令一个人负主要责任，却又命令自己的亲信或亲属当副手。名为副手，实际上他还有一层亲信或亲属关系，就会要求与主要负责人平起平坐，或甚至压倒他。这样在处理问题时就不可能专一，就会有不了一致的意见，在紧要关头，将导致失败。孙皎是孙权的叔伯兄弟，其亲可知，如果他不听节制，法不能加于他，就不好办了。正是从这样一点考虑，吕蒙拒绝和孙皎一同领兵。另一种是后期的年轻领导负主要责任，却令老资格的当副手，这也容易造成不协调的局面，吕蒙说的周瑜和程普就是这种关系。程普刚开始以老臣身份不听周瑜调遣，在后来看到周瑜确实有才才表示佩服。这里是程普修养比较好，若是换了一味计较个人地位高低的人，那战争要取得胜利就很困难了。

孙权任命的第四个都督是陆逊。刘备大军出川之时，细作报知孙权，孙权向文武官员问计："蜀兵势大，当复如何。"回答他的是"默然"。以致孙权不得不深深叹息："周郎之后有鲁肃，鲁肃之后又吕蒙；今吕蒙已亡，无人与孤分忧也!"所谓"无人"实际上是有人，只是此人这时还没有出来。因为这时形势尚不十分紧张，一般将领似乎也可御敌。等到刘备大军深入，不准东吴求和，孙权无计可施的时候，陆逊才被举荐出来，以不知名的身份，担当起力挽狂澜的重任，这就显示出人才的重要，特别是杰出人才的重要。起用陆逊担任彝陵战役的指挥，遇到了重重阻力，一是因为他太年轻，二是因为他没有名气，三是因为他是个书生。就一般情况来看，年轻经验不足，没有名望就不能服众，书生本就不懂军事。但是陆逊却突破了一般的情况。阚泽保荐陆逊时说："此人虽名为儒生，实有雄才大略，以臣论之，不再周郎之下；前破关公，其谋皆出于伯言。主上若能用之，破蜀必矣。"这一次因为反对陆逊当都督的人太多，所以孙权的行动更加明朗、严肃。这个时候的孙权已经是四十岁的人了，掌握江东已经二十二年，在用人方面，积累了足够的经验，所以他一听到阚泽的保举，心中就豁然开朗，随即以不同前三任都督的任命仪式，庄严地授封陆逊。他命人连夜筑坛，次日召集百官聚于坛前，请陆逊登坛，拜为大都督，右护军镇西将军，进封娄侯，赐以宝剑，令掌六郡八十州兼荆楚诸路军马。彝陵之战，应归功于陆逊，但如果没有孙权大胆起用年轻人的胆识，陆逊也不能大显身手。

这 4 次重大的人才选拔使用，充分体现了孙权的知人之明和用人的胆量，对他事业的发展起了决定性作用。

（资料来源：于丹心得全集．上海：上海文艺出版社，2006.）

第9章 组织文化

教学目标

通过本章的学习，了解组织文化的概念与基本特征、组织文化的结构，熟练掌握组织文化的基本理论和方法，理解组织文化对组织行为的影响，探讨建设良好的组织文化的有效途径，提高组织管理水平。

教学要求

知识要点	能力要求	相关知识
组织文化的概念与特征	(1) 理解组织文化的基本概念 (2) 了解组织文化的基本特征	(1) 组织文化的概念 (2) 组织文化的特征 (3) 组织文化的地位
组织文化结构	了解组织文化的4层结构	(1) 精神文化 (2) 制度文化 (3) 物质文化 (4) 行为文化
组织文化功能	掌握组织文化的基本功能	组织文化的基本功能
组织文化培育	(1) 掌握组织文化培育的原则 (2) 了解组织文化培育的过程 (3) 掌握组织文化培育的基本内容	(1) 组织文化培育的原则 (2) 组织文化培育过程 (3) 组织文化培育基本内容

健康向上的企业文化是一个企业战无不胜的动力之源。

——杰克·韦尔奇

基本概念

组织文化　精神文化　制度文化　物质文化　行为文化　组织精神　核心价值观　经营哲学　社会化　预社会化

导入案例

创　业

两个好朋友同时开始创业，几年后，其中一人的公司小有名气，而另一人的公司则举步维艰，后面这家公司老板就问他的朋友："我们同时创业，条件、机会都差不多，可是……"。

朋友没有直接回答，而是问了他以下3个问题。

(1) 你的公司有没有一个足以令你的员工激动并愿意与你共进退的发展目标？

(2) 你有没有将你的思路和价值观与你的员工分享？

(3) 你有没有经常刻意去创造一种让员工充满激情的工作环境？

点评：企业文化决定着企业的生存与发展。

管理是一门科学，也是一门艺术，还是一种文化。它向组织成员们提供了一种组织认同感，并对超越他们个人自身内涵的信念和价值观产生认同，它是组织一切管理活动和思想精神活动的总和。

9.1　组织文化的概念及特征

20世纪70年代以来，文化因素对企业管理实践和各种组织行为的重要影响与价值引起了人们的普遍关注和认真研究。企业文化和组织文化的概念及其理论，把企业和其他组织的管理从技术、经济、政治等层面提升到了文化层面。组织文化是涵盖企业文化的一个大概念，组织文化贯穿于组织的全部活动之中，影响着组织成员的行为、素质、精神面貌和整个组织的工作意识形态与竞争能力。

9.1.1　组织文化的概念

组织文化来源于文化的概念。文化是指知识、信仰、艺术、道德、法律、风俗以及人类在社会中所获得的一切能力与习惯，它是无形的、隐含的、不可捉摸的而又理所当然的东西。

知识链接

企业文化是什么？陕鼓集团的董事长印建安先生有独特的理解：什么是文？企业有很多制度、说法和认识，以及用于指导员工行为的各种潜在的规则，把这些规则和意识显性化、明确地告诉大家，就是文。什么是化？把这些规则和认识像春风化雨一样转化为员工的行为和企业的行为，就是化。如果文不能体现为化，就是表面文章，制定出来也无法达成共识。因而企业文化可以分为“说文化”和“做文化”。

组织文化主要探讨企业文化，这一概念最早是美国学者于20世纪70年代末至80年代初提出的，是通过对日本经济飞速发展的实证分析，以及与美国经济发展的比较所提出来的一个崭新的概念。

众所周知，日本的资源几乎等于零，“二战”后千疮百孔，但为什么发展如此之快？美国企业界人士、管理学界的学者纷纷涌向日本，学习、考察和探索日本经济腾飞的奥秘。尽管美国人对日本经济迅猛发展的看法不尽一致，但他们都认为日本的成功得益于自己独特的管理模式。日本人的高明之处就在于重视人的管理，重视人的价值观念及其作用，能够把“硬性”管理与“软性”管理有机地统一起来。因此，文化的本质是人的问题，是人的价值观念问题。“企业文化”的概念就这样被美国人提出来了。可见，企业文化是探索企业管理的本质，是属于管理领域的新问题。

相对于一般国家、民族或社会等宏观范畴的文化而言，组织文化是一种微观文化，是一种无形的力量，它一经形成，就以观念的形式潜移默化地规范着每一个成员的日常行为、工作态度、工作方式。任何一个社会组织都有自己的文化，不同类型的组织有不同类型的组织文化，比如一所高校有其校园文化，一支军队有其军营文化，一个政府部门有其机关文化等。关于组织文化的概念，国内外学者有着众多不同的认识和表达。

美国学者威廉·大内是首先提出组织文化理论的学者之一，他认为：“传统和气氛构成了一个公司的文化，同时文化意味着一家公司的价值观，诸如进取、保守或保持灵活。这些价值观构成了公司员工的活动、意见和行为规范。管理人员身体力行，把这些规范灌输给员工并代代相传。”

比较经典的还有希恩对组织文化的定义，他认为：“组织文化是特定组织在适当处理外部环境和内部整合过程中出现的种种问题时，所发明、发现或发展起来的基本假说的规范。这些规范运行良好，相当有效，因此被用做教导新成员观察、思考和感受有关问题的正确方式。”

就组织特定的内涵而言，组织是按照一定的目的和形式而建构起来的社会集合体，由于每个组织都有自己特殊的环境条件和历史传统，也就形成自己独特的哲学信仰、意识形态、价值取向和行为方式，于是每一种组织也都形成了自己特定的组织文化。组织文化的任务就是努力创造这些共同的价值观念体系和共同的行为准则。从这个意义上来说，组织文化可用来区别不同的组织并被组织成员普遍认可和遵循。它向组织成员们提供了一种组织认同感，并对超越他们个人自身内涵的信念和价值观产生认同。它是组织一切管理活动和思想精神活动的总和。

本书的观点：组织文化是组织在长期的实践活动中所形成的并且为组织成员所普遍认可和遵循的具有本组织特色的价值观念、团体意识、工作作风、行为规范和思维方式的总和。

知识链接

日本的企业文化：家族主义的企业文化

1. 和魂洋才。

2. 技术上的拿来主义，管理上的实用主义。

3. 重血缘关系，信奉团队精神，归属感强。

美国的企业文化：个人主义的企业文化

1. 重科学，重事实，注重量化分析。

2. 强调对个人的尊重和自我实现。

3. 鼓励竞争，乐于冒险。

4. 亲情关系淡漠，注重平等的契约关系。

中国的企业文化：典型的东方文化

1. 注重“仁”、“礼”、“中庸之道”，但观念守旧，创新精神不强。

2. 勤劳俭朴，肯于奋斗，但冒险精神不足。

3. 集权观念较重，民主意识不强。

4. 血缘关系强，重人际关系，但缺乏团队精神。

9.1.2 组织文化的基本特征

组织文化具有以下几个主要特征。

1. 社会性

企业作为进行生产技术经济活动的社会细胞，它需要直接或间接地依赖于其他企业和单位的协作配合，企业文化也正是通过社会生产技术经济协作得以继承和发展的。

2. 继承性

每个组织都需要注意本组织优良文化的积累，通过文化的继承性，把自己的过去、现在和将来关联起来，把组织精神灌输给一代又一代，并且在继承过程中要加以选择。

3. 创新性

随着科学技术的发展，组织都会产生一种追求更高的、更好的物质文化和精神文化的冲动，这时就需要创新。

4. 融合性

每一个组织都是在特定的文化背景之下形成的，必然会接受和继承这个国家和民族的文化传统和价值体系。组织文化的融合性除了表现为每个组织过去优良文化与现代新文化的融合，还表现为本国与国外新文化的发展融合。

企业文化理论的发展是管理科学理论的升华，是以人的管理为中心，以人为本，通过企业文化的创建去激励人、教育人、塑造人、凝聚人，从而共同为企业的发展、为企业更好地承担社会责任而服务。

管理故事

公司总裁下班后还在实验室穿着白大褂做实验，有位员工来实验室锁门，看见了总裁。由于不认识自己的老板，他高声道：“昨天晚上你没有关灯就走了吗？”

总裁承认："是，我想是我。"

员工斥责说："你不知道公司正在实行节能计划吗？总裁特别授意要注意关灯"。

总裁问答："对不起，我下次一定改正。"

两天后，这位员工碰到了总裁。此时，总裁西装革履，胸前佩戴着姓名卡。这位员工大吃一惊，心想："我该倒霉了。"谁知道总裁极力称赞这位员工工作认真负责，此事也在公司上下传为佳话。

9.1.3 组织文化的地位

组织文化是组织发展的永恒主题，组织文化对组织行为的方方面面产生巨大的辐射效应，从而影响组织的运作与发展。组织文化的建立标志着组织管理水平由物质制度向精神召唤的转化。实践证明，没有强大的组织文化，再高明的经营战略也无法使组织立于不败之地。

1. 组织文化是组织生存的基础

文化的效果并不是立竿见影的，对组织的影响却是基础的、根本的、持久的。其塑造相当复杂，需要各种因素的互补，它是组织成员通过长期活动才逐步建立起来的，最能体现组织的精华，它深深"内化"于组织成员的心中，并通过一定的形式得以保留和发展。

2. 组织文化是组织的灵魂与活力的内在源泉

任何一个组织所倡导的组织文化，就是要求人们在价值理念上能够认同组织制度安排及组织战略选择，并以符合组织制度安排及战略选择的价值理念指导自己的行为，因而组织文化实际上是作为组织的灵魂而存在的。

组织文化又是组织活力的内在源泉。组织活力最终来自于人，来自于人的积极性，只有人的积极性被调动起来了，才能使组织最终充满活力。而人的积极性的调动往往又要受到人的价值理念的支配。要让企业中的每一个人能够积极地去从事某项活动，那么首先就要让他在价值理念上认同这件事。

3. 组织文化是决定组织兴衰和健康发展的内在驱动力

优良的组织文化能创造出一个良好的组织环境，提高组织成员的道德素质和科技文化素质，对内形成组织凝聚力，对外提高竞争力，形成组织健康发展不可缺少的精神要素和道德要素。所以，组织文化是持久竞争优势的来源，是组织发展的内在驱动力。

4. 组织文化是组织员工行为的准则

它是思想政治工作、精神文明建设和管理科学化的有效结合，是促进组织发展的强大推动力。

知识链接

《老子》第四十章中有一句话：天下万物生于有，有生于无。意思是：天下万物生于能看得见的"有"，而"有"却生于看不见的"无"。而且老子认为，可以说出来的就不是永恒的道，可以叫出来的就不是永恒的名。就是说，主宰万物的是“无”。

企业文化是企业管理的一种高境界，另外也表明好的企业文化只有在企业发展到较高的层次阶段时才会有所体现。从某种意义上讲，企业文化是企业整体效能和素质的综合体现，而不是企业管理的一种手段。

9.2 组织文化的结构与内容

组织文化从结构上大致可分为4个层次：第一层是深层的精神文化；第二层是中层的制度文化；第三层是浅层的行为文化；第四层是表层的物质文化。每个层次包括不同的具体内容，如图9.1所示。

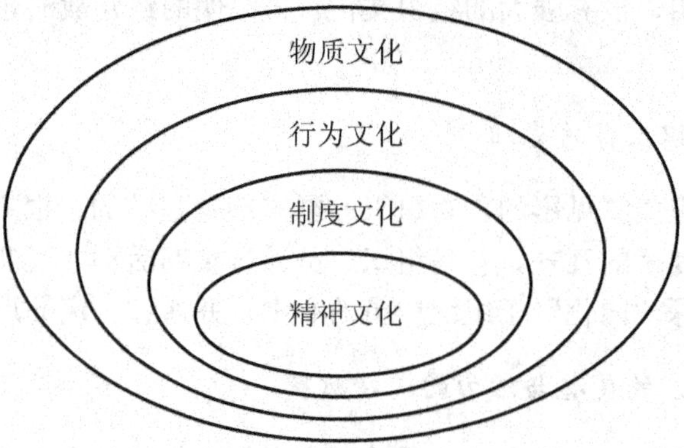

图9.1 组织文化的结构

9.2.1 表层的物质文化

物质文化是一种以物质形态为主要研究对象的表层企业文化，它是由企业职工创造的产品和各种物质设施等构成的器物文化。它是形成制度层和精神层的条件，往往能折射出组织的经营思想、经营管理哲学、工作作风和审美意识。对于一个生产性企业来说，它主要包括如下4个方面。

1. 组织环境

组织环境可以体现出组织文化的特点，是组织文化的一种外在象征。组织环境可分为工作环境和生活环境两大部分，主要是指与组织生产相关的各种物质设施、厂房建筑以及职工的生活娱乐设施。企业的自然环境，建筑风格，车间和办公室的设计及布置方式，工作区和生活区的绿化、美化，企业污染的治理等，都是企业文化的反映。

2. 产品的外观、包装和服务

在现代社会中，产品形象、销售者声誉等都是组织文化的具体反映。如美国汽车以豪华、马力大为特点，日本汽车以省油为特点，德国“奔驰”汽车以耐用为特点；法国香水以香味纯正、留香持久而著称等。一个企业只有在具有自己独特的产品时，才能吸引一部分具有特殊需求的顾客。如果产品特点不突出，就要靠其他因素，如包装、价格、销售地点及服务等吸引顾客。

3. 技术工艺设备与文明程度

组织的文明程度与技术、设备的现代化密切相关，从一定的意义上讲，组织文化的形成取决于组织内外的多种因素，其中组织外部的技术环境、内部的技术条件、组织成员的文化技术水平对组织文化的塑造都有重要的影响。一定的技术工艺设备，不仅是知识和经验的凝聚，也是管理哲学和价值观念的凝聚，因此，组织的技术工艺设备的水平、结构和特性，必将凝结和折射出该组织文化的个性色彩。

4. 组织标识

组织标识，即组织的名称、象征物等，是组织文化的可视象征之一，它体现了组织文化的个性。企业的名称不仅是一个称呼，或是一个符号，它能体现企业在公众中的形象。组织的象征物可以制成动物、植物或是带有某种寓意的其他造型，从而反映出一个组织特有的文化色彩。例如，组织在其环境中往往设有纪念建筑，如雕塑、石碑、纪念标碑等，在公共关系活动中送给客人的纪念画册、纪念品、礼品等。它们都充当着组织理念的载体，成为组织塑造形象的工具。

9.2.2 浅层的行为文化

组织行为文化是由组织成员在生产经营、工作学习、宣传教育、人际关系、文体娱乐等活动中的行为所产生的活动文化。它既是组织精神面貌、作风和传统、人际关系的动态体现，又是组织价值观和经营哲学的折射。它主要包括以下两个方面的内容。

1. 组织人的行为

组织的行为文化是通过组织人的行为表现出来的，从上层的组织领导者到中层的管理者，从组织的模范人物到普通成员，他们的行为都是组织行为文化的最好例证。

组织领导和管理者是组织运营中的主角。他们的行为对组织成员具有示范性作用，他们的思想言行和精神面貌，他们的做事经历引导着组织文化的方向，将极大地影响他人的行为。

组织的模范人物是组织的中坚力量，他们的模范行为和事迹往往集中体现了组织的价值观和行为规范，是组织为员工树立的学习榜样，在整个组织行为中占有重要地位和示范作用。

组织成员是组织的主体，他们的群体行为决定着组织整体的文明程度和精神面貌。

2. 组织人际关系

组织人际关系是组织中的人们进行的各种相互交往与联系，它也是生产关系的一种表现形式。组织公共关系活动的作用主要是树立企业信誉、收集信息、协调谅解、咨询建议、传播沟通、社会交往等。

9.2.3 中层的制度文化

制度文化是人与物、人与组织运营制度的综合部分，它既是人的意识与观念的反映，又是由一定物的形式所构成的。它是组织文化的中间层次，主要是指对组织员工和组织行为产生规范性、约束性影响的部分，它集中体现了组织文化的物质层及精神层对员工和组织行为的要求。制度层主要规定了组织成员在共同的工作活动中所应当遵循的行动准则，它的规范性是一种来自员工自身以外的带有强制性的约束，是企业行为文化得以贯彻的保证。主要应包括以下 3 个方面。

1. 领导体制

领导体制是组织中的领导方式、领导结构、领导制度的总称，其中主要是领导制度。在组织制度文化中，领导体制影响着组织机构的设置，制约着组织管理的各个方面，是组织制度文化的核心内容。

在西方企业中，领导体制走过了 4 个阶段。

(1) 家长式领导体制阶段。它是企业家凭借个人经验进行管理决策的阶段。企业家即是企业财产的所有者，又是企业的经营管理者，他们的决策常常带有浓厚的家族、个人色彩。

(2) 经理领导体制阶段。19 世纪中期，企业规模不断扩大、技术水平不断提高、生产方式日趋改变，这些变化促进了企业领导体制的变革。单凭个人经验的家长式领导体制已不能适应企业发展的需要，取而代之的是经理制，即一些在企业中精通业务的技术“硬专家”，他们通晓技术、熟悉经营过程，比家长式领导高明得多。

(3) 职业“软专家”领导体制。形成于 20 世纪以后，企业生产进一步社会化，企业与企业之间、企业内部进一步专业化，技术水平进一步提高；企业经营的范围日益扩大，任务日益繁重；规模进一步扩大，内部结构更加复杂，与外部环境的联系也日益增强。“软专家”经过系统的经营管理培训，掌握各方面专业知识，具有经营和领导才能，比从专业技术岗位上转行担任领导的“硬专家”又要高明，克服了“硬专家”领导体制的不足，对企业的发展将产生巨大的推动力。

(4) 企业家集团领导体制。近年来，随着科学技术和企业规模的不断发展，个人的领导能力已不适应现代企业生产的要求，企业家集团领导体制将逐步代替传统的企业领导模式。特别是集团型企业的增加，跨国公司的增多，它们管理层次多、经营范围广、技术工艺复杂，领导的复杂性急剧增大，企业集团领导体制不仅包括由企业几位最高级领导人组成的集团领导，还包括吸收各类专家参与领导决策。

2. 管理制度

管理制度主要是指组织为有效实现组织目标，在管理实践活动中制定的各种带有强制性义务，并能保障一定权力的各项规定或条例，包括以下 3 方面内容。

(1) 组织的一般制度，指组织中的工作制度和管理制度，以及各种责任制度。工作、管理制度包括领导工作制度、技术工作制度及技术管理制度、计划管理制度、生产管理制度、设备管理制度、物资工艺管理制度、经济核算及财务管理制度、生活福利工作管理制度、劳资人事管理制度、奖惩制度等，这些成文的制度与某些不成文的厂规厂法，对组织员工的思想和行为起着约束作用；责任制度使每个员工、每个部门都有明确的分工和职责，使整个组织能分工协作，井然有序地、高效率地工作，主要包括领导干部责任制、各职能机构及职能人员责任制，以及员工岗位责任制等。

(2) 组织特殊制度，主要是指组织的非程序化制度，如员工民主评议干部制度、干部“五必访”制度(员工生日、结婚、死亡、生病、退休时干部要访问员工家庭)、员工与干部对话制度、庆功会制度等。与一般制度相比，特殊制度更能反映一个组织的管理特点和文化特点。

(3) 组织风俗，是指组织长期相沿、约定俗成的典礼、仪式、行为、习惯、节日、活动等。

3. 组织机构

组织机构对组织制度文化有着深远影响，是组织文化的载体。不同的组织机构会有不同的组织制度文化；不同的组织制度文化又有不同的组织机构。组织机构是否适应经营与管理的需要，直接影响着企业管理的成效。企业组织机构根据权责关系的形式不同，可分为直线式、直线职能式、事业部式和矩阵式等几种形式。

(1) 直线式机构简单明了，职权明确，横向摩擦少，下级只对一个上级负责。

(2) 直线职能式以直线式机构为基础，以按专业分工设置的管理职能部作为补充，有集中统一指挥的优点和专业分工的长处。但是部门之间的横向联系较差，容易产生矛盾，职能部门和直线指挥之间目标不一致，需要协调。

(3) 事业部式机构是在最高领导层下设立若干个有一定自主权的事业部门的组织机构。由于权力下放，可使领导层摆脱日常繁重的事务，成为强有力的决策部门，各事业部自成系统，独立经营核算，充分发挥管理的主动性、灵活性和适应性。适用于经营范围广、产品品种多的大规模企业。

(4) 矩阵式结构是由职能部门和完成某一任务的项目小组纵横交叉起来组成的方形机构。它最大的优点是有利于实现来自环境的双重需要的协调和可在产品之间灵活使用人力；最大的缺点是职能经理与产品经理的权力和责任产生矛盾，这就需要统一的组织精神进行沟通。

9.2.4 深层的精神文化

深层的精神文化是组织文化的最深层，主要是指组织成员共同信守的基本信念、价值标准、职业道德及精神风貌，是组织文化的核心和灵魂，是形成组织文化的物质层和制度层的基础和原因。不同类型的组织对精神文化的培育有着不同的内容，例如，在企业组织中，精神文化的培育就以注重创新、营销精神的培育等为主要内容，行政组织精神文化培育主要以行政责任精神为导向。

组织文化中有没有精神层是衡量一个组织是否形成了自己的组织文化的主要标志和标准。其主要内容层包括以下 4 个方面。

1. 组织核心价值观

价值观是人们对客观事物的重要性及性质进行认识评价的准则。组织核心价值观是决定组织其他一系列理念、制度和行为的核心价值观念。组织信奉什么样的价值观，就会产生什么样的经营作风和组织形象。所以，组织的核心价值观是组织文化的基石。组织的精神风貌、经营策略和管理模式可以随环境而改变，但组织的核心价值观是长期稳定，很少改变的。纵观世界上长寿的优秀企业，基本上都具有稳定的、鲜明的核心价值观。

在企业的发展过程中，企业价值观经历了多种形态的演变，其中最大利润价值观、经营管理价值观和企业社会互利价值观是比较典型的企业价值观，分别代表了3个不同时期企业的基本信念和价值取向。

(1) 最大利润价值观是指企业的全部管理决策和行动都围绕如何获取最大利润，并以此为标准来评价企业经营的好坏。

(2) 经营管理价值观是指企业在规模扩大、组织复杂、巨额投资而投资者分散的条件下，管理者受投资者的委托从事经营管理而形成的价值观。一般地说，除了尽可能地为投资者获利以外，还非常注重企业人员自身价值的实现。

(3) 企业社会互利价值观，是20世纪70年代兴起的一种西方社会的企业价值观，它要求在确定企业利润水平时，把员工、企业、社会的利益统筹起来考虑，不能失之偏颇。

特别提示

美国百事可乐公司的价值观："顺利是最重要的"。

2. 组织目标

它是组织全体成员的共同追求，是组织全体成员凝聚力的焦点，是组织共同价值观的集中表现，反映了组织领导者和成员追求的层次和理想抱负，是组织文化建设的出发点和归宿。学校的办学宗旨是教书育人，是为社会培养有用的人才；而企业是一个经济实体，必须获取利润，但绝对不能把盈利作为企业的愿景。企业经营实践证明，单纯把盈利作为最高追求，往往适得其反。纵观世界上比较优秀的组织，大都以为社会、顾客、员工服务等作为愿景。

3. 组织经营哲学

它是组织领导者为实现组织目标在整个生产经营管理活动中的基本理念，是组织领导者对组织生产经营方针、发展战略和基本信念的哲学思考。组织经营哲学作为组织文化的重要内容，是在长期组织活动中自觉形成的，并为全体员工所认可和接受，具有相对的稳定性。组织经营哲学的形成是由组织所处的社会经济制度及周围环境等客观因素所决定的，同时也受组织领导人自身素质、实践经验、思想方法、工作作风等主观因素的影响。只有以正确的组织经营哲学为基础，组织内的资金、人员、设备等才能真正发挥效力。有了正确的组织经营哲学，处理组织生产经营管理中发生的一切问题才会有一个基本依据。

4. 组织精神

组织精神是组织有意识地在成员群体中提倡、培养的优秀价值观和良好的精神风貌，是对组织现有的观念意识、传统习惯、行为方式中的积极因素进行总结、提炼及倡导的结果。它是组织现实状况的客观反映，是全体成员共同拥有和普遍掌握的理念。因此，组织文化是组织精神的源泉，组织精神是组织文化发展到一定阶段的产物。

每个组织都有各具特色的组织精神，它往往以简洁而富有哲理的语言形式加以概括，在企业中，通常通过厂歌、厂规和厂徽等形式形象地表现出来。

特别提示

IBM公司的企业精神："IBM就是服务"。

管理故事

很久很久以前，很多能工巧匠在建造一个宫殿，一位使者正在巡视。他走到一位石匠面前，问："你为什么在这里干活？"石匠答道："我在这里敲石头啊！"使者摇摇头，继续走到另外一位石匠面前，问："你在这里干啥？"这位石匠答道："我在这里干活，不能出错，要挣钱养家糊口！"使者点点头，继续往前来到一位长者石匠面前，问："师傅，您在这里做啥？"长者石匠回答："我在这里建造一座宫殿，我这块石头是放在宫殿正门旁边的，是宫殿非常重要的部分，我必须想方设法把它打造得完美无瑕。"使者对这位长者大加赞赏，号召所有工匠向他学习。

其实一个企业就是一个工场，只有工场里的每一位都能正确地认识自己的角色、任务和定位，才能充分发挥自己的能力，将事情做好，这应该是企业文化的核心。

9.3 组织文化的功能

组织文化对于组织行为的影响是无形而持久的，组织文化往往能在很大程度上左右组织成员的行为，甚至超过正式的权责关系、管理制度等所发挥的作用。对于许多经历时间较长的组织，在经历了多年的风风雨雨后，成员对文化总有许多个人见解，很多组织在引入新发展战略或者进行变革时，往往是"手术很成功，但是病人却死了"，原因就是忽略了其组织文化会影响组织日常运营行为的考虑。本节主要从组织文化对组织行为的影响，对工作绩效和道德伦理行为等方面的影响的角度讨论组织文化的功能。

9.3.1 导向功能

组织文化的导向功能体现在对组织整体和组织成员的价值取向及行为取向所起的引导作用，使之符合组织所确定的目标，它体现了组织活动的规律和经验。组织文化的导向功能具体表现在两个方面：一是对组织成员个体的思想行为起导向作用；二是对组织整体的价值取向和行为起导向作用。组织文化就是在组织具体的历史环境及条件下将人们的事业心和成功欲化成具体的奋斗目标、信条和行为准则，形成组织成员的精神支柱和精神动力。组织文化所建立起的自身系统的价值和规范标准引导组织成员的行为心理，使人们在潜移默化中接受共同的价值观念，使整个组织与组织成员形成有机整体，自觉自愿地把企业目标作为自己追求的目标。

组织文化的导向功能，首先体现在它的超前引导方面。这种超前引导是通过组织的价值观和崇高目标的培训教育起作用的。一般地说，组织对成员的培育有两方面的内容：基本技能技术的训练，即科学技术的灌输；对职工进行价值观念和崇高目标的灌输。也就是说，人才的培养内容不仅包括科学知识技术，而且包括组织文化精神的思想内容。组织文化管理模式更加重视思想内容方面的教育和培训，认为组织文化所宣传的，以组织价值观和崇高目标为主要内容的组织精神，对成员起着人格培养的作用。通过这种组织精神的培训，使组织精神在成员心中达成共识，引导成员齐心协力，为实现组织的大目标做出贡献。这种对成员的培训教育要持续不断，内容要充实、具体，它集中反映了组织的价值观和崇高目标，其形式可以灵活多样。

除了发挥超前引导作用，组织文化的导向作用还体现在它对成员的跟踪引导。组织文化管理模式主张把代表组织精神的组织价值观和崇高目标化为具体的依据和准绳，使成员能够随时参照，并据此对自己进行自我控制，使自己在组织的各项活动中不致脱离组织的大目标。

9.3.2 约束功能

组织文化可以构成一种无形的约束力，形成一种行为规范，制约员工的行为，以此来弥补规章制度的不足。它使信念在员工的心理深层形成一种定势，构造出一种响应机制，一旦外部诱导信号发生，即可得到积极的响应，并迅速转化为预期的行为。这就形成了有效的“软约束”，它可以减弱硬约束对员工心理的冲撞，缓解心理与现实的冲突，削弱由其引起的一种心理抵抗力，从而使企业上下左右达成统一、和谐和默契。

但组织文化并非只给组织带来积极作用，有时候它会给组织带来消极作用。管理人员对组织的文化进行变革是相当困难的。当组织环境动荡变化时，根深蒂固的组织文化和行为的一致性就可能束缚组织的手脚。如果组织的共同价值观与组织进一步提高效率的目标不相符时，组织文化就可能束缚组织的发展。对于一些具有强文化的组织，当其过去成功的经验措施与环境变化的要求不一致时，甚至可能导致失败。

9.3.3 激励功能

组织文化的核心是要创造出共同的价值观念，具有使组织成员从内心产生一种高昂情绪和奋发进取精神的效应。组织文化管理模式把以人为本视为组织的主要价值观念，对激励问题极为重视。但组织文化管理模式与传统的组织管理模式的不同之处在于，它由重视激励个体转变为重视激励群体，为提高组织成员的生产积极性、主动性和创造性提供了新型的手段与方法。组织文化对组织行为主体所产生的激发、动员、鼓舞、推进的作用就构成了它的激励功能。

人的行为不仅取决于个人心理的需求与动机，而且还取决于他所在的群体的文化因素。因此，要想激发起成员的生产积极性、主动性和创造性，就不能把注意力完全集中于个体的需求与动机上，而应当把视野扩展到对个体行为具有影响的组织需求与动机上，扩展为营造组织文化的激励机制。组织价值观不仅使成员明确组织的发展目标和方向，而且使成员了解工作的目的不仅仅是获取利益，个人的需要也不仅仅是物质上的需要，还有比获取利益和物质需要更重要的东西，那就是满足社会需要和实现自我人生价值。组织价值观所决定的共同目标和共同信仰，能够激发起组织成员赴汤蹈火的激情和忘我工作的精神，促使大家追求更加卓越的目标，把工作干得更好。美国著名心理学家费罗姆提出的期望理论认为，假如一个人把自己行为目标的价值看得越大，或自我估计实现目标的可能性越大，那么，这种目标对他的行为的激励作用就越大。

组织文化管理模式一方面采用个人激励的手段与方法，如提供晋升机会，赋予个人更多的责任与权利，在组织内部创造一种相互尊重、平等、民主的气氛等，激发成员追求出色的组织中工作的愿望；另一方面又采取群体激励的方法，如为组织成员提供统一的价值观念，树立组织的崇高目标，形成具有战斗力的团队精神等，满足成员在出色的组织中工作的愿望。而在组织文化中的价值追求和崇高目标影响下形成的一套完整的行为规范与准则，通过组织英雄人物、典礼仪式及文化网络等因素的强化，为组织成员实践价值追求提供了机会，对个体行为的积极性产生了更持久、更广泛的影响。组织文化对群体精神的激励，强化了个体对群体的归属感、使命感，激发起个体为集体做出贡献的决心与信心，促使个体产生稳固的行为积极性。

9.3.4 凝聚功能

组织中的每一个群体组织和每一个成员都有自己的价值评断标准和行为准则，都有自己物质和精神方面的需求，因此不同组织和个人表现出不同的个性特征。要将这些个性特征凝聚为一个整体，只有依靠组织文化。文化是一种极强的凝聚力量。组织文化是一种黏合剂，把各个方面、各个层次的人都汇聚到一个共同的方向，形成组织的共同愿景，对组织产生一种凝聚作用和向心力，使员工个人的思想感情和命运与企业的安危紧密联系起来，使他们对组织产生认同感和归属感，将企业视为自己最神圣的东西，与企业同甘苦、共命运。

组织的凝聚力指的是组织和组织成员的相互吸引力，具体说是指组织对成员的吸引力，成员对组织的向心力。凝聚力是一种情感，凝聚力既可以通过组织对成员的关爱表现出来；又可以通过组织对成员的依恋体现出来。这种凝聚力还必然会转化为组织发展的推动力，表现为组织与成员结成命运共同体的合力。

组织文化管理模式在强化组织凝聚力方面把亲密情感、价值共识与目标相同作为强化组织凝聚力的关键因素。具有强烈文化的组织特别重视组织内部的感情投资，不断地满足组织成员的情感需求，加强组织对成员的吸引力及组织内部人际关系的吸引力。同时，组织文化又为组织内部成员提供统一的行为规范与准则，建立起在组织价值基础上的行为模式，从而把成员的行为吸引到现实组织目标的轨道上来。组织文化引导成员追求的崇高目标中除了要充分体现组织的经营理念与经营宗旨外，还要广泛地容纳组织成员的利益要求，使组织成员能够感觉到组织目标的实现也意味着个人利益需求的实现，这样就能最大限度地激发成员为实现组织的崇高目标而勤奋工作、积极进取。

在一个组织中影响组织凝聚力的因素。美国管理学家西蒙和马奇提出的提高企业凝聚力的有效方法是，树立良好的企业形象，强化企业目标的共享意识，扩大企业内部信息沟通与交流的渠道，加强企业内部人与人之间的理解与信任，有效地控制企业内部成员之间的竞争强度等。

9.3.5 辐射功能

组织文化综合反映了一个组织的性质、内容和形象，它的展示和传播形式多样、方便快捷、媒介众多。组织文化可以激发企业员工对本企业的自豪感、责任感和崇尚心理，增强员工的满意度和组织承诺，提高组织成员之间的相互支持，从而改善组织的绩效。良好的组织文化不仅对组织内部以及成员产生巨大的影响，而且还会通过自我的产品、服务和宣传等信息的传播，把组织的管理思想、经营理念、职业道德、价值准则等文化精神传播于社会，对社会心理产生影响，这就是组织文化的辐射力。这种辐射力扩展的过程既是组织自我形象树立的过程，也是自我品牌打造的过程，还是各种文化相互碰撞交融的过程。

这种辐射力的强弱，直接关系到组织在社会上的知名度和影响力，也就关系到自我的生存和发展，还关系到社会文化心理的产生与形成。组织文化的辐射力主要源自于自身的文化特性，它作为人类社会文化的重要组成部分，不仅是自身的生存与发展，也是人类文化的丰富与发展。那么在其存在与发展的过程中，必然对社会产生一定的影响。人们可以看到，优秀的组织文化总是倡导一种文化精神，引领社会文化的发展，对社会民众的生活追求，价值观念等文化心理产生重大的影响。组织文化的辐射力还源自于组织利益的需要。但是从相反的方面看，组织文化也有抑制力和阻止力，会与组织和社会心理产生矛盾与冲突。所以要注意组织文化的不同作用，以发挥其积极作用，消除其不良作用，不断促进组织文化的进步与发展。

9.4 组织文化的培育

组织文化一般都要经历一个逐步完善、定型和深化的过程。一种新的思想观念需要不断实践，在长期实践中，通过吸收集体的智慧不断补充、修正，才能逐步趋向明确和完善。刚开始构建企业文化的理念系统往往比较简单，只有经过长期的实践和不断完善，才可能培育出一个比较完善的、系统的组织文化理念系统。

9.4.1 组织文化的形成

企业文化首先是在企业中的主要管理者(或称企业家)的倡导下形成的。同时，只有当企业家倡导的价值观念和行为准则为企业员工广泛认同、普遍接受并自觉地作为自己行为的选择依据时，企业文化才能真正地形成。

1. 管理者的倡导

企业文化首先是企业家文化。企业家倡导某种价值观念和行为准则只要借助两种途径。

其一，在日常生活中，不仅言传，而且身教。不仅提出、并促使企业员工接受某种价值观念，而且身体力行，自觉表现出于自己倡导的价值观和行为准则相应的行为选择，以求对身边的人产生影响，进而通过身边的人对企业组织中其他成员的行为产生潜移默化的影响。这种潜移默化通常需要假以时日，所以企业文化的建设通常是一个漫长的过程。

其二，借助重大事件的成功处理，促进企业成员对重要价值观和行为准则的认同。企业生产经营活动中经常遇到一些突发性的重大事件。这些事件处理的妥善与否对企业的持续发展可能产生重要影响：处理得当可能为企业的未来发展提供重要机遇，而处理不当则可能引发企业自上而下的危机。在这些事件的处理过程中，企业主管会自觉或不自觉地依循某些价值观念以及与之相应的行为准则。事件的成功处理则可使这些价值观念和行为准则为企业员工所认同并在日后的工作中自觉模仿。企业文化便可能在这种自觉模仿或认同的基础上逐渐形成。

管理故事

海尔砸冰箱的故事

当海尔还是一家小冰箱厂时，张瑞敏因为质量问题，砸了一批质量不合格的冰箱。当时，整个家电市场处于供不应求的短缺状态，砸冰箱而不是返厂维修，显得那么不近乎人情，似乎也没有道理。然而，冰箱确实砸了。不但砸了，而且砸出了满城风雨，砸得沸沸扬扬，砸上了媒体，砸进了每个海尔人的心里，也砸出了消费者对海尔的信赖。

2. 组织成员的接受："社会化"和"预社会化"

社会学的相关研究中把一定文化相对应的价值观和行为准则被组织成员接受的过程称为文化的"社会化"过程。从严格意义上说，文化被组织成员的接受包括了"社会化"和"预社会化"两个不同路径。

所谓社会化是指组织通过一定形式不断向员工灌输某种特定的价值观念，比如通过组织培训、宣传和介绍反应特定价值观的英雄人物的事迹，借助正式或非正式渠道传送体现特定价值观的企业内部的各种"神话"以及企业家在各种场所的言传身教，从而使组织成员逐渐接受这些价值观和行为准则。

所谓预社会化是企业在招募新员工时不仅提出相应的技能和素质要求，而且注意分析应聘者的行为特征，判断影响应聘者外显行为的内在价值观念的企业文化是否一致，从而保证新聘员工接受组织文化，并迅速融入特定的文化氛围中。

管理案例

一个靠文化闻名世界的小渔滩

如果人们今天赴美国做商务旅游，很可能会获得这样一项内容的安排：参观美国西雅图市著名的派克鱼市公司。派克鱼市公司的创始人叫约翰·横山。直到1986年，约翰·横山已经努力工作了20年，目标只有一个，就是使自己在西雅图的一个小鱼摊生意兴隆起来。可他就像许多小本生意人一样，一直维持着几个人的小公司，也谈不上什么成功。约翰再也按耐不住了，想把生意扩大，他便转向了渔业批发领域。可没想到，只一年的时间就几乎赔光了公司的老本。这时候，约翰·横山真是走到了生死抉择的十字路口。

一天，一个朋友建议他赶紧请个咨询师。他咬咬牙，花钱，请！天知道咨询师能不能拯救他的企业。咨询师吉姆每两周来公司组织大家开一次会，会上只做一件事情：激发大家的斗志。吉姆帮助大家认识："我们需要一个远大的目标，一个更大的策略。"终于到了第三次会议时，约翰明白了："我们要成为举世闻名的！""我们可以影响彼此的生活，影响顾客的生活！"约翰当然是百分之百地忠实于公司目标——"要成为举世闻名的企业"。但是，这不同寻常的目标怎样才能使每一位员工都愿意为它付出呢？大家能不能始终保持不竭的动力去创造举世闻名的奇迹呢？

许多企业老板这时候可能会花费很多时间去教给员工如何干好工作，却几乎不解释工作的重要目标是什么。但是在这里，当新员工加入公司时，从3个月的试用期开始就给他们提供分享"梦想"的机会——要举世闻名！这是一个融入公司文化很重要的培训。许多公司会把大量的时间花费在寻找最优秀、最聪明、最有天分的应聘者身上，但是在这里，公司所要寻找的就是"志同道合"，并帮助员工看到自己在工作中的发展机会。

约翰每隔一周会与全体员工见一次面，一起共进晚餐，一起充分讨论“我们的目标”和怎样达到它。员工会踊跃地给出他们的见解、建议，从中，约翰和管理者、员工一起来调节工作方式，大家始终保持着一致的奋斗目标。尽管这样的“聚会”要耗费人力和物力，但是约翰却把它看成是坚持“我们的目标”的重要步骤。一晃又过去20年了。那个小小的渔摊今天已经大名鼎鼎，很多来到美国的旅游者都会极有兴致地去派克鱼市逛逛，领略那美妙的开刀和开心的传送号子，享受那激发活力的工作气氛。

9.4.2 组织文化培育的过程

组织文化通常是在一定的生产经营过程中，为适应企业生存发展的需要，首先由少数人倡导和实践，经过较长时间的传播和规范管理而逐步完善、定型和深化才形成的。新思想观念需要不断实践，需要在长期实践中吸收集体智慧，通过不断补充、修正才逐步明确和完善。

1. 分析内外因素，提炼核心价值观

这就需要人们科学地选择组织文化价值标准，由于组织价值观是组织文化的核心和灵魂，因此选择正确的组织价值观是培育组织文化的首要战略问题。

(1) 组织价值标准要正确、明晰、科学，具有鲜明的特点。

(2) 组织价值观和组织文化要符合组织的宗旨、管理战略和发展方向。

(3) 要考虑企业的成员及其构成。不同类型的人以及他们的组合方式都会影响组织文化的形成。每一个人在进入组织成为组织一员以前，大都形成了自己的价值观念，个人的价值观与企业的核心价值观是相融、互补的，或是互斥的，这些关系错综复杂，直接影响到组织价值观能否为每一个成员所接受。要切实调查本组织员工的认可程度和接纳程度，审慎地筛选出既符合本组织特点又反映员工心态的组织价值观和组织文化模式。

2. 宣传倡导，强化员工认同

选择和确立了组织价值观和组织文化模式之后，就应把基本认可的方案通过一定的强化灌输使其深入人心。

(1) 充分利用一切宣传工具和手段，大张旗鼓地宣传组织文化的内容和要求，使之家喻户晓，人人皆知，以创造浓厚的环境氛围。

(2) 树立榜样人物。典型榜样是组织精神和组织文化的人格化身与形象缩影，能够以其特有的感染力、影响力和号召力为组织成员提供可以仿效的具体榜样，组织成员从英雄人物和典型榜样的精神风貌、价值追求、工作态度和言行表现之中理解组织文化的实质和意义。

(3) 培训教育。有目的地开设培训班或者举行会议培训教育，能够使组织成员系统接受和强化认同组织所倡导的组织精神和组织文化。

3. 贯彻实施，巩固落实

首先对定义的组织文化内容进行提炼定格，需要进行以下几个步骤。

(1) 精心分析。在经过全体成员的初步认同实践后，将反馈回来的意见加以剖析和

评价，分析比较实践结果与规划方案的差距，必要时可吸收有关专家和员工的合理化意见。

(2) 全面归纳。对现有的组织文化进行综合的整理、归纳、总结，删除落后的、不为员工所认可的内容与形式，保留进步的、卓有成效的、为广大员工所接受的内容与形式。

(3) 精练定格。把经过科学论证的和实践检验的组织精神、组织价值观、组织文化，予以条理化、完善化、格式化，加以必要的理论加工和文字处理，用精练的语言表述出来。

4. 巩固落实已树立的组织文化

(1) 完善制度，提供制度保证。组织文化是软硬结合的管理技巧，在建设组织文化时应“软硬”兼施，相辅相成。

(2) 领导率先垂范。组织领导者在塑造组织文化的过程中起着决定性的作用，他本人的模范行为就是一种无声的号召和导向，会对广大员工产生强大的示范效应。

除了以上4点，还应根据组织的内外条件发生变化，不失时机地调整、更新、丰富和发展组织文化的内容和形式，组织文化由此经过循环往复达到更高的层次。建构完善的组织文化需要经过一定的时间过程。如我国的东风汽车公司经过将近30年的时间才形成“拼搏、创新、竞争、主人翁”的企业精神。因此，充分的时间、广泛地发动、认真地提炼、严肃地定格是创建优秀的组织文化所不可缺少的。

9.4.3 组织文化培育的内容

组织文化培育就是指组织的领导者有意识地培育优良文化、克服不良文化的过程。它包括精神文化培育、行为文化培育、制度文化培育和物质文化培育4个方面的内容。但总的来说，树立一个组织的核心价值观和经营理念，营造良好的行为文化，严格的制度体系和丰硕的物质文化主要是对内组织成员文化心理建设和对外组织形象建设这两方面的基本内容。

1. 文化心理建设

1) 增强主权感

组织成员对本组织有主权感，将他们自己的命运同组织联系在一起。“我是组织人，组织即我家，组织与我同兴衰，我与组织同命运。”增强主权感的基本途径有3条：一是使组织与组织成员的利益一体化；二是让组织成员参与组织管理；三是实行“自主管理”。组织与组织成员的利益一体化，要求把组织成员个人的贡献与组织的整体效益挂起钩来，谁贡献大，谁的报酬多；谁贡献少，谁的报酬就少。当组织效益好时，组织成员个人所得就随之增加，当组织效益差时，组织成员个人所得就相对减少。组织成员从切身利益中感受到组织好似水，个人好比船，水涨则船高，水落则船低，水枯则船不行。在组织中有关重大利益的分配问题，不能只由组织中的几个领导人决策，而要通过全体组织成员或组织成员代表充分讨论，然后做出决策。

让组织成员参与组织管理，是把参与式管理作为一种新的管理模式。要想提高组织成员的主权感，必须尊重每一个组织成员，激励他们对组织目标的关心，发挥当家做主的积极作用，增强普通组织成员参与组织管理的机会与频率。

实行“自主管理”，是指组织的每一个成员都有处理本岗位工作的自主权，别人或高一级的管理者不得横加干涉。直属的上级主管只有检查、督导的责任，尽量减少监管的成分。“自主管理”能够实质性增加组织成员的责任心、自主性和主权感。

2）培养使命感

使命感与主权感是相联系的，但它是比主权感更高一层次的社会情感。如果组织成员认识到促使组织生存和发展是自己的一项崇高使命，那么，他对所在岗位担负的工作就会拥有高度的责任心。使命感和责任心会使人自觉地去完成有关工作，“任务观点”将会淡薄，物质利益的驱使作用将居于次要地位。

组织成员使命感的培养，关键在于加强理想和信念教育，使之认识自己的作用、地位和肩负的使命，认识到组织兴衰关乎自己的根本利益。这是一项长期而艰巨的思想教育任务，不是几天、几个月的工夫所能达到的，所以要长期坚持，细水长流。使命感靠“说教”是不能培养起来的，必须依靠组织措施和健全岗位责任制，以此来加强在日常生活中的理想和信念教育。

3）培育认同感

组织成员的认同感是组织团结和统一的心理基础，它的形成，是一种情感移入过程，是自己被别人同化，或别人被自己同化的过程。这种过程可以是有意识进行的，也可以是在无意识中完成的。但在组织文化的培育过程中，有意识进行的认同感培育，效果更快，也更显著。有意识培育认同感可以在多个方面进行，最基本的方面是组织目标认同、职权认同、规范认同。

要使个人认同组织目标，关键是要让个人感觉到组织目标与自身目标是统一的，组织目标达成有利于自身目标的实现。个人能从组织目标中获得利益，组织目标的认同感就会产生。有了认同感，就会为实现组织目标做出不懈努力。一般来说，个人为实现组织目标做出的努力程度与对组织目标的认同感高低成正比。职权认同，也可以通俗地理解为对组织领导人的认同，即认同组织领导人素质、职务、权力、领导方式。组织领导人及其职权是组织的化身，组织成员认同组织领导人及其职权，便也会认同自己的组织，如果组织成员对领导者很反感，就可能产生离心力，与领导人唱对台戏，导致无法融入或认同组织。

对组织规范的认同，意味着在行为甚至观念上遵守组织要求。组织规范可以分为两类：一类是人为规范；另一类是自然规范。人为规范是通过一定程序制定的一系列规章制度，往往以条例公约等形式公诸于众，是成文规范。自然规范是组织在一定的文化背景影响下，经过长期时间的酝酿而自然形成的，是不成文规范，往往以舆论形式出现，来引导、制约组织成员的行为。无论人为规范还是自然规范，一旦被组织成员认同，便会成为一种强大的动力或约束力，使组织成员产生协调一致的思想和行为。

4）满足安全感

任何一个组织成员都有安全需要，并且人们参加组织也是为了满足需要的安全。一般来说，组织成员有多方面的安全需要，最基本的是职业安全、人身安全和财产安全。职业安全是指职业有保障，无失业威胁，退休后能享受合理而足够维持老年生活的费用。人身安全是指没有安全事故发生，职业病能够得到有效防治。财产安全是指个人财产有安全保障，无后顾之忧。有了安全感，组织成员就可能增强对组织的向心力，安心为组织效力。如果察觉到自己的安全受到威胁，组织成员就会情绪紧张，出现防卫行为、阻扰行为、攻击行为等负面的行为反应。负面行为反应不但有害于行为主体本身，也有害于组织。就此而言，满足安全需要，能够避免有害的行为反应和不良的思想出现，为培育健康积极的组织文化创造有利条件。

5）增强信任感

信任感是一种人际交往中被别人尊重和信赖的心理体验。在组织当中，人际交往是必然和不可避免的，这意味着对所有组织成员来讲，信任感和获得组织或同事的信任都非常重要。信任感能增强责任心，工作主动性就会随之提高，获得组织和同事的信任，就会感到自身存在的价值，自尊需要便可得到相对的满足，同时顾虑会减少，工作会更大胆。有了信任感，人与人之间感情融洽，就能和衷共济，通力合作，为实现组织的共同目标而做出各自的贡献。否则，一个人如果感觉不到组织或同事的信任，就会心存疑惑，谨小慎微，积极性和创造性就得不到充分发挥。如果彼此间互不信任，就可能造成貌合神离、勾心斗角的局面，甚至产生严重的对立和冲突。

在组织中，增强信任感的途径很多，最基本的是增强道德信任、技术信任和人际信任。道德信任是一种基于能履行众人期望的道德责任所产生的社会情感。技术信任是指确认某人具有一定的技术能力，相信他能完成某种任务或目标，授权给他去从事某一项工作。人际信任是人际亲和的基础，其外化表现是善于了解别人和满足别人需要的本领，从而获得好人缘。一群人如果认为某人理解和关心他们，确信他把他们的利益放在首位，便对这个人建立了人际信任，逐渐承认他的权威，愿意听从他的指挥。一个管理者如果获得了人际信任，他所领导的单位的成员便会有高水平的动力结构和道德水准，群体内的紧张气氛便会相对削弱，成员之间更能互相支持。有了人际信任，便会感到组织是一个温暖的大家庭，赢得友情和帮助，不致有孤独感，就会对生活充满信心而迸发出一种向上的活力。显然，这些正是组织文化所固有的基本内容。

6）获得自在感

自在感是指一种轻松、舒坦、愉快、没有心理压力的心理体验。自在感对于社会生活中的人来讲，有时候是非常重要的，组织成员有了自在感一般都能激发出饱满的热情，创造出高绩效。如果一个人心情压抑，绝不会有高绩效。

在组织生活中，个人自在感的形成必须依赖于组织和个人两方面都做出的努力。个人的努力在于对组织和从事的工作有兴趣。一个人如果对自己的工作发生了兴趣，他就会开动脑筋，设法完成任务，同时会觉得轻松愉快。组织的努力在于营造轻松愉快的环境和氛围。如尊重个人的人格，尊重各成员的劳动。营造安定而宽松的组织环境，保持组织的稳定性，使组织成员产生轻松、自在的情绪体验。

7）提高满意感

满意感是一种需求得到满足的心理体验，这种心理体验同时又要受利益和情绪等因素的影响。因此，提高组织成员的满意感，可以在需求满足、利益公平和情绪关怀等方面采取适当措施。

在需求满足方面，最基本的是满足组织成员的生活需求、成长需求、社交需求和威信需求。生活需求就是解决吃、住、行、用等生活方面的问题。成长需求是个人对增长才干的追求。社交需求是希望扩大社会交往、寻求更多的友谊。威信需求是希望得到他人和社会认可、赏识和尊重，希望在社会上享有一定的荣誉和地位，不断扩大知名度和美誉度。作为组织的领导人，要时刻想着组织成员们的需求。对于某些超越政策界限或待遇标准的不合理需求，则给予解释劝导。

在利益方面，主要是处理分配、奖励、提拔等问题时，要贯彻公正的原则，增加透明度，避免引起组织成员产生不公平感。不公平感可分为主观不公平感和客观不公平感两种类型。主观不公平感是说事情本身公平合理，但当事人认为它不合理，由此产生不公平的情绪体验。客观不公平感是由于客观实际存在不公平现象而导致的不公平感。两类不公平感具有不同的性质，前者属于组织成员的认知问题，应通过深入细致的思想工作去解决，后者属于管理工作的缺失，应通过健全管理制度去解决。

在情绪方面，要经常关心组织成员的情绪状态，必要时应采取措施对不良情绪进行调整。

2. 组织的形象培育

组织形象如何，关系到组织的兴衰荣辱，从领导到每一个组织成员都要高度重视塑造和维护本组织的良好形象。组织形象主要由社会形象、产品形象、服务形象等要件构成。

1）社会形象塑造

组织的社会形象是社会公众对组织的印象、评价、感触和情绪反应。社会形象的核心内容，是组织履行社会责任的程度。组织的社会责任有极为丰富的内容，大致可分为紧密相关的强制性法律责任和自觉的道义责任两个方面。组织将自身利益与相关主题的利益及与社会利益相协调统一，尽可能为社会多做贡献，履行必要的社会责任和社会义务。通过履行社会责任，组织不但向社会公众传达自己的基本信念，也使得社会公众能够更深刻地理解和认同组织存在的意义，由此产生对组织的良好印象、评价和情绪反应。

2）产品形象塑造

产品形象是产品的质量、价格等特性，在社会公众中引起的评价。产品形象是关系到组织经济竞争力的重大问题，可以说，产品质量及其形象是组织的命脉所在。产品质量的内容很多，一般可分为两个方面，一是内在质量，二是外在质量。内在质量应满足用户的功能要求，外在质量则应考虑顾客的审美要求。内在质量是产品形象的根本，但外在质量如产品的造型、包装设计等，也要体现美学观点以赢得顾客的喜爱。产品内在质量与外在质量协调统一，才能赢得顾客较高的评价而提高市场竞争力。

3）服务形象塑造

服务是商品交易活动中的重要内容，许多成功的企业组织在注重产品质量的同时，也在积极追求服务上的完美。服务形象塑造，就是在交易活动的每一个环节都追求服务完美和顾客满意，最常见的是提供能满足顾客既有的或期望的服务，讲究售前、售中服务，注重售后服务。

本章小结

本章主要介绍了组织文化的概念及特征，组织文化的结构与内容，组织文化的功能，组织文化的培育等。组织文化是组织在长期的实践活动中所形成的并且为组织成员普遍认可和遵循的具有本组织特色的价值观念、团体意识、工作作风、行为规范和思维方式的总和。组织文化的基本特征具有社会性、继承性、创新性等，组织文化是组织生存的基础，组织文化是组织的灵魂与活力的内在源泉，组织文化是决定组织兴衰和健康发展的内在驱动力，组织文化是组织员工行为的准则。组织文化的结构与内容主要介绍大致可分为 4 个层次：第一层是深层的精神文化；第二层是中层的制度文化；第三层是浅层的行为文化；第四层是表层的物质文化。每个层次包括不同的具体内容。组织文化的功能主要包括导向功能、约束功能、激励功能、凝聚功能、辐射功能。组织文化是在企业中的主要管理者(或称企业家)的倡导下形成的。组织文化培育就是指组织的领导者有意识地培育优良文化、克服不良文化的过程。它包括精神文化培育、行为文化培育、制度文化培育和物质文化培育 4 个方面的内容。组织文化首先由少数人倡导和实践，经过较长时间的传播和规范管理而逐步完善、定型和深化才形成。新思想观念需要不断实践，需要在长期实践中吸收集体智慧，通过不断补充、修正才逐步明确和完善。

练习题

一、单项选择题

1. 商标属于哪种组织文化的显性内容？(　　)

A. 工作环境　　B. 经营行为　　C. 规章制度　　D. 组织标志

2. Z 理论艺术将美国和日本企业的差异归结为什么的差异？(　　)

A. 管理手段　　B. 激励方式　　C. 文化　　D. 组织

3. 在企业文化结构中比较稳定的内核是(　　)。

A. 物质层　　B. 制度层　　C. 精神层　　D. 核心层

二、多项选择题

1. 企业文化的隐性内容包括(　　)。

A. 价值观念　　B. 规章制度　　C. 道德规范　　D. 企业哲学

2. 组织文化的功能有(　　)。

A. 导向功能　　B. 激励功能　　C. 凝聚功能　　D. 约束功能

三、问答题

1. 组织文化的功能是什么？
2. 组织文化的内容有哪些？
3. 组织文化培育应该遵循哪些原则？
4. 如何培育优秀的组织文化？

案例应用分析

智邦公司的组织文化

在中国台湾地区的科技产业中，智邦可以说是最具“人文”特色的公司，这种人文的企业文化，从领导人的身上及办公环境可以得证。虽然网络科技日新月异，但杜仪民始终将工作与假日生活区分得很分明。周一到周五全力投入工作，周六、周日则全部奉献给家庭，而且要充分与家人沟通，取得家人谅解；不过由于企业主的工作实在太过忙碌，杜仪民偶尔还是会用无线的网络电脑，在饭桌前敲敲打打。而为了让员工对公司有“家”的感觉，智邦非常鼓励员工同仁结婚，一来可以让员工的心安定下来，再者夫妻同在一家公司上班，了解公司文化，也比较能相互了解及体谅，对公司及家庭生活皆有所助益。

因此1999年12月1日，人事处公布一项新规章，本公司员工结为夫妻，男女同仁皆加薪3 000元；此外，为了让员工更安心上班，智邦还在公司内设立托儿所，并在托儿所装设网络猎取影像系统，让员工随时可以透过桌上的电脑，看到孩子上课的情形。

喜欢品尝日式生鱼片以及意大利菜的杜仪民，经常在寿司吧台品尝寿司之余，和寿司师傅讨论如何做出好吃的寿司。同时古典音乐是杜仪民的另一项重要嗜好，尤其是巴洛克音乐，更是他的最爱，在他的房间内更是放满了整屋的CD唱片。或许是受到杜仪民的影响，每天一到下午，整个智邦大楼沉醉在悠扬的古典音乐声中。整个智邦科技大楼充满历史、古色古香、美食、艺术气息的办公环境，无处不是惊奇。走进智邦大楼，迎面摆放在大厅内侧的，是古色古香的中式家具，在右手边的服务台后方，挂着“文化源智”、“科技兴邦”的对联；一楼的员工餐厅内，以深海的风景彩绘布置而成，坐在此地用餐，让人得以放松心情，尽情享受美食。在办公室走廊的两旁挂着一幅幅的画，这些画都是智邦员工的绘画创作，仿佛令人置身在画廊、美术馆中；即使是公司开发、生产的各种网络硬件产品，在透明玻璃、蓝色镁光灯的照映下，原本冰冷的科技产品也散发出铁汉般的柔情，仿佛就像艺术品的展示区。在洁白的墙上，随处可见一幅幅的书法与画作，连洗手间的门都画着美丽的女神维纳斯、温馨小品及短篇笑话集，贴心地提醒每一个人，敞开心胸，笑一笑，别让工作压力给逼坏了。

看来一向在园区创造新话题的智邦科技，“文化源智”、“科技兴邦”的八字对联，正道出智邦的企业文化精神——文化的生活，让科技人更有智慧、更有创意！

问题：智邦公司的组织文化是什么？这一文化是如何影响雇员的？

阅读材料

肯德基的文化经营

肯德基是由哈兰山德士上校于1939年创建的。他以含有11种草本植物和香料的秘方制成的肯德基家乡鸡为特色快餐，由于工艺独特，香酥爽口，很快就风行美国，并走向世界，现在已是个分店遍布全球的超级连锁店，业已形成一个庞大的国际性快餐食品市场。然而，作为第一家进入中国香港市场的美国快餐食品连锁店的肯德基却兵败香港，在国际市场拓展中经历了一次与文化投资环境密切相关的重大挫折。

20世纪70年代初的香港，经济发展和社会变化使社会生活节奏日趋加快，愈来愈多的居民走出家庭厨房，户外用餐，从而形成了对快餐食品迅速增长的市场需求。另外，鸡是中国人历来的传统食品之一，不论是从营养价值还是从饮食偏好来看，都会引起港人的兴趣和食欲。还有家乡鸡来港以前，港人还很少尝试过美式快餐，人们见异思“尝”的猎奇心理和美式快餐别具一格的优点也会产生一定的市场效应和吸引力。基于这种投资环境的分析，肯德基于1973年6月进军香港快餐市场，在美孚新屯开设第一家家乡鸡店，接着以平均每个月一家的速度连续开了11家连锁店。然而，令人惊奇的是，在不到两年的时间里，这些首批进入香港的美国肯德基家乡鸡店又全部停业关闭。据当时有关人士分析，这主要是由于投资者缺乏对香港本土或地域文化特别是饮食文化的了解：①肯德基虽然知道鸡是中国人的传统食品，但没有进一步了解中国人对鸡食品的口味要求，仍用鱼肉喂养，以致破坏了中国鸡特有的口味，反了港人的胃口；②家乡鸡采用“好味到舔手指”的国际性广告词，也有悖于香港居民的观念；③家乡鸡不在店内设放座位的美国式服务，违背了港人喜好结伴入店进餐、边吃边聊的饮食习惯。大约过了10年，肯德基家乡鸡带着先后在马来西亚、新加坡、泰国和菲律宾投资成功的喜悦，于1986年9月再度登陆港岛。虽然这时的香港快餐业市场份额已被本地食品和麦当劳分别占去七成和两成以上，面临着更多的竞争强手，但家乡鸡这回却吸引住了顾客，很快立足并占据了香港快餐市场，在不到两年的时间里，肯德基家乡鸡在香港的快餐店就发展到716家，约占该公司在世界各地总店数的1/10强，成为香港快餐业中与麦当劳、汉堡包和必胜客薄饼并立的四大美式快餐食品之一。

有人把家乡鸡二度进军香港的成功归因于该公司在营销策略上所做的如下重要变动：①供应“本地化”的配菜；②快餐店设计高雅，改变了整体形象，并提供店内就餐的座位；③放弃国际性的统一广告词“好味到舔手指”，改为带有浓厚港味的“甘香鲜美石岩口味”；④注重年轻及受过教育的顾客层；⑤高价出售独创的主项食品；⑥一律采用美国鸡，并以美式配方制作；⑦改变业务拥有权，以独家特许经营方式取代合资方式。

肯德基经营者意识到，12年两进香港的成败得失，应当从营销的文化理念上进行总结，以上这些改变都和家乡鸡加深对香港地域文化的了解或对香港文化投资环境的重新认知有很大的关系。进入20世纪80年代后，随着北美特别是美国在国际上的经济和政治地位日趋重要，其文化影响在香港迅速扩大，大有取代以英国为代表的欧式文化之势。在和北美增加交往的过程中，港人特别是年轻而又受过较好教育的公司职员和行政人员，不仅有了尝试过美式快餐的经验，而且对美式饮食风格没有中国传统文化的抵触，甚至还把它作为一种现代文明予以接纳和模仿。肯德基用美国鸡取代中国土鸡，并以美国配方烹制，同时又附带供应本地化配菜的一系列做法，旨在既迎合港人追求美式生活的心态，又照顾香港居民对传统文化的依恋，很恰当地把握了香港快餐食用者的具有深层文化背景的消费心理。还有新广告词的亲切通俗饮食环境的高雅舒适、独创主食的高价出售(如果家乡鸡定价太低，港人会把它看成是一种低档快餐食品)、业务经营管理的港人化等，都在各个方面根据实际情况，对公司过去采取的统一的国际市场拓展方式进行了相应的变革，以便跟上港岛地域文化变化的节拍，更好地适应香港本地的需求。所以，确切地说，如果没有投资者对香港文化投资环境的客观而又细致的分析和评估，也就不会有肯德基家乡鸡在港岛的转败为胜。

1987年肯德基从香港北上进军中国大陆市场，在京城闹市前门开张了中国大陆第一家美式快餐店，生意盛况空前。到了1996年上半年，肯德基在中国已有11家连锁店，并计划在1997年底之前发展到200家，肯德基又一次在中国人的饮食市场里获得了成功。不过肯德基在进入中国大陆快餐市场时已考虑到文化环境因素，他们意识到大陆新的文化投资环境氛围。

(1) 中国领导人在思想文化上对极左倾向有了历史性突破，一改过去对外资的排外环境，特别是对外商来华投资实行一系列的优惠和鼓励政策，这为肯德基在中国内地的投资计划提供了实施的可能。

(2) 日益强化的“时间就是金钱”的观念正在中国引起一场生活时间配置的革命，几千年来中国家庭一日三餐厨房忙碌、自炊自饮的生活方式正悄然退出历史舞台。如在并不是很发达的我国北部城市锦州，1995年新工时制实施后，锦州人平均每天用于下厨操持三餐的时间为57分钟，比10年前的87分钟减少了30分钟。中国人正在习惯并接受离开厨房外出就餐。据统计，1985年，全国有餐饮业网点135万个，从业人员376万人，到1995年，这两个数字分别增加到250万家和710万人。1995年，中国整个餐饮业的营业额为1 379亿元，与1994年相比，增长幅度超过了12%。另外，还有专家认为，中国传统的“慢吃慢喝”的生活方式随着中国脱离农业社会将被抛弃，而作为信息时代的产物，与现代社会相适应的快餐时代即将到来。肯德基来得正是时候。它顺应了观念的变更所引起的对社会化的餐饮业的需求，所以也就很快火爆起来了。

(3) 肯德基的成功实际上还利用了部分中国人的崇美意识。纵观历史，不少中国人心目中有一种美国情结。从当年的“苦力贸易”到20世纪80年代末和90年代初的“人蛇偷渡”，从中国台湾始于20世纪50～60年代的留学热，到中国内地20世纪80年代初发展起来的出国潮，几乎都把美国作为目的地。在那里赚的是硬通货美元，过的是全球一流的生活，去的人以此为荣耀，还没去的人在华侨衣锦还乡的刺激下膨胀了崇美的心态，甚至能在自己的国度里按照美国方式生活，消费美国的产品和服务，也觉得是一种身份的象征。最近的一次民意调查表明，年龄越轻，收入越高，从事的职业越好，教育程度越高的国人，国货意识越弱，越倾向购买进口货，在中国文化逐渐多元化的过程中，崇美文化的发展可能最为明显和迅速。像肯德基、必胜客等，实际上在本国的市场行情并不红火，甚至可以说比较惨淡，而且在中国从绝对价格和相对价格来看都定价过高，对不少人来说也并不十分对胃口，但就是因为是美式快餐，是来自哈兰山德士上校和山姆叔叔家乡的食品，国人便乐于一尝或多次消费。每每看到国人拥挤在麦当劳和家乡鸡的连锁店里，都不免想到，这是一种文化消费。肯德基把国人的崇美情绪化为具体的消费行为，使国人都变为缺乏“理性”的经济人。

第4篇　领　导

第10章　领导概论

教学目标

通过本章的学习，正确理解领导的含义及其作用，领导者与管理者的不同，结合实际掌握人性假设理论的各种假设。掌握领导者权力的来源及分类。掌握在管理实践中提高决策、用人、用权、沟通、协调等的能力水平，充分体现领导者的领导艺术。掌握领导理论及领导方式的相关内容，结合我国实际理解并学会应用。

教学要求

知识要点	能力要求	相关知识
领导的内涵	(1) 理解领导与管理的不同 (2) 掌握领导的实质 (3) 理解领导的作用 (4) 掌握人性假设理论	(1) 领导与管理的区别 (2) X理论、Y理论、超Y理论、Z理论
领导者的类型	(1) 理解领导权力的来源 (2) 掌握领导类型 (3) 理解领导艺术	(1) 权威与职权 (2) 决策艺术、用人艺术、用权艺术、沟通艺术、协调艺术等
领导理论	(1) 理解领导理论 (2) 能够运用领导理论	(1) 领导特性理论 (2) 领导行为理论 (3) 领导情景理论

领导是经由意见交流的过程所实现出来的一种影响力，以达成某些目标。

——坦南鲍姆

基本概念

领导　影响力　X理论　Y理论　超Y理论　Z理论　权威　职权　领导艺术　领导行为三分理论　管理方格理论　菲德勒模型　领导生命周期理论　途径—目标理论

导入案例

牧羊犬笑话一只猎狗追不上兔子。猎狗说：兔子是为了逃命，而我追不到兔子还有骨头吃，何必卖力呢？主人于是多招了几只狗，并规定追不到兔子的不给骨头吃，致使大家争先恐后，互相竞争。但好景不长，主人发现狗只抓小兔子，因为小兔子好抓。于是主人规定：按重量考核每只狗抓兔子数量的多少，如果累计超过一定数量，这只狗老了以后也可享受吃骨头的待遇。

当主人为兔子数量大增而高兴时，有的猎狗说："我们抓了那么多兔子，却只得到几根骨头；不如让捉来的兔子全部归自己。"结果，有的"狗才"流失了。

点评：领导需要领导艺术。

怎样管理自己的下属，充分发挥他们的才能，这是一个领导应该研究的驭人之术。

10.1　领导的内涵

10.1.1　领导与管理

领导一词通常有两种含义。一指领导者，即组织中的首领，一个组织的领导者犹如一个交响乐队的指挥，他能影响乐队中的每一个成员，并把他们的才能充分发挥出来，在他的指挥和统帅下，整个乐队协调配合，从而奏出和谐自然、优美动听的乐章。二指领导职能。领导职能是指通过管理者实施影响下属的领导行为，把组织成员的个体目标和组织目标进行有效配置。

领导是管理的一个职能，组织中的领导行为属于管理活动的范畴，但领导者与管理者有着明显的不同。

(1) 管理者的权力行使是建立在合法、有报酬和强制性的基础上对下属的命令行为，即所谓的管理者对下属的"直线驱动"，下属必须遵循管理者的指示。在这一过程中，下属可能尽自己最大的努力去完成任务，也可能只尽一部分努力去完成工作。在组织的实践活动中，后者是客观存在的，而领导者的权力行使可能是建立在合法、有报酬和强制性的基础上的，但更多的时候是建立在个人影响权和专长权以及模范作用的基础之上的，即所谓的领导者对下属的"曲线驱动"。领导者可以做到无为而治，管理者则不能。

(2) 管理者产生于正式组织，他总是被任命的；而领导者虽可以产生于正式组织，但很多时候产生于非正式组织。因此，一个人可能既是管理者，又是领导者，但一个人是领导者未必就是管理者。如在非正式组织中群众领袖就是最具有影响力的人，正式组织并没有赋予他们职位和权力，他们也没有义务去负责组织的计划等管理工作，但他们却能引导和激励，甚至命令自己的成员，这些人自然就成了领导者。

(3) 领导的本质是下属的追随和服从，它不是由组织赋予的职位和权力所决定的，取决于追随者的意愿。有些具有职位权力的管理者可能没有下属的服从，当然谈不上是真正意义上的领导者。因此，一个人可能是管理者，但并不一定是领导者。从组织的工作效果来看，应该选择好的领导者从事组织的管理工作。

(4) 领导者的工作对象是人，而管理者的管理对象包括人、财、物等多种要素。

(5) 领导者的工作主要是设置目标、指明活动方向、人事安排、开拓局面、创造态势、给人以希望等。管理者的工作手段包括计划、决策、组织和控制等。对于领导者和管理者的不同，美国著名领导学专家沃伦·本尼斯在与唐森德合著的《重塑领导者——对话集》中也做出了明确的界定，他指出：管理者寻求稳定，领导者探求革新；管理者循规蹈矩，领导者独辟新径；管理者维持现状，领导者注重发展；管理者注重企业结构，领导者注重人力资源；管理者依赖控制，领导者激发信任；管理者目光短浅，领导者目光远大；管理者注重方式和原因，领导者重视事情和原因；管理者注重结果，领导者看到希望。

特别提示

管理者把事情做好，领导者做正确的事。

管理寓言

一个人去买鹦鹉，看到一只鹦鹉前标：此鹦鹉会两门语言，售价200元。另一只鹦鹉前则标道：此鹦鹉会4门语言，售价400元。该买哪只呢？两只都毛色光鲜，非常灵活可爱。这人转啊转，拿不定主意。结果突然发现一只老掉了牙的鹦鹉，毛色暗淡散乱，标价800元。这人赶紧将老板叫来：这只鹦鹉是不是会说8门语言？店主说：不。这人奇怪了：那为什么这只鹦鹉又老又丑，又没有能力，会值这个数呢？店主回答：因为另外两只鹦鹉叫这只鹦鹉老板。

印象中的优秀领导人好像一定要是能力非常全面的人，其实不然，真正的领导人不一定自己能力有多强，只要懂信任、懂放权、懂珍惜、懂择人，管理并团结自己的下级，就能很好地利用在某些方面比自己强的人，自身的价值也通过他们得到了提升。相反许多能力非常强的人却因为过于完美主义，事必躬亲，认为什么人都不如自己，最后只能做最好的公关人员、销售代表，成不了优秀的领导人。

10.1.2 领导的实质

人们对于领导的概念曾经有过许多种解释。例如：韦伯认为，有效的领导有一种魅力，即某种精神力量和个人特征，能够对许多人施加个人影响。坦南鲍姆认为，领导是经由意见交流的过程所实现出来的一种影响力，以达成某些目标。孔茨认为，领导是一门促使其下属充满信心、满怀热情地完成他们的任务的艺术。戴维斯认为，领导是一种说服他人热心于一定目标的能力。里查德斯和格林洛尔认为，领导是一种影响过程，即领导者与被领导者的个人作用与特定环境相互作用的动态过程。

上述种种对领导的定义虽然不尽相同，但他们所强调的要点却有共同之处。他们都强调：领导主要是靠影响力引导人们去实现共同目标。由此可以看出，领导就是领导者通过一定的方式，对被领导者施加影响并共同作用于客观对象，以实现某一既定目标的行动过程。因此，领导的实质就是对他人的影响力，即管理者对下属及组织行为的影响力。这种影响力能改变或推动下属及组织的心理与行为，为实现组织目标服务。这种影响力可以称为领导力量或领导者影响力。

因此，领导是个体人与群体人之间的一种特殊的相互作用过程，是引导和影响个人或组织在一定条件下，实现某种目标的动态过程，也是运用一定权力进行指挥的过程。领导的构成包括4个基本要素。

(1) 权威。包括正式权威和非正式权威，组织职位的权力和领导者个人的威信综合构成权威，形成了领导力的基础，领导者可以通过它来影响被领导者的行为和态度，以达到组织目标。没有权威就没有领导。

(2) 对人的认识和解释。领导是通过做人的工作开展领导活动的，领导者不是纯粹的技术专家、效率专家，而是熟知人和人类社会的人类专家、社会学家。

(3) 与组织和群体成员的联系。领导引导和影响人们的过程就是沟通、协调、激励、鼓舞的过程。在这个过程中要满足组织和群体成员的需要，施展他们的能力，开发他们的潜能，也就要求领导者对人有基本的认识与理解。

(4) 领导风格、作风以及营造出来的组织、群体氛围。领导的实际效率，组织和全体成员联系的方式、方法等，都与此有关系。

[讨论题] 如果一个组织中只有领导者会怎么样?

10.1.3 领导作用

领导是组织的领导者通过各种激励措施指挥或带领组织成员实现组织目标的过程，而领导需要通过领导者来组织实施。领导在实现组织目标过程中发挥着很重要的作用，主要表现在以下几方面。

1. 指挥作用

指挥作用是指在组织活动中，需要有头脑清醒、胸怀全局，能高瞻远瞩、运筹帷幄的领导者帮助组织成员认清所处的环境和形势，指明活动的目标和达到目标的路径。领导者只有站在群众的前面，并用自己的行动带领群众为实现目标而努力奋斗，才能真正起到指挥作用。因此，领导者首先应帮助组织全体成员有效地领会组织目标并掌握实现目标的途径；其次领导者还应引导下属，鼓励他们，使他们尽最大的努力去实现既定目标。

2. 协调作用

协调作用是指组织在内外因素的干扰下，需要领导者来协调组织成员之间的关系和活动，朝着共同的目标前进。组织成员由于知识、态度、能力各异，利益、地位、角色不同，对组织目标的理解也就会有所不同，进而会影响组织目标的实现。在这种情况下，领导者应帮助他们从整个组织的角度和利益去理解目标，让他们体察到个人与组织的紧密联系，从而自觉地服从于组织目标。同时领导者还有责任协调好组织目标与部门目标和个人目标的关系，使三者的目标相统一、相一致，即在保证实现组织目标的前提下，满足个人的需求。

3. 激励作用

激励作用是指领导者为组织成员主动创造能力发展空间和职业发展生涯的行为。领导者的激励作用在于调动其下属的积极性，使他们保持持久、高昂的士气，竭尽全力地、自觉地为组织作出贡献。在许多情况下，人们的积极性不会自发地产生，也不可能长期地保持，需要有人去激励，这就是领导者所应承担的责任和应发挥的作用。

10.1.4 人性假设理论

人性假设是指管理者在管理过程中对人的本质属性的基本看法。领导方式是指管理者实施领导行为所采取的各具特色的方式与风格。管理者由于管理观念、自身素质、所处环境的不同，领导方式会有很大差别，成效也差别很大。人性假设决定领导方式，有什么样的人性假设，就会形成与之相适应的领导方式。

随着管理实践的发展，人们在管理中对人性的认识也不断深化，先后出现了多种人性假设理论。具体包括以下几种。

1. X 理论和 Y 理论

美国麻省理工学院的教授道格拉斯·麦格雷戈(DouglasMegregor)于 1957 年 11 月的在美国《管理评论》杂志上发表了《企业的人性方面》一文，首次提出 X 理论和 Y 理论，并在以后的著作中进一步完善了其理论。他的主要著作有《管理的哲学》(1954 年)、《企业的人性方面》(1957 年)、《领导和激励》(1966 年)、《职业管理者》(1967 年)等。X 理论和 Y 理论是对人性认识的两种相对的观点，X 理论是对人性的悲观认识，而 Y 理论是对人性的乐观认识。两个理论的主要观点如下。

X 理论的主要观点：

(1) 一般人都有厌恶劳动，尽可能少做工作的特性；

(2) 对多数人必须进行强制、监督、指挥、惩罚、胁迫，才能使其努力工作；

(3) 一般人生来就以自我为中心，对组织的需要并不关心，工作上缺乏进取心，不愿承担责任，宁愿服从领导；

(4) 人天生就有守旧思想，反对变革；

(5) 人缺乏理性，容易受外界或他人的影响，做出一些不适宜的举动。

Y 理论的主要观点：

(1) 大多数人都有一定的想象力、创造力和工作才能；

(2) 人能根据工作目标进行自我指挥和自我控制；

(3) 人对成就感和自我实现满足的需要，能直接激励人们去为组织目标的完成而努力；

(4) 人的智慧潜力没有得到充分发挥；

(5) 怕负责任，胸无大志，不是人的本性，在适当条件下，人不仅能学会承担责任，而且能学会主动承担责任；

(6) 人并非天生就是懒惰的，在工作时如同休息一样自然。

从X理论和Y理论对人性的看法中可以看出，在实践中，用X理论指导员工对一般人是不合适的，而Y理论虽然是传统的X理论的合理替换物，但Y理论也不能适用于所有的人。两个理论都存在一定的合理性和片面性。所以，在实践中，要因人、因工作而异，恰当地运用X理论和Y理论。

2. 超Y理论

美国的乔伊·洛尔施(Joy Lorsch)和约翰·莫尔斯(John Morse)对X理论和Y理论进行了试验。他们选择两个工厂和两个研究所作为试验对象，其中一个工厂和一个研究所按照X理论实施严格的监督和管理，另一个工厂和另一个研究所按照Y理论实施参与式管理，并以正确引导和鼓励为主。试验结果见表10-1，可以看出：用X理论指导工厂的工人效率高，而指导研究所的研究人员效率低；用Y理论指导工厂的工人效率低，而指导研究所的研究人员效率高。洛尔施等人认为管理的指导思想和管理方式是由工作性质、成员素质等因素决定的。

表10-1 X理论和Y理论试验结果

试验对象 / 试验结论 / 管理思想	工厂工人	研究所研究人员
X理论	效率高	效率低
Y理论	效率低	效率高

他们依据试验和调查的结果，提出了超Y理论，其主要观点如下。

(1) 人们是怀着许多不同的需要加入工作组织的。有的人需要有正规的组织和规章制度来要求自己的工作，不愿参与决策和承担责任；有的人则需要有更多的自主性和施展才华的机会，敢于承担责任和冒风险。

(2) 工作的性质、员工的素质、工作环境等要有不同的组织结构和管理方式与之相适应。

(3) 不同的人对管理方式的要求是不同的。有的人愿意接受X理论，有的人则愿意接受Y理论。

作为管理者，要想运用好超Y理论，首先要对人、工作、环境等因素有一个正确的认识和了解，这样才有可能做好组织和管理工作，才有可能提高工作效率。

3. Z理论

日裔美国管理学家威廉·大内(William Ouchi)在比较分析日本和美国的企业管理经验之后，提出了有关组织发展的Z理论。第二次世界大战后，惨败的日本却出人意料地在不到30年的时间内，以流星般的速度在战争废墟上异军突起，一跃成为当时继美国和苏联两个超级大国之后的世界第三大工业国和经济强国。美国的经济增长失去了强大动力，但许多人断定日本无法成为美国学习的国家。大内并不同意这种说法，他于1973年开始对日本和美国企业的管理方式的异同点进行比较分析。大内选择了两个国家的一些典型企业作为研究对象，研究发现，日本的经营管理效率一般比美国高。因此，大内提出，美国的企业应该结合本国的特点学习日本的企业管理方式，形成一种自己的管理方式，有自己与众不同的个性即组织文化。大内把这种既结合自己特点，又利用日本管理方法而形成的新型企业称Z型企业，并把这种两者兼而有之的管理方式归纳为Z理论。大内的著作主要是《Z理论：美国企业界怎样迎接日本的挑战》(1981年)。Z理论认为，企业管理当局与职工的利益是一致的，两者的积极性可融为一体。按照Z理论的观点，管理有以下主要内容。

(1) 企业对职工的雇用应是长期的。

(2) 企业的重大决策应该上下结合制定，鼓励职工参与管理工作。

(3) 实行个人负责制，倡导职工开展创造性地工作。

(4) 企业管理当局要关心职工的生活和工作，努力创造一种融洽的氛围。

(5) 对职工实施全面培训战略。

(6) 对职工进行全方面考核、全过程考核，然后选拔和聘用。

(7) 控制机制可较为含蓄而不正规，但检测手段要正规。

(8) 加强组织文化建设。大内认为，对于一个企业，其宗旨是特别重要的，正如每个人具有信念、态度、目标和习惯一样，一个组织也要在一段时间内建立起一种与众不同的个性即组织文化。

4. 不成熟—成熟理论

该理论是由美国的行为科学家克里斯·阿吉里斯(Chris Argyris)提出来的，又称为“个人和组织”的假设。阿吉里斯曾获耶鲁大学和哈佛大学的名誉博士学位。他的研究成果丰硕，著作主要有《个性与组织》(1957年)等。阿吉里斯认为，人的个性是一个连续的发展过程，即人的个性发展如同婴儿成长为成人一样，有一个从不成熟到成熟的连续发展过程，最终发展成为一个健全的个性。在这个发展过程中，人的个性要发生以下7种变化。

(1) 从被动到日益主动。

(2) 从依赖别人的状态到相对独立的状态。

(3) 从能做少量的行为到能做多种行为。

(4) 从偶然的、肤浅的、很快放弃的兴趣到认识深刻、拥有专注的兴趣。

(5) 从目光短浅的短期行为到目光远大的长期行为。

(6) 从附属地位到平等或优越地位。

(7) 从缺乏自觉到自觉和自控。

特别提示

作为管理者，应该给下属创造一个由不成熟向成熟发展的机会，对于一个已经成熟的下属，要能够正确的对待。如果一个组织不为人们提供使他们成熟起来的机会，或不提供把他们作为已经成熟的个性来对待的机会，人们就会变得忧虑、沮丧，甚至违背组织目标而行事。

10.2 领导者的类型

10.2.1 领导权力

领导的影响力就是指挥下属的权和促使下级服从的力。领导者的影响力主要来自两个方面：一是来自于职位权力，由领导者在组织中所处的位置来决定或由上级和组织赋予，这样的权力随职务的变动而变动。在职就有权，不在职就无权。员工由于自己是组织中的一员而不得不服从这种职位权力。二是来自于个人权力，这种权力不是由领导者在组织中的位置来决定，而是由于领导者自身的某些特殊条件才具有的。例如，领导者具有高尚的品德、丰富的经验，卓越的工作能力、良好的人际关系，领导者善于体贴关心他人，不仅能够顺利完成组织目标，而且善于创造一个良好的工作环境，以激励大家努力工作等。这种权力不会随着职位的消失而消失，而且这种权力对人的影响是发自内心的、长远的。

领导者权力的内容可分为法定权力、奖励权力、惩罚权力、专长权力、感召性权力5类。

1. 法定权力

法定权力，也叫职位权力，是由组织机构正式授予领导者在组织中的职位所引起的指挥他人并促使他人服从的权力。个人由于被任命担任某一职位，因而获得了相应的法定权力和权威地位。例如，在政府和企业等层级组织中，上级在自己的职责范围内有权给下级下达任务和命令，下级必须服从；教练有权决定谁上场和比赛的策略，队员必须服从；裁判有权判定是否犯规，并有权出示红牌或黄牌对某一队员提出处罚或警告，队员必须服从。

法定权力是领导者职权大小的标志，是其他各种权力运用的基础。法定权力具有4个突出的特点：一是层次性；二是固定性；三是自主性；四是单向性。

拥有法定权力的权威，并不等于就是领导。虽然我们通常把层级机构中担任各级职位的官员称为领导，其实这些负责人可能是有效的领导者，也可能不是。有些官员根本没有自愿的追随者，只是凭借手中的权力作威作福，这样的人并不是真正的领导者。

2. 奖励权力

奖励权力是一种建立在良好心理之上的权力。奖励属于正激励，是领导者为了肯定和鼓励某一行为，而借助物质或精神的方式对员工进行奖励。例如上级在职位范围内可以决定或影响下级的薪水、晋升、提拔、奖金、表扬，或分配有利可图的任务、职位，或给下属其所希望得到的其他物质资源或精神上的安慰。

奖励权力是否有效，关键在于领导者要确切了解对方的真实需要。正如马斯洛的需要层次理论所讲，人们的需要是多方面的，也可能是各不相同的，不一定都是金钱和官位，所以必须采用适当的方式有针对性地进行奖励才能取得良好的效果。

3. 惩罚权力

惩罚权力，又叫强制权力，是领导者在具有法定权的基础上，在下级行为违反了组织规则或企业规定时，强行要求下级执行的一种现实的用权行为。例如批评、降职、降薪、辞退、开除或警告等。这种权力实际上是利用人们对惩罚和失去既得利益的恐慌心理而影响和改变他的态度和行为的。

在很多时候，惩罚权力是十分必要的，但这毕竟是一种消极的权力，是一种负激励，不到万不得已，不能轻易使用。惩罚权力使用不当，可能会产生严重的消极后果，例如导致消极怠工、抗议、上访、游行、示威、罢工等意外。

4. 专长权力

专长权力是指由于领导者具有较高的智力、较强的才能、丰富的知识或拥有专业知识与技能而引起的权力。专长权力的内容主要包括领导者的智力、能力、知识和专业技能。一位医术精湛的医生在医院中具有巨大的影响力；一位资深的大学教授、著名学者可能没有任何行政职位，但在教师和学生中具有巨大的影响力；企业的一位财务专家、营销专家、工程师等都有可能拥有某种专长权力。

任何领导者绝对不可能在所有领域内都具有专长权，所以对组织中正式职位的领导者而言只要在他的工作职责范围内具有一定的专长即可，而不必要求一定是某一领域的专家。例如大学校长只要具有正确的办学理念，能充分尊重和依靠各领域的专家教授，能筹集到足够的办学经费就行。实践证明，许多院士在本领域内有专长权、有追随者、有无可争辩的权威地位，但面对错综复杂的局面往往会一筹莫展。这样既耽误了组织的发展，又浪费了专家的宝贵精力，妨碍了专长业务的长进，给组织和个人都带来了无可挽回的损失。

组织中的领导者只有正确地理解领导权力的来源，精心地营造和运用这些权力，才能成为真正有效的领导者。

即使成为真正有效的领导者，也必须清醒地认识到领导者与追随者、领导者与管理者的正确关系，没有追随者就没有领导者。一个组织的成功必须依靠领导者、追随者、管理者的共同努力。

5. 感召性权力

感召性权力是一种由于领导的表率作用或特殊的经历、地位等，赢得被领导者发自内心的信任、支持和尊重的一种权力。这种权力是由领导者本身的素质诸如品格、知识、才能、毅力和气质所决定的。

感召性权力的大小与职位高低没有必然的关系。不过具有高职位的人，其模范行为会有一种放大的乘数效应。一些行为对普通人来说可能是很平常的事，但对于某些高层领导者就会变成非常感人的模范行为，产生巨大的感召性权力，例如亲自参与抢险，与工人同吃同住等，本来是领导职责范围内的行为，同普通工人相比也无特殊之处，但由于其自身的身份让人感觉到这样的行为是一种表率，便会产生很大的影响力。但是在任何组织中，总是有许多没有任何职位的人，也会有巨大的感召性权力，成为非正式的群众领袖，他们对人们的影响力可能远远大于拥有正式职位的领导者。

在现实生活中，处于层级组织的各级职位的领导者在不同情况下，往往要扮演多种角色。在上级领导面前，他是顺从地被领导者，精明的管理者，在下一级面前，他又是令人敬畏的领导者。从最低层的领导者到最高层的领导者，概莫能外。即使是国家元首，也不是绝对的领导者，他必须成为民众意愿的积极追随者，成为广大人民群众利益的忠实代言人，否则就可能动摇领导者的权威地位。

［讨论题］职权的影响力与权威的影响力有何异同？

10.2.2 领导类型

1. 按权力运用方式划分

1）集权式领导者

所谓集权式领导者，就是指把管理的制度权力进行相对牢固地控制的领导者。由于管理的制度权力是由多种权力的细则构成的，如奖励权、强制权和收益的再分配权等，这就意味着对被领导者或下属而言，受控制的力度较大。在整个组织内部，资源的流动及其效率主要取决于集权领导者对管理制度的理解和运用，同时，个人专长权和影响权是他行使上述制度权力成功与否的重要基础。这种领导者把权力的获取和利用看成是自我的人生价值。这种领导者的优势在于，通过完全的行政命令，管理组织的成本在其他条件不变的情况下，要低于在组织边界以外的交易成本。这对于组织在发展初期和组织面临复杂多变的环境时，是有益处的。但是，长期将下属视为某种可控制的工具不利于他们职业生涯的良性发展。

2）民主式领导者

与集权式领导者形成鲜明对比的是民主式领导者。这种领导者的特征是向被领导者授权，鼓励下属参与，并且主要依赖其个人专长权和影响权影响下属。从管理学角度看，这样的领导者是通过对管理制度权力的分解，进一步通过激励下属的需要，去实现组织目标的。不过，这种权力的分散性会使得组织内部资源的流动速度减缓，这是因为权力的分散性一般导致决策速度降低，进而增大了组织内部的资源配置成本。但是，这种领导者给组织带来的好处也十分明显。通过激励下属的需要，组织发展所需的知识，尤其是意会性或隐性知识，能够充分地积累和进化，员工的能力结构也会得到长足提高。因此，相对于集权式领导者这种领导者更能为组织培育21世纪越来越需要的智力资本。

2. 按思维方式划分

1）事务型领导者

事务型领导者通过明确角色和任务要求来指导或激励下属向着既定的目标活动，并且尽量考虑和满足下属的社会需要，通过协作活动提高下属的生产率水平。他们对组织的管理职能推崇备至，对勤奋、谦和而且公正地把事情理顺、工作有条不紊地进行引以为豪。这种领导者重视非人格的绩效内容，如计划、日程和预算，对组织有使命感，并且严格遵守组织的规范和价值观。

2）战略型领导者

战略型领导者的特征是用战略性思维进行决策。战略型领导者是将领导的权力与全面调动组织的内外资源相结合，实现组织的长远目标，把组织的价值活动进行动态调整，在市场竞争中站稳脚跟的同时，积极竞争未来，抢占未来商机领域的制高点。战略型领导者认为组织的资源由有形资源、无形资源和有目的地整合资源的能力构成。管理人力资本的能力是战略型领导者最重要的技能。战略型领导者行为的有效性，取决于他们是否愿意进行坦荡、鼓舞人心而且务实的决策。他们强调同行、上级和员工对于决策的反馈信息，讲究面对面的沟通方式。战略型领导者一般是指组织的高层管理人员，尤其是首席行政长官(CEO)。其他战略型领导者还包括企业的董事会成员、高层管理团队和各事业部门的总经理。

3. 按创新方式划分

1）领袖魅力型领导

领袖魅力是指远远超出一般的尊重、影响、钦佩和信任的，对追随者的情感具有震撼力的一种力量和气质。富于领袖魅力的领导者对下属具有某种影响力，这种影响力来自以下 3 方面：一是为下属建立一个令人憧憬的目标；二是形成某种公司价值体系；三是信任下属从而赢得下属的尊重。他们总是创造一种变革的环境，努力为追随者营造一种富于竞争、成功与信任并传递高度期望值的氛围。他们都是善于雄辩的演讲者，显示出高超的语言技巧，而这种技巧能够帮助他们激励和鼓舞群众。如国务院前总理朱镕基被西方国家称为中国的经济沙皇，他在上任之初就对国有企业进行了大刀阔斧的改革，他曾说道："不管前面是地雷阵，还是万丈深渊，我都将鞠躬尽瘁，死而后已。"现任总理温家宝的就职格言是"苟利国家生死以，岂因祸福避趋之"。拥有这些品质的领导者能激发起其追随者的信任、信心、接受服从、同喜同悲、钦佩及他们更高的工作绩效。

2）变革型领导者

变革型领导者鼓励下属为了组织的利益超过自身利益，并能对下属产生深远而且不同寻常的影响。他们关怀每一个下属的日常生活和发展需要，他们帮助下属用新观念看待老问题从而改变下属对问题的看法，他们能够激励、唤醒和鼓舞下属为达到群体目标而付出更大的努力。

10.2.3 领导艺术

领导活动的复杂性要求现代的领导者不仅要掌握丰富的领导科学理论和方法，还必须善于运用领导艺术，才能达到领导目标。所谓领导艺术是指领导者在拥有一定知识、经验、才能等因素的基础上，在行使领导职责过程中，创造性地运用相关理论和方法，分析和解决问题时所表现出来的特殊技巧。领导艺术是领导者智慧、学识、胆略、经验等因素的综合反映及其素质、能力在方式方法上的体现。其内容十分丰富，涉及的范围极其广阔，它贯穿于领导活动的始终，从领导的思维方式，到领导的决策、用人、用权、处事都有其艺术性。

管理案例

皮尔·卡丹的领导艺术

皮尔·卡丹既是举世闻名的时装设计师，又是杰出的企业家。皮尔·卡丹精力过人，设计、生产、经营、人事等一切重大问题都由他本人拍板定案。他从不召集会议，而是由他本人跟各主管经理直接对话，了解情况，作出决定，然后放手让主管经理去执行。

人才是企业的灵魂。一个企业不仅要有优秀的人才，而且还要考虑怎样运用这些人才。卡丹在用人上非常有眼光，他以用人之长作为标准。只要他发现某人在某一方面有专长，就会毫不犹豫地用其所长，完全没有年龄及资格限制。

卡丹的成功在于他善于用人，敢于用人，并及时地纠正自己的偏差，这使他能在激烈的市场竞争中站稳脚跟。北京崇文门外马克西姆餐厅开业的时候，卡丹从法国聘请了一名经理，但由于这位经理对中国的情况毫不了解，经营起色不大。卡丹发现后，把他调离了北京。新经理上任后，面貌很快大有改观。

1. 决策艺术

决策是一门科学，也是一门艺术，是领导的主要工作。对于常规性决策，领导者可按一定的科学程序和方法进行，而对于大量的非常规决策，必须依靠领导者丰富的知识、经验，运用创造性思维做出决断，这就是决策艺术。领导者的随机决策绝不是主观臆断、草率行事，而是领导者决策能力的表现。它要求领导者做到以下两点：一是把握全局，从整体出发统筹得体，即要善于把握事物内部、外部的各种主要关系，抓住要害，解决关键问题，实现一通百通；二是要审时度势，当机立断，关键要害问题要抓住不放，并把握时机果断决策，当情况发生变化时，则要不失时机地调整部署，以适应变化了的形势。这要求领导者具有想象力、洞察力、判断力、创造力和应变能力。

2. 用人艺术

用人艺术是领导者实施领导职责时必须掌握的领导艺术。关于用人艺术首先要求正确理解“人才”的内涵，应认识到“金无足赤”、“人无完人”的客观性，做到用人不求全责备，应用其所长，避其所短。用人之先在于识人，只有知人，才能善任。路不遥险，无以知马之良；任不重，无以知人之才；岁不寒，无以知松柏；事不难，无以知君子。确定、识别一个人是否是人才，主要看其志向和行为，评价一个人的好坏，一定要参考其行动的效果和反响，即从行动上识别。观操守在利害时，观精力在饥疲时，观度量在喜怒时，时危见臣节，世乱识忠良。

特别提示

卓有成效的管理者善于用人之长。

——彼得·德鲁克

3. 用权艺术

同样的权力，在不同领导者手中会产生不同的效果，那是各自运用权力的水平不同导致的。有人用得高明，有人则用得笨拙。高明的领导者在运用权力时，做到了有声命令和无声命令的结合，正确集权、分权和授权，同时还注意适度地用权，用而不滥。

管理故事

宋太宗的用权艺术

有一天，宋太宗在北园与两个重臣一起喝酒，边喝边聊，两臣喝醉了，竟在皇帝面前相互比起功劳来，他们越比越来劲，干脆斗起嘴来，完全忘了在皇帝面前应有的君臣礼节。侍卫在旁看着实在不像话，便奏请宋太宗，要将这两人抓起来送吏部治罪。宋太宗没有同意只是草草撤了酒宴，派人分别把他们送回了家。第二天上午他俩都从沉醉中醒来，想起昨天的事，惶恐万分，连忙进宫请罪。宋太宗看着他们战战兢兢的样子，便轻描淡写地说：昨天我也喝醉了，记不起这件事了。宽容是一个优秀领导者的美德。

4. 沟通艺术

沟通是领导者在日常工作中，与下属和同事交流信息与感情，互相影响的一种有效形式。沟通是指信息、思想和情感凭借一定的符号载体，在个人或群体间从发送者到接收者之间进行传递，并获取理解的过程。高超的沟通技巧使领导者巧妙地运用感情的感染力，在恰当的时机，将特定的信息内容传递给对方，从而产生使对方心服而欣然接受的影响效果，在融洽、积极的气氛中实现沟通的目的。沟通要营造以人为本的平等文化和创造信息沟通的平台。

5. 协调艺术

协调艺术是指领导者巧妙地解决和处理组织与组织、组织与个人、个人与个人之间的矛盾和冲突的技巧。没有冲突的组织是一个没有活力的组织。巧妙地解决冲突与矛盾是领导的一门艺术。领导者可采取回避、建立联络小组、转移法、强制法、分析讨论法、润滑法、教育法等方法来解决矛盾和冲突。

6. 授权艺术

不能实行有效授权的领导者，实际上是一个不称职的领导者，因为他自己必须忙于日常业务而不能做更重要的事，从而降低了工作效率。授权要做到以下几点：首先，因事择人，因能授权，授权时应明确授权的范围及任务目标；其次，只给直接下属授权，不越级授权，否则就会导致双重领导；再次，授权给下属后不放弃调控，必要时要给下属大力支持和帮助。

7. 会议艺术

会议艺术包括会议管理艺术和讲话(演讲)艺术。会议管理方面，必须科学地召开会议，计算会议成本，提高会议效率。可开可不开的会，一般不要开。每次会议主题和要解决的问题必须明确，并事前通知与会者做好充分准备。要控制会议的规模和人数，可参加可不参加的人员，一般不要参加。会议时间不要太长，不开议而不决、坐而论道的会议。明确会后责任，切实组织实施，力避议而不决或决而不行。讲话的艺术有很多内容，从选题到表达，从语言到风度，既是一个完整的过程，又是多因素的共同作用。这里着重讲开场白、中心内容和结尾的讲话艺术。

知识链接

日本某公司的会议管理艺术

1) 提出“要有效地开会”的口号，并在会议室里贴出对会议的7条规定

(1) 要准时出席。

(2) 会议时间控制在90分钟以内。

(3) 要很好地考虑问题，采纳建设性意见。

(4) 不要固执于自己的意见。

(5) 按多数人的意见来做决议。

(6) 结论要在当场确认。

(7) 中途不要退席。

2) 计算会议成本，贴在黑板上

会议成本=2A×B×T。式中：附加价值A，为平均工资的3倍(以每小时计)；B，为参加会议的人数；T，为开会时间(以小时计)。

式中，平均工资的3倍，是附加价值，因为劳动价值高于平均工资；乘以2是因为参加会议要中断经常性工作，损失要以2倍来计算。

这样算下来，如果全公司2 000名职工。人均月工资300元(以每月25天，每天8小时粗略计算，则人均小时工资为1.5元)，开大会2小时，其会议成本为：会议成本=2×3×1.5×2 000×2=36 000元。有了会议成本分析制度，该公司开会极为慎重，会议效果也比较好。

10.3 领导理论

为了解决有效领导的问题，西方许多管理学家和心理学家进行了长期的调查和实践，从不同角度进行研究，提出了各种理论。这些理论从研究的内容上分类，大致可分为3类，即领导特性理论、领导行为理论、领导情景理论。领导特性理论试图用领导者应具备的素质来解释领导者是什么样的人，认为领导效率的高低主要取决于领导者的品质。领导行为理论阐述了领导有多少种行为，领导的有效性不在于领导者个人的品质，而在于领导者的行为，视不同情况采取不同行为。领导情景理论认为有效的领导者不仅取决于他们的行为，而且还取决于领导所处的环境，这种环境包括领导者的特征、被领导者的特征、工作性质、组织特征等。领导情景理论使领导行为有的放矢，更加有针对性和有效性。领导行为理论是领导情景理论的基础，领导情景理论是领导行为理论发展的必然结果。

10.3.1 领导特性理论

早期的领导理论研究者一直把领导者的品质特征作为描述和预测领导成效的因素，着重探索有效的领导者与一般人在品质上的区别。认为在领导者和被领导者之间、有效领导者和无效领导者之间存在着个人品质的差异，并且认为领导者所具有的特性是与生俱来的，是遗传决定的，即遗传决定论，甚至还将人的相貌、体形作为评价领导者是否称职的标准。持这种理论的人，曾在社会上试图找出天才领导者所具有的个人特性。

早期的领导理论的研究重点放在领导者的个人特性上。一些人认为有人生来就具有领导者的特性。然而这些特性究竟是什么？许多著名领袖人物的特性究竟有多少共同点，又有哪些区别？这些问题使不少管理者和研究人员困惑了一个多世纪。随着时间的推移，人们研究发现，领导者与被领导者、成功的领导者与失败的领导者之间没有质的差别，只存在量的差异。由于在传统的领导特性理论研究中，出现了种种矛盾和问题，这使得人们逐步认识到，领导特性的遗传决定论是错误的。后期领导特性理论的研究者认为，领导是一个动态过程，领导的特性和品质不是与生俱来的，而是在实践中形成的，是可以通过后天的训练和培养加以造就的。

20世纪90年代领导特性理论出现了一些新的观点，认为领导者有六项特性不同于非领导者，即进取心、领导愿望、个人诚信、自信心、智慧、渊博的知识。

(1) 进取心。领导者有着对成功的强烈渴望，不断地努力提高自己，精力充沛，对自己所从事的活动坚持不懈，永不放弃。

(2) 领导愿望。他们有强烈的权力欲望，喜欢领导别人，而不是被别人领导。强烈的权力欲望驱使他们试图去影响别人，并在领导过程中获得满足和利益。正如拿破仑所说："不愿当将军的士兵就不是一个好士兵"。

(3) 个人诚信。言行一致，诚实可信，据此与下属间建立起相互信任的关系。

(4) 自信心。自信能让领导者克服困难，在不确定的情况下善于做出决策，并能逐渐将自信传递给别人。

(5) 智慧。领导者必须有足够的才智来搜集、整理和解释大量的信息，高的学历在职业生涯中是重要的，但最终还是有关组织的业务专长更重要。

(6) 渊博的知识。一个有效的领导者对其公司、行业和技术问题有清楚的了解，渊博的知识能使他们做出富有远见的决策，并能理解这种决策的意义。

10.3.2 领导行为理论

从20世纪40年代开始，许多研究者将目光转向具体的领导者所表现出来的行为上，从领导行为风格的角度来研究领导理论，因而称之为领导行为理论。领导行为理论主要研究领导者应该做什么和怎样做才能使工作更有效。研究主要集中在两个方面：一是领导者关注的重点是什么，是工作的任务绩效，还是群体维系？二是领导者的决策方式，即下属的参与程度。这种理论主要研究什么样的行为是最有效的领导行为，并认为有效的领导行为与无效的领导行为有很大的区别，有效的领导行为在任何环境中都是有效的。

1. 领导行为三分理论

该理论研究领导方式的类型及不同领导方式对职工的影响，以期寻求良好的领导风格。这一理论的创始人是美国社会心理学家勒温。他认为，仅有良好的领导素质还不足以保证领导者的工作效率，要进行有效的领导，领导者必须要充分利用自身素质，同时还必须选择恰当的领导方式。从领导者对权力的运用角度出发，可把领导方式分为专权型、民主型和放任型。

(1) 专权型领导方式。它是指领导者个人决定一切，然后命令下属执行，要求下属绝对服从，并认为决策是领导者一个人的事，其他人不能参与。具体特点有：独断专行，从不考虑别人意见；从不把任何信息告诉下级，下级只能察言观色，奉命行事；主要依靠行政命令、纪律约束、训斥和惩罚，只有偶尔的奖励；领导者很少参加集体的社会活动，与下级保持相当大的心理距离，下级也敬而远之。

(2) 民主型领导方式。它是指领导者发动下属讨论，共同商量，集思广益，然后决策，上下级关系融洽，合作一致地开展工作。具体特点有：所有的政策在领导者的鼓励和协调下由群体讨论决定；分配工作时尽量照顾到个人的能力、兴趣和爱好；给下属工作创造较大的自由空间，有较多的选择性和灵活性；主要用非职位权力进行管理，谈话时多用商量、建议的口气；领导者积极参加团体活动，与下属无心理距离。

（3）放任型领导方式。它是指领导者很少运用职权，给下属以极大的自由度，下属愿意怎么做就怎么做，一切悉听尊便。领导职责仅仅是为下属提供信息并与组织外部环境联系，以利于下属工作。

［讨论题］放任型领导作风是否一无是处？

领导者要根据所处的管理层次，所担负的工作的性质以及下属的特点，在不同时空处理不同问题，选择合适的领导方式。但勒温根据试验得出结论，总体上讲，放任型领导方式工作效率最低，不能完成工作目标；专权型领导方式虽然通过严格管理达到了工作目标，但群体成员的情绪消极、士气低落、争吵较多；民主型领导方式工作效率最高，不但能完成工作目标，而且群体成员关系融洽，工作积极主动，有创造性。

2. 领导行为连续统一体理论

坦南鲍母(R. Tannenbaum)与施密特(W. H. Schmidt)提出了领导行为连续统一体理论，坦南鲍母和施密特认为，很难说哪种领导方式是正确的，领导者应当根据具体情况，考虑各种因素选择领导方式。领导方式多种多样，按领导者授予下属自主权的程度划分，从专制型到民主型之间，存在多种过渡形式，如图 10.1 所示。

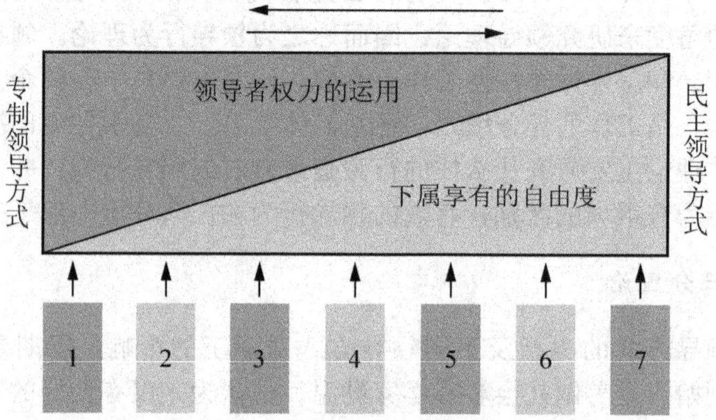

图 10.1　从专制型到民主型之间的多种过渡形式

领导行为有从专制型到民主型可大致分为以下 7 种形式。

（1）领导者做出决策并予以宣布。

（2）领导者向下属“推销”其决策。

（3）领导者提出想法并征求意见。

（4）领导者提出初步方案，征求意见后修改。

（5）领导者提出问题，接受建议后再做决策。

（6）领导提出限制条件由集体决策。

（7）领导允许下属在上级规定的范围内做决策。

领导行为连续统一体从左到右，领导者权力的运用逐渐减少，下属的自由度逐渐增大，从以工作为重逐渐变为以关系为重。从图中可以看出，依据领导者授予下属权力的程度不同，决策的方式也就不同，因而形成了一系列领导方式。

3. 管理方格理论

该理论是由美国的行为科学家罗伯特·布莱克(Robert R. Blake)和简·莱顿(Jane S. Mouton)在领导行为四分图理论基础上提出来的，倡导用方格图表示和研究领导方式。他们认为，在领导工作中，往往出现一些极端的方式，或者以生产为中心，或者以人为中心，或者以X理论为依据而强调加强监督，或者以Y理论为依据而强调相信人。为避免趋于极端的领导方式，他们在1964年发表《管理方格》一书，就领导方式问题，提出了管理方格法。纵轴表示对人的关心，自下而上，关心的程度由低而高；横轴表示对生产的关心，自左而右，关心的程度由低而高。图10.2中共有81个小方格，代表着81种“对生产的关心”和“对人的关心”这两个基本因素以不同的比例相结合的领导方式图10.2中1.1表示关心程度最低，9.9表示关心程度最高，其中有以下几种基本领导方式类型。

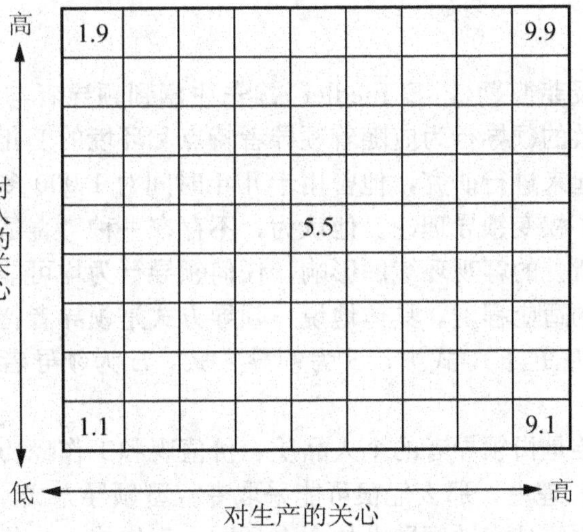

图10.2 管理方格理论图

(1) 1.1称为贫乏型管理。即对生产和对人的关心程度都很低，这种领导者实质上已经放弃了他的职责，是一种很少见的极端情况。

(2) 1.9称为乡村俱乐部型管理。即特别关心职工，重视同下属的关系，但对生产漠不关心，有这种行为的领导者认为良好的人际关系是第一位的，只要职工精神愉快，生产效率自然会高。

(3) 9.1称为任务型管理。即领导对生产任务的关心程度极高，努力创造和安排最佳的工作条件，把个人因素的干扰减少到最低限度，以提高工作效率，但对人漠不关心，下属的积极性、创造性得不到充分发挥。

(4) 9.9称为团队型管理。即对生产和对人都极为关心，生产效率高，任务完成得好，职工关系和谐、士气旺盛，职工个人目标和组织目标协调一致，全体成员齐心协力。

(5) 5.5称为中间型管理。即领导对生产和对人都有一定程度的关心，既不偏重人，也不偏重事，保持工作效率与满足人的需要两者的平衡。这种领导者安于现状，缺乏进取精神。

布莱克和莫顿认为，这 5 种典型行为的按其有效性从大到小的排序是：9.9 型，9.1 型，5.5 型，1.9 型，1.1 型。

20 世纪 60 年代，管理者方格培训受到美国工商界的普遍推崇。但在后来，这一理论逐步受到批评，因为其仅仅讨论一种直观，而且是最佳的领导方式。而且，管理方格理论并未对如何培养领导者提供答案，只是为领导方式的概念化提供了框架。另外，也没有实质性证据证明在所有情况下，(9.9)领导方式都是最有效的方式。至于在具体的领导过程中采用哪一种领导方式，要根据具体情况而定。布莱克和莫顿总结了许多情况之后指出，具体实施的领导方式要根据实际工作效果确定，最有效的领导形式并不是一成不变的。

10.3.3 领导情景理论

领导情景理论认为，并不存在普遍适用的领导特性和领导行为，有效的领导者能因自己所处的情景来变化自己的领导行为和领导方式。

1. 菲德勒模型

美国的管理学教授菲德勒(F. E. Fiedler)首先注意到领导者与被领导者的行为与环境之间的相互影响，有效的领导行为应随着领导者特点和环境的变化而变化，于是就把领导方式和具体环境联系起来进行研究，他曾用十几年时间对 1 000 多个团体做了调查，研究领导方式，最后提出了权变领导理论。他认为，不存在一种“普适”的领导方式，领导工作强烈地受到领导者所处的客观环境的影响。任何领导行为均可能有效，其有效程度完全取决于与所处的环境的适应程度。具体地说，领导方式是领导者特征、被领导者特征和环境的函数，即 $S = f(L,F,E)$。式中，S 为领导方式，L 为领导者特征，F 为被领导者特征，E 为环境特征。

领导者的特征主要是指领导者的个人品质、价值观和工作经历等。如果一个领导者的决断能力强，且信奉 X 理论，那么他很可能采取专权型领导方式。

被领导者的特征主要是指被领导者的个人品质、工作能力、价值观等。如果下属的独立性较强，工作能力高，宜采用民主或放任的领导方式。

环境特征主要是指工作特性、组织特征、社会状况、文化影响、心理因素等。工作具有创新性还是重复性，组织规章制度是否严格、社会是倾向于服从还是推崇个人能力等对领导方式都会产生重大影响。

领导者能力强，被领导者积极性高，环境条件好，加上恰当的领导方式，领导效率和目标实现程度就高，反之，则不然。为此，要达到一定目标，就必须使三者处于高度协调、密切配合、互相促进的良好状态。

菲德勒将领导环境具体分为 3 个方面，即职位权力、任务结构和上下级关系。职位权力是指领导者所处领导职位具有的权力；任务结构是指任务的明确程度和下属对任务的负责程度，如果任务明确，下属责任心强，则领导环境就好，反之，则差；上下级关系是指群众和下属乐于追随的程度，如果下级尊重上级，追随上级，则上下级关系就好，领导环境就好，反之，则差。

菲德勒根据环境不同把领导方式分为工作任务型领导方式和人际关系型领导方式。认为环境的好坏对领导目标有重大影响。对于工作任务型的领导，他比较重视工作任务的完成，如果环境较差，他将首先保证任务的完成，当环境较好时，而且任务能够确保完成时，他的目标才是搞好人际关系。对于人际关系型领导，他比较重视人际关系，如果环境较差他将首先把搞好人际关系放在首位，如果环境较好，而且人际关系比较融洽，他才将追求工作任务的完成。

所以环境决定了领导方式。在环境较好和较差时，宜采用工作任务型领导方式；在环境处于中等情况时，宜采用人际关系型领导方式。此外，菲德勒还主张有必要改造环境以符合领导者的风格。

2. 路径—目标理论

这是美国管理学者罗伯特·豪斯发展的一种领导权变理论。该理论认为领导者的工作是帮助下属达到他们的目标，并提供必要的指导和支持，以确保各自的目标与群体或组织的总目标一致。“路径—目标”指有效的领导者能够明确地指明实现工作目标的方式来帮助下属，并为他们清除各种障碍和危险，从而使下属的相关工作容易进行。这一理论可具体描述如下。

(1) 领导者对绩效予以更有吸引力的奖酬，可以改善对下属的激励，领导者对人们的表扬、提拔和赏识，可以提高下属对实现目标的效价。

(2) 如果下属对规定的任务不明确，领导者可以通过有益的指导、培训和解释目标等途径，来使任务得到明确，从而加强对下属的激励，减少工作的不明确性，使下属更容易达到目标，这样期望值也就会增大。

(3) 如果下属的工作已经很明确，领导者就不应该在工作明确方面想办法，而需要把更多的时间花在关心下属的个人需要上，包括关注、表扬和支持他们，而不是为工作操心。

3. 领导的生命周期理论

美国学者卡曼(A. K. Korman)提出了领导的生命周期理论，后由赫塞(Paul Hersey)和布兰查德(Kenneth Blanchard)进一步发展。

这是一个重视下属的权变理论。他们认为，依据下属的成熟程度选择正确的领导风格会取得领导的成功。

该理论指出有效的领导形态和被领导者的成熟度有关，当被领导者的成熟度高于平均以上时应采用低关系、低工作的领导方式，当被领导者成熟度一般时应采用高关系、高工作或低工作的领导方式，当被领导者成熟度低于平均水平时应采用低关系、高工作的领导方式。这里的成熟不是指年龄和生理上的成熟，而是指心理和人格上的成熟。它被定义为成熟感的动机、负责任的愿望与能力，以及具有与人群关系方面的经验和受过相当的教育。每个人都要经历从不成熟到逐渐成熟的发展过程，工作群体中工作人员的平均成熟度也有一个发展过程，即由不成熟、初步成熟、比较成熟到成熟，分别用 M1、M2、M3、M4 表示。这就是被领导者成熟度发展的“生命周期”。根据下属的成熟度和组织所处的环境，领导方式分别采用命令型、说服型、参与型和授权型，如图 10.3 所示。

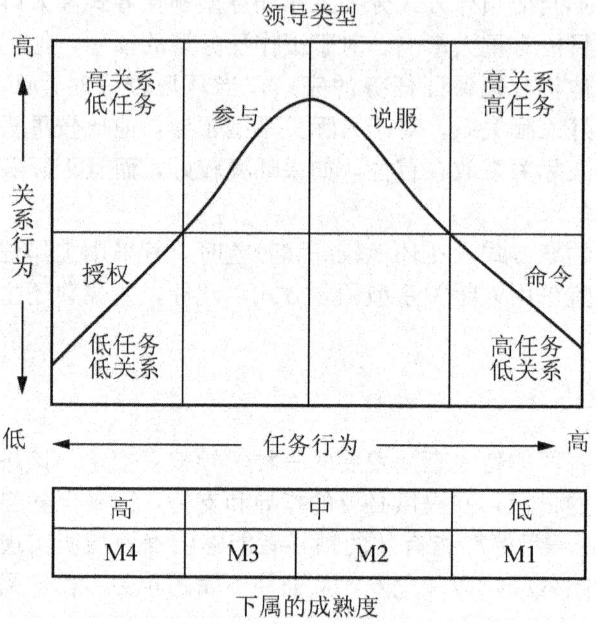

图 10.3 领导的生命周期理论

M1：下属缺乏接受和承担任务的能力和愿望，他们既不能胜任工作又缺乏自信。这时应采取命令型领导方式，即高工作—低关系。因为下属不成熟，领导者给下属规定任务，指示他们什么时间、什么地点、用什么方式去做什么工作。

M2：下属愿意承担任务，但却缺乏足够的能力，他们有积极性但没有完成任务所需的技能。这时应采取说服型领导方式，即高工作—高关系。此时，领导者既要关心任务，指导工作，又要与下属沟通，交流感情，鼓励下属。

M3：下属具有完成领导者所交给的任务的能力，但没有足够的动机。这时应采取参与型领导方式，即高关系—低工作。这一阶段，下属已经比较成熟，基本能胜任工作，不太满意领导者更多的指示和约束，领导者应通过双向沟通和悉心听取下属意见，与下属建立良好关系，调动下属的积极性，鼓励下属参与管理，领导者提供支持和帮助。

M4：下属能够而且愿意去做领导要他们做的事。这时应采取授权型领导方式，即低关系—低工作。此时下属已高度成熟，有能力承担任务，而且也有热情从事工作，自信心和自尊心都很强，领导者应当赋予下属一定的权力，让下属自己决策和控制整个工作过程，自己只起监督作用。

领导生命周期理论所讲的下属成熟度既可用于同一个人发展过程的不同阶段，也可用于同一时期不同的人。该理论的目的并不在于确定哪种领导方式最佳，而是可以帮助领导者在了解下属成熟程度的基础上，选择相适宜的领导方式。和菲德勒的权变领导理论相比，领导生命周期理论更容易理解和直观，但它只针对下属的特征，没有包括领导行为的其他情景特征。因此，这种领导方式的情景理论不算完善，但它对于深化领导者和下属之间的研究具有重要的基础作用。

本章小结

本章主要介绍了领导的内涵、领导者的类型、领导理论等内容。领导的内涵主要介绍了领导是个体人与群体人之间的一种特殊的相互作用过程，是引导和影响个人或组织在一定条件下，实现某种目标的动态过程，也是运用一定权力进行指挥的过程。正确理解领导的含义及其作用，领导者与管理者的不同，结合实际掌握人性假设理论的X理论、Y理论、超Y理论、Z理论等各种假设。领导者的类型部分主要介绍了领导者权力的来源及其分类。掌握管理实践中提高决策、用人、用权、沟通、协调等的能力水平，充分体现领导者的领导艺术。掌握领导理论及领导方式的相关内容，包括领导特性理论，领导行为理论的领导行为三分理论、领导行为连续统一体理论、管理方格理论以及领导情景理论的菲德勒模型、路径—目标理论、领导的生命周期理论，并结合我国实际理解并学会应用。

练 习 题

一、单项选择题

1. 根据管理方格图理论，比较理想的领导方式是(　　)。

A. 1.1型　　B. 9.9型　　C. 1.9型　　D. 9.1型

2. 领导者要想使自己有影响力，首先要使用的应是(　　)。

A. 职位权力　　B. 惩罚权力　　C. 个人权力　　D. 奖赏权

3. 提出X理论和Y理论的是(　　)。

A. 泰罗　　B. 马斯洛　　C. 麦格雷戈　　D. 薛恩

4. 来自下级尊敬的权力是(　　)。

A. 惩罚权　　B. 奖赏权　　C. 合法权　　D. 专长权

5. 某企业多年来生产任务完成效果一直都不太好，员工收入也不算很高，但经理与员工的关系却很好，员工也没有对领导表示不满。该领导很可能是管理方格中所说的(　　)。

A. 贫乏型　　B. 俱乐部型　　C. 任务型　　D. 中间型

6. 根据领导生命周期理论，领导者的风格应根据下属的成熟程度而逐渐调整。因此，对于一个刚建立的且员工多为刚毕业的大学生的高科技企业的领导来讲，其领导风格逐渐调整的方向应该是(　　)。

A. 从说服型向参与型转变　　B. 从命令型向说服型转变

C. 从参与型向命令型转变　　D. 从参与型向授权型转变

7. 某公司总裁老张行伍出身，崇尚以严治军，注重强化规章制度和完善组织结构，尽管有些技术人员反映老张的做法过于生硬，但几年下来企业还是得到了很大的发展。根据管理方格论观点，老张的作风最接近于(　　)。

A. 1.1型　　B. 1.9型　　C. 9.1型　　D. 9.9型

8. 处长大李任现职已有五年，其业绩在局里颇有口碑。大李为局长老王一手提拔的，两人相处一向融洽，但最近却出现了一些不和谐的征兆。大李抱怨老王不给自己面子，在下级面前对自己呼三喊四，对自己的工作也干预太多；老王则觉得大李翅膀硬了，不像过去那样听话了。根据领导生命周期理论，你认为老王应采取下述哪种领导方式为合适？(　　)

A. 高工作、高关系　　B. 高工作、低关系
C. 低工作、高关系　　D. 低工作、低关系

9. “士为知己者死”这一古训反映了有效的领导始于(　　)。

A. 上下级之间的友情　　B. 为下属设定崇高的目标
C. 为了下属的利益不惜牺牲自己　　D. 了解下属的欲望和需要

10. 化肥厂的李厂长平易近人，对员工有求必应，结果他发现找自己的人越来越多，从车间主任到普通工人，从技术科长到销售业务员，不断找他请示工作、讨论问题，他均一一奉陪。但苦恼一个接一个纷至沓来：第一，他每天花大部分时间接待来访，没有时间过问工厂的经营大事；第二，他有求必应，来者虽高兴，但来访者的上级意见很大；第三，因情况不清，往往做出错误指导，造成工作损失。请你分析一下，李厂长的毛病主要是什么？(　　)

A. 分权不足，一个人说了算，眉毛胡子一把抓。
B. 越级指挥，违背了统一指挥原则。
C. 混淆了民主作风与管理职能的界限。
D. 不善于调动各级管理者的积极性。

二、多项选择题

1. 菲德勒的随机制宜领导理论指出，对一个领导者的工作起影响作用的因素是(　　)。

A. 职位权力　　B. 领导者
C. 环境　　D. 被领导者

2. 领导方式的主要理论类型有(　　)。

A. 领导特性理论　　B. 领导行为理论
C. 期望理论　　D. 领导权变理论

3. 属于职位权力的有(　　)。

A. 惩罚权　　B. 奖赏权　　C. 合法权　　D. 模范权

三、问答题

1. 领导在管理中的作用具体表现在哪些方面？
2. 专权型领导者的特点是？
3. 菲德勒权变理论的主要观点是什么？
4. 如何提高领导的有效性？
5. 领导生命周期理论的主要观点是什么？该理论对管理者有何启示？

案例应用分析

哪种领导方式更有效

ABC公司是一家中等规模的汽车配件生产集团。最近，对该公司的3个重要部门经理进行了一次有关领导类型的调查。

1. 安西尔

安西尔对本部门的产出感到自豪。他总是强调对生产过程、出产量控制的必要性，坚持下属人员必须很好地理解生产指令，以得到迅速、完整、准确的反馈。安西尔遇到小问题时，总会放手交给下级去处理。当问题很严重时，他则委派几个有能力的下属人员去解决问题。通常情况下，他只是大致规定下属人员的工作方针、完成怎样的报告及完成期限。

安西尔认为只有这样才能导致更好的合作，避免重复工作。安西尔认为对下属人员采取敬而远之的态度对一个经理来说是最好的行为方式，所谓的“亲密无间”会松懈纪律。他不主张公开谴责或表扬某个员工，相信他的每一个下属人员都有自知之明。

据安西尔说，管理中的最大问题是下级不愿意接受责任。他讲到，他的下属人员可以有机会做许多事情，但他们并不是很努力地去做。他表示不能理解以前他的下属人员如何能与一个毫无能力的前任经理相处，他说，他的上司对他们现在的工作运转情况非常满意。

2. 鲍勃

鲍勃认为每个员工都有人权，他偏向于管理者有义务和责任去满足员工需要的学说。他常为员工做一些小事，如给员工两张下月在伽里略城举行的艺术展览的入场券。他认为，每张门票才15美元，但对员工和他的妻子来说却远远超过15美元。通过这种方式，也是对员工过去几个月工作的肯定。

鲍勃说，他每天都要到工场去一趟，与至少25%的员工交谈。鲍勃不愿意为难别人，他认为安的管理方式过于死板，安的员工也许并不那么满意，但除了忍耐别无选择。

鲍勃说，他已经意识到在管理中有不利因素，但大都是由生产压力造成的。他的想法是以一个友好、粗线条的管理方式对待员工。他承认尽管在生产率上不如其他单位，但他相信他的雇员有高度的忠诚与士气，并坚信他们会因他的开明领导而努力工作。

3. 查里

查里说他面临的基本问题是与其他部门的分工不清楚。他认为不论是否属于他们的任务都安排在他的部门，似乎上级并不清楚这些工作应该由谁做。

查里承认他没有提出异议，他说这样做会使其他部门的经理反感。他们把查里看成是朋友，但查里却不这样认为。查里说过去在不平等的分工会议上，他感到很窘迫，但现在适应了，其他部门的领导也不以为然了。

查里认为纪律就是使每个员工不停地工作，预测各种问题的发生。他认为作为一个好的管理者，没有时间像鲍勃那样握紧每一个员工的手，告诉他们正在从事一项伟大的工作。他相信如果一个经理声称为了决定将来的提薪与晋职而对员工的工作进行考核，那么，员工则会更多地考虑他们自己，由此而产生很多问题。

他主张，一旦给一个员工分配了工作，就让他以自己的方式去做，取消工作检查。他相信大多数员工知道自己工作做得怎么样。

如果说存在问题，那就是他的工作范围和职责在生产过程中发生的混淆。查理的确想过，希望公司领导叫他到办公室听听他对某些工作的意见。然而，他并不能保证这样做不会引起风波而使情况有所改变，他说他正在考虑这些问题。

根据以上材料回答以下问题：

1. 你认为这3个部门经理各采取了什么领导方式？这些模式都是建立在什么假设的基础上？试预测这些模式各将产生什么结果。

2. 是否每一种领导方式在特定的环境下都有效？为什么？

阅读材料

从管理者到领导

约翰·科特是近年来撰写有关领导艺术文章的重要作家。他对“领导”和“管理者”的区分可以帮助理解这两个概念。近来，他撰写了一些关于领导和改革、如何培养和塑造领导人的书。

科特教授于1947年在加利福尼亚的圣迭戈出生。在麻省理工学院，他接受了电器工程师方面的教育，后来开始研究管理学。1972年他获得博士学位，在著名的组织理念学理论家保罗·劳伦斯手下工作。后来他加入哈佛大学任教，1980年当上正教授，后来一直在那里任教。

在转向对领导艺术的研究之前，科特教授写了大量有关综合管理学方面的文章，探讨了总经理的工作方法及管理学学科的重要组成部分。他认为管理者能否进行有效的管理，很大程度上取决于他们能否与他人建立某种联系，最重要的联系往往与企业的结构或等级无关。管理者实际上是在与同事及所有他认为能够帮助自己实现目标的人建立某种联系。

科特教授对管理者与领导进行了对比。他认为二者之间存在4个明显的不同。第一，日程上的区别，管理者关心的是在特定时间框架内的计划和预算，而领导则更加自由地创造对未来的设想。第二，管理者负责组织的形式，而领导更强调交流。第三，管理者关注如何解决问题，而领导的目标在于启发和推动整个组织。第四，由于管理者关注目标，所以他们的目标是实现预言；领导的工作是创造和改革，所以他们的目标有时是难以预测的。

总的来说，管理者的工作在于执行和管理；而领导的工作则是计划和设想。科特教授并不认为管理者和领导应该是不同的人。二者可以合二为一，前提是要认识到各自工作的不同。管理者关注的是现在，而领导则关注未来。二者对于一个企业都非常重要，但是科特教授认为在一个企业中，管理者应该少点，而领导则要多一点。

科特教授后来的著作都是关于如何培养领导，以期在今后能够提供足够多的领导。他不认同那种领导是天生的看法。他说，领导艺术包含一些技巧，而这些技巧也是应该能够学会的。作为一名管理领导者，仅有企业家精神是不够的，必须尽早发现有潜力的管理者，培养他们的领导能力，最后才让他们担任领导的职位。

（资料来源：徐光华，等．管理学——原理与应用［M］．北京：清华大学出版社，北京交通大学出版社，2004.）

第11章 激 励

教学目标

通过本章的学习，正确理解激励的概念和作用，激励的四要素与激励过程，理解激励理论的内容型激励理论、过程型激励理论、行为改造型激励理论3种类型。掌握需要层次论、双因素理论、期望理论、公平理论和强化理论。掌握管理实践中提高决策、用人、用权、沟通、协调等的能力水平，充分体现领导者的领导艺术。掌握激励实务，结合我国实际理解并学会应用。掌握包括物质利益激励、社会心理激励、工作激励方法。

教学要求

知识要点	能力要求	相关知识
激励的原理	(1) 理解激励的概念和作用 (2) 理解激励过程	(1) 激励的概念 (2) 激励的四要素
激励理论	(1) 理解激励理论类型 (2) 掌握内容型激励理论 (3) 掌握过程型激励理论	(1) 需要层次论 (2) 双因素理论 (3) 期望理论 (4) 公平理论 (5) 强化理论
激励实务	(1) 理解物质利益激励理论 (2) 理解社会心理激励理论 (3) 掌握工作激励方法	(1) 物质利益激励 (2) 社会心理激励 (3) 工作激励

如果我们的团队有20个人，那我们年终的时候就必须向所有人张榜公布，20%最好的4个和10%最差的两个都是谁——包括姓名、职位和薪金待遇，表现最差的员工通常都必须走人。这就是我们建立一个伟大组织的全部秘密。

——杰克·韦尔奇

基本概念

激励　动机　需要　外部刺激　行为　需要层次论　双因素理论　保健因素　激励因素　期望理论　公平理论　强化理论　正强化　负强化　物质利益激励　社会心理激励　工作激励

导入案例

再试一次

什么东西比石头还硬，或比水还软？然而软水却穿透了硬石，坚持不懈而已。

有个年轻人去微软公司应聘，而该公司并没有刊登过招聘广告。见总经理疑惑不解，年轻人用不太娴熟的英语解释说自己是碰巧路过这里，就贸然进来了。总经理感觉很新鲜，破例让他一试。面试的结果出人意料，年轻人表现糟糕。他对总经理的解释是事先没有准备，总经理以为他不过是找个托词下台阶，就随口应道："等你准备好了再来试吧。"

一周后，年轻人再次走进微软公司的大门，这次他依然没有成功。但比起第一次，他的表现要好得多。而总经理给他的回答仍然同上次一样："等你准备好了再来试。"就这样，这个青年先后5次踏进微软公司的大门，最终被公司录用，成为公司的重点培养对象。

点评：你想得到什么，就要奖励什么。

也许，我们的人生旅途上沼泽遍布，荆棘丛生；也许我们追求的风景总是山重水复，不见柳暗花明；也许，我们前行的步履总是沉重、蹒跚；也许，我们需要在黑暗中摸索很长时间，才能找寻到光明；也许，我们虔诚的信念会被世俗的尘雾缠绕，而不能自由翱翔；也许，我们高贵的灵魂暂时在现实中找不到寄放的净土……那么，我们为什么不可以以勇敢者的气魄，坚定而自信地对自己说一声"再试一次!"再试一次，你就有可能到达成功的彼岸!

11.1　激励的原理

11.1.1　激励的概念和作用

1. 激励的定义与特点

激励的原意是指人在外部条件刺激下出现的心理紧张状态。激励，是指人类的一种心理状态，它具有加强和激发动机，推动并引导行为指向目标的作用。通常认为，一切内心要争取的条件，欲望、需要、动力等，都构成对人的激励。

激励是指持续地激发人的动机和内在动力，使其心理过程始终保持在激奋的状态中，鼓励人朝着所期望的目标采取行动的心理过程。这也就是说，激励在本质上就是激发、鼓励和努力调动人的积极性的过程。作为管理手段的激励，通常是指管理者运用各种管理手段，利用人的需要的客观性和满足需要的规律性，激励刺激被管理者的需要，激发其动机，调动人的积极性和创造性，促使满足需要的行为朝着实现组织目标的方向运动的心理过程。激励手段的运用，赋予了管理活动以主动性的特征。因为激励是激发人的内在动力，使人的行为建立在人的希望、愿望的基础上，这样一来，人的行为就不再是一种外在的强制，而是一种自觉自愿的行为。因此，激励作为一种领导手段，最显著的特点是内在驱动性和自觉自愿性。

特别提示

经理不是仅仅对别人指手画脚、只告诉他们怎么干的家伙，而是要激发队伍产生一定抱负，并朝目标勇往直前。

——雷蒙德

2. 激励的作用

1）提高人们工作的自觉性、主动性和创造性

一般来讲，个人目标与组织目标是一致的，二者统一的程度越高，职工的自觉性乃至主动性、创造性就越能得到充分发挥。

2）激发人们工作的热情和兴趣

通过激励，使之对本职工作产生强烈、深刻、积极的情感，并以此为动力，动员自己全部精力为达到预定目标而努力。

3）使人保持持久的干劲，提高工作绩效

激励可以激发人的干劲并使之有工作的坚韧性，为实现目标而坚持不懈的努力。一般地说，在目标一致、客观条件基本相同的条件下，工作绩效与能力和激励水平之间可用一个数学公式来表示：

$$工作绩效=f(能力\times激励)$$

即工作绩效取决于能力和激励水平的高低。能力固然是取得绩效的基本保证，但是，不管能力多强，如果激励水平低，就难以取得好的成绩。

特别提示

马蝇效应：再懒惰的马，只要身上有马蝇叮咬，它也会精神抖擞，飞快奔跑。

11.1.2 激励过程

构成激励的主要要素包括动机、需要、外部刺激和行为。其中，激励的核心要素就是动机，需要是激励的起点和基础，外部刺激是激励的条件，而行为则是激励的目的。这4个要素相互组合与作用，构成了对人的激励。从心理学的角度看，人的行为是由动机所支配的，动机是由需要引起的，人的需要是人们积极性的源泉和实质，外部刺激主要指管理者为实现组织目标而对被管理者所采取的种种管理手段及相应形成的管理环境，行为则是

在激励状态下，人们由于动机驱使所采取的实现目标的一系列动作，行为的方向是寻求目标、满足需要。当人产生需要而未得到满足时，会产生一种紧张不安的心理状态，在遇到能够满足需要的目标时，这种紧张不安的心理就转化为动机，并在动机的推动下，向目标前进，目标达到后，需要得到满足。紧张不安的心理状态就会消除。随后，又会产生新的需要，引起新的动机和行为。由此可见，行为的基本心理过程就是一个激励过程，通过有意识地设置需要，使被激励的人产生动机，进而引起行为，满足需要，实现目标，如图11.1所示。

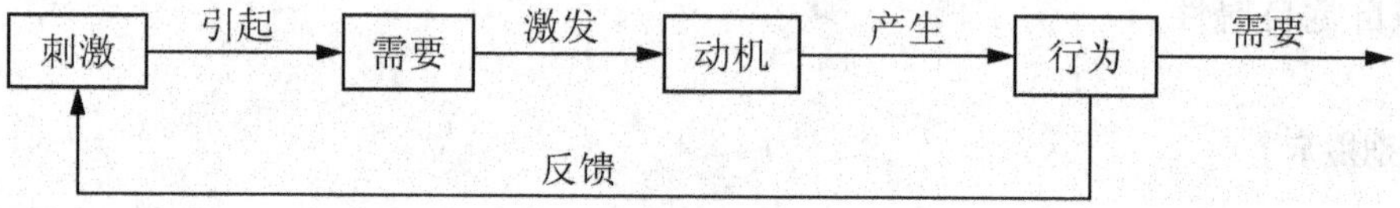

图 11.1　激励过程模式图

11.2　激励理论

11.2.1　激励理论类型

激励主要是研究人动机激发的因素、机制与途径等问题，心理学家和管理学家进行了大量研究，形成了一些著名理论，这些理论大致可划分为3类：内容型激励理论、过程型激励理论、行为改造型激励理论。

(1) 内容型激励理论。该理论重点研究激发动机的诱因，主要包括马斯洛的“需要层次论”、赫茨伯格的“双因素理论”、麦克利兰的“成就需要激励理论”等。

(2) 过程型激励理论。该理论重点研究从动机的产生到采取行动的心理过程，主要包括弗鲁姆的“期望理论”、波特和劳勒的“期望模式”、亚当斯的“公平理论”等。

(3) 行为改造型激励理论。该理论重点研究激励的目的(即改造、修正行为)，主要包括斯金纳的“强化理论”、海利的“归因理论”等。

11.2.2　需要层次论

需要层次理论是由美国心理学家和行为学家亚伯拉罕·马斯洛(Abraham Maslow)于1943年在其所著的《调动人积极性的理论》一书中提出的。这一理论揭示了人的需求与动机的规律，受到管理学界的普遍重视。在这个理论中，他认为：人类都是有需要的“动物”，人类的需要产生了他们工作的动机。他提出需要层次论有3个基本假设。

(1) 人要生存，他的需要能够影响他的行为。只有未满足的需要能够影响行为，满足了的需要不能充当激励工具。

(2) 人的需要按重要性和层次性排成一定的次序，从基本的(如食物和住房)到复杂的(如自我实现)。

(3) 当人的某一级的需要得到最低限度满足后，才会追求高一级的需要，如此逐级上升，成为推动继续努力的内在动力。

他将人类的需要归为5个层次，即生理需要、安全需要、社交需要、尊重需要和自我实现需要。按这5种需要的重要性和其先后次序排列成一个需要层次。

(1) 生理需要。生理需要是指维持人类自身生命所必需的各种物质上的需要，如衣、食、住、行的基本需要。这些需要是人们维持生存最基本的需要，他认为，在这些需要没有得到满足以维持生命之前，其他需要都不能起激励人的作用，因此，这类需要是推动力最强大的需要。

(2) 安全需要。安全需要是指人们希望避免人身危险和不受丧失职业、财物等威胁方面的需要。如生活得到基本保障，不会失业，生病和老年时有所依靠等。马斯诺将各种形式的保险都统归入这一需要之内。

生理需要和安全需要同属于物质需要。

(3) 社交需要。社交需要是指人们希望与别人交往，避免孤独，与人和睦相处，关系融洽，得到别人的友爱的欲望，以使自己在感情上有所寄托和归属。这种需要是感情和归属方面的需要，如在工作上，希望被组织上的人员所承认，能得到别人的帮助，得到友谊，也能对别人进行帮助等。这一层次的需要比前两个层次的需要更难捉摸。但是，对大多数人来说，它往往是一种极为强烈的需要。

(4) 尊重的需要。尊重的需要是指受人尊敬或地位上的需要，它包括自尊也受人尊重两个方面，如自信心、自尊心和对知识名誉地位方面的需要，要求得到别人的承认和尊重等。这类需要的满足程度有很大的差别，也难以得到全面的满足。

(5) 自我实现的需要。自我实现的需要是人类最高一级的需要，它是指使人能最大限度地发挥潜能，实现自我理想和抱负的欲望。这种需要突出表现为工作胜任感、成就感和对理想的不断追求，如科学家、艺术家等要工作时往往把自己的工作看做一种创造性的工作，竭尽全力去做好它，并使自己从中得到满足。

社交需要、尊重的需要、自我实现的需要3个层次的需要属于精神需要。

1. 需要层次论主要理论要点

(1) 人的需要是有层次的，由低到高分为生理需要、安全需要、社会的需要、尊重的需要和自我实现需要。

(2) 需要的实现和满足具有顺序性，即由低到高逐级实现。

(3) 人的激励状态取决于其主导需要是否满足。主导需要是指在各种需要中占统治地位的需要。

(4) 不同的人，各层次需要的强烈程度不一样。

2. 需要层次论的管理应用

马斯洛的需要层次论由于直感逻辑性强，易于理解，得到了广泛的流传，在西方管理领域中有相当的影响，对搞好管理有很强的指导意义。

(1) 掌握职工的需要层次，满足不同层次的需要。管理者要了解、掌握职工的需要及其变化发展规律，根据不同层次的需要，采取相应的组织措施，以引导和控制人的行为。尤其注意强化或者改造最高需要，使之与组织的或社会的需要相一致。比如当个体需要处在自我实现层次时，成长、成就和提升就成为一般激励因素，就应该采取诸如完成挑战性的工作、在组织中提升、获得工作的成就等激励措施，如图11.2所示。

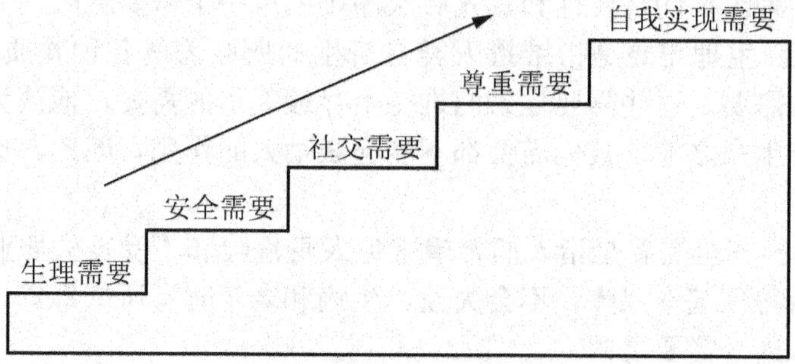

图 11.2 需要层次图

(2) 要满足不同人的需要。马斯洛的需要层次仅是一般人的要求，实际上每个人的需要并不都是严格地按其顺序由低到高地发展的，还需要具体情况具体分析，因为在不同情况下人们需要的强烈程度是不同的。如经济收入较低的人，对衣食住行方面的需求较强烈，对个人成就不太重视。有些知识分子对穿衣和吃饭要求不高，而对个人成就的欲望却很强；有些老年人，生理需求和成就需求并不强烈，但避免孤独的需求和得到儿女、社会尊重的需求却很强烈。即使同一人在不同的时候和不同的情况下，需求层次也不一样。对于管理人员来说，了解这些情况是非常重要的，需采取不同的组织措施。

(3) 在科学分析的基础上，找出受时代、环境及个人条件差异影响的主导需要，有针对性地进行激励，以收到“一把钥匙开一把锁”的预期激励效果。

11.2.3 双因素理论

双因素理论是美国的行为科学家弗雷德里克·赫茨伯格(Fredrick Herzberg)1959 年提出来的，双因素理论是他最主要的成就，在工作丰富化方面，他也进行了开创性的研究。

20 世纪 50 年代末期，赫茨伯格和他的助手们在美国匹兹堡地区对 200 名工程师、会计师进行了调查访问。访问主要围绕两个问题：在工作中，哪些事项是让他们感到满意的，并估计这种积极情绪持续多长时间；又有哪些事项是让他们感到不满意的，并估计这种消极情绪持续多长时间。赫茨伯格以对这些问题的回答为材料，着手去研究哪些事情使人们在工作中感到快乐和满足，哪些事情造成不愉快和不满足。结果他发现，使职工感到满意的都是属于工作本身或工作内容方面的；使职工感到不满的，都是属于工作环境或工作关系方面的。他把能带来满意的因素叫做激励因素，而把能够防止不满意的因素叫做保健因素。

(1) 保健因素。这是属于和工作环境或条件相关的因素，包括公司政策、管理措施、监督、人际关系、职务地位、工资、福利、工作安全等因素。当这些因素恶化到人们认为可以接受的水平以下时，就会产生对工作的不满意。但是，当人们认为这些因素很好时，它只是消除了不满意，并不会导致积极的工作态度，这就形成了某种既不是满意、又不是不满意的中性状态。

(2) 激励因素。这是属于和工作本身相关的因素，包括成就、赏识、挑战性的工作、增加的工作责任，以及成长和发展的机会，这些因素能满足个人自我实现需要。当人们得不到这些方面满足时，工作缺乏积极性，但不会产生明显的不满意；当人们得到这些方面的满足时，会对工作产生浓厚的兴趣和积极性，就能对人们有明显的激励作用。

双因素理论的管理应用如下。

(1) 善于区分管理实践中存在的两类因素。作为管理者，首先必须确保职工在保健因素方面得到满足，要给职工提供适当的工资和安全，改善他们的工作条件和环境等，它们能消除不满意，防止产生问题，但这些因素即使达到最佳程度，也不会产生积极的激励。因此，管理者必须充分利用激励因素，管理者应动用各种手段，如调整工作的分工，实现工作内容丰富化等来增加员工对工作的兴趣，千方百计地使员工满意自己的工作。丰富工作内容，加强职工责任心，进行有针对性的激励，让职工对所从事的工作本身满意，这样才能使人们有更好的工作成绩。

(2) 在不同国家、不同地区、不同时期、不同阶层、不同组织，乃至每个人，最敏感的激励因素是各不相同的，应灵活地加以确定。例如，工资在发达国家的一些员工中不构成激励因素，而在发展中国家的许多企业员工中仍是一个重要的激励因素。

11.2.4 期望理论

期望理论是由美国耶鲁大学教授、心理学家弗鲁姆(V. H. Vroom)首先提出的，他于1964年在《工作与激励》一书中提出了这个理论。这种理论一出现，就受到国外管理学家和实际管理工作者的普遍重视。目前，人们已经把期望理论看做最主要的激励理论之一。

1. 期望理论的内容

期望理论是一种通过考察人们的努力行为与其所获得的最终奖酬之间的因果关系，来说明激励过程并以选择合适的行为达到最终的奖酬目标的理论。这种理论认为，当人们有需要，又有达到这个需要的可能时，其积极性才高。激励水平取决于期望值和效价的乘积。其公式是：

$$激发力量=效价\times期望值$$
$$(M=V\cdot E)$$

M(Motive Force)表示激发力量的高低，是指动机的强度，即调动一个人积极性，激发其内在潜力的强度。它表明人们为达到设置的目标而努力的程度。

V(Value)表示效价，是指目标对于满足个人需要的价值，即一个人对某一结果偏爱的强度($-1\leqslant V\leqslant 1$)。

E(Expectancy)期望值，是指采取某种行为可能导致的绩效和满足需要的概率，即采取某种行为对实现目标可能性的大小($0\leqslant E\leqslant 1$)。

这个公式实际上提出了在进行激励时要处理好3方面的关系，这些也是调动人们积极性的3个条件。

(1) 努力与绩效的关系。人总是希望通过一定的努力能够达到预期的目标，如果个人主观认为通过自己的努力达到预期目标的概率较高，就会有信心，就可能激发出很强的工作力量。但是如果他认为目标太高，通过努力也不会有很好的绩效，就失去了内在的动力，导致工作消极。这种关系可在公式的期望值这个变量中反映出来。

(2) 绩效与奖励的关系。人总是希望取得成绩后能够得到奖励，这种奖励是广义的，既包括提高工资、多发奖金等物质方面的奖励，也包括表扬、自我成就感、得到同事们的信赖、提高个人威望等精神方面的奖励。如果他认为取得绩效后能够获得合理的奖励，就有可能产生工作热情，否则就可能没有积极性。

(3) 奖励与满足个人需要的关系。人总是希望自己所获得的奖励能满足自己某方面的需要。然而由于人们在年龄、性别、资历、社会地位和经济条件等方面都存在着差异，他们对各种需要要求得到满足的程度就不同。因而对于不同的人，采用同一种办法给予奖励能满足的需要程度不同，所激发出来的工作动力也就不同。

特别提示

拉伯福法则：人们会去做受到奖励的事情。

2. 期望理论的管理应用

(1) 管理者不要泛泛地抓一般的激励措施，而应当抓多数被组织成员认为效价最大的激励措施。

(2) 设置某一激励目标时应尽可能加大其效价的综合值，如果每月的奖金多少不仅意味着当月的收入状况，而且与年终分配、工资调级和获得先进工作者称号挂钩，则将大大增大效价的综合值。

(3) 适当加大不同人实际所得效价的差值，加大组织希望行为和非希望行为之间的效价差值。如只奖不罚与奖罚分明，其激励效果大不一样。

(4) 适当控制期望概率和实际概率。期望概率既不是越大越好，也不是越小越好，关键要适当。当一个期望概率远高于实际概率时可能产生挫折，而期望概率太小时又会减少某一目标的激发力量。实际概率最好大于平均的个人期望概率，使大多数人受益。但实际概率应与效价相适应，效价大，实际概率可以小些，效价小，实际概率可以大些。

管理案例

用洋葱替代胡萝卜的尴尬

一家制药业的巨无霸刚刚获得了一项评审极其严格的质量产品奖。广大的员工废寝忘食，牺牲了个人的正常的生活，通过半年多的努力，最终赢得了这个奖项。当宣读获得这个奖项的人员及公司名称的时候，大家都兴奋不已。公司领导很快就召集全体员工开庆祝会。这之前他们先召开了会议，会议并没有宣布嘉奖事宜。然后，他们把员工召集到自助餐厅开庆祝会，由总裁表达对每位员工的感谢，宣布这个奖项对公司的意义。他总结性地说到：“为了庆祝这次巨大的成功，大家都会得到一份很有意义的礼物。”

此时，从后面传来一句：“现在就发吧!”大家都笑了，那时大家的心情就像过节一样。

CEO 点了点头，示意公关部经理揭开了罩在神秘礼物上的帷幕。啊！竟是由无数塑料杯子搭建起的金字塔造型。会场上先是死一般的寂静，接着爆发出震耳欲聋的喊声。员工们几乎被这个场面所震晕，就像他们看到的是一个巨大的发了霉的圣诞水果蛋糕一样。

后来，大家排着队，陆续领走自己的杯子。在员工摇着头，苦笑着领走奖品时，可怜的 CEO 好像只剩下最后一点呼吸了。其他员工的表情也让他心凉。在随后的几个星期里，杯子就成了公司里新的(令人嘲讽和挖苦的)质量的象征品了。

11.2.5 公平理论

公平理论是美国心理学家亚当斯于1956年提出来的，这一理论重点研究它侧重于研究工资报酬分配的合理性、公平性及其对职工生产积极性的影响。

公平理论认为，人们的工作动机，不仅受到其所得的绝对报酬的影响，而且更受相对报酬的影响，因此，每个人都会不自觉地把自己所得的报酬以及自己付出的代价，与他人所得报酬及他人付出的代价进行社会比较，以此来确定自己所获报酬是否合理，比较的结果将直接影响今后工作的积极性。根据亚当斯的理论，有关工作成果方面的报酬应包括工资报酬、组织对其的承认和尊重的程度、职位的提升、人际社会关系的变化及其心理上的报酬(感到被承认，更安全，更快乐)等；在工作中所付出的代价包括时间、教育、经验、努力程度和负责精神等。

1. 公平理论的内容

员工进行公平比较的方式有两种。

一是纵向比较，即拿自己不同时期的付出与报酬进行比较。用公式表示为：

$$O_p/I_p = O_h/I_h$$

其中，O_p表示自己对现在所获报酬的感觉；O_h表示自己对过去所获报酬的感觉；I_p表示自己对个人现在投入的感觉；I_h表示自己对个人过去投入的感觉。

当上式为不等式时，可能出现以下两种情况。

(1) $O_p/I_p<O_h/I_h$。当出现这种情况时，人会有不公平的感觉，这可能导致工作积极性下降。

(2) $O_p/I_p>O_h/I_h$。当出现这种情况时，人不会因此产生不公平的感觉，但也不会觉得自己多拿了报偿从而主动多做些工作。

二是横向比较，即在同一时间内以自身同其他人相比较，用公式表示如下：

$$O_p/I_p = O_c/I_c$$

其中，O_p表示自己对所获报酬的感觉；O_c表示自己对他人所获报酬的感觉；I_p表示自己对个人所做投入的感觉；I_c表示自己对他人所做投入的感觉。

当上式为不等式时，可能出现以下两种情况。

(1) $O_p/I_p < O_c/I_c$。在这种情况下，有两种办法，第一种办法是他可能要求增加自己的收入或减小自己今后的努力程度；第二种办法是他可能要求组织减少比较对象的收入或者让其今后增大努力程度以便使右边减小，使等式趋于相等。此外，他还可能另外找人作为比较对象，以便达到心理上的平衡。

(2) $O_p/I_p>O_c/I_c$。在这种情况下，他可能要求减少自己的报酬或在开始时自动多做些工作，但久而久之，他会重新估计自己的技术和工作情况，最后觉得他确实应当得到那么高的待遇。

2. 公平理论的管理应用

(1) 公平奖励职工。要求公平是任何社会普遍存在的一种社会现象。公平理论第一次把激励和报酬的分配联系在了一起，说明人是要追求公平的，从而揭示了现实生活中的许多现象。比如一名研究生的月工资是1 500元，他并没有觉得不满，但当单位新来的一名大学生每月也拿1 500元时，他就会觉得不公平，马上会产生不满情绪。所以管理者在激励工作中不应用孤立的眼光看待某个人，而应该考虑其参照对象，充分运用公平理论的原理。管理者在工作任务的分配、工作绩效的考核、工资奖金的评定以及待人处事等方面，能否做到公正合理，这既是衡量工作水平高低的重要因素，又是保证企业安定、人际关系良好、职工积极性充分发挥的重要因素。企事业领导要坚持绩效与奖酬挂钩的原则，公平奖励职工。

(2) 加强管理，建立平等竞争机制。人的工作动机不仅受绝对报酬的影响，而且更重要的是受相对报酬的影响。人们在主观上感到公平合理时，心情就会舒畅，人的潜力就会充分发挥出来，从而使组织充满生机和活力。这就启示管理者必须坚持“各尽所能，按劳分配”的原则，把职工所做的贡献与他应得的报酬紧密挂钩。只有打破平均主义，才能调动职工的积极性。合理的奖酬是以公正科学的评价为基础的。一些组织出现的不公平现象，主要是由于缺乏科学的评价标准和措施。因此，企业还要科学地建立系统的评价指标体系，以公正地评价职工的劳动，建立平等的竞争机制。

(3) 教育职工正确选择比较对象和认识不公平现象。公平理论表明公平与否都源于个人感觉，个人判别报酬与付出的标准往往都会偏向于自己有利的一方，也就是说，人们在心理上会自觉不自觉地产生过低估价别人的工作绩效，过高估计别人的工资收入倾向，而且也常常选择一些比较性不强的比较对象，这些情况都会使职工产生不公平感，这对组织是不利的。因此，管理者应能以敏锐的目光察觉个人认识上可能存在的偏差，适时做好引导工作，确保个人工作积极性的发挥。

11.2.6 强化理论

强化理论是由美国哈佛大学心理学教授斯金纳(B. F. Skinner)提出的。强化是心理学术语，是指通过不断改变环境的刺激因素来达到增强、减弱或消失某种行为的过程。这个理论特别重视环境对行为的影响作用，认为人的行为只是对外部环境刺激所做出的反应，只要创造和改变外部的环境，人的行为就会随之改变。对于管理者来说，这种理论的意义在于用改造环境(包括改变目标和完成工作任务后的奖惩)的办法来保持和发挥积极行为，减少或消除消极行为，把消极行为转化为积极行为。

1. 强化的类型

1) 正强化

在行为发生以后，立即用某种有吸引力结果，即物质的精神的鼓励来肯定这种行为，在这种刺激的作用下，个体感到对他有利，从而增强以后行为反应的频率，这就是正强化。通常正强化的因素有奖酬，如表扬、赞赏、增加工资、奖金和奖品，分配有意义的工作等。

2) 负强化

这种强化方式是指预先告知某种不符要求的行为或不良绩效可能引起的后果，允许人们通过按所要求的方式行事或避免不符合要求的行为，来回避一种令人不愉快的处境。如果人们能按所要求的方式行事时，即可减少或消除这种令人不愉快的处境，从而增加人们的积极行为出现的可能性。消极强化与积极强化的目的是一致的，但两者采用的手段不同。

3）惩罚

当某一不合要求的行为发生以后，即以某种带有强制性和威胁性的结果，如批评、降薪、降职、罚款、开除等来创造一种令人不快乃至痛苦的环境，或取消现有的令人愉快和令人满意的条件，以示对这种不合要求的行为的否定，从而达到减少消极行为或消除消极行为的目的。

4）自然消退

自然消退是指撤销对原来可以接受的行为的正强化，即对这种行为不予理睬，以表示对该行为的轻视或某种程度的否定。研究表明，一种行为长期得不到正强化，会逐渐消失。

2. 强化理论的管理应用

主管人员在运用强化理论改造下属的行为时，应遵循的原则如下。

(1) 因人制宜采取不同的强化模式。人们的年龄、性别、职业和文化不同，需要就不同，强化方式也应不一样。对一部分人有效的，对另一部分人不一定有效。要依照强化对象的不同需要采用不同的强化措施。

(2) 要设立一个目标体系，分步实现目标，不断强化行为。在鼓励人前进时，不仅要设立一个鼓舞人心而又切实可行的总目标，而且要将总目标分成许多小目标。这是因为：对于庞大的、复杂的(一般也是远期的)目标，不是一次性强化就能了事，在实现目标的过程中职工不能经常得到成功结果的反馈和强化，积极性会逐渐消退。相反，应把这个庞大目标分成若干阶段性目标，通过许多“小步子”的完成而逐渐完成。对每一小步取得的成功结果，管理者都应予以及时强化，以长期保持职工奔向长远目标的积极性，而且通过不断地激励可能增强信心。

(3) 要及时反馈、及时强化。所谓及时反馈就是通过某种形式和途径，及时将工作结果告诉行动者。无论结果好与坏，对行为都具有强化的作用，好的结果能鼓舞信心，继续努力，坏的结果能促使其分析原因，及时纠正。

(4) 奖惩结合、以奖为主。强化理论认为，一种行为长期得不到正强化，就会逐渐消退。根据这个规律，一些成功的企业，都十分注意采用以奖励为主的正强化办法调动职工积极性。即使是在运用惩罚等强化手段时，一并告诉职工应该怎样做，力求严肃认真、实事求是、处理得当。当有所改正的表现时，则随即给以正强化。

管理案例

林肯电气公司的激励

林肯电气公司(Lincoln Electric)总部设在克利夫兰，年销售额为44亿美元，拥有2400名员工，并且形成了一套独特的激励员工的方法。该公司90%的销售额来自于生产弧焊设备和辅助材料。

林肯电气公司的生产工人按件计酬，他们没有最低小时工资。员工为公司工作两年后，便可以分享年终奖金。该公司的奖金制度有一整套计算公式，全面考虑了公司的毛利润及员工的生产率与业绩，可以说是美国制造业中对工人最有利的奖金制度。在过去的56年中，平均奖金额是基本工资的95.5%，该公司中相当一部分员工的年收入超过10万美元。近几年经济发展迅速，员工收入为44 000美元左右，远远超出制造业员工年收入17 000美元的平均水平，在不景气的年头里，如1982年的经济萧条时期，林肯公司员工收入降为27 000美元，这虽然相比其他公司还不算太坏，可与经济发展时期相比就差了一大截。

公司自1958年开始一直推行职业保障政策，从那时起，他们没有辞退过一名员工。当然，作为对此政策的回报，员工也相应要做到以下几点：①在经济萧条时他们必须接受减少工作时间的决定；②要接受工作调换的决定；③有时甚至为了维持每周30小时的最低工作量，而不得不调整到一个报酬更低的岗位上。

林肯公司极具成本和生产率意识，如果工人生产出一个不合标准的部件，那么除非这个部件修改至符合标准，否则这件产品就不能计入该工人的工资中。严格的计件工资制度和高度竞争性的绩效评估系统，形成了一种很有压力的氛围，有些工人还因此产生了一定的焦虑感，但这种压力有利于生产率的提高。据该公司的一位管理者估计，与国内竞争对手相比，林肯公司的总体生产率是他们的两倍。自20世纪30年代经济大萧条以后，公司年年获利丰厚，没有缺过一次分红。该公司还是美国工业界中工人流动率最低的公司之一。前不久，该公司的两个分厂被(幸福)杂志评为全美十佳管理企业。

11.3 激励实务

11.3.1 物质利益激励

物质利益激励是指以物质利益为诱因，通过调节被管理者物质利益来刺激其物质需要，以激发其动机的方式与手段。它主要包括以下具体形式。

1. 奖酬激励

金钱并不是唯一能激励人的力量，但在现实生活中，金钱作为一种很重要的激励因素是不可忽视的。无论采取工资的形式，还是采取其他鼓励性报酬、奖金、优先认股权、红利、公司支付的保险金，或在做出成绩而给予人们其他东西等形式，金钱都是重要的因素。虽然在知识经济时代的今天，人们生活水平已经显著提高，金钱与激励之间的关系渐呈弱化趋势，然而，物质需要始终是人类的第一需要，是人们从事一切社会活动的基本动因，所以，物质激励仍是激励的主要形式。要使金钱能够成为一种激励因素，管理者应该注意以下几点。

(1) 对于不同的人，金钱的价值不一。相同的金钱，对不同收入的员工有不同的价值。作为金钱，对于需要扶养家庭、生活负担重的人来说，金钱总是很重要的，这是他们满足低层次需求的主要手段；而对于另外一些在金钱方面的需要已不再很迫切的人来说，金钱不那么看重。

(2) 金钱激励必须公正。用奖酬作为激励手段，必然涉及刺激量的问题。奖酬刺激量一是表现为绝对量，即工资、奖酬的绝对数量的大小；二是表现为相对量，即工资奖金同一时期不同人的差别以及同一个人不同时期的差别。一个人对他所得到的报酬是否满意不是只看其绝对值，更主要的是看其相对刺激量，即要进行社会比较或历史比较，通过相对比较，判断自己是否受到了公平对待，从而影响自己的情绪和工作态度，这正体现了公平理论的要求。在实际工作中，既要有选择地进行重奖，以期引起奖励效应，同时又要防止引起员工产生不公平心理。

(3) 金钱激励必须反对平均主义，平均分配等于无激励。要使金钱成为一种有效的激励因素，则对于在各种职位上的人们，即使是级别相当，给予他们的薪水和奖金也必须能反映出他们个人的工作业绩。在现实中，除非员工的奖金主要是根据个人业绩来发，否则企业尽管支付了奖金，对他们也不会有很大的激励。据调查，实行平均奖励，奖金与工作态度的相关性只有20%，而进行差别奖励，则奖金与工作态度的相关性能够达到80%。

(4) 物质激励应与相应制度结合起来。制度是目标实现的保障。因此，物质激励效应的实现也要靠相应的制度来保障。企业应通过建立一套制度，创造一种氛围，以减少不必要的内耗，通过利益驱动引导下属朝工作目标努力，使组织成员都能以最佳的效率为实现组织的目标多做贡献，以实现组织目标。例如，物质奖惩标准在事前就应制定好并公诸于众且形成制度稳定下来，而不能靠事后的“一种冲动”，想起来则奖一下，想不起来就作罢，那样是达不到激励的目的的。

管理案例

年轻人辞职引发的风波

一家在同行业居领先地位、注重高素质人才培养的高技术产品制造公司，不久前有两位精明能干的年轻财务管理人员提出辞职，到提供更高薪资的竞争对手公司任职。其实，这家大公司的财务主管早在数月前就曾要求公司给这两位年轻人增加工资，因为他们的工作表现十分出色。但人事部门的主管认为，这两位年轻财务管理人员的薪资水平，按同行业平均水平来说，已经是相当高的了，而且这种加薪要求与公司现行建立在职位、年龄和资历基础上的薪资制度不符合，因此，拒绝给加薪。

对辞职事件，公司里议论纷纷，有人说，尽管他们所得报酬高于行业平均水平，但表现出色，应该加薪。也有的人反对给他们加薪。但是否应当由了解其下属表现好坏的财务部门主管对本部门员工的酬劳行使最后决定权？公司制定了明确的薪资制度，但它是否与公司雇用和保留优秀人才的需要相适应呢？公司是否应当制定出特殊的条例来吸引优秀人才，或是随他们离开算了？……这些议论引起了公司总经理的注意，他责成人事部门牵头与生产、销售、财务等各部门人员组成一个小组，就公司工资制度征求各部门意见，供公司常务会讨论之用。

2. 处罚

激励并不全是鼓励，它也包括许多负激励措施，在经济上对员工进行处罚，是一种管理上的负激励，属于一种特殊形式的激励。按照激励中的强化理论，激励可采用处罚方式，即利用带有强制性、威胁性的控制技术，如批评、降级、罚款、降薪、淘汰等来创造一种令人不快或带有压力的条件，以否定某些不符合要求的行为。

现代管理理论和实践都指出，在员工激励中，正面的激励远大于负面的激励。越是素质较高的人员，处罚对其产生的负面作用就越大。它易给员工造成工作不安定感，同时还会使员工与上级主管之间的关系紧张，同事间关系复杂等。因此在应用这种方式时要注意，在进行处罚时必须有可靠的事实根据和政策依据，做到令人信服；处罚的方式与处罚量要适当，既要起到教育作用，又不能激化矛盾；同时要与思想政治工作相结合，注意疏导，尽可能减少其负作用，化消极为积极，真正起到激励作用。

特别提示

“热炉”法则

(1) 热炉火红，不用手摸也知道炉子是热的，是会灼伤的——警告性原则。领导者要经常对下属进行规章制度教育，以警告或劝戒不要触犯规章制度，否则就会受到惩处。

(2) 每当你碰到热炉，肯定会被灼伤。也就是说只要触犯单位的规章制度，就一定会受到惩处。

(3) 当你碰到热炉时，立即就被灼伤——即时性原则。惩处必须在错误行为发生后立即进行，决不拖泥带水，决不能有时间差，以便达到及时改正错误行为的目的。

(4) 不管谁碰到热炉，都会被灼伤——公平性原则。

11.3.2 社会心理激励

物质利益激励自身也存在一些缺陷。美国管理学家皮特(Tom Pates)曾指出重赏会带来副作用，它会使大家彼此封锁消息，影响工作的正常开展。社会心理激励，是指管理者运用各种社会心理学方法，刺激被管理者的社会心理需要，以激发其动机的方法和手段。这类激励方式以人的社会心理因素作为激励的诱因，主要包括以下一些具体形式。

1. 目标激励

目标激励，就是确定适当的目标，诱发人的动机和行为，达到调动人的积极性的目的。目标作为一种诱引，具有引发、导向和激励的作用。员工在管理中的自觉行为，都是追求目标的过程，当每个人的目标强烈和迫切地需要实现时，他们就对企业的发展产生热切的关注，对工作产生强大的责任感，能自觉地把工作搞好，管理者就是要将每个人内心深处的这种或隐或现的目标挖掘出来，并协助他们制定详细的实施步骤，在随后的工作中引导和帮助他们努力实现目标。这种目标激励会产生强大的效果。

(1) 尽可能地增大目标的效价。根据期望理论，激发力量大小取决于期望值和效价。因此，管理者在设计目标时，一是要使所选择的目标尽可能多地满足下级的需要；二是要使目标的实现与奖酬、晋升等挂钩，加大目标实现的效价；三是要将企业目标进行宣传，使职工更加了解企业，了解自己在目标的实现过程中应起到的作用。四是应注意把组织目标和个人目标结合起来，宣传两者的一致性，使大家了解到只有在完成企业目标的过程中，才能实现个人的目标。个人事业的发展、待遇的改善与企业事业的发展、效益的提高休戚相关。

(2) 增加目标的可行性。只有通过努力能够实现的目标，才能真正地起到激励作用。因此，设计目标要先进合理，要具备相应的实施条件和可操作性，使下级能充分认识到目标实现的可能情形。

2. 参与激励

所谓参与管理是指在不同程度上让职工和下级参与组织决策和各级管理工作的研究和

讨论，调动职工和下级的积极性和创造性。现代人力资源管理的实践经验和研究表明，现代的员工都有参与管理的要求和愿望，创造和提供一切机会让职工参与管理是调动他们积极性的有效方法。让下属或职工参与管理，有利于集中群众意见，防止决策失误；有利于满足下属或职工归属感和受人赏识的心理需求，可使职工或下级感受到上级主管的信任、重视和赏识；从而体验到自己的利益同组织的利益及组织发展密切相关而产生的责任感；有利于职工对决策的认同，从而激励他们自觉地去推进决策的实施。同时主管人员与下属在商讨组织问题时，对双方来说都是提供了一个取得别人重视的机会，从而给人一种成就感。因此，让职工恰当地参与管理，既能激励职工，又能为企业的成功获得有价值的知识。通过参与，形成职工对企业的归属感、认同感可以进一步满足自尊和自我实现的需要。

支持下级和职工参与管理时，一方面要增强民主管理意识，建立科学合理的参与管理机制；其次要真正授权于下级或职工，使其能真正地参与决策和管理过程；最后能有效地利用多种参与形式，鼓励全员参与。

事实证明，参与管理会使多数人受到激励。正确的参与管理既会对个人产生激励，又为组织目标的实现提供了保证。

3. 荣誉激励

荣誉是众人或组织对个体或群体的崇高评价(如发奖状、证书、记功、通令嘉奖、表扬等)，是满足人们自尊需要，激发人们奋力进取的重要手段。它可以调动人们的积极性，形成一种内在的精神力量。从人的动机看，人人都有荣誉感，具有自我肯定、光荣、争取荣誉的需要，因此管理者要设法让员工们感觉到、认识到荣誉感的崇高性。

对于一些工作表现比较突出、具有代表性的先进员工，给予必要的荣誉奖励，是很好的精神激励方法。美国IBM公司有一个“百分之百俱乐部”，当公司员工完成他的年度任务后，他就被批准为“百分之百俱乐部”成员，他和他的家人被邀请参加隆重的集会。结果，公司的雇员都将获得“百分之百俱乐部”会员资格作为第一目标，以获取那份光荣。这一激励措施有效地利用了员工的荣誉需求，取得了良好的激励效果。

设定荣誉是管理者的一个工作职责，而这种荣誉既对单位有效，对同行业其他部门也有作用。作为管理者必须具有体察人心的能力，要保证经常而及时地与员工进行思想交流和相互交往，形成集体内部人与人之间亲密、融合、协调的关系，调动他们潜在的积极性，从而推进事业发展。同时在实施精神激励时，还要注意对集体的荣誉激励，即通过给予集体荣誉，培养集体意识，从而产生自豪感和光荣感，形成一种自觉维护集体荣誉的力量。企业制定的各种管理和奖励制度都要有利于集体意识的形成，形成竞争合力。

当然在荣誉激励上存在着评奖过滥过多的不正确现象。如评优中的“轮庄法”、“抓阄法”等，都使荣誉的“含金量”大大降低，使典型的榜样示范作用大打折扣，这是必须要大力加以纠正的。

4. 培训教育激励

给个人提供各种学习、锻炼的机会是一种有效的激励方式。培训意味着为自身素质的提高、自身人力资本的增值以及为将来更好的发展提供机会和条件。特别是进入信息社会，知识的更新越来越快，人们在工作岗位上受到的挑战也越来越多，对学习的需要越来越强烈。因此，培训这种激励方式也越来越受到青睐。

11.3.3 工作激励

根据赫茨伯格的双因素理论，对人最有效的激励因素来自于工作本身，即满意自己的工作是最大的激励。因此，管理者必须善于调整和调动各种工作因素，搞好工作设计，千方百计地使下级满意自己的工作，以实现最有效的激励。

工作设计问题主要是组织向其成员分配工作任务和职责的方式问题，也包括创造一个良好的工作环境和生活环境。工作设计是否得当对激发职工的工作动机、增强职工的工作满意感以及提高生产率都有重大的影响。

工作设计的发展经历了工作专业化、工作扩大化和工作丰富化3个阶段。工作专业化强调利用工作专业化、重复性和低技术要求等手段来达到高效率的组织目标，但这么做产生了工作者对工作的厌烦情绪。工作扩大化强调扩大工作范围来抵消工作者的厌烦情绪，但这也只是一种权宜之计。工作丰富化是指让工人有机会参与工作的计划和设计，得到信息反馈，估价和修正自己的工作，使工人对工作本身产生兴趣，增加责任感和成就感。工作扩大化与工作丰富化的区别在于，工作扩大化是扩大工作的水平负荷，即增加同类工作的数量，对工作技能水平的要求则大致相同。而工作丰富化是从纵向扩大工作范围，即扩大工作的垂直负荷，要求任职者完成更复杂的任务，负更大的责任，有更多的自主性，因而对人们的能力和技能也提出了更高的要求。

本章小结

本章主要介绍了激励的原理、激励理论、激励实务等内容。关于激励的原理主要介绍了激励的概念和作用，作为管理手段的激励，通常是指管理者运用各种管理手段，利用人的需要的客观性和满足需要的规律性，激励刺激被管理者的需要，激发其动机，调动人的积极性和创造性，促使满足需要的行为朝着实现组织目标的方向运动的心理过程。激励的4要素为动机、需要、外部刺激和行为。其中，激励的核心要素就是动机，需要是激励的起点和基础，外部刺激是激励的条件，而行为则是激励的目的。激励过程是从需要到产生动机，进而引起行为，满足需要，实现目标的过程。关于激励理论主要介绍了内容型激励理论、过程型激励理论、行为改造激励理论3种类型。介绍了需要层次论、双因素理论、期望理论、公平理论和强化理论的理论要点和管理应用。关于激励实务主要介绍了包括物质利益激励、社会心理激励、工作激励方法，结合我国实际解释了激励实务。

练习题

一、单项选择题

1. 在激励工作中，最为重要的是要发现职工的(　　)。

A. 安全需求　　B. 现实需求　　C. 主导需求　　D. 自我实现的需求

2. 在赫茨伯格的领导理论中，下列哪一个因素与工作环境和条件有关？(　　)

A. 激励因素　　B. 保健因素　　C. 环境因素　　D. 人际因素

3. 提出X理论和Y理论的是(　　)。

A. 德鲁克　　B. 马斯洛　　C. 麦格雷戈　　D. 薛恩

4. 美国心理学家赫茨伯格认为(　　)。

A. 保健因素能直接起激励职工的作用

B. 保健因素改善后会导致积极的后果

C. 保健因素能防止职工产生不满的情绪

D. 激励因素不能产生使职工满足的积极效果

5. 需要层次论认为，人的最低层需要是(　　)。

A. 生理需要　　B. 安全需要　　C. 尊重需要　　D. 社交需要

6. 曹雪芹虽食不果腹，仍然坚持《红楼梦》的创作，是出于其(　　)。

A. 自尊需要　　B. 情感需要　　C. 自我实现的需要　　D. 以上都不是

7. 当某人力图与他人交往，建立亲近和睦关系时，表现出的是(　　)。

A. 对权力的需要　　B. 对成就的需要　　C. 安全需要　　D. 对社交的需要

8. 当人们发现和他人相比自己的报酬偏低，会采取(　　)措施以消除不公平。

A. 增加自己的投入　　B. 减少自己的报酬　　C. 改变比较目标　　D. 增加他人的收入

9. 激励进程的起点是(　　)。

A. 目标　　B. 行为　　C. 动机　　D. 需要

10. 赫茨伯格认为，下列因素中不属于激励因素的是(　　)。

A. 工作本身　　B. 成就感　　C. 责任感　　D. 工资

11. 期望理论的核心是(　　)。

A. 自我利益　　B. 组织奖赏　　C. 双向期望　　D. 个人绩效

12. 人们的行为表现和行为效果在很大程度上取决于他们(　　)。

A. 所受到的教育水平　　B. 所受到的激励程度和水平

C. 所受到的尊重程度　　D. 心理的自觉程度

二、判断题

1. 内在的需要是促使人产生某种动机的根本原因。(　　)

2. “端起饭碗吃肉，放下饭碗骂娘”，反映了职工对其待遇的不公平感。(　　)

3. X理论是根据经济人假设提出来的。(　　)

4. 根据马斯洛的需要层次理论，人的行为是由主导需要决定的。(　　)

5. 激励的内容就是奖励。(　　)

三、问答题

1. 需求层次论对管理有何启示？

2. 如何评价双因素理论？

3. 评价期望理论的主要观点是什么？

4. 如何在管理实践中进行不同激励方式的比较分析？

案例应用分析

赵副厂长该怎么办

赵林德是某汽车零件制造厂的副厂长，分管生产。一个月前，他为了搞好生产，掌握第一手资料，就到第一车间甲班去蹲点调查。一个星期后，他发现工人劳动积极性不高，主要原因是奖金太低，所以每天产量多的工人才生产二十几只零件，少的生产十几只零件。

赵林德和厂长等负责人商量后，决定搞个定额奖励试点，每天每人以生产 20 只零件为标准，超过 20 只零件后，每生产一只零件奖励 0.5 元。这样，全班 23 个人都超额完成任务，最少的每天生产 29 只零件，最多的每天生产 42 只零件，这样一来，工人的奖金额大大超过了工资，使其他班、其他车间的工人十分不满。

现在又修改了奖励标准，每天超过 30 只零件后，每生产一只零件奖励 0.5 元，这样一来，全班平均生产每天只维持在 33 只左右，最多的人不超过 35 只，赵林德观察后发现，工人并没有全力生产，离下班还有一个半小时左右，只要 30 只任务已完成了，他们就开始休息了。他不知道该如何进一步调动工人的积极性了。

分析：赵林德在激励员工时有哪些不妥之处，该如何改正？

阅读材料

表扬引起的争论

某公司最近召开了一年一度的夏季商品交易会，会前办公室为会议召开做了充分的准备：接待各地代表，布置宣传广告；各商品样品摆布，开货单，介绍商品，有的加班到深夜。各职能科室和行政管理人员主动自觉地到各科帮忙。3 天的会议，接待了上千人次，成交额几百万元，大大超出了会前预计数。

在总结大会上，公司领导充分肯定了这次会议取得的成功，当提到职工们为大会做出的努力时说："大家表现得都很不错，人人都动了起来，为大会做出了贡献。在接待过程中，团委书记和组织部长提着茶壶，在楼里跑上跑下，这种精神值得赞扬。"

对于领导的表扬，职工们议论纷纷："交易会的成功，销售额的增加，首先归功于第一线的业务人员的辛勤劳动，为什么不表扬最累的业务人员？"

也有的赞成这种领导的表扬："业务人员贡献是大，但这是分内的工作，并且领导也是肯定了的。而政工干部去送水，事虽小，但这是工作职责以外的。如果正常工作都点名表扬，怎么能表扬过来呢？"

还有人提出反对意见："如果分内工作做得好不表扬，领导只表扬做分外工作的，那么谁还重视分内工作呢？如果谁都轻视分内工作，那么整个工作不就落后了吗？就分内与分外工作比较而言，领导者最需要、最基本的则是鼓励职工首先做好分内的事。

第12章 沟　通

教学目标

通过本章的学习，正确理解沟通的概念及其作用，理解沟通的过程，掌握沟通的类别，正式沟通与非正式沟通的区别。掌握有效沟通的障碍的几个方面的因素。掌握有效沟通的原则和提高管理者沟通技能的方法。

教学要求

知识要点	能力要求	相关知识
沟通的原理	(1) 理解沟通的概念 (2) 理解沟通的过程 (3) 理解沟通的作用 (4) 掌握沟通的类别	(1) 沟通概念 (2) 沟通的过程 (3) 正式沟通与非正式沟通
沟通的管理	(1) 理解有效沟通的障碍 (2) 实现有效沟通的原则 (3) 掌握提高管理者沟通技能的方法	(1) 噪声 (2) 语言艺术 (3) 倾听

让每一位员工全身心投入到工作中来是CEO最主要的工作。把每个人最好的想法拿出来，放在其他人中间交流，这就是秘诀。

——杰克·韦尔奇

基本概念

沟通　正式沟通　非正式沟通　噪声　沟通主体　沟通对象　沟通渠道　语言艺术　倾听

导入案例

美国知名主持人“林克莱特”在访问一名小朋友时，问小朋友说：“你长大后想要当什么呀?”小朋友天真的回答：“我要当飞机的驾驶员!”林克莱特接着问：“如果有一天，你的飞机飞到太平洋上空所有引擎都熄火了，你会怎么办?”。

小朋友想了想说：“我会先告诉坐在飞机上的人绑好安全带，然后挂上我的降落伞跳出去。”当在现场的观众笑的东倒西歪时，林克莱特继续注视这孩子，想看看他是不是自作聪明的家伙。

没想到，接着孩子的两行热泪夺眶而出，这才使得林克莱特发觉这孩子的悲悯之情远非笔墨所能形容。于是林克莱特问他说：“为什么要这么做?”小孩的答案透露出一个孩子真挚的想法：“我要去拿燃料，我还要回来!!”

点评：学会沟通。

我们经常犯这样的错误：在手下还没有来得及讲完自己的事情前，就按照我们的经验大加评论和指挥。打断手下的语言，一方面容易做出片面的决策，另一方面使员工缺乏被尊重的感觉。时间久了，手下将再也没有兴趣向上级反馈真实的信息。反馈信息系统被切断，领导就成了“孤家寡人”，在决策上也就成了“睁眼瞎”。与手下保持畅通的信息交流，将会使你的管理如鱼得水，便于及时纠正管理中的错误，制定更加切实可行的方案和制度。

12.1　沟通的原理

12.1.1　沟通及其作用

1. 沟通的含义

沟通一词源于拉丁语，意为“分享、传递共同的信息”。英文的“沟通”一词也可以译为“交际”或“社交”，是指社会上人与人之间使用语言等媒介进行思想、观念、感情等的交往、联系和相互作用的一种行为。

由于沟通在人类行为活动中的重要作用，所以，有关沟通的研究很早就引起了社会学家、心理学家、管理学家、经济学家的关注，从不同的学科或研究视角给予不同的解释。社会学家桑德拉·黑贝尔斯将沟通定义为人们分享信息、思想和情感的任何过程。而基蒂·洛克也认为沟通是同周围环境进行信息交换的一个多元化过程。但在管理学家眼中，沟通则是一种功能。丹尼尔·卡茨和罗伯特·卡恩认为："信息沟通，即交流信息情况和传达意图，是一个社会系统或组织的重要组成部分"。而孔茨则将沟通解释为："信息从发送者转移到接收者那里，并使后者理解该项信息的涵义"。西蒙则认为："信息沟通是指一个组织成员向另一个组织成员传递决策前提的过程"。斯蒂芬·罗宾斯则把沟通看作是"意义的传递和理解"。

本书定义：沟通是指管理者为了达到一定的目的，利用媒介传递与交流信息的过程。

可以从以下几方面来理解沟通的涵义。

(1) 沟通涉及两个人以上的行为或活动，由于沟通的主客体都是人，人与人之间的沟通不仅是信息的交流，而且包括情感、思想、态度、价值观等，即人的主观能动性和创造性都反映在沟通活动中，这在某种程度上会影响沟通的作用与效果。

(2) 人与人之间的沟通不同于其他沟通过程的特殊性，就在于人与人之间的沟通是通过语言和其他的媒介形式进行信息传递和思想交流的。广义的语言既包括口头语言和书面语言，也包括作为"副语言"的表情语言和肢体语言等。

(3) 沟通必须有内容，而其内容必定是双方的接触、联系并能产生相互影响的，在信息的发出者和接收者之间，需彼此了解对方进行信息交流的动机和目的，因而沟通是双向的，是互为客体的。

(4) 沟通的目的是促进人们之间的了解与合作，但是，由于沟通会出现特殊障碍，这种障碍不仅是由于信息渠道的失真或错误，而且是由于人特有的心理障碍。例如，使用语言沟通时，即便是同一语言，由于说话者的口气、语速、神态等不同，人们也会诠释出不同的含义。所以，良好的沟通不等于沟通双方达成一致的意见，更重要的是应准确的理解沟通中信息的含义，最大限度的摈弃主观偏见。

[讨论题] 如何协调作息时间?

2. 沟通的作用

沟通是人们社会活动的重要组成部分，沟通几乎伴随着人们各种社会活动而存在。在各类组织中，沟通的作用越来越大，管理的有效性在很大程度上取决于良好的沟通，管理专家斯蒂芬·罗宾斯认为，管理者所做的每件事都包含着沟通。而且组织的管理层级越高，沟通对管理者越重要，管理者用于沟通上的时间也越多。一项研究表明，一个基层管理人员工作时间的20%～50%用于语言沟通；而中层和高层管理人员工作时间的66%～87%用于面对面和电话形式的沟通，当然，如果加上阅读和书写文件报告等的时间，用于管理沟通的时间就更多了。

1) 沟通是组织实现目标的重要手段

组织的设立是有着特定目标的，组织的发展也取决于目标的实现，但组织目标的制定、实施和完成，是需要组织员工之间充分的交流，统一思想，步调一致。沟通的首要作用是把抽象的组织目标转化为组织中每个成员的具体行动，并使成员意识到实现目标对其的重要意义以及如何有效的实现目标。

2）沟通有助于管理者更好的决策

沟通可以提高管理者决策的质量，缩短决策时间。首先，管理者在决策前，通过各种沟通形式，搜集大量相关信息，供决策者考虑，利用不同的信息数据制定多种决策方案供决策者选择。其次，由于人的“有限理性”，所以，在决策时，很难完全正确认识客观现实，但集中多人的智慧，采取多种选择方案，可以相对减少决策的失误。要实现这一过程，沟通是必不可少的。再次，决策的过程时刻伴随着信息的传递，信息的交流是否快速充分直接决定了决策的质量和效果。

3）沟通能有效激励员工

组织管理者的重要职能之一就是激励和影响下属，而主管人员对下属的评价是影响员工积极性的主要方面。研究表明，管理者与员工的定期沟通会提高员工的满意度，从而提高工作效率，降低组织的缺勤率和流动率。在实际的组织活动中，管理人员时刻都在与组织中的员工沟通或联系，召开会议，委派任务，交换意见，调查问题等，如果管理人员掌握良好的沟通技巧，会有效激发员工的工作积极性，提高员工士气，增强组织内部的凝聚力。

管理故事

一条裤子

一个小男孩弄到了一条裤子，自己很喜欢，但是穿上后才发现裤子太长了，不适合。于是找到了奶奶，央求她给改一下。但奶奶说现在的家务事太多，忙不开，让他去找妈妈。于是小男孩找到了妈妈，可妈妈正在和人打桥牌，没时间。最后小男孩没办法只好去找姐姐，但姐姐说有约会，时间就要到了，并高兴地走出了家门。小男孩很失望，怀着失望的心情睡着了。过会儿，奶奶忙完家务事了，想起了小孙子说的事，于是就把小男孩的裤子剪短了一截。妈妈打完牌后，也剪短了一截。姐姐回来后，也剪短了一截。可想而知，小男孩的裤子会变成什么样。

12.1.2 沟通的过程

沟通过程是指一个信息的发送者通过选定的渠道把信息传递给接收者的过程，这个过程的具体步骤，如图 12.1 所示。

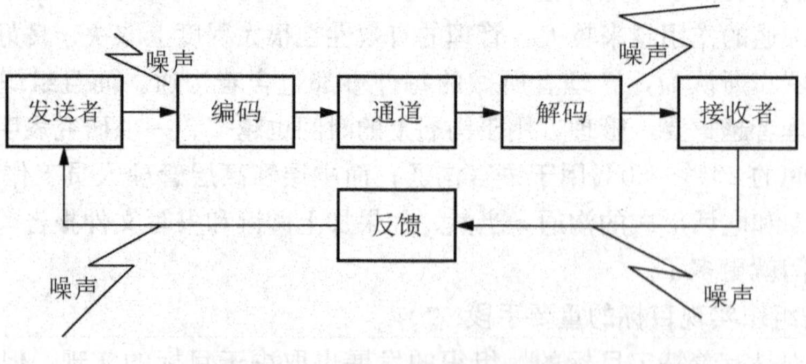

图 12.1 沟通过程的一般模式图

沟通开始于有某种需要传递的信息或发送者的想法，然后通过发送者和接收者都能理解的方式进行信息编码，并通过连接发送者和接收者的媒介加以传递。它由 7 个要素构成：发送者、信息、编码、通道、解码、接收者以及反馈。在管理活动中，信息的传递既可以是口头的或书面的，也可以通过备忘录、计算机、电话、电报或电视来传递。有时人们可以使用两种以上的传递渠道，例如双方可以先用电话达成一个基本协议，然后再用书信予以确认。每种渠道都各有利弊，所以，选择恰当的沟通渠道是极为重要的。沟通的下一个步骤是解码，即接收者把信息回译成思想。只有当发送者和接收者对符号的意思持有相同的，或者是类似的理解时，才会有准确的沟通。从图 12.1 中我们还可以看出，沟通经常受到“噪声”的干扰，无论是在发送者方面，在传递中，还是在接收者方面。噪声就是指妨碍信息沟通的任何因素。为了检验沟通的效果如何，反馈是必不可少的，因为，在没有反馈证实之前，难以确定信息是否已经得到有效的编码、传递、解码和理解。

有许多情境和组织因素也左右着沟通过程。从外部环境看，有教育、社会、法律、政治和经济等各种因素。例如，强制性的政治环境会抑制有效畅通的沟通。另一种情境因素就是地理上的距离，面对面的直接沟通，既不同于两个人远隔千里的电话交谈，也不同于电报和信函的往来。此外，时间也是沟通中必须考虑的因素。其他影响组织内部沟通的情境因素还有组织结构、管理和非管理过程以及技术等。需要指出的是沟通过程的反馈也是十分重要的。

12.1.3 沟通的类别

沟通按不同的标志进行划分。

1. 按沟通的组织系统分

按沟通的组织系统，可以将沟通分为正式沟通和非正式沟通。

正式沟通是指在组织系统内，依据一定的组织原则所进行的信息传递与交流。例如组织与组织之间的公函来往，组织内部的文件传达、召开会议，上下级之间的定期的情报交换等。另外，团体所组织的参观访问、技术交流、市场调查等也在此列。

正式沟通的优点是，沟通效果好，比较严肃，约束力强，易于保密，可以使信息沟通保持权威性。重要的信息和文件的传达、组织的决策等，一般都采取这种方式。其缺点是由于依靠组织系统层层的传递，所以较刻板，沟通速度慢．

非正式沟通渠道指的是除正式沟通渠道以外的信息交流和传递，它不受组织监督，自由选择沟通渠道。例如团体成员私下交换看法，朋友聚会，传播谣言和小道消息等都属于非正式沟通。非正式沟通是正式沟通的有机补充。在许多组织中，决策时利用的情报大部分是由非正式沟通传递的。同正式沟通相比，非正式沟通往往能更灵活迅速的适应事态的变化，省略许多繁琐的程序；并且常常能提供大量的通过正式沟通渠道难以获得的信息，真实的反映员工的思想、态度和动机。因此，这种沟通方式往往能够对管理决策起重要作用。

非正式沟通的优点是，沟通形式不拘，直接明了，速度很快，容易及时了解到正式沟通难以提供的“内幕新闻”。非正式沟通能够发挥作用的基础，是团体中良好的人际关系。其缺点在于，非正式沟通难以控制，传递的信息不确切，易于失真、曲解，而且，它可能导致小集团、小圈子的形成，影响人心稳定和团体的凝聚力。

现代管理理论提出了一个新概念，称为“高度的非正式沟通”。它指的是利用各种场合，通过各种方式，排除各种干扰，来保持组织内成员之间经常不断的信息交流，从而在一个团体、一个企业中形成一个巨大的、不拘形式的、开放的信息沟通系统。实践证明，高度的非正式沟通可以节省很多时间，避免正式场合的拘束感和谨慎感，使许多长年累月难以解决的问题在轻松的气氛下得到解决，减少了团体内人际关系的摩擦。

管理案例

小道消息传播带来的问题

斯塔福德航空公司是美国西北部一个发展迅速的航空公司。然而，最近在其总部发生了一系列的传闻。公司总经理波利想出卖自己的股票，但又想保住自己总经理的职务，这已经是公开的秘密了。他为公司制定了两个战略方案：一个是把航空公司的附属单位卖掉；另一个是利用现在的基础重新振兴发展。他自己曾经对这两个方案的利弊进行了认真的分析，并委托副总经理本查明提出一个参考意见。本查明曾为此起草了一个备忘录，随后叫秘书比利打印。比利打印完以后便到职工咖啡厅去。在喝咖啡时比利碰到了另一个副总经理肯尼特，并将这一秘密告诉了他。

比利对肯尼特悄悄地说："我得到了一个最新消息。他们正在准备成立另外一个航空公司。他们虽说不会裁员，但是我们应该联合起来，有所准备啊。"这些话又被办公室的通讯员听到了。他高兴地立即把这个消息告诉他的上司巴巴拉。巴巴拉又为此事写了一个备忘录给负责人事的副总经理马丁。马丁也加入了他们的联合阵线，并认为公司应保证兑现其不裁减职工的诺言。

第二天，比利正在打印两份备忘录。备忘录却被路过办公室探听消息的莫罗看见了。莫罗随即跑到办公室说："我真不敢相信公司会做这样的事情，我们要卖给航空公司了，而且要大量减员呢!"

这个消息传来传去，3天后又传回总经理波利的耳朵里。他也接到了许多极不友好甚至是敌意的电话和信件，人们纷纷指责他企图违背诺言大批解雇工人。有的人也表示为与别的公司联合而感到高兴，波利则被弄的迷惑不解。

后来波利经过多方了解，终于弄清了事情的真相。然后波利就采取了澄清传闻的方式。首先他给各部门印发了他为公司制定的那两个战略方案，并让各部门的负责人将两个方案的内容发布给全体职工。然后在三天后，他把全公司的员工召集在一起，让他们谈谈对这两个方案的看法。职工们各抒己见，但多数人更倾向于第二个方案。最后波利说："首先向大家道歉，由于我的工作失误使大家担心了，很抱歉，希望大家能原谅我。其次，我看到大家这样的爱公司，我也很受鼓舞，其实前几天大家所说的那件事就是这两个方案的'升华'，今天我看到了大家的决心，那么我就更有信心，使我们的公司发展更好。谢谢!"

最后，该公司采取了第二个方案，公司也更迅速的发展起来。

2. 按沟通信息的流动方向分

按沟通信息的流动方向可以把信息沟通分为上行沟通、下行沟通和横向交叉的沟通。

上行沟通是指下级的意见、信息向上级反映。这种沟通经常受到沟通环节上的主管人员的阻碍，他们把信息过滤并且不把所有信息，特别是不利的消息向上级传送。就控制的目的而言，客观地传送信息至关重要，因为这是主管人员掌握全面情况，做出符合实际的决策的前提。自下而上的信息沟通主要是启发式的，它通常存在于参与式的和民主的环境之中。有效地进行自下而上的信息沟通需要有一个使下属可以自由沟通的环境。组织气氛在很大程度上受上级管理部门的影响，因而，创造一个自下而上自由沟通的环境的责任在很大程度上，也应由上层管理部门承担。

下行沟通是指自上而下的沟通，是信息从高层次成员朝低层次成员的流动。这种沟通方式在具有独裁主义气氛的组织中尤为突出。主管人员把组织目标、规章制度、工作程序等向下传达，这是保证组织工作进行的重要沟通形式。遗憾的是，信息向下属指挥系统传送时往往遗漏或被曲解。而最高管理部门所颁布的政策和工作程序并不能保证信息的沟通。事实上，许多指示并未被下属所理解，甚至连看都没看过。因而，要知道接收者是否按照发送者的意图去理解信息，必须要有一个信息反馈系统。

横向交叉的沟通是指同一级之间，或处于不同层次的没有直接隶属关系的成员之间的沟通。这种沟通方式用来加速信息的流动，促进理解，并为实现组织的目标而协调各方面的努力。

3. 按沟通的方法分

按沟通的方法可以把沟通分为书面沟通、口头沟通和非语言沟通。

口头沟通是借助于口头语言进行的沟通。例如谈话、报告、讨论、讲课、电话等，它的特点是亲切、反馈快、弹性大、双向、效果好，但事后难于准确查证。但由于种种原因，许多听话者提不出应提的问题，因而只得到一些不完整的或断章取义的情报，可能导致代价高昂的错误，而且也不一定能节省时间。

书面沟通是指利用文字进行沟通，例如合同、协议、规定、通知、布告等。它的特点是正式、准确、具有权威性，又可以把传送的情报作为档案或参考资料保存下来，往往比口头沟通更为仔细。进行书面沟通，可以使接收者反复阅读，但也不一定能达到预期效果，因为写得不好的书面信息，往往需要用很多书面和口头情报来澄清，这既增加了沟通的费用，也容易引起混乱。书面和口头沟通这两种形式各有利弊，因而两种方式经常同时使用，互为补充。

非语言沟通方式，诸如用面部表情、说话声调、语气和身体姿势来加强或否认语言沟通的效果。但这种沟通也并不总能做到这一点，例如，一个作风专断的主管一面拍桌子，一面宣称从现在开始实施参与式管理，这样他话的可信性就有问题。显然，非语言沟通方式既能起到强化语言沟通的效果，也能起到相反的作用。

4. 按沟通方向的可逆性分

按沟通方向的可逆性可以把沟通分为单向沟通和双向沟通。

单向沟通是指信息朝一个方向前进，信息发送者与信息接收者之间的地位不发生变化，例如作报告、发指示、作讲演等。这种沟通的特点是速度快、秩序好、无反馈、无逆向沟通，但实收率低，接收者容易产生挫折、埋怨和抗拒。

双向沟通是指信息发送者与信息接收者之间的地位不断发生变化，信息在二者之间反复变换传送方向，例如交谈、协商、会谈等。这种沟通的特点是速度慢、气氛活跃、有反馈、实收率高，接收者能表达意见，人际关系较好。但信息发送者感到心理压力较大，因为随时都会受到信息接收者的批评或挑剔。

严格来讲，单向沟通并不是真正的沟通，而只是一方把话告诉另一方，效果如何则暂且不问。双向沟通才是真正的沟通。但是不能因此而否定单向沟通。一般来说，例行公事、有章可循、无甚争论的情况可采用单向沟通；事情复杂、底数不大的情况，可采用双向沟通。重视速度维护表面威信可采用单向沟通；重视人际关系则可采用双向沟通。

12.2 沟通的管理

12.2.1 有效沟通的障碍

沟通过程中，随着信息的传递与交流，总会有各种各样的噪声，包括发送者方面、沟通渠道方面、接收者方面和反馈方面的噪声干扰沟通，管理人员经常不能有效沟通主要是沟通噪声的问题。常见的管理沟通的噪声有以下几个方面。

1. 语言与表达

由于沟通中的信息发送方和接收方都是人，语言是沟通中的主要媒介。由于语言的障碍会产生理解的差异，甚至是误解。在一个组织里，由于语言的问题形成沟通障碍主要表现为以下几方面：首先是不同语言造成的沟通障碍，人们发现用外语表述问题不如用母语清晰，在接收外语时也存在着语意差别。其次是由于语言的语意差别形成的障碍，即同一语言在不同地区会有不同的含义。中文由于语音复杂，一词多义，理解的可变度极大。再次，是语言发送者表述方式所形成的障碍，如有些沟通者事先缺乏必要的准备和思索，或用词不当或说话意图不清，使听者不知所云。最后是信息接收者个人在接收的过程中的主观原因，如推理能力、世界观、经历、经验、需要的影响，从而产生不同的理解。为了克服组织中语言障碍，对员工进行规范的语言训练是必要的。

知识链接

研究者发现：人们在口头交流中，收到的信息55%来自面部表情和身体姿势，38%来自说话的语调，仅有7%来自单纯的词汇。

2. 信息的数量与质量

管理失误或冲突的产生被许多人认为是信息沟通不够造成的，但还有一种现象也应引起管理者的注意，就是信息沟通过度也会造成上述问题。研究表明，大量的信息流动有助于克服信息沟通中的不畅问题，但是，不受限制的信息流动会导致信息过量，信息超负荷也会导致一系列问题的出现。首先，人们可能会无视某些信息，例如，一个人收到的信件太多，干脆就把应该答复的信件也置之不顾了。其次，一旦人们被信息过载所困扰，在处理中就会出差错。最常见的就是人们会把信息所传送的“不”字忽略了，从而使原意颠倒。第三，信息过量，可能会降低人们的工作效率，无限期地拖延处理信息。第四，人们会对信息进行过滤，很可能忽略了关键性的信息。第五，人们会干脆从沟通中脱身以对待信息超负荷的情况。由于信息超负荷，人们会把信息束之高阁或者不进行有效沟通。

3. 选择性地接受信息

管理学家罗宾斯认为选择性知觉是人际间有效沟通的障碍。这主要是指个人的兴趣、经验和态度会影响其有选择地解释所看或所听到的信息。研究已经证实人们会有选择地接受信息以保护自己。当然如果人们在沟通中存在着偏见、猜疑、威胁和恐惧等心理，对沟通的影响就更大了。如信息发送者在接收者心目中的形象不好，则后者对前者所讲述的内容往往不愿意听或专挑毛病，有时虽无成见，但认为所传达的内容与己无关，从而不予理会，或拒绝接受。在管理活动中，如果是在含有不利因素的气氛中进行沟通，任何信息的有效传递都会受到影响。如果一个员工在过去因向上司如实反映真实情况却受到惩罚时，就会导致其出现报喜不报忧。因此，组织应创造一种信任的气氛，以此促进公开而真诚的沟通是十分重要的。

4. 沟通双方地位差异

一般人在接受信息时不仅判断信息本身，而且判断信息的发送人。信息发源的层次越高，便越倾向于接受。相反，信息发送者地位较低，其发出的信息也将跟着打折扣。一般来说，地位高的人对地位低的人沟通是无所顾忌的，而下级对上级沟通时往往是有所顾忌的。企业的高层管理人员在沟通时可能会隐瞒某些信息，为的是让自己看起来比别人懂得更多，或者是能够更好地树立自己的权威。为了保护自己，低层次的员工也可能采取类似的行为，这就会形成人为的沟通障碍。但更多的情况是，由于地位的差异，下级往往是观察上级领导者的真实意图来进行沟通，如当领导者不愿意听取不同意见时，下级更愿意保持沉默或沟通与领导意见一致的信息。

5. 信息传递方式

信息表达不清，沟通要求不明，渠道不畅，都会在不同程度上影响沟通。尽管信息发送者头脑中的某个想法是多么清晰，但仍有可能受措词不当、疏忽遗漏、缺乏条理、思想表达紊乱、行文陈词滥调、乱用术语以及未能阐明信息的含义等现象的影响，使信息表达不清楚和不正确，造成相应的损失。有些领导者并不明确为了完成组织的任务和做出正确的决策自己需要哪些信息，致使组织的信息沟通呈现自发的无组织状态，以致提供的信息并不需要，而需要的信息却又没有，这便会降低组织的运行效能。

6. 地理空间约束

由地理位置所造成的沟通困难也是不可忽视的。在管理中，由于组织规模庞大，地理位置分散所造成的信息传递失真或延误并不在少数。大企业病最典型的表现之一就是企业对市场反应迟缓，机制不灵活。其主要原因就是信息传递不畅。

7. 信息传递链

在沟通中，由于环节过多，引起信息损耗现象时有发生。研究表明，信息从一个人传到另一个人的一系列传递过程中会越来越失真，一般每经过一个中间环节，就要丢失30%的信息。这一方面是由于人的性别、年龄等生理特点影响所致，另一方面由于人们的文化程度、信仰、观念、态度不同，从而造成一个人的感觉和知觉不同以及接收水平上的差异。对信息的遗忘性也是一个问题。因此，在管理沟通中，采用什么沟通渠道或媒介是管理者应重要考虑的。

8. 情感与心理因素

在沟通中，人的情绪、态度、注意力等方面的影响也是不可忽视的。人们往往以他们想要了解或喜欢事物为知觉基础，这在信息沟通中意味着人们听到了要听到的信息，却忽略了其他相关的信息。态度是一种有关事实或事态的心理定位，显然，倘若人们已经认定了什么，那么就不可能客观地聆听别人的说话，多数情况下会根据自己的主观意见解释沟通的信息，从而导致信息失真。

知识链接

有人做试验，请一家公司23位部门主管回答“假如你是总裁，你认为哪个部门最重要”。试验结果：23位部门主管都从全公司角度出发分析，认为他自己所负责的部门最重要。

12.2.2 有效沟通的实现

从上述的沟通障碍来看，只要采取适当的行动方式将这些沟通障碍消除，就能实现管理的有效沟通。因而，无论是组织中沟通还是组织间沟通，有效沟通的实现取决于对沟通技能的开发和改进。

克服沟通中的障碍一般有以下几个准则。

(1) 明了沟通的重要性，正确对待沟通。管理人员往往十分重视计划、组织、领导和控制，对沟通却常有疏忽，认为信息的上传下达有了组织系统就可以了，对非正式沟通中的“小道消息”常常采取压制的态度，这就表明管理层没有从根本上对沟通给予足够的重视。

(2) 创造一个相互信任、有利于沟通的小环境。管理人员不仅要获得下属的信任，而且要得到上级和同僚们的信任。他们必须明白，信任不是人为的或从天上掉下来的，而是诚心诚意争取来的。

(3) 缩短信息传递链，拓宽沟通渠道，保证信息传递畅通无阻和信息的完整性。如减少组织机构重叠，在利用正式沟通的同时，开辟高层管理人员至基层管理人员的非正式的沟通渠道，以便于信息的传递。

(4) 加强平行沟通，促进横向交流。通常，组织内部的沟通以与命令链相符的垂直沟通居多，部门间、车间间、工作小组间的横向交流较少，而平行沟通却能加强横向的合作。这一方式对组织间沟通尤为奏效。

(5) 讲究语言艺术。能否正确、有效地使用语言，对沟通效果影响很大。管理者讲究语言艺术，提高沟通语言的简练性、准确性、针对性和趣味性，以提高沟通的有效性。

(6) 及时运用反馈。反馈可以排除噪声和信息失真，增强沟通的有效性。特别是在面对面的直接沟通中，更应该及时反馈，随时把握沟通对象的反应、心态及沟通效果，及时调整沟通策略与方法，实现更有效的沟通。

[讨论题] 如果一名管理者不善于沟通，会发生什么情况？

12.2.3 提高管理者的沟通技能

1. 提高语言表达能力

说话总是要表达某种内容、观点，传达一些信息。在这个前提下，说话技巧就是关键因素。几乎没有特定的语言表达技巧适合所有的谈话内容。在管理活动中，语言表达应注意以下几点。

1）准确、正确地应用语言

管理活动通常是在正式的组织中进行的，要求管理者在沟通或交流时首先应正确地使用语言。传达的信息应准确无误，否则会造成管理上的混乱。有一家公司在讨论“组织的改造以及人员减少的预测”问题时，高层管理人员似乎强调改造并不总是意味着解雇，但两天以后他们改造的结果却是数百人失去工作。

2）不伤对方的面子与自尊

人们在交往中，维护面子与自尊是一个极其敏感而又重要的问题。许多研究结果证明，如果一方感到失了面子，其不良后果早晚会显示出来。当一个人的自尊受到威胁时，他就会全力防卫自己，对外界充满敌意，有的人反击，有的人回避，有的人则会变得十分冷淡。这时，要想与他沟通交往，则会变得十分困难。

在多数情况下，丢面子、伤自尊心都是由于语言不慎造成的。最常出现的情况是由于沟通双方对问题的分歧，发展到对对方的成见，进而出现对个人的攻击与指责。因为，很多情况下，没等你说服他，却很可能已经刺伤了他。当对方提出某种观点，而你并不同意时，你可以说：“根据你的假设，我可以推知你的结论，但是你是否考虑到……”这样既指出了对方用意的偏颇，表明了你的态度，又避免了直接正面冲突，从而避免了招致别人的不满。

在沟通中，有些言词应慎用。极端性的语言，如“肯定如此”、“绝对不是那样”；涉及对方隐秘的语言；有损对方自尊心的语言；赌气的语言；以我为中心的语言等。

3）说话的方式

讲话过程中的一些细节问题，如停顿、重点、强调、说话的速度等，往往容易被人们忽视，而这些方面都会在不同程度上影响说话的效果。

一般来讲，如果说话者要强调谈话的某一重点时，停顿是非常有效的。试验表明，说话时应当每隔30秒停顿一次，一是加深对方印象，二是给对方机会，对提出的问题进行思考或加以评论。当然，适当的重复，也可以加深对方的印象。有时，还可以运用加强语气，提高说话声音以示强调，或来显示说话者的信心和决心。这样做比使用一长串的形容词效果要好。说话声音的改变，特别是如能恰到好处地抑扬顿挫，会使人消除枯燥无味的感觉，吸引听话者的兴趣。此外清晰、准确的发音，圆润动听的嗓音，也有助于讲话的效果。

2. 养成积极倾听的习惯

倾听和讲话一样具有说服力。倾听是人们交往活动的一项重要内容。据专家调查显示，人在醒着的时候，至少有1/3的时间花在听上，而在特定条件下，倾听所占据的时间会更多，许多时候，良好的沟通就等于积极倾听。

1）倾听的作用

倾听是了解他人需要，发现事实真相的最简捷的途径；倾听可以使你了解对方的立场、观点、态度，了解对方的沟通方式；同时倾听也是给人留下良好印象，改善双方关系的有效方式之一。因为专注地倾听别人讲话，表示倾听者对讲话人的看法很重视，能使对方对倾听者产生信赖和好感。

倾听和谈话一样具有说服力，它常常使我们不花费任何力气，取得意外的收获。倾听还会使我们了解掌握许多重要语言的习惯用法。这些习惯用法在沟通中，往往会成为人们运用沟通的策略技巧之一。例如，我们经常听到有人说："说来……"这表示说话者故意给人一种印象是他刚想到什么，但十之八九，他所要说的是重要内容，却以随便的口吻伪装成不重要，掩人耳目。再如，一个人说话之前可能会用"坦白地说"，"说实在的"，这很可能表示他根本不坦白、不实在，用这种说话方式，也属于一种掩饰。

2）影响倾听的障碍

归纳起来，至少有以下几种原因：许多人认为只有说话才是表白自己、说服对方的唯一有效方式，若要掌握主动，便只有说；先入为主的印象妨碍了我们耐心地倾听对方的讲话，如对某人看法不佳；急于反驳对方的观点，好像不尽早反对，就表示了妥协；在所有的证据尚未拿出之前，轻易地做出结论；急于记住每一件事情，结果主要的事情反而没注意到；常常主观地认定谈话没有实际内容或没有兴趣，不注意倾听；因一些其他事情而分心；有时想越过难以应付的话题；忽略某些重要的叙述，因为它是由我们认为不重要的人说出来的；从心理学角度来讲，人们会主动摒弃他们不喜欢的资料、消息；思维方式，有的人喜欢定式思维，不论别人讲什么，他都马上与自己的经验套在一起，用自己的方式去理解，这种思维方式使人难于接受新的消息，不善于认真听别人说什么，而喜欢告诉别人。

3）学会倾听

与人交谈取得成功的重要秘诀，就是倾听，永远不要不懂装懂。这就告诉我们要学会倾听，善于倾听。当然，要很好地倾听对方谈话，并非像人们想象的那样简单。专家的实验证明，倾听对方的讲话，大约有1/3的内容是按原义理解，1/3被曲解地听取了，1/3则丝毫没被听进去。首先，要求倾听者一定要心胸开阔，要抛弃那些先入为主的观念。其次，要全神贯注，努力集中注意力。倾听对方讲话，必须集中注意力，同时，还要开动脑筋，进行分析思考。克服各种干扰，始终保持自己的思维跟上讲话者的思路。第三，倾听对方讲话，还要学会约束自己、控制自己的言行。如不要轻易插话，或打断对方的讲话，也不要随意地妄加评论。促使讲话者保持积极的讲话状态，主要有3种形式。一是鼓励。需要用微笑、目光、点头等赞赏的形式表示呼应，显示出对谈话的兴趣，促使对方继续讲下去。二是理解。可以用"是"、"对"等表示肯定，有时可以适当复述。这些方式都是对讲话者的积极呼应。三是激励。也可以适当地运用反驳和沉默来激励对方讲话。

管理寓言

三个金人

曾经有个小国到中国来，进贡了3个一模一样的金人，金碧辉煌，把皇帝高兴坏了。可是这小国却不太厚道，同时出一道题目：这3个金人哪个最有价值？

皇帝想了许多的办法，请来珠宝匠检查，称重量，看做工，都是一模一样的。怎么办？使者还等着回去汇报呢。泱泱大国，不会连这点小事都不懂吧？

最后，有一位退位的老大臣说他有办法。

皇帝将使者请到大殿，老臣胸有成足地拿着三根稻草，插入第一个金人的耳朵里，这稻草从另一边耳朵出来了。第二个金人的稻草从嘴巴里直接掉出来，而第三个金人，稻草进去后掉进了肚子，什么响动也没有。老臣说：第三个金人最有价值！使者默默无语，答案正确。

这个故事告诉我们，最有价值的人，不一定是最能说的人。老天给我们两只耳朵一个嘴巴，本来就是让我们多听少说的。善于倾听，才是成熟的人最基本的素质。

3. 改进沟通态度，建立相互信任

沟通在组织内上下级和同事之间的人际关系方面有非常重要的作用，有人对经理人员的沟通做过分析，一天用于沟通的时间约占70%左右，其中撰写占9%，阅读占16%，言谈占30%，用于聆听占45%。但一般经理都不是一个好听众，效率只有25%，究其原因，主要是缺乏诚意。缺乏诚意大多发生在自下而上的沟通中。所以要提高沟通效率，必须诚心诚意地去倾听对方的意见，既给予反馈也要求得到反馈，从感情上建立联系，形成一种相互信任、充满信心的气氛以及支持下属工作的作风。

本章小结

本章主要介绍了沟通的原理、沟通的管理等内容。沟通的原理主要介绍了沟通的概念及其作用，沟通是指管理者为了达到一定的目的，利用媒介传递与交流信息的过程，是组织实现目标的重要手段，有助于管理者更好的决策，能有效激励员工。沟通可分为正式沟通和非正式沟通；书面沟通、口头沟通和非语言沟通；单向沟通和双向沟通等。沟通的管理主要介绍有效沟通的障碍，来自发送者方面、沟通渠道方面、接收者方面和反馈方面的噪声都会干扰沟通。实现有效沟通的原则。可以通过提高语言表达能力，养成积极倾听的习惯，改进沟通态度，建立相互信任来提高管理者的沟通技能。

练习题

一、单项选择题

1. 下述对于信息沟通的认识中，哪一条是错误的(　　)。

A. 信息传递过程中所经过的层次越多，信息的失真度就越大

B. 信息量越多，就越有利于进行有效的沟通

C. 善于倾听，能够有效改善沟通的效果

D. 信息的发送者和接收者在地位上的差异也是一种沟通障碍

2. 人际沟通中会受到各种“噪音干扰”的影响，这里所指的“噪音干扰”可能来自于(　　)。

A. 沟通的全过程　　B. 信息传递过程
C. 信息解码过程　　D. 信息编码过程

3. 如果发现一个组织中小道消息很多，而正式渠道的消息较少，这意味着该组织(　　)。

A. 非正式沟通渠道中信息传递很通畅，运行良好
B. 正式沟通渠道中信息传递存在问题，需要调整
C. 其中有部分人特别喜欢在背后乱发议论，传递小道消息
D. 运用了非正式沟通渠道的作用，促进了信息的传递

4. 假定请你主持召开一个由公司有关的“智囊”参加的会议，讨论公司发展战略的制定问题。如果在会上听到了许多与你观点不同的意见，而且你也知道这些意见有失偏颇是因为发言者掌握的资料不全。对此你认为最好采取哪一种做法(　　)。

A. 视情况谈谈自己对一些重要问题的看法
B. 既然是智囊会议，就应允许畅所欲言
C. 及时打断这些发言以发表自己的意见
D. 及时提供资料，证明这些意见的错误

5. 某公司内部建立了计算机网络，理论上所有的信息沟通都可以通过网络进行。经理认为这样可以加快沟通的速度和准确性，但是在实际运营中并非如此。一些重要的信息并没有引起足够的重视，这种现象最有可能是什么原因造成的？(　　)

A. 忽略了面对面交谈的沟通形式
B. 一些人不愿意进行网络沟通
C. 公司内部的人员对计算机不熟悉
D. 在网络上重要信息没有特别标示

6. 英国大作家肖伯纳曾经说过：“你有一个苹果，我有一个苹果，彼此交换后，各人手里仍然还是一个苹果；你有一种思想，我有一种思想，彼此交流思想之后，那么我们每人便有了两种思想。”你认为这句话对当前企业管理工作的启示是(　　)。

A. 企业之间的物质交换不如经验交流重要。
B. 人各有所长，各有所需，但精神需要更为重要。
C. 当前流行的请客送礼之风，与精神文明建设的要求格格不入。
D. 促进企业内部人们的信息沟通可以提高企业的竞争能力。

7. 人际沟通中会受到各种“噪音干扰”的影响，这里所指的“噪音干扰”可能来自于(　　)。

A. 沟通的全过程　　B. 信息传递过程
C. 信息解码过程　　D. 信息编码过程

8. 国内越来越多的企业都开始设内部咖啡厅，其主要目的是(　　)。

A. 形成非正式组织　　B. 促进信息沟通
C. 增强企业凝聚力　　D. 给员工一个放松场所

9. 中层管理者比低层管理者更多地依靠(　　)。

A. 正式权力与沟通技巧

B. 个人权力与技术技能

C. 人际关系技能与技术技能

D. 沟通技能与人际关系技能

10. 在改善人际沟通时应该注意(　　)。

A. 沟通时注意控制自己的情绪

B. 沟通注重语言，非语言提示可以忽略

C. 管理者要以自己可以理解的语言和下属沟通

D. 下属在反映问题时，管理者应关注自己的想法，以便对下属进行明确的指导

二、判断题

1. 组织中的沟通既包括工具式的沟通也包括满足需要的沟通。　(　　)

2. 良好的沟通是一切组织存在的基础。　(　　)

3. 组织中平行的沟通容易造成部门之间的合谋。因而领导者要防止平行沟通，需要协调各部门工作时由领导出面解决。　(　　)

4. 组织中的沟通应该正式、高效，因此迅速地逐级汇报书面材料和下发文件能确保组织沟通的顺畅。而口头汇报或越级汇报都是不可取的。　(　　)

5. 谈判中需要沟通，沟通也就是双方达成协议。　(　　)

三、问答题

1. 沟通的目的是什么?

2. 沟通的作用有哪些?

3. 沟通中的障碍有哪些?

4. 如何克服沟通过程中的障碍?

案例应用分析

迈克和玛丽的沟通

迈克在一家食品加工厂的包装车间里当管理人员，玛丽是车间里贴标签的工人。玛丽刚犯了一个严重的错误，包装流水线上的产品换了，却没有换上相应的标签，迈克找玛丽谈话。

迈克：你怎么可以让这种事情发生？我早就给你说了，而且要你特别当心。

玛丽：当时我以为要换流水线上的产品，我会从打包工那里得到这个信息，可他什么也没对我说。

迈克：这不是我当时的意见，我说的“打包者”，指的是打包机，当产品换线时，它们的红灯就亮了。

玛丽：我想我大概误解了你的意思。不管怎么说，那天你给我说这件事的时候，我为我母亲急得要命，她正在医院里开刀，我真的没想到，贴标签会惹下那么大的麻烦。

问题：

1. 迈克传递给玛丽的信息不清楚是因什么情况引起的?

2. 迈克当时应怎么做，才能保证信息准确到位?

阅读材料

张经理的沟通经验

某公司张经理在实践中深深体会到，只有运用各种现代科学的管理手段，充分与员工沟通，才能调动员工的积极性，才能使企业充满活力，在竞争中立于不败之地。

首先，张经理直接与员工沟通，避免中间环节。他告诉员工自己的电子信箱，要求员工尤其是外地员工大胆反映实际问题，积极参与企业管理，多提建议和意见。经理本人则每天上班时先认真阅读来信，并进行处理。

其次，为了建立与员工的沟通体制，公司又建立了经理公开见面会制度，定期召开，也可因重大事情临时召开，参加会议的员工是员工代表、特邀代表和自愿参加的员工代表。每次会议前，员工代表都会广泛征求群众意见，提交经理在公开见面会上解答。1998 年 12 月，调资晋级和分房两项工作刚开始，员工中议论较多。公司及时召开了会议，厂长就调资和分房的原则、方法和步骤等做了解答，使部分员工的疑虑得以解决和消除，保证了这两项工作的顺利进行。

第5篇 控　　制

第13章 控制概述

教学目标

通过本章的学习，正确理解控制的含义，控制的必要性，掌握控制的类型，前馈控制、现场控制和反馈控制的比较。掌握有效控制的原则。掌握控制过程确立标准、衡量绩效、纠正偏差的具体内容与方法。

教学要求

知识要点	能力要求	相关知识
控制活动	(1) 理解控制的含义 (2) 掌握控制的类型 (3) 理解控制的必要性 (4) 掌握有效控制的原则	(1) 控制的概念 (2) 前馈控制、现场控制和反馈控制 (3) 有效控制的原则
控制的过程	掌握控制的过程	(1) 控制标准 (2) 衡量绩效

你不能衡量它，就不能管理它。

——彼得·德鲁克

基本概念

控制　前馈控制　现场控制　反馈控制　间接控制　直接控制　分散控制　集中控制

导入案例

洋　快　餐

中国号称有着博大精深的饮食文化，是个饮食王国，但洋快餐“麦当劳”“肯德基”等却大举进攻国内市场，并取得节节胜利，这是为什么呢？其中的原因有许多，但主要原因就是管理问题，尤其是控制问题。

以“麦当劳”为例，它实行的是特许经营，形成了一整套计划周密、有条不紊的筛选程序来选择特许经营者，而且经营者必须通过“汉堡包大学”的专门培训。一本几百页的操作手册规定了严格的标准，其中包括食物配方、烹饪程序、店堂布置甚至职员着装等；食品的制作完全是标准化的，一磅肉的脂肪含量必须少于19%，小面包的宽度只能是3.5英寸，每个汉堡包中的洋葱不能超过1/4盎司等；对每种食品的制作时间都有明确的规定，而且食品出炉后的存放时间也有详细的规定，油炸食品7分钟，汉堡包10分钟，咖啡30分钟，超过规定时间，所有的食品都将扔掉等。所有这些标准都要严格执行，并有严密的监督体制，每家分店有审查员，公司有不定期的暗访调查，发现不符合规定的坚决查处。通过这一整套严密的控制体系，使得消费者能在世界各地坐在相同熟悉、洁净的店堂里吃到相同质量、口味的食品，享受到相同周到的服务。

点评：控制是管理成效的保证。

控制是管理过程中的关键环节，是管理工作的重要职能。人们通常认为，管理工作始于计划的制订，然后是组织和领导职能的实施，最后通过控制保证管理目标的实现。要掌握这些情况并处理所出现的问题，就需要开展有效的控制工作。

13.1　控制活动

控制是管理工作过程中不可缺少的一个环节。控制工作与计划工作密切相关。事实上，计划与控制这两项职能是不可分割的，计划工作与控制工作是一把剪刀的两刃。一方面，没有了目标与计划，也就不可能进行控制，这是因为控制必须要把业绩同某些已规定的标准进行比较衡量；另一方面，控制非常重要，它是管理职能环节中的关键一环。控制工作是包括从高层管理人员到基层管理人员在内的每一位管理员的职能。尽管各个层次的管理人员所控制的范围不同，但他们都负有执行计划的职责，因而控制是每个层次管理部门的一项主要管理职能。

13.1.1　控制的含义

“控制”一词最初来源于希腊语“掌舵术”，意指领航者通过发号施令将偏离航线的船只拉回到正常的轨道上来。由此说明，维持朝向目的地的航向，或者说维持达成目标的正确行动路线，是控制的最核心含义。在传统意义上，我们对“控制”的理解更多地强调“制”，即掌握住对象不使任意活动或超出范围。然而，实际中“控”的含义更重要，即使对象按照控制者的意愿活动。

从普遍意义来理解，控制是由控制主体、控制客体、控制目标、控制过程等要素组成的。控制主体，即控制者；控制客体，即控制对象；控制目标，即控制者的意愿；控制过程，即控制活动。从管理学的角度理解，控制是监视各项活动，以保证它们按计划进行并纠正各种重要偏差的过程。简单地说，控制就是确保结果和计划相一致的过程。计划提出了管理者追求的目标；组织提供了完成这些目标的结构、人员配备和责任，指挥提供了领导和激励的环境，而控制提供了有关偏差的知识以及确保与计划相符的纠偏措施。控制就是根据拟定的计划，对实现目标的进展情况进行确定或衡量的过程，它与计划、组织、领导密切相关。一个有效的控制系统可以保证各项行动完成的方向是朝着组织既定目标前进的。控制系统越完善，管理者实现组织目标就越容易。

本书定义：控制是管理者在动态的环境中监视各项管理活动，以保证它们按计划进行并纠正各种重要偏差的过程。

13.1.2 控制的必要性

控制职能是为了保证计划与实际执行情况动态适应的管理职能。美国管理学家亨利说：“如果计划从来不需修改，而且在一个全能领导人的指导之下，由一个完全均衡的组织完美无缺的执行，那就没有控制的必要了。”然而这种理想的状态是不可能的，也是不现实的，因此必须进行控制。管理控制的必要性主要是由下述原因决定的。

1. 管理环境的变化

如果企业面对的是一个完全静态的环境，其中影响企业活动的各个因素永不发生变化，例如，市场供求、产业结构、技术水平等，那么，企业管理人员便可以年复一年、日复一日地以相同的方式组织企业经营，工人可以以相同的技术和方法进行生产作业，不仅控制工作，甚至管理的计划职能都将成为完全多余的东西。事实上，这样的静态环境是不存在的，企业外部的一切每时每刻都在发生着变化。这些变化必然要求企业对原计划进行修改，从而对企业经营的内容做相应的调整。

管理环境除了多变以外，作为一个动态系统它还具有高度的复杂性。各种因素作用其中，相互联系、相互制约，任何一个因素的改变和偏离都会对其他因素能否正常发挥作用产生影响，有时甚至会出现“牵一发而动全身”的局面。例如著名的蝴蝶效应，一只蝴蝶在巴西扇动翅膀，有可能会在美国的得克萨斯州引起一场龙卷风。因此事物之间往往通过各种渠道有着直接或间接的联系。作为管理者，要明白只有将每一个会影响到其他因素或全局的因素控制好了，避免其发生偏差，才能保证整个管理系统按照预定的方向前进，保证计划准确执行，目标顺利实现。例如，组织要实现销售业绩与去年同期相比增长15%的目标和计划，就必须清醒地认识到销售业绩的增长除去客观因素的影响之外，主要取决于消费者的信赖，消费者的信赖又主要来自于过硬的产品质量，过硬的产品质量离不开对生产过程的全程严格控制，生产过程的控制又需要生产人员一丝不苟、精益求精的工作态度。这些因素之间都是互相联系的，构成一个复杂的有机系统，加强对系统中各因素的控制对于全局或是局部都是至关重要的。

2. 管理权力的分散

只要企业经营达到一定规模，企业主管就不可能直接地、面对面地组织和指挥全体员工的活动。时间与精力的限制要求他委托一些助手代理部分管理事务。由于同样的原因，这些助手也会再委托其他人帮助自己工作。这便是企业管理层次形成的原因。为了使助手们有效地完成受托的部分管理事务，高一级的主管必然要授予他们相应的权限。因此，任何企业的管理权限都制度化或非制度化地分散在各个管理部门和层次。企业分权程度越高，控制就越有必要。控制系统可以提供被授予了权力的助手的工作绩效的信息反馈，以保证授予他们的权力得到正当利用，促使这些权力组织的业务活动符合计划与目的的要求。如果没有控制，没有为此而建立的相应的控制系统，管理人员就不能检查下级的工作情况，即使出现权力不负责任的滥用或活动不符合计划要求等其他情况，管理人员也无法发现，更无法及时地纠正。

3. 工作能力的差异

即使企业制订了全面完善的计划，经营环境在一定时期内也相对稳定，对经营活动的控制也仍然必要。这是由不同组织成员的认识能力和工作能力的差异所造成的。完善计划的实现要求每个部门的工作严格按计划的要求来进行，然而，由于组织成员是在不同的时空进行工作的，他们的认识能力不同，对计划要求的理解可能会发生差异；即使每个员工都能完全正确地理解计划的要求，但由于工作能力的差异，他们的实际工作结果也可能在质和量上与计划要求不符。某个环节可能产生的偏离计划的现象，会对整个企业活动造成冲击。因此，加强对这些成员的工作控制是非常必要的。

13.1.3 控制的类型

1. 按控制的侧重点划分

按控制的侧重点不同，可将控制划分为前馈控制、现场控制和反馈控制 3 种类型。

1）前馈控制

前馈控制(又称预先控制或事前控制)，它是在实际工作开始之前就进行的控制。前馈控制是最渴望采取的控制类型，因为它能避免预期出现的问题。前馈控制以未来为导向，在工作之前对工作中可能产生的偏差进行预测或估计，采取防患措施，以便在实际偏差产生之前，管理者就能运用各种手段对可能产生的偏差进行纠正，将其消除于产生之前。如在企业中，为保证工作的顺利进行，制定一系列规章制度让员工遵守；为了生产出高质量的产品而对原材料的质量进行控制等，都属于前馈控制。

与反馈控制和现场控制相比，前馈控制具有如下优点。前馈控制是在工作开始之前进行的控制，以防患于未然，避免了事后控制无能为力的弊端。前馈控制是针对某项计划行动所依赖的条件进行的控制，不针对具体人员，不会造成心理冲突，易于被员工接受并付诸实施。前馈控制适用于一切领域中的所有工作，企业、学校、医院、军队都可运用这种控制方法。

前馈控制的主要目的是防止问题的发生，而不是当问题出现时再予以补救。要实现这个目的，及时、准确的信息以及对活动未来结果的预测就显得尤为重要。通常，管理者可以分两部分工作来进行：一是检查活动所需各种资源的准备情况和保证程度；二是分析影响活动的各种因素，预测活动可能的结果。如果资源不能充分保证，或者预测结果不能满足要求，管理者就必须采取相应的措施，要么督促相关人员加强有关工作，要么就必须对计划或者执行程序做必要的调整。

管理故事

厨房失火

有位客人到某人家里做客，看见主人家灶上的烟囱是直的，旁边又有很多木柴，于是，客人忠告主人说："烟囱要改曲，木柴也要移到别的地方去，否则将来可能会有火灾。"主人听了没有做任何表示。不久，主人家里果然失火，四周的邻居赶紧跑过来救火，最后火被扑灭了。于是，主人烹羊宰牛，宴请四邻，以酬谢他们救火的功劳，但是并没有请当初建议他将木柴移走、烟囱要改曲的人。

有人很不解，问主人为何不请那个提建议的人。主人说"他没有帮我救火，没给我做任何事，我为什么要请他呢？"那人对主人说"如果当初你听了那位先生的话，今天也不用准备筵席，而且也没有火灾的损失。现在论功行赏，原先给你建议的人没有被感恩，而救火的人都是座上宾，真是很奇怪的事！"

主人顿时省悟，赶紧去邀请当初给予建议的那位客人。

2）现场控制

现场控制，是在工作正在进行时进行的控制。在活动进行之中予以控制，管理者可以在重大损失发生之前及时纠正问题。现场控制主要有监督和指导两项职能。监督是按照预定的标准检查正在进行的工作，以保证目标的实现；指导是管理者针对工作出现的问题，根据自己的经验指导下属改进工作，或与下属共同商讨矫正偏差的措施，以便使工作人员能正确地完成所规定的任务。管理者亲临现场观察就是一种最常见的现场控制活动。当管理者直接视察下属的行动时，管理者可以同时监督员工的实际工作，并在发生问题时马上进行纠正。例如，生产制造活动的生产进度控制、每日情况的统计报表、每日对住院病人进行临床检查等都属于现场控制。

现场控制具有指导职能，有助于提高工作人员的工作能力和自我控制能力。但是，现场控制也有很多弊端。首先，这种控制方法容易受管理者时间、精力、业务水平的制约，管理者不能时时对事事都进行现场控制，只能偶尔使用或在关键项目上使用这种控制方法。其次，现场控制的应用范围较窄。对生产工作容易进行现场控制，而对那些问题难以辨别、成果难以衡量的工作，如科研、管理工作等，几乎无法进行现场控制。再次，现场控制容易在控制者与被控制者之间形成心理上的对立，容易损害被控制者的工作积极性和主动性。所以，无论对于什么性质的组织，现场控制都不可能成为日常性的控制方法，而只能是其他控制方式的补充。

最常见的现场控制方式是直接视察。当管理者直接视察下属的行动时，一方面，管理者可以随时发现下属在工作中与计划要求相偏离的现象，从而及时采取措施，马上进行纠正，将问题消灭在萌芽状态，避免已经产生的问题对企业不利影响的扩散；另一方面，管理者有机会当面解释工作的要领和技巧，纠正下属错误的作业方法与过程，从而可以提高下属的工作能力。

3）反馈控制

反馈控制，又称事后控制，是在工作结束之后进行的控制。反馈控制把注意力主要集中于工作结果上，通过对工作结果进行测量、比较和分析采取措施，进而矫正今后的行动。如企业对不合格产品进行修理，发现产品销路不畅而减产、转产或加强促销；学校对违纪学生进行处理等，都属于反馈控制。在组织中应用最广泛的反馈控制方法有：财务报告分析、标准成本分析、质量控制分析和工作人员成绩评定等。反馈控制是根据反馈原理对系统进行调节的一种方式，是施控系统根据反馈信息通过调节受控系统的输入来实现控制目的的。对管理控制系统而言，为了对控制对象进行调节和纠正偏差，必须对控制对象进行有效的再控制，即不断从控制对象那里了解运行结果的信息，然后控制机构向控制对象发出再控制信息，这样才能进行有效的控制。这种不断从控制对象获得有关控制效果的信息的过程，就是控制系统的信息反馈过程，信息反馈是保证系统运行达到预期目标的前提。

反馈控制是一个不断提高的过程，它的工作重点是把注意力集中在历史结果上，并将它作为未来行为的基础。反馈控制并不是最好的控制，但它目前仍被广泛地使用着，这是因为，有许多工作现在还没有有效的预测方法，而且受主客观条件的限制，人们往往会在执行计划过程中出现失误。反馈控制是企业管理中最常用的控制类型，在生产、营销、人力资源管理等方面均有广泛的应用。

反馈控制是面向未来的。由于它是在活动结束后进行的，因此对已经形成的活动结果不可能产生任何影响，但对后续活动的计划、实施等却有非常重要的作用。所以，为了不断提高组织的工作效率和管理水平，采用反馈控制是十分必要的，更何况在许多情况下，反馈控制是唯一可用的控制手段。

与前馈控制和现场控制相比，反馈控制有以下几方面优点。首先，反馈控制为管理者提供了关于计划的效果究竟如何的真实信息。如果反馈显示标准与现实之间只有很小的偏差，说明计划的目标已达到；如果偏差很大，管理者就应该利用这一信息使新计划制定得更有效。其次，反馈控制可以增强员工的工作积极性。因为人们希望获得评价他们绩效的信息，而反馈正好提供了这样的信息。

反馈控制的最大弊端在于在实施矫正措施之前，偏差就已经产生。但人们可以通过反馈控制认识组织活动的特点和规律，为进一步实施前馈控制和现场控制创造条件，进而实现控制工作的良性循环，并在不断的循环过程中提高控制效果。

前馈控制、现场控制和反馈控制这 3 种控制方式互为前提、互相补充。在实际控制工作中，不能只依靠某一种方式进行控制，必须根据实际情况，综合运用各种控制方式，以提高控制效果。

管理故事

扁鹊的医术

扁鹊三兄弟从医，魏文王问名医扁鹊说：“你们家兄弟三人，都精于医术，到底哪一位最好呢？”扁鹊答说："长兄最好，中兄次之，我最差。"文王再问："那么为什么你最出名呢？"

扁鹊答说："我长兄治病，是治病于病情发作之前。由于一般人不知道他能事先铲除病因，所以他的名气无法传出去，只有我们家的人才知道。我二兄治病，是治病于病情初起之时。一般人以为他只能治轻微的小病，所以他的名气只及于本乡里。

而我扁鹊治病，是治病于病情严重之时。一般人都看到我在经脉上穿针管来放血、在皮肤上敷药等大手术，所以以为我的医术高明，名气因此响遍全国。"文王说："你说得好极了。"

事后控制不如事中控制，事中控制不如事前控制。但现实生活中，我们更多的是注重事后控制，而很少注重事中、事前控制。

［讨论题］请举例分析3种控制的过程以及它们之间的区别？

2. 按控制的手段划分

按控制手段分，控制可分为间接控制和直接控制两类。

1）间接控制

间接控制是指根据计划和标准考核工作的实际结果，分析出现偏差的原因，然后找到责任者，并追究责任者的个人责任以使其改进未来工作的一种控制方法，多见于上级管理者对下级人员工作过程的控制。

间接控制的优点在于它能纠正管理人员由于缺乏知识、经验或判断力所造成的管理上的失误和偏差，并能帮助主管人员总结、吸取经验教训，增加他们的知识经验和判断能力，提高他们的管理水平。这种控制方式在管理中简单易行，容易被人们所接受，实际效果也不错。

实现间接控制的条件包括：①工作成效是可以计量的，因而也是可以相互比较的；②人们对工作任务所负有的个人责任是清晰的、可以分割和相互比较的，而且个人的尽责程度也是可以比较的；③分析偏差和追究责任所需的时间、费用等是有充分保证的；④出现的偏差可以预料并能及时发现，有关责任单位和责任人会采取纠正措施。然而，在管理实践中，以上条件往往难以全部满足，例如，很多管理部门或职位的绩效是很难计量和相互比较的；很多活动的责任是由多个部门共同承担的，发生不良后果时，相互推卸责任是很普遍的现象；有时上级主管人员可能不愿意花时间和费用去分析引起偏差的事实真相。此外，即使找到了偏差原因和责任者，但错误已经存在，不良后果已成事实，而且采取的矫正措施是否正确、有效，要等下一轮结果输出时才能证明。由于间接控制存在很多不完善的地方，因此，在实际工作中不常采用。

2）直接控制

直接控制是相对于间接控制而言的，是指管理者直接检查操作者是否按照规定要求执行工作的一种控制方式。它着眼于培养更好的主管人员，使他们能熟练地运用管理的概念、技术和原理，以系统的观点来改善他们的管理工作，从而防止出现因管理不善而造成的不良后果。

直接控制的特点是：直接对操作者的行为和工作过程加以控制，可以减少偏差的发生；可以减少间接控制中用于检测偏差、寻找原因和责任者的时间与费用；直接控制取得的心理效果好，鼓励下属自我约束、自我控制、自觉修正错误。

当然，直接控制的实现也需要一些条件：①操作人员按操作要求和规则去办，很少犯错误；②管理工作的成效是可以计量的；③输出的结果与操作规则的执行存在因果必然关系，甚至操作要求和规则可以直接成为衡量结果的标准。

从直接控制方式的实现条件可以看出，直接控制的关键是操作要求和规则必须完全科学、正确，否则，它将失去与间接控制方式相比的全部优点。在实际经济管理活动中，直接控制忽略了企业中人的因素，不利于下级积极性、创造性的发挥，因此，直接控制的应用存在着一定的界限，超出这个界限，对组织的管理会起副作用。

3. 按控制的结构划分

按控制的结构分，可将控制分成分散控制和集中控制两种。

1）分散控制

分散控制的特点是由若干分散的控制机构来共同完成组织的总目标。在这种控制方式中，各种决策及控制指令通常是由各局部控制机构分散发出的，各局部控制机构主要是根据自己的实际情况，按照局部最优的原则对各部门进行控制。分散控制适用于结构复杂、功能分工细的组织。

2）集中控制

集中控制的特点是由一个集中控制机构对整个组织进行控制。在这种控制方式中，把各种信息都集中传送到集中控制机构，由集中控制机构进行统一加工处理。在此基础上，集中控制机构根据整个组织的状态和控制目标，直接发出控制指令，控制和操纵所有部门和成员的活动。集中控制方式比较简单，指标控制统一，便于整体协调。但缺乏灵活性和适应性，机构的变革和创新会很困难。

13.1.4 有效控制的原则

1. 有计划控制原则

有计划控制原则是指计划越明确、完善和综合化，控制就越能用来体现计划，也越能有效地为管理的需要服务。每一项计划及每一项工作都各有其特点，所以，为实现每一项计划每一项工作所设计的控制系统和所进行的控制工作，尽管基本过程是相似的，但在确定什么标准、控制哪些关键点、搜集什么信息、采用何种方法评定绩效、由谁来控制和采取纠正措施等方面，都必须按预期的目的执行，所以一个控制系统不能在没有计划的情况下设计，而且设计要反映计划的要求。

2. 关键点控制原则

关键点控制原则是指管理人员选择计划的关键点来作为控制的标准，可以使控制更为有效。因为人的精力是有限的，所以管理人员没有必要考察计划执行的每个细节，只需注意对计划的执行起到举足轻重作用的关键性问题或因素，并以此来掌握任何一个偏离了计划的重要偏差，而不必事事留意。管理人员如何选择关键点也体现了个人的管理艺术和水平。

3. 例外控制原则

例外控制原则是指管理人员的控制应当顾及例外情况的发生，这样不至于在面临重大的偏差时不知所措。也就是说，管理人员应把主要注意力集中在那些出现了特别好或特别坏的情况上。这一点常常同关键点控制原理混淆起来。其实，关键点控制原理是强调控制应当重视一些关键点，而例外原理则是强调必须留意在这些关键点上偏差的规模。如果把两者很好地结合起来就可以使控制工作既有好的效果，又有高的效率。

4. 着眼未来控制原则

着眼未来控制原则是指控制工作应当着眼未来，而不是只有当出现了偏差时才进行控制。由于在整个控制系统中存在着时滞，所以一个控制系统越是以前馈而不是以简单的信息反馈为基础，管理人员就越能够有效地预防偏差或及时采取措施纠正偏差。也就是说，控制应该是向前的，这才合乎理想。实际上这条原理往往会被忽视；主要原因是现有的管理工作水平不太容易实现前馈控制，管理人员一般仍依赖历史数据，但时滞问题促使他们要投入更大的精力来从事面向未来的控制，这对现代管理工作水平的提高和有效性的增强是非常重要的。

13.2 控制的过程

无论在什么地方，也无论控制的对象是什么，控制过程都包括3个步骤，即确立标准、衡量绩效、纠正偏差。

13.2.1 确立标准

控制始于工作标准的建立。标准是所期望的业绩水准，它构成了控制过程的基础。它是管理者用来评估业绩的标准。没有标准，控制就成了无目的的行动，不会产生任何效果。

1. 确立控制对象

进行控制首先遇到的问题是“控制什么”，这是在决定控制标准之前首先需要解决的问题。组织活动的目标应该成为控制的重点对象。因此，管理者必须分析组织活动想要实现什么样的目标。一般来说，管理人员应该对影响组织工作成效的全部因素进行控制，但受资源有限、管理人员工作能力有限的影响，最为现实的做法是对影响组织目标实现的重点因素进行控制。因此，为了确保组织的预期成果，就必须在成果形成之前，对影响成果形成的各种因素进行分析，找出重点因素并把这些因素作为控制的对象。

管理寓言

做一天和尚撞一天钟

从前，有一个小和尚在寺院担任撞钟之职。按照寺院的规定，他每天必须在早上和黄昏各撞钟一次。

如此半年下来，小和尚感觉撞钟的工作极其简单，倍感无聊。后来，干脆“做一天和尚撞一天钟”了。一天寺院住持忽然宣布要将他调到后院劈柴挑水，原因是他不能胜任撞钟之职。小和尚觉得奇怪，就问住持：“难道我撞的钟不准时、不响亮?”住持告诉他：“你的钟撞得很响，但钟声空泛、疲软，因为你心中没有理解撞钟的意义。钟声不仅仅是寺里作息的准绳，更为重要的是唤醒沉迷众生。因此，钟声不仅要洪亮，还要圆润、浑厚、深沉、悠远。”

2. 选择控制重点

在简单的经营活动中，管理人员可以通过亲自观察所做的工作来实行控制。然而在大多数的经营活动中，由于受经营活动的复杂性及管理者时间和精力的限制，这种控制是不可能的。管理者必须选择需要特别关注的地方，以确保整个工作按计划要求执行。因此需要特别关注的控制点应当是关键性的，它们或是经营活动中的限制因素，或者能够比其他因素更清楚的体现计划是否得以有效实施。有了这些标准，管理人员便能管理一大批下属，从而扩大管理幅度，并可实现成本的节约和沟通方面的改善。控制原理中一条最为重要的原理——关键点控制原理，可陈述为：有效控制、要求、关注那些关键因素，并以此对业绩进行控制。

由于良好的控制依赖于关键控制点，那么选择关键控制点的能力也就成为判断管理人员水平的一个标准。在选择的过程中，管理人员必须问自己：什么能最好地反映本部门的目标；当目标未能实现时，什么能最好地展示给我；什么能最好地衡量那些关键点的偏差；什么将告诉我谁对这些失败负责；什么样的标准其成本最低；根据什么标准可使信息的获得更为经济。

在实际中，衡量实际业绩或预期业绩的标准，大致有：实物标准、成本标准、资本标准、收益标准、计划标准、无形标准以及作为策略控制点的策略计划。

(1) 实物标准。实物标准都是非货币衡量标准，在耗用原材料、雇用劳动力、提供服务及生产产品的操作层中使用。这些标准反映了每单位产出工时数、生产每马力所耗燃料吨数、货运的吨公里数、单位机器台时的产量等数量标志。实物标准也可反映品质，如轴承的硬度、公差的精密度、纤维的韧度和色彩的不褪色性等。

(2) 成本标准。成本标准是货币形式的衡量标准，同实物标准一样普遍运用于操作层。成本是以货币价值来衡量作业造成的消耗，即作业消耗的货币价值形式。成本标准是广泛运用的衡量标准，例如生产每单位产品的直接和间接成本、每单位或每小时的人工成本、单位产品的原材料成本、每小时机器成本、单位销售额的销售成本等。

(3) 资本标准。有许多资本标准，都是以货币形式来衡量实体项目的。它们与公司投资于其中的资本有关而与经营成本无关，因此主要与资产负债表相关，而与损益表无关。对于新的投资和总体控制来说，最为广泛使用的标准就是投资收益率。资产负债表通常还披露其他资本标准，包括流动比率、资产负债比率、固定投资与总投资比率、速动比率、短期负债或债券与股票的比率以及存货周转率等。

(4) 收益标准。收益标准是销售额的货币价值形式。它包括每名顾客的平均销售额、在既定市场范围内的人均销售额等。

(5) 计划标准。一个管理者有可能被分配去设计一个可变的预算方案、一个正式实施的新产品开发计划或一个改进销售人员素质的计划，这些就是计划标准。在评估计划的执行业绩时，可能不得不运用一些主观判断，但也可以运用时间安排和其他因素作为客观判断标准。

(6) 无形标准。无形标准是既不能以实物又不能以货币形式来衡量的标准。管理人员能用什么标准来测定公司分部采购代理人或人事部主任的才干？主管能用什么标准来确定广告计划是否符合短期目标或长期目标？怎样确定公共关系计划是否取得成功？如何监督管理人员是否忠诚于公司的目标？办公室人员是否精明能干？对上述问题，要既制定明确定量又明确定性的目标和标准，是很困难的。

企业中有不少无形标准。企业使用无形标准的一个原因在于没有对预期业绩的内容进行过充分研究。另一个更重要的原因是，在业绩涉及人际关系时，要衡量何谓“良好”、何谓“有效果”是十分困难的。心理学家和社会统计学家提出的测试、调查和抽样方法已经使探索人的态度和动因成为可能，但是在许多对于人际关系的管理控制中还必须以无形标准、深思熟虑的判断和反复尝试为基础，有时候甚至以纯粹的直觉作为判断基础。

3. 制定标准的方法

由于控制的对象不同，标准的类型也就不同，这取决于所需衡量绩效成果的领域。最理想的是以可考核的目标直接作为标准，但更多的情况往往是将某一计划目标分解为一系列的标准，例如将利润率目标分解为产量、销售额、制造成本、销售费用等。在工业企业中，最常用的控制标准有4种：时间标准(如工时、交货期等)、数量标准(如产品数量、废品数量)、质量标准(如产品等级、合格率)和成本标准(如单位产品成本)。组织中所有作业活动都可依据这4种标准进行控制。如对企业生产工作的控制，可通过检查产量是否达到数量标准、原材料规格及产品合格率是否达到质量标准、产品在时间上是否按期完成并如期交货、原材料成本及职工工资是否超出成本费用限制来进行。这4种标准是相关的。对于一项工作，人们总是可以近似或准确地找出数量、质量、时间及成本间的内在联系。如对产品质量要求过高会导致成本上升并延长生产周期；大量生产会降低单位成本等。所以，在大多数情况下，控制只需运用1～2个标准便可达到控制的目的，其他标准则是次要的和辅助性的，如生产控制往往注重质量和时间控制，而销售控制更多侧重于成本和数量控制。

一般来说，常用的制定标准的方法有3种：利用统计方法来确定预期结果；根据经验和判断来估计预期结果；在客观的定量发现的基础上建立工程(工作)标准。

(1) 统计性标准。统计性标准，也叫历史性标准，是以分析反映企业经营在各个历史时期状况的数据为基础，为未来活动建立的标准。这些数据可能来自本企业的统计数据，也可能来自其他企业的统计数据。

利用本企业的历史性统计资料为某项工作确定标准的优点是简便易行；缺点是据此制定的工作标准，可能低于同行业的先进水平，甚至是平均水平。在这种条件下，即使企业的各项工作都达到了标准的要求，但也可能造成劳动生产率水平的相对低下、制造成本的相对高昂，从而导致经营成果和竞争能力低于竞争对手。为了克服这种局限性，在根据历史统计数据制定未来工作标准时，要充分考虑到行业的平均水平，并研究竞争企业的经验。

(2) 根据专家经验和判断建立标准。实际上，并不是所有工作的质量和成果都能用统计数据来表示，也不是所有的企业活动都保存着历史统计数据。对于新从事的工作或是统计资料缺乏的工作，可以根据专业人员的经验、判断和评估来为之建立标准。利用这种方法来建立工作标准时，要注意利用各方面人员如老职工、技术人员、管理人员的知识和经验，在充分了解情况、收集意见的基础上，科学地综合大家的判断，制定出一个相对合理的标准。

(3) 工程(工作)标准。工程(工作)标准是通过对工作情况进行客观的定量分析来制定的。例如，机器的产出标准是设计者计算的，在正常情况下的最大产出量；工人操作标准是劳动研究人员在对构成作业的各项动作和要素的客观分析的基础上，经过消除、改进和合并而确定的标准作业方法；劳动时间定额是利用秒表测定的受过训练的普通工人以正常速度按照标准操作方法对产品或零部件进行某个(些)工序的加工所需的平均必要时间。严格地说，工程(工作)标准也是一种用统计方法制定的控制标准。

管理案例

麦当劳食品生产的标准化

麦当劳坚持在食品本身的品质上做文章，它将食品的做法、种类、分量都标准化，并采用电脑控制和标准操作进行生产。同时，麦当劳还制定严格精细的操作标准和工艺流程，使公司里成千上万的工作人员，都能按相同的标准操作，以此来保证食品质量的稳定。

例如，麦当劳要求其供应商送至餐厅的每一个面包，在重量、宽度、高度、直径等方面都符合统一的标准。据说，在麦当劳的面包供应生产厂内，会经常看到这样一个场景：麦当劳的品质控制人员把面包放到一个特制的量具卡尺下，抽测每批面包的长、宽、高和直径是否合乎标准。同时，为了保持面包松软适度的口感和金黄色的外观，麦当劳还对面包的气孔大小、切割度、糖分、色泽和各种营养成分都进行精确测量。即使是面包上的芝麻，麦当劳也不轻易放过，对于如何均匀地播撒芝麻和芝麻的数量，也都有明确的规定。

为了保证食物安全卫生，麦当劳还对供应商在生产过程中的每个环节都做了非常“苛刻”的规定。比如，面粉在使用前一定要先过筛子；糖在使用时一定要先化成糖水，过滤掉其中的杂质后再使用；装面粉的桶要求必须有盖子，而且盖子必须要有颜色，不能是白色的，这是为了避免意外破损时碎屑混入面粉中不易分辨。在面包被送入麦当劳餐厅之前，麦当劳还会让包装好的面包经过 HACCP 程序(即“危害分析及关键控制点程序”)的检查，这是为了检验面包中是否含有金属类物质，一旦面包里含有此类物质，金属探测器就会发出警报。此外，麦当劳还对清洁用品进行了严格的规定。麦当劳规定清洁、清洗设备时不能用钢丝球，这是为了防止钢丝掉进食物中；清洗设备的刷子不能用白色，要使用除白色以外的颜色，刷子也要定期更换；在各工序间运输用的塑料筐不能有破损，以防塑料碎片进入食品中。现在，麦当劳还要求供应商一律改用不锈钢筐等。

标准化的执行操作带来的是标准化的高品质食品，这种高品质不仅表现在生产的环节上，还体现在销售环节上。即使是制作好的产品，麦当劳也要保证其品质和最佳口感，这就是为大众所熟悉的麦当劳的“过时报废”制度，即规定：食品一旦出炉或制成，超过一定时间没有售出就必须毫不犹豫地扔掉。正因为麦当劳坚持不卖品质不达标的食品，始终保证让顾客享受到品质最新鲜、味道最纯正的食品，麦当劳才会在全球范围内“畅行无阻”。

13.2.2 衡量绩效

企业经营活动中的偏差如能在产生之前就被发现，则可帮助管理者预先采取必要的措施。这种理想的控制和纠偏方式虽然有效，但其现实可能性不是很大。因为，并非所有的管理人员都有卓越的远见，也并非所有的偏差都能在产生之前就被预见。在这些限制条件下，最满意的控制方式应是必要的纠偏行为能在偏差产生以后迅速采取。为此，就要求管理者及时掌握能够反映偏差是否产生并能判定偏差严重程度的信息。用预定标准对实际工作成效和进度进行检查、衡量和比较，就是为了提供这类信息。

衡量实际工作是一项贯穿工作始终的持续进行的活动。控制活动应当跟踪工作进展，及时预示脱离正常或预期成果的信息，及时采取矫正措施。如果等到工作已经完成再衡量，那么即使有过失也难以补救。所以，在工作进行之中就需及时了解工作的进展并对其发展趋势加以预测，有时还需在开展工作之前就对工作的将来进展情况进行估计。

1. 衡量绩效的方法

有了合理的标准，下一步就要对实际工作进行评价。为此，要搜集实际工作的数据，了解和掌握实际情况，对照标准进行衡量。在这里，衡量什么以及如何去衡量，是两个核心问题。随着标准的制定，计量对象、计算方法以及统计口径等也相应地确立下来。所以，要衡量的是实际工作中与已制定的标准所对应的要素。在实际工作中有各种各样的衡量方法，常用的有以下几种。

(1) 个人观察。最普通的衡量是通过个人观察，直接观察受控对象的工作完成情况，特别是在对基层工作人员工作业绩的控制时，以及衡量因素比较简单时，这是一种非常有效的、无可替代的衡量方法。因为通过直接观察得到的是第一手资料，避免了信息在传递过程中可能出现的遗漏、忽略和信息的失真。但是个人观察的方法也有其局限性：首先，这种方法工作量大，需要花费管理者大量的劳动，也不可能全程跟踪；其次，仅凭简单的观察往往不能考察更深层次的工作内容；再次，由于直接观察时间占整个工作时间的比例有限，往往不能全面了解到各个方面的工作情况；最后，工作表现在被观察时和未被观察时往往不一样，管理者所看到的有可能只是假象。

(2) 统计报告。统计报告就是根据衡量标准，采集相关的数据，并按一定的统计方法进行加工处理而形成的报告。采用统计报告时特别要注意两个问题：一是所采集的原始数据要真实、准确；二是所使用的统计方法要恰当。否则，统计报告就没有实际意义。此外，统计报告要求全面，要涉及工作衡量的各个重要方面，特别是其关键点不能遗漏。随着计算机的运用越来越广泛，统计报告的地位越来越高，作用也越来越重要。

(3) 口头报告和书面报告。口头报告的优点是快捷方便，而且能够得到立即反馈。其缺点是报告内容容易受报告人一时的主观意识所左右，也不便于存档查找和以后重复使用。两者相比，书面报告要比口头报告来得更加精确全面，也更加易于分类存档和查找，报告的质量也更容易得到控制。

(4) 抽样检查。在全面检查工作量比较大而且各人工作质量比较平均的情况下，通过抽样检查来衡量工作业绩，不失为一个好办法。抽样检查就是随机抽取一部分工作作为样本，进行深入细致的检查、测量，再通过样本数据的统计分析，推测出全部的工作情况。这是一种科学有效的方法，例如，在大批量生产的企业中，产品的质量检查通常采用这种方法。

无论采取哪一种方法来衡量工作业绩，都要注意所获取信息的质量问题，信息质量主要体现在以下 4 个方面：一是真实性，即所获取的信息应能客观地反映现实，这是最基本的要求；二是完整性，即不要遗漏重要的信息，进而不影响工作的全面性和可靠性；三是及时性，就是信息的采集、加工、检索、传递要及时，以反映即时动态，过时的信息会失去其作用，使控制工作无效，甚至导致错误的结果；四是适用性，即应根据不同部门的不同要求，采集不同种类、范围、内容、详细程度、精确度的信息。

2. 分析衡量结果

获得了实际工作的真实、可靠的信息，就是获得了衡量结果。分析衡量结果就是要将实际结果与控制标准进行对照，找出差距，为进一步采取管理行动做好准备。

(1) 确认存在的偏差。事实上，实际结果与标准完全相同是不可能的；如果实际结果与标准只是稍有出入，则并无大碍。因此，人们往往规定了一个可以浮动的范围，只要实际结果在这个范围之内就可以认为不存在偏差，而一旦实际结果在允许范围之外，就可以认为存在偏差。偏差可以分为两种：一种是结果比标准完成得还好，将它称为正偏差；另一种是实际结果没有达到标准的要求，则称为负偏差。出现负偏差当然是不理想的事情，但出现正偏差时也不一定就没有问题，同样必须做一些必要的分析。因为，一些偶然因素的作用或是目标定得太低等原因而出现的正偏差，在控制要求比较高的情况下，要严格控制，否则对今后的工作会带来不利的影响。

(2) 出现偏差的原因分析。一种实际结果的形成受到多方面因素的影响，也就是说，出现偏差的原因可能是多种多样的。问题的关键和原因必须通过进一步分析来确定。一般来讲，有以下 3 种主要原因。①计划或标准本身就存在偏差；②组织内部因素的变化，如组织松懈、控制不力、工作人员不努力等；③组织外部环境的影响，如宏观经济的调整、市场环境的变化等。

虽然出现偏差的原因都可以归结为以上 3 点，但对一种偏差要做出具体的分析，不但要求管理者具备丰富的工作经验和科学的分析能力，而且要求建立一个完善的控制体系。有了衡量结果，确定了偏差，做出了具体的、理智的分析，就可以决定下一步所应采取的管理行动。如果认为偏差是在所允许的范围内或是存在健康的正偏差，那么本阶段的控制工作就可结束。但不要忘记为下一阶段的管理循环提出合理的建议，以期进一步提高控制水平。

13.2.3 纠正偏差

控制过程的最后环节就是采取管理措施，纠正偏差。在多数情况下，需要采取措施以纠正偏差。确定纠偏措施以及实施过程要注意以下问题。

(1) 使纠偏方案双重优化。针对某一对象的纠偏措施可以是多种多样的，一个可行的纠偏方案，其经济性必须优于不采取任何措施使偏差任其发展可能带来的损失，如果实施纠偏方案的费用超过存在偏差带来的损失，其经济性就不好，这是第一重优化。第二重优化是在此基础上，将经济可行的方案进行对比，选择追加投资量少、纠正偏差效果满意的方案来组织实施。

(2) 充分考虑原计划实施带来的影响。当发现偏差时，可能已部分或全部实施了原计划。由于客观环境发生了重大变化，或是主观认识能力的提高，而引起纠偏的需要，可能会导致对部分原计划、甚至全部计划的否定，从而要对企业的活动方向和内容进行重大的调整。这种调整可以称为“追踪决策”。在制订和选择追踪决策的方案时，要充分考虑原计划的实施所带来的影响。

(3) 注意消除人们对纠偏措施的疑虑，协调好组织成员之间的关系。任何纠偏措施都会在不同程度上引起组织的结构、关系和活动的调整，从而会涉及某些组织成员的利益。因此，管理人员要充分考虑到组织成员对纠偏措施的不同态度，协调好组织成员之间的关系，争取更多人的理解和支持，以保证纠偏措施能更顺利地进行。

[讨论题] 控制都包括上述 3 个步骤吗?

管理故事

凯西的烦恼

凯西是华盛顿某政府机关办公室的管理员。最近她下属的员工士气低落，原因在于他们原先实行了弹性工作制，现又恢复了上午 8 时至下午 4 时半的传统工作制。

上级批准她的办公室实行弹性时间时，她慎重地宣布了弹性时间制度：上午 10 时至下午 2 时半为核心时间，每个人均须上班；上午 6 时至下午 6 时可由个人自行选择上下班时间补足 8 小时。她相信员工是诚实的并且已经被激励，因此没制定新的控制系统。开始，一切工作进行顺利，士气旺盛。两年后，从总会计室来了位审计员，调查发现凯西的员工平均每人每日工作 7 小时，有两位雇员只在核心时间来工作长达两个月。凯西的部门经理看到审计员的报告后，命令凯西的办公室恢复传统工作制。凯西极为不安，对她的下属员工很失望，认为自己信任的人使她下不了台。凯西的问题出在哪?

控制过程的 3 个基本步骤是相互联系、不可或缺的。首先，没有第一步的确立标准，就没有衡量实际业绩的依据；其次，不进行工作业绩的衡量和把工作业绩与标准进行比较，就不会知道是否存在偏差以及产生偏差的原因是什么；最后，不采取纠偏措施和落实纠偏措施，控制过程就会成为毫无意义的活动。

本 章 小 结

本章主要介绍了控制活动、控制的过程等内容。控制活动主要介绍了控制的涵义，控制是管理者在动态的环境中监视各项管理活动，以保证它们按计划进行并纠正各种重要偏差的过程。控制的必要性主要是由管理环境的变化、管理权力的分散、工作能力的差异等原因决定的。控制的类型按控制的侧重点划分为前馈控制、现场控制和反馈控制；按控制的手段可分为间接控制和直接控制；按控制的结构划分为分散控制和集中控制。有效控制包括有计划控制原则，关键点控制原则，例外控制原则，着眼未来控制原则。控制的过程主要介绍了确立标准、衡量绩效、纠正偏差 3 个步骤。确立标准大致有实物标准、成本标准、资本标准、收益标准、计划标准、无形标准等。衡量绩效要求管理者及时掌握能够反映偏差是否产生并能判定偏差严重程度的信息，这类信息可通过用预定标准对实际工作成效和进度进行检查、衡量和比较来获得。纠正偏差是指采取管理措施，纠正偏差。

练 习 题

一、单项选择题

1. 控制的根据是(　　)。

A. 计划工作　　B. 组织工作

C. 人员配备工作　　D. 领导工作

2. 从输入端提取信息达到对受控对象的控制是(　　)。

A. 现场控制　　B. 反馈控制

C. 前馈控制　　D. 直接控制

3. 现场控制工作的重点是(　　)。

A. 把注意力集中在历史结果　　B. 正在进行的计划实施过程

C. 在计划执行过程的输入环节上　　D. 控制行动的结果

4. 下列说法正确的是(　　)。

A. 反馈控制是控制工作的基础

B. 反馈控制的纠正措施往往是预防式的

C. 反馈控制的工作重点是把注意力集中在历史结果上，并将其作为未来行为的基础

D. 反馈控制要注意避免单凭主观意志进行工作

5. 控制工作的第一步是(　　)。

A. 采取矫正措施　　B. 鉴定偏差

C. 衡量实际绩效　　D. 确定控制标准

6. 控制工作的最后一步是(　　)。

A. 采取矫正措施　　B. 定偏差

C. 衡量实际绩效　　D. 确定控制标准

7. 猎人为了纠正子弹与飞行的野鸭之间的时间延迟，常常把瞄准点定在野鸭飞行的前方，这种做法属于(　　)。

A. 反馈控制　　B. 前馈控制　　C. 直接控制　　D. 间接控制

8. “治病不如防病，防病不如讲究卫生”这一说法强调了以下哪种控制方式(　　)。

A. 预先控制　　B. 实时控制　　C. 反馈控制　　D. 同期控制

二、判断题

1. 企业管理中的控制是针对企业的正式组织而言的。至于非正式组织，不是我们控制的对象。(　　)

2. 组织中个人的自我控制依赖于组织成员自身的素质，因而是不可靠的。有效的控制系统往往放弃组织成员的自我控制。(　　)

3. 管理中控制的作用非同一般，再好的资源，再好的计划，没有好的控制就不能为企业带来效益。因而，企业要在控制工作上大投入，多投入，这样才能保证控制的有效性。(　　)

4. 计划与控制相互依存，没有计划就没有控制。 （　）

5. 控制工作的实质就是纠正偏差。 （　）

6. 控制是组织管理中的首要职能。 （　）

7. 控制作为一种管理职能，它的实现必须具备的基本前提是对实际成果进行测量和评价。 （　）

8. 前馈控制是以计划为导向的控制。 （　）

9. 控制得越严格、越全面，越能保证计划的实施。 （　）

10. 把工作重点和注意力集中在历史结果上，并将它作为行为基础的控制叫前馈控制。 （　）

三、问答题

1. 为什么要进行管理控制？

2. 控制有哪些类型？有何特点？

3. 控制工作包括哪几个阶段？

4. 如何进行有效的控制？

案例应用分析

戴尔公司对供应商的控制

戴尔公司创建于1984年，是美国一家以直销方式经销个人电脑的电子计算机制造商，其经营规模已迅速发展到当前120多亿美元销售额的经营水平。戴尔公司是以网络型组织形式来运作的企业，它联结许多为其供应计算机硬件和软件的厂商。其中有一些供应商，电脑显示屏做得非常好。戴尔公司先是花很大的力气使这家供应商做到每百万件产品中只能有1 000件瑕疵品，并通过绩效评估确信这家供应商达到要求的水准后，戴尔公司就完全放心地让他们的产品直接打上“Dell”的商标，并取消了对这种供应品的验收、库存。类似的做法也发生在戴尔其他外购零部件的供应上。

通常情况下，供应商将供应的零部件运送到买方那里，经过开箱、触摸、重新包装，验收合格后，产品组装商便将其存放在仓库中备用。为确保供货不出现脱节，公司往往要储备未来一段时间内可能需要的各种零部件，这是一般的商业惯例。因此，当戴尔公司对这家电脑显示屏供应商说“这种显示屏我们今后会购买400万到500万台，贵公司为什么不干脆让我们的人随时需要、随时提货”的时候，商界人士无不感到惊讶，甚至以为戴尔公司疯了。戴尔公司的经理们却这样认为，开箱验货和库存零部件只是传统的做法，并不是现代企业运营所必要的步骤，应逐步取消这些“多余的”环节。

戴尔公司的做法就是，当物流部门从电子数据库得知公司某日将从自己的组装厂提出某型号电脑多少部时，便在早上向这家供应商发出配额多少数量显示屏的指令信息，这样等到当天傍晚时分，一组组电脑便可打包完毕分送到顾客手中。如此，不但节约了检验和库存成本，也加快了发货速度，提高了服务质量。

问题：

(1) 你认为，戴尔公司对电脑显示屏供应商是否完全放弃和取消了控制？如果是，戴尔公司的经营业绩来源于哪里？如果不是，那它所采取的控制方式与传统的方式有何不同？

(2) 戴尔公司的做法对于中国的企业适用吗？为什么？

阅读材料

控制系统的要素

每个控制系统至少包括4个要素。

(1) 探测器(或传感器)——探测受控过程中实际正在发生的事件的装置。

(2) 评定器——通过与某个标准或者期望值进行比较，从而确定实际正在发生的事件的重要程度的装置。

(3) 受动器——在评定器显示需要改变行为时，对行为进行改变的装置(或称做“反馈机制”)。

(4) 传输网络——在传感器与评定器之间以及在评定器与受动器之间传输信息的一些装置。

任何系统都具备这4种基本要素，下面我们将在复杂性逐渐升高的两个例子中对它们的功能进行描述：用以调节室内温度的自动调温器；掌握方向和行驶速度的汽车司机。

(1) 自动调温器。自动调温器的组成包括以下部分：①温度计(探测器)，用于度量当前的室温；②评定器，用以把当前的室温与所能接受的温度标准进行对比；③受动器，给炉子鼓风使之放热(如果实际温度低于标准)或者是开动空调制冷(如果实际温度高于标准)，当温度达到标准水平时则关闭这些装置；④传输网络，用于把信息从温度计传向评定器以及从评定器传向加热部分或者冷却部分。

(2) 汽车司机。假设你正行驶在高速公路上，那里的法定速度(标准)是65mph(英里/小时)。你的控制系统将按照以下步骤运行：①你的眼睛通过观察速度仪得到实际速度；②你的大脑(评定器)把实际车速与法定车速进行对比，并且检查相对于标准的偏离程度；③指挥你的脚(受动器)减小油门或加大油门；④就像体温调节一样，你的神经形成了传送系统，该系统把信息从眼睛传向大脑，然后又从大脑传向脚部。

汽车的调节也比自动调温器调节复杂。这是因为在收到和评价感应器传来的信息后，司机的大脑会做出什么样的反应还不能够确定。比如说，一旦他们断定汽车的实际速度超过了65mph，有一些司机想把车速控制在法定限度以内，就会减小油门，而另一些司机由于各种各样的原因，却不会这样做。在这个系统里，控制不是自动的。如果要预测在这个过程之后汽车的最终速度会是多少，我们必须对司机的个性和司机所处的环境有所了解。

(资料来源：罗伯特·A·安东尼．管理控制系统(第十一版)．北京：机械工业出版社，2004．第2～3页.)

第14章 控制方法

教学目标

通过本章的学习，正确理解预算和预算控制概念，预算的用途。掌握预算的内容。掌握财务评价的方法和审计控制的方法。掌握全面质量管理的相关内容，结合我国实际理解标杆控制的运用。

教学要求

知识要点	能力要求	相关知识
预算控制	(1) 理解预算和预算控制 (2) 掌握预算的内容 (3) 理解预算的用途	(1) 预算和预算控制概念 (2) 预算内容
财务控制	(1) 掌握财务评价的方法 (2) 掌握审计控制的方法	(1) 财务评价 (2) 审计控制
其他控制方法	(1) 理解质量控制 (2) 理解标杆控制的运用	(1) 全面质量管理 (2) PDCA 循环

管理的控制工作是使实践活动符合计划。

——戈茨

基本概念

预算　预算控制　收入预算　支出预算　现金预算　资金支出预算　资产负债预算　财务评价　外部审计　内部审计　管理审计　全面质量管理　PDCA循环　标杆控制

导入案例

蝴蝶效应

1979年12月，洛伦兹在华盛顿的美国科学促进会的一次讲演中提出：一只蝴蝶在巴西扇动翅膀，有可能会在美国的德克萨斯引起一场龙卷风。他的演讲和结论给人们留下了极其深刻的印象。从此以后，所谓的“蝴蝶效应”之说就不胫而走，名声远扬了。

“蝴蝶效应”之所以令人着迷、令人激动、发人深省，不但在于其大胆的想象力和迷人的美学色彩，更在于其深刻的科学内涵和内在的哲学魅力。

从科学的角度来看，“蝴蝶效应”反映了混沌运动的一个重要特征：系统的长期行为对初始条件的敏感依赖性。

经典动力学的传统观点认为：系统的长期行为对初始条件是不敏感的，即初始条件的微小变化对未来状态所造成的差别也是很微小的。可混沌理论向传统观点提出了挑战。混沌理论认为在混沌系统中，初始条件的十分微小的变化经过不断放大，会使其未来状态产生极大的差别。可以用在西方流传的一首民谣对此进行形象的说明。这首民谣说：

丢失一个钉子，坏了一只蹄铁；
坏了一只蹄铁，折了一匹战马；
折了一匹战马，伤了一位骑士；
伤了一位骑士，输了一场战斗；
输了一场战斗，亡了一个帝国。

马蹄铁上一个钉子是否会丢失，本是初始条件的十分微小的变化，但其“长期”效应却是一个帝国存与亡的根本差别，这就是军事和政治领域中所谓的“蝴蝶效应”。

点评：控制从小事开始。

一个明智的领导人一定要防微杜渐，看似一些极微小的事情却有可能造成集体内部的分崩离析，那时岂不是悔之晚矣？

14.1 预算控制

14.1.1 预算和预算控制的概念

预算就是用数字，特别是用财务数字的形式来描述组织未来的活动计划，它预估了组织在未来时期的经营收入和现金流量，同时也为各部门或各项活动规定了在资金、劳动、材料、能源等方面支出的额度。

预算控制就是根据预算规定的收入与支出标准来检查和监督各个部门的活动，以保证各种活动或各个部门在完成既定目标、实现利润的过程中对资源的利用，从而使费用支出受到严格有效的约束。

预算的实质是用统一的货币为组织各部门的各项活动编制计划，因此它使得组织在不同时期的活动效果和不同部门的经营绩效具有可比性，可以使管理者了解组织经营状况的变化方向和组织中的优秀部门与问题部门，从而为调整组织活动指明了方向，为协调组织活动提供了依据，用数量形式的预算标准来对照组织活动的实际效果大大方便了控制过程中的绩效衡量工作，为采取纠正措施奠定了基础。

14.1.2 预算的内容

一般来说，预算内容包括收入预算、支出预算、现金预算、资金支出预算和资产负债预算等。

1. 收入预算

收入预算是所有利润项目预算中最关键的，但也是最不确定的。它由预期的销售价格和销售量的乘积来计算，用以衡量营销的效率。拥有大量的订单就比较容易做出准确的销售预算。即使是在波动的市场销售中也可以通过控制广告、服务、人员培训和其他因素来影响销售，对销售做出预测。

2. 支出预算

企业销售的产品是在内部生产过程中加工制造出来的，在这个过程中，企业需要借助一定的劳动力，利用和消耗一定的物质资源。因此，与销售预算相对应，企业必须编制能够保证销售过程得以进行的生产活动的预算，关于生产活动的预算不仅要确定为取得一定销售收入所需要的产品数量，而且更重要的是要预计为得到这些产品、实现销售收入需要付出的费用，即编制各种支出预算。

1）直接材料预算

直接材料预算是根据实现销售收入所需的产品种类与数量做出的，需详细分析为了生产这些产品企业必须利用的原材料的种类和数量，通常以实物单位表示。考虑到库存因素后，直接材料预算可以成为采购部门编制采购预算、组织采购活动的基础。

2）直接人工预算

直接人工预算需要预计企业为了生产一定数量的产品，需要哪些种类的工人，每种类型的工人在什么时候需要多少数量，以及利用这些人员的直接成本是多少。

3）附加费用预算

直接材料和直接人工只是企业全部经营费用的一部分。企业的行政管理、营销宣传、人员推销、销售服务、设备维修、固定资产折旧、资金筹措以及税金等，也要耗费企业的资金，对这些费用也需要进行预算，这就是附加费用预算。

3. 现金预算

现金预算是对企业未来生产与销售活动中现金的流入与流出进行预测。现金预算只能包括那些实际包含在现金流程中的项目，如赊销所得的应收账款在用户实际支付以前不能被列为现金收入。企业的销售收入很大，利润即使相当可观，但大部分尚未收回，或收回后被大量的库存材料或再制品所占用，那么它也不可能在目前给企业带来现金上的便利。通过现金预算，可以帮助企业发现资金的闲置或不足，从而指导企业及时利用暂时过剩的现金，或及早筹齐维持营运所短缺的资金。

4. 资金支出预算

上述各种预算通常只涉及某个经营阶段，是短期预算，而资金支出预算则可能涉及多个阶段，是长期预算。如果企业的收支预算被很好地执行，企业有效地组织了资源的利用，那么将利用这些资源生产得到的产品销售以后所得的收入就会超过资源消耗的支出，从而给企业带来盈余，企业可以用盈利的一个很重要部分来进行生产能力的恢复和扩大。由于这些支出具有投资的性质，因此对其的计划安排通常被称为投资预算或资金支出预算。资金支出预算的项目包括：用于更新改造或扩充厂房、设备在内的生产设施的支出；用于增加品种、完善产品性能或改进工艺的研究与开发支出；用于提高职工的管理素质的人事培训和管理队伍素质的人事培训与发展支出；用于广告宣传、寻找顾客的市场发展支出等。

5. 资产负债预算

资产负债预算是对企业会计年度末的财务状况进行预测，它可以发现企业未来的财务安全性、偿债能力上的问题，从而提醒企业在资金的筹措方式、来源及其使用计划上做相应的调整。另外，通过将本期预算与上期实际发生的资产负债情况进行对比，还可发现企业财务状况可能会发生哪些不利变化，从而指导事前控制。

管理案例

李某经营着一家化工厂，生意做得红红火火的，有了一定的资金积累。这几年看到房地产赚钱，于是投资办了一家房地产公司，但楼盖到一半，突然发现钱不够用。原因是每一项工程费用都超出计划费用，原已筹集的资金已不敷使用，而银行看到该公司停工，也不再贷款，原来的贷款又到了期，李某焦头烂额。

14.1.3 预算的用途

1. 落实战略计划

战略是组织长期的发展计划，制定战略时面对很多不确定因素。预算则是考虑在年度内特定情况的约束下，组织以何种方式来落实战略计划，提高绩效。以货币形式表示的预算，往往传递了利润的获取、资本的使用等组织的关键性资源信息。它可以使管理者了解组织状况的变化方向和组织中的优势部门与问题部门所在，从而为调整组织活动指明了方向。

2. 明确管理者的责任

预算的编制明确了每个管理者的责任，预算也授权责任中心的管理者可以支配一定数额的开支。

3. 确定业绩评估的基础

由于预算以货币单位为企业各部门的各项活动编制计划，因此它使得企业在不同时期的活动效果和不同部门的经营绩效具有可比性，用数量形式的预算标准来对照企业活动的实际效果，大大方便了控制过程中的绩效衡量工作，也使之更加客观可靠。

4. 协调作用

通过为不同的职能部门和职能活动编制预算，为协调企业活动提供了依据，更重要的是预算的编制及执行始终与控制过程联系在一起。编制预算为企业的各项活动确立了财务标准，在此基础上，很容易测量出实际活动对预期效果的偏离程度，从而为采取正确措施奠定了基础。

14.2 财务控制

14.2.1 财务评价

对组织整体绩效进行控制的两个主要的财务报表是资产负债表和损益表。资产负债表反映的是企业在某一时点的财务结构。报表分为3个部分：资产、负债、股东权益。资产是公司拥有的各种物品的价值，包括流动资产和非流动资产。货币资金、短期投资、应收票据、应收账款、存货等都属于流动资产；长期投资、固定资产净值、无形资产属于非流动资产。负债是公司的债务数量，它包括流动负债(如应付账款、应付票据等)和长期负债。股东权益是公司应付给所有者的数额。损益表反映了公司收入和支出的各项内容。它概括了公司在给定时期内的财务绩效。损益控制是整个企业最常用的手段，在多样化经营的公司，是针对每个事业部存在的。如果控制是由部门进行的，如在分权的公司，则部门经理必须对本部门的收入和费用、利润和亏损进行控制。每个部门的产出、成本，包括管理费用都由这个部门承担。预期的净收入是衡量一个部门绩效的标准。

利用财务报表提供的数据，通过财务比率和经营比率，可以对组织整体绩效进行检查，这些比率可以说明公司运营的有利和不利之处。

1. 偿债能力评价

衡量短期偿债能力大小的指标有流动比率、速动比率和现金比率。流动比率是流动资产和流动负债的比率。这个比率表明企业用于偿还流动负债的流动资产的充足程度。反映长期偿债能力的指标有资产负债率、负债权益率、利息保障率和长期负债与运营资金率。资产负债率是负债总额与资产总额的比率；负债权益率是企业由债权人和股东提供的资金的相对数量。

2. 运营能力评价

总资产运营能力可以用总资产周转率和总资产周转天数来衡量。总资产周转率是销售收入净值与平均资产总额的比率。总资产周转率是从周转速度角度来衡量企业全部资产的使用效率的，总资产周转次数越多，说明企业资产分布结构越合理，运营能力越强。

3. 盈利能力评价

盈利能力是企业偿债能力的综合体现，可以直接从资产结构、资产运用效率、资产周转速度以及偿债能力等各方面表现出来。总资产报酬率是指企业一定时期内利润总额与资产总额的比率。在竞争比较激烈的情况下，总资产报酬率越大，说明总资产的利用效果越好。

尽管财务比率既提供了绩效标准又提供了已完成任务的指标，但过度地依赖财务比率也是有负面效应的。因为，比率总是基于某一时间段(月、季或年)的，它容易引起管理近视——管理者以牺牲长期战略目标为代价而过分注重短期收入与利润。此外，财务比率将其他重要因素都放在了次要地位，使得研发、管理开发、人力资源管理和其他因素可能没有得到足够的关注。因此，比率的使用应通过其他控制手段进行补充。组织可以通过市场份额、获得专利权的数量、新产品的销售、人力资源开发和其他绩效指标对管理者进行考核。

14.2.2 审计控制

从证实财务报表的诚实和公正，到为管理决策提供关键基础，审计具有许多重要作用。审计是对反映企业资金运动过程及其结果的会计记录及财务报表进行审核、鉴定，以判断其真实性和可靠性，从而为控制和决策提供依据的过程。审计控制分为 3 种主要类型，即外部审计、内部审计和管理审计。

1. 外部审计

外部审计是指由外部机构(如会计事务所)选派的审计人员对企业财务报表及其反映的财务状况进行独立的评估。为了检查财务报表及其反映的资产与负债的账面情况与企业真实情况是否相符，外部审计人员需要抽查企业的基本财务记录，以验证其真实性和准确性，并分析这些记录是否符合公认的会计准则和记账程序。

外部审计实际上是对企业内部虚假、欺骗行为的一个重要而系统的检查，因此起着鼓励诚实的作用。由于知道外部审计会不可避免地进行，企业就会努力避免做那些在审计时会被发现的不光彩的事。外部审计的优点是可以保证审计的独立性和公正性。但由于外来的审计人员不了解企业内部的组织结构、生产流程，在对具体业务进行审计的过程中可能产生困难。此外，处于被审计的内部组织成员可能产生抵触情绪，不愿积极配合，这也可能增加审计工作的难度。

出于战略的考虑，企业也可以利用公开信息对竞争对手或其他公司进行外部审计，这类审计包括以下几种：①调查其他公司，寻找并购的可能性；②对主要供应商的信誉进行评估；③发现竞争对手的长处和短处，以保持或加强企业的竞争。

2. 内部审计

内部审计简称内审，是单位内部审计部门或人员进行审计的过程。内部审计由于情况比较熟悉，一方面能针对本单位情况加强监督、审核，另一方面还能提出有关建议以利于加强控制。内部审计应强化制度、经常化建设，以充分发挥审计部门和专职人员的作用。

3. 管理审计

管理审计是一种对企业所有管理工作及其绩效进行全面系统评价和鉴定的方法。管理审计既可以由内部的有关部门进行，也可以聘请外部的专家来进行。

管理审计的方法是利用公开记录的信息，从反映企业管理绩效及其影响因素的若干方面，将企业与同行业其他企业或其他行业的著名企业进行比较，以判断企业经营与管理的健康程度。

反映企业管理绩效及其影响的因素主要有以下几种。

(1) 经济功能。检查企业产品或服务对公众的价值，分析企业对社会和国民经济的贡献。

(2) 企业组织结构。分析企业组织结构是否能有效地达到企业经营目标。

(3) 企业盈利状况。根据盈利在一定时期内的持续性和稳定性来判断。

(4) 研究与开发。管理者对待研发的态度，新产品的比重和企业的研发储备。

(5) 财务政策。评价企业的财务结构是否合理，企业是否有效地运用财务政策和控制来达到短期和长期目标。

(6) 生产效率。

(7) 销售能力。这方面的评估包括企业商业信誉、代销网点、服务系统以及销售人员的工作技能和工作态度。

(8) 对管理人员的评估。即对企业的主要管理人员的知识、能力、勤奋、正直、诚实等素质进行分析和评价。

管理审计常常存在一些不良的现象：从事了不必要的工作；重复工作；进行了不良的存货控制；使用了不经济的机器设备；不必要的费用和资源的浪费等。尽管如此，管理审计仍然可以对整个组织的管理绩效进行评价，为企业在未来改进管理系统的结构、工作程序和结果提供了有用的参考。

14.3 其他控制方法

14.3.1 质量控制

1. 质量的涵义

所谓质量有狭义和广义之分。狭义的质量指产品的质量，而广义的质量除了涵盖产品质量外，还包括工作质量。产品质量主要指产品的使用价值，即满足消费者需要的功能和性质。这些功能和性质可以具体化为下列5个方面：性能、寿命、安全性、可靠性和经济性。工作质量主要指在生产过程中，围绕保障产品质量而进行的质量管理工作的水平。

2. 质量管理的发展阶段

质量管理大体经历了3个发展阶段：①20世纪初到20世纪40年代，属于质量的事后检查阶段；②20世纪四五十年代进入只注意直接构成或影响产品质量物质方面的数理统计阶段；③20世纪60年代进入全面、全过程，以预防为主的全面质量管理阶段。

3. 全面质量管理的含义

全面质量管理(TQC)是20世纪60年代初美国的费根鲍姆首先提出来的，这是一种对产品或服务乃至工作质量实行全面管理和控制的科学管理方法。对产品或服务质量进行控制，并进而对为之服务的工作质量及全体人员进行控制，是管理控制中极为重要的内容。所谓全面质量管理，就是运用系统的观点和方法，把企业各部门、各环节的质量管理活动都纳入统一的质量管理系统，形成一个完整的质量管理系统。

全面质量管理是一种预先控制和全面控制制度。它的主要特点就在于“全”字，包含以下3层含义。

(1) 管理的对象在横向是全面的。管理的对象，不仅仅是产品本身的质量，还包括影响产品质量各方面的工作质量，如管理的工作质量、后勤服务工作的质量等方面。

(2) 管理的对象在纵向上是全程的。他要对市场调查、产品开发与设计、试制、生产、检验、销售、售后服务等各环节都进行管理。

(3) 管理的主题是全员的。他通过适当的组织形式，把企业各方面人员都吸收到产品质量的保证体系中来，是一种全员参加的质量管理。

[讨论题] TQC与传统控制有何区别?

4. PDCA管理循环

PDCA管理循环是全面质量管理最基本的工作程序，即计划——执行——检查——处理(Plan、Do、Check、Action)。这是美国统计学家戴明发明的，因此也称之为戴明循环。这4个阶段大体上可分为8个步骤，如图14.1所示。

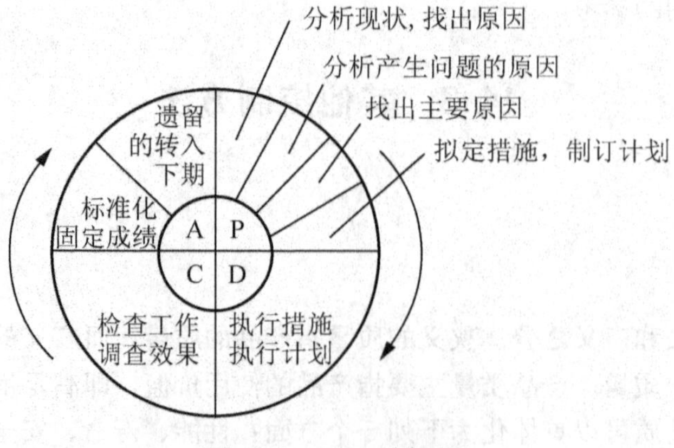

图14.1 PDCA循环图

第一阶段：①找出存在的问题。②找出存在问题的原因。③找出各种原因中最关键的原因。④指定计划和措施。

第二阶段：⑤实施计划和措施。

第三阶段：⑥检查效果。

第四阶段：⑦对实施结果进行总结分析，把效果好的标准化，失败的提出防止再发生的意见。⑧将遗留的问题转入下一循环解决。

PDCA循环管理法的特点：①PDCA循环工作程序的4个阶段顺序进行，组成一个大圈；②每个部门、小组都有自己的PDCA循环，并都成为企业大循环中的小循环，大循环套小循环，相互促进，整体提高；③阶梯式上升，循环前进。企业的质量管理循环是连续进行的，但每个PDCA循环都不是在原地简单重复，而是每次都有新的提高。

14.3.2 标杆控制

作为一种学习先进经验的系统、科学、高效的方法，标杆惯例和控制在当代企业管理中得到了广泛的应用。一项研究调查表明，1996年世界500强企业中有近90%的企业在日常管理活动中应用了标杆管理方法，其中不乏美国电报电话公司、柯达、IBM、施乐等知名大公司。

1. 标杆控制的内涵

根据大多数学者的观点，标杆控制是以某一项指标或某一方面时间上竞争力最强的企业或行业中的领先企业或组织内某部门作为基准，将本企业的产品、服务管理措施和经营管理方式与这些基准进行定量化评价、比较，在此基础上制定、实施改进的策略与方法，并持续不断反复进行的一种管理方法。标杆控制的心理学基础在于人的成就动机导向，认为任何个人与组织都应设定既富有挑战性又具有可行性的目标，只有这样，个人与组织才有发展的动力。

施乐公司是实施标杆控制的典范。1976年前后，一直保持着世界复印机市场实际垄断地位的施乐公司遇到了来自国内外，特别是日本竞争者的挑战，如佳能、NEC等公司以施乐的成本销售产品仍能获利，而产品开发周期、开发人员分别比施乐短、少50%。面对竞争威胁，施乐公司最先发起向日本企业学习的运动，开展了广泛、深入的标杆管理。通过进行全方位的集中分析比较，施乐弄清了这些公司的运作机制，找出了与佳能等主要对手的差距，全面调整了经营战略战术，终于把失去的市场份额重新夺了回来。

2. 标杆控制的步骤

标杆控制的实施需要经历一系列的步骤。

(1) 确定标杆控制的项目。标杆控制的项目一般是对企业竞争力影响最重要的因素，同时也是企业的薄弱环节。如一个企业的生产成本高于竞争对手，那么它可以选择成本管理作为标杆管理的项目；一个企业的新产品研制速度低于竞争对手，那么它可以选择研发能力作为对象。一般来说，标杆控制的项目应在对自己状况进行比较深入、细致研究的基础上确定。

(2) 确定标杆控制的对象和对比点。这个对象应当是在同组织、同行业、同部门业绩最佳、效率最高的少数有代表性的对象。标杆控制的对比点应当在标杆控制项目范围内决定，通常为业绩的作业流程，管理实践或关键要素，在此基础上确定测量指标作为控制的依据。

(3) 成立工作小组，确定工作计划。企业层次标杆控制活动的组成人员通常由决定竞争力因素的核心部门中能够识别专业流程优劣的人士参加。

(4) 资料收集与调查。首先收集相关项目、相关调查对象和调查内容方面已有的研究报告、调查报告或相关信息，在研究这些已有资料的基础上，拟定实地调查提纲和调查问卷。在实地调查之前，要在内部对调查问卷和实地调查的方法进行检验，确定调查问卷和方法的有效性。在实地调查过程中，需要重点关注造成差异的地方。

(5) 分析比较，找出差距，确定最佳纠偏方法。在对调查所取得的资料进行分类、整理，并在进一步调查的基础上，进行调查对象之间以及调查数据与自己企业的实际情况的比较研究，确定出各个调查对象所存在的差异，明确差距形成的原因和过程，并确定出最佳做法。

(6) 明确改进方向，制订实施方案。在明确最佳做法的基础上，找出弥补自己和最佳实践之间的差距的具体途径或改进机会，涉及具体的实施方案，并进行实施方案的经济效益分析。实施方案要明确实施重点和难点，预测可能出现的困难和偏差，确定对实施情况的检查和考核标准。

(7) 沟通和修正方案。利用各种途径，将拟订的方案、所要达到的目标前景同全体成员进行反复交流与沟通，征询意见，争取全体成员的理解和支持，并根据成员建议，修正和完善方案，以统一成员思想，使全体成员在方案实施过程中目标一致、行动一致。

(8) 实施与监督。将方案付诸实施，并将方案实施情况不断和最佳做法进行比较，监督偏差的出现并采取有效的校正措施，以努力达到最佳实践水平，努力超过标杆对象。

(9) 总结经验。在完成了首次标杆控制活动之后，必须对实施效果进行合理的评判，并及时总结经验，对新的情况、新的发现进行进一步的分析。

(10) 进行再标杆循环。针对环境的新变化或新的管理需求，锚定下一次标杆的项目和对象。

特别提示

格瑞斯特定理：杰出的策略必须加上杰出的执行才能奏效。

3. 标杆控制的作用与缺陷

通过设立挑战和赶超对象，并以最关键或最薄弱的因素作为改进内容，标杆控制以此来全面提升企业的竞争力。在标杆管理的控制指标中，不仅要求采用财务指标，还要求采用一些非财务指标。

与其他控制方法一样，标杆控制也存在着不足。一是标杆管理和控制容易导致企业的竞争战略趋同。标杆控制方法鼓励企业相互学习和模仿，因此在奉行标杆控制的行业中，可能所有的企业都企图通过采取类似行动来改进绩效，在竞争的某个关键方面超过竞争对手。模仿可能使得企业之间的相对效率差距日益缩小，这会导致各个企业在战略上趋向一致，各个企业的产品、质量、服务甚至供应销售渠道大同小异，在企业运作效率上升的同时，利润率却在下降。二是标杆控制容易使企业陷入“落后——标杆——又落后——再标杆”的“标杆管理陷阱”之中。如果标杆控制活动不能使企业跨越与领先企业之间的“技术鸿沟”，单纯为赶超先进而继续推行标杆控制，反而会使企业陷入繁杂的“标杆管理陷阱”。例如IBM和通用电器公司在复印机刚刚问世时，曾标杆于复印机的领先者施乐公司，结果陷入了无休止的追赶游戏之中，最终不得不退出复印机行业。

本章小结

本章主要介绍了预算控制、财务控制、其他控制方法等内容。关于预算控制主要介绍了预算和预算控制的概念，预算就是用数字，特别是用财务数字的形式来描述组织未来的活动计划，预算控制就是根据预算规定的收入与支出标准来检查和监督各个部门的活动，以保证各种活动或各个部门在完成既定目标、实现利润的过程中对资源的利用，从而使费用支出受到严格有效的约束。预算内容包括收入预算、支出预算、现金预算、资金支出预算和资产负债预算等。还介绍了预算落实战略计划等的用途。关于财务控制主要介绍财务评价对组织整体绩效进行控制的两个主要的财务报表是资产负债表和损益表。审计控制分为外部审计、内部审计和管理审计3种主要类型。关于其他控制方法主要介绍掌握质量控制的相关内容，包括全面质量管理的基本工作程序PDCA循环。标杆控制是以某一项指标或某一方面时间上竞争力最强的企业或行业中的领先企业或组织内某部门作为基准，将本企业的产品、服务管理措施或低昂关时间的实际状况与这些基准进行定量化评价、比较，在此基础上制定、实施改进的策略与方法，并持续不断反复进行的一种管理方法。

练习题

一、单项选择题

1. 预算是一种(　　)。

A. 控制　　B. 计划　　C. 领导　　D. 组织

2. 对企业未来生产与销售活动中现金的流入与流出进行预测是(　　)。

A. 收入预算　　B. 支出预算　　C. 资金支出预算　　D. 现金预算

3. 对企业所有管理工作及其绩效进行全面系统评价和鉴定的方法是(　　)。

A. 内部审计　　B. 外部审计　　C. 管理审计　　D. 财务审计

4. PDCA管理循环是全面质量管理最基本的工作程序，是美国人(　　)发明的。

A. 西蒙　　B. 德鲁克　　C. 戴明　　D. 孔茨

5. 标杆控制是以某一项指标或某一方面时间上竞争力(　　)作为基准，将本企业的产品、服务管理措施和经营管理方式与这些基准进行定量化评价、比较，在此基础上制定、实施改进的策略与方法，并持续不断反复进行的一种管理方法。

A. 最强的企业　　B. 最差的企业　　C. 中等的企业　　D. 一般的企业

二、判断题

1. 预算的实质是用统一的货币为组织各部门的各项活动编制计划。（ ）

2. 资产负债表反映的是企业在某一时点的财务结构，报表分为3个部分：资产、负债、管理者权益。（ ）

3. 审计控制包括外部审计和内部审计两种。（ ）

4. 广义质量指产品质量和工作质量。（ ）

5. 标杆控制容易使企业陷入“落后——标杆——又落后——再标杆”的“标杆管理陷阱”之中。（ ）

三、问答题

1. 预算控制的方法有哪些？

2. 如何运用标杆控制进行管理控制？

3. 质量管理经历了哪几个发展阶段？

案例应用分析

西湖公司的控制方法

西湖公司是由李先生靠3 000元创建起来的一家化妆品公司。公司开始时只经营指甲油，后来逐渐发展到颇具规模的化妆品公司，资产已达6 000万元。李先生于1984年发现自己患癌症之后，对公司的发展采取了两个重要措施：①制定了公司要向科学医疗卫生方面发展的目标；②高薪聘请雷先生接替自己的职位，担任董事长。

雷先生上任以后，采取一系列措施，推进李先生为公司制定的进入医疗卫生行业的计划：在特殊医疗卫生业方面开辟一个新行业，同时开设一个凭处方配药的药店，并开辟上述两个新部门所需产品的货源、运输渠道。与此同时，他在全公司内建立一个严格的控制系统：要求各部门制定出每月的预算报告，每个部门在每月初都要对本部门的问题提出切实的解决方案，每月定期举行一次由各部门经理和顾客参加的管理会议。要求各部门经理在会上提出自己本部门在当月的主要工作目标和经济来往数目。同时他特别强调注意资产回收率、销售边际及生产成本等经济动向。他也注意人事、财务收入和降低费用方面的问题。

由于实施了上述措施，该公司获得了巨大成功。到20世纪80年代末期，年销售量提高24%，到1990年销售额达到了20亿元。然而进入90年代以来，该公司逐渐出现了问题。1992年出现了公司有史以来第一次收入下降趋势。商品滞销、价格下跌。主要原因有：①化妆品市场的销售量已达到饱和状态；②该公司制造的高级香水，一直未能打开市场，销售情况没有预测的那样乐观；③国外公司对本国市场的占领；④公司在国际市场上出现了不少问题，如推销员的冒进得罪了推销商，公司形象未能很好地树立。

雷先生也意识到公司存在的问题。准备采取有力措施，以改变公司目前的处境，他计划要对国际市场方面进行总结和调整。公司开始配制新产品。他相信用大量资金研制的医疗卫生工业品不久也可进入市场。

问题：

1. 雷先生在西湖公司采用了哪些控制方法？

2. 就西湖公司目前的状况而言，应该如何健全控制系统？

阅读材料

决堤就一定修堤吗

春秋时期，楚国令尹孙叔敖在苟陂县一带修建了一条南北水渠。这条水渠又宽又长，足以灌溉沿渠的万顷农田，可是一到天旱的时候，沿堤的农民就在渠水退去的堤岸边种植庄稼，有的甚至还把农作物种到了堤中央。等到雨水一多，渠水上涨，这些农民为了保住庄稼和渠田，便偷偷地在堤坝上挖开口子放水。这样的情况越来越严重，一条辛苦挖成的水渠，被弄得遍体鳞伤，面目全非，因决口而经常发生水灾，变水利为水害了。

面对这种情形，历代苟陂县的行政官员都无可奈何。每当渠水暴涨成灾时，便调动军队去修筑堤坝，堵塞滑洞。后来宋代李若谷出任知县时，也碰到了决堤修堤这个头疼的问题，他便贴出告示说，“今后凡是水渠决口，不再调动军队修堤，只抽调沿渠的百姓，让他们自己把决口的堤坝修好。”这布告贴出以后，再也没有人偷偷地去决堤放水了。

参 考 文 献

[1] 周三多，陈传明. 管理学[M]. 2版. 北京：高等教育出版社，2005.
[2] 周三多，陈传明. 管理学[M]. 3版. 北京：高等教育出版社，2008.
[3] 周三多. 管理学—原理与方法[M]. 4版. 上海：复旦大学出版社，2003.
[4] 单风儒. 管理学基础[M]. 2版. 北京：高等教育出版社，2004.
[5] 单风儒. 管理学基础[M]. 3版. 北京：高等教育出版社，2008.
[6] 曾旗. 管理学[M]. 北京：北京大学出版社，2008.
[7] 于干千，卢启程. 管理学基础[M]. 北京：北京大学出版社，2007.
[8] [美]斯蒂芬·罗宾斯. 管理学[M]. 7版. 孙健敏，等译. 北京：中国人民大学出版社，2004.
[9] 郑文哲. 管理学原理[M]. 北京：科学出版社，2004.
[10] 邢以群. 管理学[M]. 北京：高等教育出版社，2007.
[11] 曾仕强. 中国式管理[M]. 北京：中国社会科学出版社，2005.
[12] 尹少华. 管理学原理[M]. 北京：北京大学出版社，2010.
[13] 邵喜武，林艳辉. 管理学实用教材[M]. 北京：北京大学出版社，2010.
[14] 冯拾松. 人力资源管理[M]. 北京：高等教育出版社，2004.
[15] 陈嘉莉. 管理学原理与实务[M]. 北京：北京大学出版社，2008.
[16] 万迪昉. 实验管理学[M]. 北京：北京大学出版社，2005.
[17] 王凤彬，李东. 管理学[M]. 北京：中国人民大学出版社，2007.
[18] 张飞涟. 现代管理学[M]. 长沙：中南大学出版社，2002.
[19] 卢昌崇. 管理学[M]. 大连：东北财经大学出版社，2005.
[20] 邢以群. 管理学[M]. 杭州：浙江大学出版社，2005
[21] 卜军. 管理学基础[M]. 大连：大连理工大学出版社，2006.
[22] 王德中. 管理学[M]. 重庆：西南财经大学出版社，2008.